Wolfgang Hardtwig:
Geschichtskultur und Wissenschaft

Deutscher
Taschenbuch
Verlag

Originalausgabe
November 1990

Umschlaggestaltung: Celestino Piatti
Gesamtherstellung: C. H. Beck'sche Buchdruckerei, Nördlingen
Printed in Germany · ISBN 3-423-04539-6

Inhalt

Vorwort

Geschichte wird nicht nur von Historikern reflektiert und präsentiert, sie durchdringt vielmehr das Bewußtsein der kulturellen und politischen Öffentlichkeit. Das ist nichts grundsätzlich Neues. Seit die Aufklärung jede Art gesellschaftlicher und politischer Ordnung und jede Interpretation der Wirklichkeit dem Zwang zur rationalen Begründung unterworfen hat, historisierte sich das Denken in einer Weise, daß alles Bestehende auf die Gründe seiner Entstehung zurückgeführt werden mußte. Diese Aufgabe übernahm vorrangig die Geschichtswissenschaft.

Sie etablierte sich nach Anfängen, die bis ins 15. Jahrhundert zurückreichen, seit der Mitte des 18. Jahrhunderts und gewann im 19. Jahrhundert einen hohen Stellenwert nicht nur im System der wissenschaftlichen Disziplinen, sondern auch in der Öffentlichkeit. Ihre Grenzen zur vor- und außerwissenschaftlichen Beschäftigung mit Geschichte waren und sind dabei fließend. Nur langsam entwickelten sich Standards eines systematischen, regelhaften und nachprüfbaren Wissenserwerbs; schrittweise löste sich die Historie von der alteuropäischen Zuordnung zur Rhetorik und zur »Kunst« des Geschichtenerzählens in didaktisch-moralischer Absicht. Ganz hat sie diese Beziehungen nie abgebrochen. Geschichtswissenschaft wirkt über den Kreis der Berufs-Historiker hinaus in der Geschichtsschreibung, diese aber bleibt resonanzlos, wenn sie nicht die politisch-moralische Reflexion anregt und auch an die intellektuell-ästhetische Genußbereitschaft des Lesers appelliert.

Gleichwohl bleibt es nützlich und notwendig, zwischen der Geschichtswissenschaft und dem Geschichtsbewußtsein einer breiteren Öffentlichkeit zu unterscheiden. Die Geschichtswissenschaft deckt bisher unbekannte Sachverhalte und Zusammenhänge auf; sie versteht sich selbst primär als Forschung. Dies ist keineswegs selbstverständlich, sondern ergab sich erst als Folge der Emanzipation der Historie vom alteuropäischen Verständnis als »magistra vitae«, als Lehrmeisterin für konkrete Entscheidungen und moralische Grundsätze. Indem sich die Historie als Forschung zu definieren begann, schloß sie sich dem neuzeitlichen Prozeß der Verwissenschaftlichung der Weltkenntnis an. Doch löste sie sich damit nicht aus ihrer Gegenwart und deren praktischen Interessen, vielmehr wurde sie selbst Teil dieses alles umfassenden Prozesses. Sie gab auch ihren Konnex zu außer- und vorwissenschaftlichen Formen des Erinnerns und des historischen Denkens nicht auf. Sie bediente und bedient sich vielmehr der vielfältigen Kommunikationsmöglichkeiten in einer differenzierten kulturellen und politischen Öffentlichkeit, um indirekt doch wieder auf das politische Bewußtsein und die politische Praxis einzuwirken.

Die Öffentlichkeit selbst hat einen kaum zu befriedigenden Bedarf an Informationen über historische Zusammenhänge, ist sich dessen allerdings nicht immer mit gleicher Intensität bewußt. Sie benötigt diese Informationen zu unterschiedlichen Zwecken; dazu gehört zum Beispiel, daß die Geschichtswissenschaft Voraussetzungen für aktuelle Entscheidungen klären und in Prozessen, deren Ausgang offen, deren Verlauf aber durch zurückliegende Ereignisse und Zustände vielfach beeinflußt ist, Perspektiven aufzeigen kann; dazu gehört, daß Geschichte, indem sie Kontinuitäten und Kontinuitätsbrüche bewußt macht, zur Sicherung von individueller und kollektiver Identität beitragen kann; dazu gehört aber auch, daß sie im permanent gewordenen Fortschritt das Gewesene nicht einfach entwertet und damit das Neue von einem ihm selbst nicht immanenten Werthorizont her überprüfbar macht.

Geschichtliche Überlieferung und Wissen über Geschichte treten in modernen Gesellschaften in den vielfältigsten Formen auf, sei es als Resultat historischer Forschung in der Wissenschaft oder als Argument in der gesellschaftlich-politischen Selbstverständigung, als Sachüberlieferung der materiellen Kultur oder als gestaltete Umwelt der sozialen Räume. Seit dem späten 18. Jahrhundert hat sich zudem ein offenbar unabweisbares Bedürfnis neu artikuliert, geschichtliche Erinnerung in Symbolen zu verdichten und künstlerisch zu überhöhen. Im Denkmal nimmt die Geschichtsdeutung sinnlich-anschauliche Gestalt an. Diese unterliegt künstlerischen Formprinzipien, aber sie bringt auch die öffentliche Konsensbildung über Ereignisse und Personen aus der Vergangenheit und deren Bedeutung für die Gegenwart und die Zukunft zum Ausdruck. Die Gesamtheit der Formen, in denen Geschichtswissen in einer Gesellschaft präsent ist, läßt sich in dem Begriff der Geschichtskultur zusammenfassen. Geschichtskultur – das ist eine Sammelbezeichnung für höchst unterschiedliche, sich ergänzende oder überlagernde, jedenfalls direkt oder indirekt aufeinander bezogene Formen der Präsentation von Vergangenheit in einer

Gegenwart. Sie ist nichts Statisches, sondern permanent im Wandel, und entsteht als Ergebnis einer Vielzahl von Bedingungsfaktoren. Die nationale Geschichte weist mit ihren Katastrophen und Brüchen, aber auch mit ihren Leistungen und Kontinuitäten der individuellen und kollektiven Erinnerungsarbeit die Richtung. Der Staat organisiert und finanziert aus seinem selbst im Wandel befindlichen kulturell-politischen Selbstverständnis heraus die historische Forschung und die geschichtswissenschaftliche Ausbildung – mit wechselnden unmittelbaren Zielen und Interessen. Im innerwissenschaftlichen Erkenntnisprozeß lösen sich divergierende Wissenschaftskonzeptionen und Deutungs- und Erklärungsmuster ab; in der relativen, aber immer prekären Autonomie des wissenschaftlichen Erkenntnisfortschritts hinterlassen die Forscher der jeweils nachfolgenden Gelehrtengeneration ungelöste wissenschaftliche Aufgaben. Das kulturelle Selbstverständnis der Gesellschaft – selbst im Wandel und von vielen Faktoren beeinflußt – mißt der Wissenschaft im Ganzen wie den jeweiligen Einzelwissenschaften einen bestimmten Stellenwert zu. Die politische Öffentlichkeit stellt unterschiedlich dichte und durchlässige Kommunikationsstrukturen für die Selbstverständigung der Gesellschaft bereit. Der Entwicklungsstand der politischen Sinnlichkeit gibt die Rezeptionsmuster vor, von denen die Aussagekraft und die Wirkungschance der politischen Symbole abhängt. Geschichtskultur in diesem Sinn ist ihrerseits historisch geworden und an ganz bestimmte Entstehungsbedingungen gebunden. Der Begriff läßt sich nur anwenden, wo eine Gesellschaft bzw. ihre intellektuellen Repräsentanten von einem primär tradierenden zu einem primär reflektierenden Verhältnis zur Geschichte übergegangen sind. Dies ist in Deutschland wie in den vergleichbaren europäischen Staaten seit der Aufklärung, verstärkt seit dem Durchbruch zum »Revolutionszeitalter« ab 1789 der Fall. Erst im Zeichen des Traditionsbruchs entsteht Geschichtskultur als prinzipiell reflexives Verhältnis zur Vergangenheit.

Die folgenden Studien behandeln die Entstehung der modernen Geschichtswissenschaft und die Bedeutung des Geschichtswissens für das politische Bewußtsein in Deutschland von der Mitte des 18. Jahrhunderts bis zur Gegenwart. Dabei geht es sowohl um die Einrichtung des Geschichtsstudiums als auch um die Standards der Wissenschaftlichkeit, um das Verhältnis von Theorie und Praxis wie um die Spannung zwischen Forschung und Darstellung, zwischen Geschichtswissenschaft und

Geschichtsschreibung. Sosehr die Geschichtswissenschaft ihre Stellung in der Universität institutionell absichern konnte, so hartnäckig blieb sie dabei doch stets der Frage konfrontiert, was sie eigentlich leistet und wozu Gesellschaft und Staat sie brauchen. Die Geschichtswissenschaft war immer dann lebendig, wenn sie sich dieser Frage nicht entzogen hat. Das Spektrum der Antworten reicht von der Auffassung der Geschichtswissenschaft als Religion bis zur nationalen und staatlichen Identitätsstiftung und zur individuellen Bildung. Diskutiert wird in den folgenden Beiträgen darüber hinaus die Frage, wie diese Antworten die unterschiedlichen Gelehrtentypen hervorbrachten – vom »politischen Professor« des deutschen Vormärz, der Reichsgründungsära und des Kaiserreichs über den asketischen Kontemplator, wie ihn Jacob Burckhardt verkörpert, bis zum wissenschaftlichen »Arbeiter«, wie ihn Theodor Mommsen und Max Weber beschrieben haben. Unzweifelhaft haben bei der Sinngebung des Geschichtswissens von der Aufklärung bis in die unmittelbare Gegenwart die Nation und der Nationalstaat eine zentrale Stellung eingenommen. Die Untersuchungen über den Zusammenhang von Geschichtsstudium, Geschichtswissenschaft und Geschichtstheorie, über das borussianische Geschichtsbild, die politische Symbolik in der Reichsgründungsära und im Kaiserreich und die Essays über den aktuellen Kult historischer Jahrestage und die Diskussion zur Staatssymbolik unmittelbar vor der »Wende« in der DDR und in Osteuropa spiegeln den Wandel des nationalen Selbstbewußtseins und die Krisen der nationalen Identitätsbildung vom Vormärz bis zur Gegenwart wider.

Gerade wenn man die Entwicklung der Geschichtswissenschaft in den größeren Zusammenhang der Geschichtskultur einbezieht, wird deutlich, daß Geschichtswissen zwar auch die wissenschaftliche Neugier befriedigt, daß diese allein aber dessen Stellenwert in der Öffentlichkeit nicht hinreichend begründet. Die komplexe Geschichtskultur, wie sie seit der Mitte des 18. Jahrhunderts entstanden ist, ihre Vielfalt und ihr Wandel belegen vielmehr die These Nietzsches, daß die Hinwendung zur Vergangenheit auch ein Ausdruck individueller und kollektiver Lebendigkeit ist. Nietzsche zufolge liegen den Formen, in denen die jeweilige Gegenwart Vergangenheit aufarbeitet, höchst unterschiedliche Bedürfnisse zugrunde. Idealtypisch zugespitzt sind das der Wunsch nach Verehrung (die monumentalische Historie), nach Bewahrung (die antiquarische Historie) und nach Zerstörung dessen, was die Lebendigkeit behindert (die kritische Historie). Die Wissenschaft diszipliniert diese Impulse zur methodischen Erkenntnisarbeit – wie, mit welchem Erfolg und mit welchen Rückwirkungen auf das politische Bewußtsein, auf diese Frage suchen die hier vorgelegten Untersuchungen Antworten.

Zwei der Studien (1 und 8) werden an dieser Stelle erstmals publiziert. Einige Beiträge wurden stark umgearbeitet bzw. erweitert (6 und 7), die übrigen geringfügig überarbeitet; auf bibliographische Ergänzungen wurde verzichtet.

1. Geschichtsstudium, Geschichtswissenschaft und Geschichtstheorie in Deutschland von der Aufklärung bis zur Gegenwart

I.

Ein »Studium der Geschichte« hat es in Deutschland wie an den europäischen Universitäten überhaupt erst relativ spät gegeben. Zwar vermittelte die Universität seit ihren Anfängen im späten Mittelalter durchaus Wissen über die Vergangenheit, aber ein festes Berufsbild des »Historikers« ist erst in der fortgeschrittenen Aufklärung seit der Mitte des 18. Jahrhunderts entstanden und ein eigenes Studienfach Geschichte erst seit der Wende vom 18. zum 19. Jahrhundert. Wissen über die Vergangenheit hatte seit der Scholastik seinen Platz in den »Artes«, den propädeutischen Studien, in denen die intellektuellen Grundfähigkeiten geschult und der Studierende auf das spezielle Studium der eigentlichen Wissenschaften Theologie, Jurisprudenz und Medizin vorbereitet werden sollte. Geschichte wurde im Rahmen des Trivium gelehrt, also im Kontext von Grammatik, Rhetorik und Dialektik in der niederen, der philosophischen oder Artes-Fakultät – als Teil der moralischen Erziehung, die jeder Ausbildung in den »hohen« Wissenschaften vorauszugehen hatte[1]. Seit dem späten 15. Jahrhundert spaltete sich das Trivium auf; neben und ergänzend zu Grammatik und Rhetorik traten in den verschiedensten Variationen jeweils Historie, Poesie oder Moral. Der Humanismus, der sich wesentlich auch als Universitätsreformbewegung begriff, wertete die Historie als Wissen über wirkliche Geschehnisse und Zustände zwar auf und bezog sie in neuer Weise auf staatliche Herrschaft und auf die Anfänge eines modernen Nationsverständnisses, aber das änderte nichts an der untergeordneten und dienenden Funktion der Historie in der Hierarchie der Fächer und im Aufbau des Studiums. Die Universität Mainz richtete 1504 einen ersten Lehrstuhl der Historie in Deutschland ein, doch diese *lectura historica* unterschied sich

[1] Vgl. J. Engel, Die deutschen Universitäten und die Geschichtswissenschaft, in: Historische Zeitschrift 189 (1958), S. 223–378, sowie E. C. Scherer, Geschichte und Kirchengeschichte an den deutschen Universitäten. Ihre Anfänge im Zeitalter des Humanismus und ihre Ausbildung zu selbständigen Disziplinen, Freiburg i. Br. 1927.

von den üblichen Lehrstühlen der Eloquenz und Poesie in den artistischen oder philosophischen Fakultäten nur dadurch, daß sie die Tugenderziehung allein durch die Beschäftigung mit Geschichtsschreibern, nicht auch mit Poeten und Oratoren anstrebte. Auch die Reformation und die Neuordnung des Studiums an den protestantischen Universitäten brachte zunächst keinen grundlegenden Wandel.

Es entstanden Lehrstühle für Geschichte – an den protestantischen Universitäten zahlreicher und im Durchschnitt früher als an den katholischen –, aber die meisten dieser Ordinariate hatten gleichzeitig mehrere Professuren auszufüllen: innerhalb der Artes-Fakultät meist Poesie und Rhetorik, gelegentlich auch beides zusammen; oder über die Fakultätsgrenzen hinweg in der theologischen Fakultät Ethik oder Kirchengeschichte, in der juristischen Fakultät Staatsrecht, Staatenkunde oder »Statistik« (wie man im 18. Jahrhundert sagte) oder »Politik«. Johann Martin Chladenius, einer der Wegbereiter einer modernen Geschichtsauffassung und -theorie, verkörperte noch um die Mitte des 18. Jahrhunderts diesen frühneuzeitlichen Gelehrtentypus: eigentlich Theologe, lehrte er nacheinander Philosophie, Theologie, Kirchengeschichte und Rhetorik; aus dem gemeinsamen Interesse aller dieser Disziplinen an einer Theorie der Geschichten – nicht *der* Geschichte – entwickelte er seine ›Allgemeine Geschichtswissenschaft‹[2].

Im Lauf des 18. Jahrhunderts allerdings wandelte sich das Bild. An einzelnen protestantischen Universitäten fand der Historicus zu einer selbständigeren Rolle. Seit der Auflösung des Jesuitenordens 1776 vollzogen auch die katholischen Universitäten diese Entwicklung nach. Begonnen hatte sie nicht in den philosophischen Fakultäten, sondern von dem zunehmenden Gewicht her, das zunächst die Theologie, dann vor allem die Jurisprudenz dem Geschichtswissen zugebilligt hatten. Einzelne protestantische Universitäten richteten Lehrstühle für Kirchengeschichte ein, allerdings in den theologischen Fakultäten und also noch im Rahmen der Theologenausbildung. Daneben erfreuten sich die historischen Fachvertreter in den philosophischen Fakultäten seit Beginn des 18. Jahrhunderts höherer Wertschätzung bei der Ausbildung der Juristen. Reformerisch orientierte Universitäten schufen Lehrstühle in den juristischen

[2] J. M. Chladenius, Allgemeine Geschichtswissenschaft. Leipzig 1752, Neudruck Wien u. a. 1985, Kap. I, § 17, 18; V, § 1, 8–12; VI, 33–34; vgl. auch ebd., S. XI–LII die Einleitung von Chr. Friedrich.

Fakultäten, um die historisch-juristische Ausbildung in Spezialdisziplinen wie der Reichsgeschichte und der europäischen Staatengeschichte zu fördern; ihre Inhaber lehrten neben Reichsrecht und Reichsgeschichte dann zunehmend auch Statistik, Geographie und die hilfswissenschaftlichen Techniken der Diplomatik, Quellenkunde und Heraldik.

An der modernsten Universität des 18. Jahrhunderts, in Göttingen, begann dann seit 1766 auch der Ordinarius für das traditionelle humanistisch-rhetorische Fach der Universalgeschichte, Johann Christoph Gatterer, die für die Juristen wichtigen Hilfswissenschaften wie Diplomatik und Paläographie, Heraldik und Geographie, die schon sein Vorgänger Johann David Koeler gelehrt hatte, systematisch zusammenzufassen. In den letzten Jahrzehnten des 18. Jahrhunderts fanden also erstmals, wenn auch noch keineswegs auf breiter Front, alte humanistisch-rhetorische Lehrtradition und das neue, zunächst über Theologie und Jurisprudenz aktualisierte Interesse an der Geschichte zusammen. Dabei entstand nun tatsächlich ein selbständiges Berufsbild »Historiker«, gestützt auf eine zunehmende Zahl von Geschichtsprofessuren, die allmählich eine autonome Fachwissenschaft Geschichte repräsentierten. Noch immer blieb freilich die Nähe zu Theologie und Jurisprudenz. Von 93 Geschichtsordinarien des Zeitraums zwischen 1700 und 1800 haben 83 Theologie oder Jura studiert; 56 waren Theologen mit akademischem Abschluß[3]. Die bedeutendsten Historiker noch des 19. Jahrhunderts, Ranke, Droysen, Burckhardt und Mommsen, stammten aus Pfarrhäusern, hatten ihre Laufbahn mit theologischen Studien begonnen oder waren – wie Theodor Mommsen – professionelle Juristen. Auch im späten 18. Jahrhundert gab es noch keinen spezifischen Ausbildungsgang für Historiker. Wer nicht von der Theologie oder Jurisprudenz herkam, hatte sich vor allem mit der klassischen Philologie bzw. Altertumswissenschaft beschäftigt. Allerdings gingen seit etwa 1760 gerade von diesem Fach, seit den 1790er Jahren von der Philosophie die stärksten intellektuellen Neuerungsimpulse

[3] H. W. Blanke, Historiker als Beruf. Die Herausbildung des Karrieremusters »Geschichtswissenschaftler« an den deutschen Universitäten von der Aufklärung bis zum klassischen Historismus. In: K.-E. Jeismann (Hg.), Bildung, Staat, Gesellschaft im 19. Jahrhundert. Mobilisierung und Disziplinierung. Wiesbaden 1989, S. 343–360, hier S. 353; zur Professionalisierung und Verfachlichung mit Einschränkungen auch W. Weber, Priester der Klio. Historisch-sozialwissenschaftliche Studien zur Herkunft und Karriere deutscher Historiker und zur Geschichte der Geschichtswissenschaft 1800–1970. Frankfurt a. M. 1984.

aus, die dann den philosophischen Fakultäten im 19. Jahrhundert insgesamt zu ihrem eminenten Kulturprestige verhalfen. Jetzt kehrte sich die Hierarchie der Fächer und Fakultäten um. Nach den Altertumswissenschaften und der Philosophie stieg die Geschichtswissenschaft zum angesehensten Fach im System der Disziplinen auf.

Schon seit 1780 setzte sich die neue Wertschätzung der Geschichte auch in ein entsprechendes Selbstbewußtsein des Fachhistorikers um. Es trieb dann im Laufe des 19. Jahrhunderts die weitere Verfachlichung der Historie voran. Nachdem Johann Christoph Gatterer 1766 mit der Gründung eines Historischen Instituts in Göttingen der Entwicklung weit vorausgeeilt war, entstanden seit 1832 an einzelnen Universitäten Historische Seminare. Den Anfang machte Leopold Ranke in Berlin mit einem Kreis von Schülern, die er zu quellenkritischen Übungen um sich versammelte. Zwar gab es noch keine eigene Bibliothek, keinen ständigen Versammlungsraum und keinen eigenen Etat, aber das Prinzip des Seminars als einer Gemeinschaft von Schülern, die, vom Charisma des Lehrers angezogen und zusammengehalten, selbständig Vorträge erarbeiteten und unter Anleitung des Meisters diskutierten, war doch geboren. Der Ranke-Schüler Heinrich von Sybel institutionalisierte diese Einrichtung dann zunächst in Marburg und schließlich, gegen den Widerstand der Fakultät und mit Hilfe des Königs Maximilian II., 1857 in exemplarischer Weise an der Universität München[4]. Der Seminarbetrieb förderte auch die Verwissenschaftlichung: er trieb die Standardisierung und Verbreitung eines Kanons von Methoden der historischen Wissenschaft voran, die nun verbindliche Geltung erlangten.

Die veränderte Wertschätzung der Geschichtswissenschaft in der Universität – und das hieß dann auch in Staat und Gesellschaft – eröffnete dem nunmehr »gelernten« Historiker auch neue, spezifisch geschichtswissenschaftlich begründete Berufschancen. Noch im 18. Jahrhundert hatten, wie erwähnt, die Geschichtsprofessoren schon wegen der schlechten Bezahlung häufig mehrere Professuren in einer Person ausgeübt. Oft war das Amt des Universitätsbibliothekars damit verbunden gewesen, gelegentlich mußte Unterricht am örtlichen Gymnasium

[4] Vgl. V. Dotterweich, Heinrich von Sybel. Geschichtswissenschaft in politischer Absicht (1817–1861). Göttingen 1978, S. 255 ff.

erteilt werden (Jacob Burckhardt hat diese Nebentätigkeit am Basler Pädagogium noch bis 1883 ausgeübt). Jetzt fanden die Absolventen eines geschichtswissenschaftlichen Studiums vor allem zwei neue Tätigkeitsfelder: das Lehramt am Gymnasium, meist in Verbindung mit der Klassischen Philologie, und die Tätigkeit an einem reinen Forschungsinstitut. Die Professionalisierung des Faches gab zusammen mit dem Ausbau des staatlichen Berechtigungswesens dem durchschnittlichen Ausbildungs- und Karrieregang einen neuen Zuschnitt. Im 18. Jahrhundert war der Dr. phil. selten und nur in Ausnahmefällen Voraussetzung für die Berufung auf eine Geschichtsprofessur gewesen; nach 1850 wurde die Promotion ebenso wie die Habilitation zur unverzichtbaren Voraussetzung für eine Universitätskarriere. Das Durchschnittsalter der Promovenden stieg dabei von knapp 23 zwischen 1840 und 1860 auf über 24 zwischen 1860 und 1880[5]. Mit der fortschreitenden Professionalisierung hat sich diese Entwicklung kontinuierlich fortgesetzt.

In den letzten Jahrzehnten des 18. Jahrhunderts hatte sich nicht nur der Durchbruch zur Geschichtswissenschaft als Beruf vollzogen. Auch die Auffassung und die Praxis des Studiums wandelten sich in der Geschichtswissenschaft wie in der Universität überhaupt. Dieser Prozeß erreichte seinen ersten, normsetzenden institutionellen Höhepunkt mit der Gründung der Universität Berlin 1809/10 durch den Leiter des preußischen Unterrichtswesens, Wilhelm von Humboldt. Hier gewann die Reformuniversität Gestalt, nach deren Muster die übrigen deutschen Staaten ihre Universitäten nach und nach reorganisierten[6]. Geist und Organisation der sogenannten Humboldt-Universität wurzeln in der liberalen Anthropologie. Sie formulierte das intellektuelle Erbe der Aufklärung in der gesell-

[5] Blanke, Historiker als Beruf, S. 359.

[6] Beste knappe Einführung noch immer: H. Schelsky, Einsamkeit und Freiheit. Idee und Gestalt der deutschen Universität und ihrer Reformen. 2. Aufl. Reinbek 1971. Weitgespannte Forschungssynthese zur deutschen Universitätsgeschichte: P. Moraw, Aspekte und Dimensionen deutscher Universitätsgeschichte. In: P. Moraw, V. Press (Hg.), Academia Gissensis. Beiträge zur älteren Gießener Universitätsgeschichte. Marburg 1982, S. 1 ff. Derzeit die beste Darstellung zum Stellenwert und Strukturwandel der Universität seit dem späten 18. Jahrhundert: C. McClelland, State, society and university in Germany 1700 to 1914. Cambridge, Mass. 1980. Bester Einstieg zur Gründungsgeschichte der Universität Berlin: U. Muhlack, Die Universität im Zeichen von Neuhumanismus und Idealismus: Berlin. In: P. Baumgart, N. Hammerstein (Hg.), Beiträge zu Problemen deutscher Universitätsgründungen der frühen Neuzeit. Nendeln 1978, S. 263 ff.

schaftlich-kulturellen und politischen Übergangssituation der Reformära seit dem Zusammenbruch der deutschen Staatenwelt unter dem Druck Napoleons neu. Die alten festgelegten Lebensformen und Berufswege lockerten sich zumindest in der Bildungsschicht auf, das eminent gestiegene Interesse an Kommunikation, der wachsende Wissensbedarf in einer Situation durchgreifenden Wandels in allen Lebensbereichen verlangten vom einzelnen Gebildeten neue Erkenntnis- und Dispositionsfähigkeiten. Der Orientierungsbedarf in den neuen, offeneren Lebens- und Wissenshorizonten forderte eine Konzeption von Bildung und Ausbildung, die vor allem eines einzuüben versprach: personale Verantwortung. Standardisiertes und bloß repetitives, äußerliches Wissen genügte nicht mehr der neuen, im Wandel selbst begründeten Vorstellung von einer Persönlichkeit, die sich über alles ein eigenes Urteil zu bilden und in voller Einsicht in die Wirklichkeit autonom zu handeln versteht. Daher entwickelten die Universitätsreformer die Idee, daß jeder einzelne Gebildete sein Denken über die Welt nicht einfach lernen oder adaptieren dürfe, sondern selbst hervorbringen müsse. Nur die Distanzierung von der Alltagswirklichkeit mit ihrer Gewöhnung an das Vorgegebene und mit ihrer Zerstreutheit konnte – so die Idee – jene Polarität von »Einsamkeit und Freiheit« (Humboldt) schaffen, in der es gelingen mochte, der Wirklichkeit auf den Grund zu gehen. Auf dieser neuen Basis individueller Selbstbestimmung durch eigenständiges Denken sollten sich die Gebildeten, Lehrende und Lernende, dann wieder in den Funktionszusammenhang von Staat und Gesellschaft fügen und deren Freiheitsspielraum eben dadurch wieder erweitern.

Die institutionelle Universitätsreform vollzog dabei einen Einstellungswandel nach, der sich in der Universität sowohl bei Lehrenden als auch bei Studierenden schon seit der Mitte des 18. Jahrhunderts angebahnt hatte. Er schlug sich bei Professoren und zuständigen Behörden nieder in zunehmender Kritik an der Universität und in – freilich noch vereinzelten – Eingriffen ins überlieferte Gefüge der Disziplinen und Lehrangebote. Die Studierenden dagegen begannen das Studium und die studentischen Lebensformen neu zu interpretieren. Im Bewußtsein der Studenten lockerte sich das herkömmliche starre Gegeneinander der Generationen. Man betonte jetzt das eigene Mannesalter und begriff Studienzeit und studentische Existenzform mehr denn zuvor als Vorbereitung und Einübung in das verantwortliche Leben bürgerlicher Pflichten und Rechte. Mit dem so eröffneten Zeithorizont stellte sich das Studentenleben nicht mehr als eine – auch zeitlich – geschlossene Gegenwelt gegen das verachtete und möglichst hinausgeschobene Erwachsenenleben in bürgerlichen Bindungen dar, sondern als Vorbereitung auf die Zukunft in der bürgerlichen Öffentlichkeit, die bereits ins Studium hineinreicht[7]. Dabei wuchs auch das Interesse an literarisch-ästhetischer und philosophischer, überhaupt über die reine Berufsvorbereitung hinausführender Bildung. Zumindest eine Avantgarde unter den Studenten entwarf das Ideal einer umfassenden Selbstvervollkommnung; gemeint war damit neben der moralischen Persönlichkeit immer auch die intellektuelle Übung und der Drang zur selbständigen und systematischen Reflexion über Staat, Gesellschaft und Religion.

In diesem Zusammenhang einer staatsbürgerlich bewußten, an der Perspektive einer offenen Zukunft orientierten, die Grenzen purer Berufspraxis sprengenden »Bildung« steht von seinen Anfängen an das neue »Studium der Geschichte« und das Nachdenken über dieses Studium. Diskutiert werden dabei sowohl der neue universelle Anspruch des geschichtlichen Denkens als auch das neue Modell der Geschichtswissenschaft als Beruf mit seinen speziellen Regeln und Verfahrensweisen. Zwischen beiden Orientierungen entstand von Beginn an eine unauflösbare, aber auch fruchtbare Spannung. Sie durchzieht die Reflexion über die Frage nach Sinn und Funktion des Geschichtsstudiums bis heute. Schillers grundlegende Unterscheidung von »Brotgelehrtem« und »philosophischem Kopf« spitzte 1789 ein vieldiskutiertes Thema der Gelehrtengemeinschaft im späten 18. Jahrhundert zu einer griffigen Alternative zu[8]. Die

[7] W. Hardtwig, Krise der Universität, studentische Reformbewegung (1750 bis 1819) und die Sozialisation der jugendlichen deutschen Bildungsschicht. Aufriß eines Forschungsproblems. In: Geschichte und Gesellschaft 11 (1985), S. 155 bis 176; vgl. ders., Sozialverhalten und Wertwandel der jugendlichen Bildungsschicht im Übergang zur bürgerlichen Gesellschaft (17.–19. Jahrhundert). In: Vierteljahrsschrift für Sozial- und Wirtschaftsgeschichte 73 (1986), S. 305–335.

[8] Friedrich Schiller, Was heißt und zu welchem Ende studiert man Universalgeschichte? Eine akademische Antrittsrede. In: Schillers Werke. Nationalausgabe, Bd. 17. Weimar 1970, S. 359ff.; die im Folgenden mehrfach zitierten Texte von Schiller, Niebuhr, Ranke, Marx und Engels, Droysen, Burckhardt, Mommsen, Nietzsche, Max Weber, Schnabel, Meinecke, Gerhard Ritter, Christian Meier, Koselleck, Nipperdey und Kocka auch abgedruckt in: W. Hardtwig (Hg.), Über das Studium der Geschichte. München 1990.

Humboldtsche Universitätsreform hat sie institutionell weitgehend entschärft und zugunsten des »philosophischen Kopfes« entschieden. Schiller hatte allerdings tiefer gebohrt: er entwarf eine Psychologie zweier Gelehrten- und Studententypen, die durch keine Reform von Institutionen und Studiengängen überholt worden ist. Zugleich brachte er damit ein Problem auf den Begriff, das sich in dem Maße verschärft, als sich eine Wissenschaft – und das gilt besonders für die Geschichtswissenschaft – verfachlicht. Denn Wissenschaft ist heute unweigerlich »Berufswissenschaft« im Sinne Schillers – und insofern »ein Stückwerk«, das den, der Geschichte studiert – Studium hier im engen wie im weiten Sinne verstanden – sehr wohl auch »anekeln« kann[9].

Das 19. Jahrhundert gab auf diese immer neu zu stellende Frage nach dem Verhältnis von Brotgelehrtem und philosophischem Kopf Antworten, die dem langsamen und vielfach höchst widerstrebend erlebten Prozeß der Verfachlichung entsprachen. Theodor Mommsen, der wie kaum ein anderer die Professionalisierung der historischen Studien vorantrieb, lehnte ein eigenes Studium der Geschichte überhaupt ab; sein Ideal war der historisch gebildete Jurist. Dementsprechend beschrieb er die historische Darstellung als »Kunst« in betontem Gegensatz zur forschenden Wissenschaft[10]. Jacob Burckhardt erklärte in seiner Vorlesung ›Über das Studium der Geschichte‹ ausdrücklich, er wolle keine »Historiker« oder gar »Universalhistoriker« bilden: »Unsern Maßstab entnehmen wir von derjenigen Fähigkeit welche jeder academisch Gebildete bis zu einem gewissen Grade in sich entwickeln sollte. Wir handeln nicht sowohl vom Studium der Geschichte, als vom Studium des *Geschichtlichen*.«[11] Er wünschte sich als Hörer ganz herkömmlich Theologen und Juristen, die freilich dem allgemeinen Zug zur Verfachlichung auch ihrer Wissenschaften mit ihrem ernsten Interesse an der Geschichte entgegentreten sollten. Aus Nietzsches grundsätzlich wissenschaftskritischer Perspektive schließlich verkörpert sich die Erkenntnis-Krise seiner Gegenwart geradezu in der »Forderung, daß die Historie Wissenschaft sein

[9] Ebd., S. 361.

[10] Theodor Mommsen, Rede bei Antritt des Rektorates, 15. Okt. 1874. In: Th. Mommsen, Reden und Aufsätze. Berlin 1905, S. 10f.

[11] Jacob Burckhardt, Über das Studium der Geschichte. Der Text der ›Weltgeschichtlichen Betrachtungen‹ aufgrund der Vorarbeiten v. E. Ziegler nach der Handschrift hg. v. P. Ganz. München 1982, S. 249.

soll«[12]. Max Weber teilte Nietzsches Skepsis gegenüber den normativen Ansprüchen wissenschaftlicher Welterklärung und suchte sie in das Selbstverständnis des Wissenschaftlers zu integrieren. Aber anders als Nietzsche, der in der Dominanz der Wissenschaften im geistigen Haushalt des 19. Jahrhunderts ein Verhängnis sah, deutet Weber die Wissenschaft letzten Endes positiv als wichtigsten Faktor eines unwiderruflichen, umfassenden Rationalisierungsprozesses. Das hieß für ihn auch, daß die Verfachlichung der Wissenschaften irreversibel ist: »In der heutigen Zeit ist die innere Lage gegenüber dem Betrieb der Wissenschaften als Beruf bedingt zunächst dadurch, daß die Wissenschaft in ein Stadium der Spezialisierung eingetreten ist, wie es früher unbekannt war, und daß dies in aller Zukunft so bleiben wird.«[13]

Illusionslos macht Weber deutlich, daß jeder Wissenschaftler unter den Bedingungen der modernen Berufswelt immer auch ein Stück weit »Brotgelehrter« im Sinne Schillers ist und sein muß. Er hat sein Interessenfeld einzugrenzen und muß auch zu mechanischen Arbeiten bereit sein. Wissenschaft als Berufsarbeit ist zudem immer auch Erwerbsarbeit. Trotzdem kann sich gerade der hochspezialisierte wissenschaftliche Arbeiter unserer Tage der Frage nach dem Sinn seiner Tätigkeit nicht entziehen. Sie ist seit Max Webers fundamentaler Unterscheidung von Werturteil und Wertbezug nur außerhalb der wissenschaftlichen Berufsarbeit zu beantworten. Insofern ist jede wissenschaftliche Tätigkeit zu ihrer Rechtfertigung – und das heißt für den wissenschaftlichen Arbeiter selbst auch zu seiner Motivation – auf einen Fragehorizont jenseits der einzelnen Wissenschaften angewiesen. Diese Spannung bleibt, wie gesagt, unauflösbar – sowohl für die Sinnbestimmung der wissenschaftlichen Tätigkeit wie für ihre produktiven Leistungen. Gerhard Ritter postulierte noch 1949 ausdrücklich, jeder Historiker müsse auch immer so etwas wie ein »philosophischer Kopf« sein[14]. Die Selbstverständlichkeit, mit der sich Ritter noch auf die Sentenz

[12] Friedrich Nietzsche, Unzeitgemäße Betrachtungen II: Vom Nutzen und Nachteil der Historie für das Leben. In: Nietzsche Werke. Kritische Gesamtausgabe. Hg. v. G. Colli u. M. Montinari. 3. Abt., 1. Bd., Berlin 1972, S. 241 ff.

[13] Max Weber, Wissenschaft als Beruf. In: Max Weber, Gesammelte Aufsätze zur Wissenschaftslehre. 3. erw. u. verb. Aufl. Hg. v. J. Winckelmann. Tübingen 1968, S. 582 ff.

[14] G. Ritter, Gegenwärtige Lage und Zukunftsaufgaben deutscher Geschichtswissenschaft. Eröffnungsvortrag des 20. Deutschen Historikertages in München am 12. Sept. 1849. In: Historische Zeitschrift 170 (1950), S. 1–22.

eines Klassikers berufen konnte, ist heute dahin. Unausgesprochen liegt sie gleichwohl auch jetzt noch jedem Nachdenken über die Bedingungen, Formen und Wirkungen des Geschichtsinteresses zugrunde.

II.

Die Professionalisierung und Institutionalisierung der Geschichtserkenntnis und die Entstehung eines regelrechten Geschichtsstudiums ließen das Verständnis von Geschichte selbst nicht unberührt. Die Geschichtskunde verwissenschaftlichte sich. Dies ist ein vielschichtiger Vorgang, dessen Anfänge ins 16. Jahrhundert zurückreichen, der sich aber doch erst seit der Mitte des 18. Jahrhunderts durchsetzt, in enger Wechselwirkung mit der allgemeinen Ansehenssteigerung der Historie und mit den Universitätsreformen der Aufklärung und des Neuhumanismus[15]. Solange die Historie ihren Sitz bei den propädeutischen Studien hatte, blieb sie in erster Linie *narratio rerum gestarum.* Im aristotelisch geprägten System der Wissenschaftslehre, das im 16. und 17. Jahrhundert zwar vielfach modifiziert, aber nicht grundsätzlich bestritten wurde, verharrt die »Historia« oder Historie als bloße *singularium rerum cognitio,* als *narratio rei gestae* im Status der Vor- und Unwissenschaftlichkeit, beschränkt darauf, die »vereinzelten«, »zufälligen«, insgesamt kontingenten Tatsachen aus der Vergangenheit zu berichten und zu überliefern, ohne Einblick in das »Allgemeine«, die Prinzipien- und Wesenserkenntnis. Gleichwohl kommt ihr eine wichtige, aber eben praktische Funktion zu: sie ist *magistra vitae*; wer die Geschichten – nicht *die* Geschichte – kennt, hat eine Schule praktischer Fertigkeiten durchlaufen, die sich zur Weisheit summieren können. Das rhetorisch-humanistische Modell von Geschichte bindet die Erzählung wahrer Geschichten über wirkliche Begebenheiten vorrangig in praktische Zusammenhänge ein. Das Hören oder Lesen von Historien, Geschichten, die nur im Plural denkbar sind, da es den modernen Kollektivsingular »die Geschichte« noch nicht gibt, soll zu

[15] Zum folgenden unten S. 58ff., sowie H. W. Blanke, J. Rüsen (Hg.), Von der Aufklärung zum Historismus. Zum Strukturwandel des historischen Denkens. Paderborn 1985; vgl. auch H. Dreitzel, Die Entwicklung der Historie zur Wissenschaft. In: Zeitschrift für historische Forschung 8 (1981), S. 257–284.

wichtigen nützlichen Fertigkeiten und einem tugendhaften Leben hinführen[16]. Historien-Kenntnis schult das Denken, indem sie die Kraft zur Unterscheidung zwischen Wahrscheinlichem und Unwahrscheinlichem stärkt; sie erweitert die Menschenkenntnis durch Fremderfahrung über den Kreis der eigenen Erfahrung hinaus; sie leitet hin zu den Grundsätzen der Moral und zu den Prinzipien der Politik. Über diese allgemein anerkannten nützlichen Funktionen hinaus konnten noch speziellere Erwartungen an die Historien geknüpft werden: die Kenntnis von Staats- und Völkerrecht, die Fähigkeit zur Prognose oder auch einfach die Möglichkeit, andere durch Wissen über den eigenen Erfahrungshorizont hinaus zu beeindrucken. Aber in Einklang mit diesen Zielen bleibt die Historie als Disziplin der Beredsamkeit zugeordnet. Die besonderen Merkmale der Historie werden als literarische Gattungseigenschaften diskutiert, wobei besonders die Unterschiede zwischen dichterischen Texten und Historien interessieren, etwa bei den Techniken der Beschreibung, der Ausschmückung, der dramatischen Erzählung, des Plädoyers. Das Ziel dieser Historie als Geschichtsschreibung ist die Mitteilung oder *Ver*mittlung vergangener Wirklichkeit, nicht die *Er*mittlung eines bis dahin unbekannten oder unklaren Geschehens.

Das ändert sich schrittweise schon im 17., vor allem aber im Lauf des 18. Jahrhunderts, in einem permanenten Wechselspiel von Veränderung und Retardierung. Allgemein wandelt sich der Charakter der Gelehrsamkeit und damit auch das Erscheinungsbild der Geschichten- oder Geschichtskunde. Die Geschichte beginnt sich von der religiösen Überlieferung und der Theologie zu emanzipieren. Das christlich-humanistische Zeitschema, die Periodisierung der Universalhistorie nach dem Grundmuster der Danielischen Vier-Reiche-Lehre , wird kritisiert, die Chronologie als solche gewinnt an Bedeutung. Das biblische Einteilungsschema, das eine heilsgeschichtliche Programmatik widerspiegelt, wird in dem Maße obsolet, in dem der Mensch selbst als Movens aller Veränderungen in Erscheinung tritt. Das gesteigerte anthropologische Interesse des Aufklärungsjahrhunderts gibt der Geschichtskunde eine neue Fragerichtung und hilft ihr, einen eigenen, unverwechselbaren Ge-

[16] Vgl. R. Koselleck, Historia magistra vitae. Über die Auflösung des Topos im Horizont neuzeitlich bewegter Geschichte. In: Ders., Vergangene Zukunft. Zur Semantik geschichtlicher Zeiten. Frankfurt a.M. 1979, S. 38–66.

genstandsbereich zu finden. Die historische Methodenreflexion gewinnt an Gewicht, bildet in den 1760er und 1770er Jahren die Historik als eigene Form historischer Lehrveranstaltungen aus und trägt damit auch zur Verselbständigung der Historie als Wissenschaft gegenüber dem rhetorischen Verständnis als literarische Gattung bei[17]. Die rhetorische *dispositio* als Anordnungsprinzip des Stoffes tritt zurück zugunsten der Rekonstruktion der Zeitfolge, die den Zusammenhang der Ereignisse und Zustände herstellt. Die Geschichte als Erzählung erhält ihre Struktur durch die Zuordnung von Ereignissen und Zuständen gemäß ihrem Verhältnis in der Zeit. Dabei geht es nicht nur um die bloße chronologisch korrekte Aneinanderreihung von Ereignissen. Die Zustände der Welt folgen nicht nur *auf*einander, sondern *aus*einander. Damit beginnt sich die eigentliche geschichtslogische Neuerung der Aufklärungshistorie, die Verbindung von chronologischer Abfolge und Erklärung durchzusetzen. Die richtige temporale Anordnung des Stoffes begründet zugleich den Verlauf der Geschichte, synchrone und diachrone Ordnung des Stoffes verschränken sich. Daraus ergibt sich dann die Möglichkeit, Geschichten bzw. Geschichte nicht nur zu »überliefern«, sondern zu »begreifen«. Das Verständnis der Historie als Wissenschaft hängt nun immer mehr davon ab, ob es gelingt, einen erklärenden Zusammenhang zwischen den einzelnen Ereignissen und Zustandsabfolgen herzustellen, indem man einerseits die Absichten der Akteure versteht, andererseits die tatsächlich eingetretenen Handlungsfolgen erkennt, die dann ihrerseits das intentionale Handeln wieder bestimmen.

Mit diesen Neuerungen der Stoffanordnung und -verknüpfung etabliert sich die Historie als autonome Disziplin. Sie will jetzt nicht mehr in erster Linie Exempel für moralische Grundsätze geben, obwohl dieses Motiv noch lange in ihren Erzählungen mitschwingt; sie wächst auch über ihre bisherige Rolle hinaus, den Faktenhintergrund für theologische oder philologische Fragen an die übergeschichtlich gültige Offenbarung oder für klassisch-exemplarische Texte der Antike bereitzustellen. Sie erklärt vielmehr die Veränderung, den Wandel und das Befin-

[17] Vgl. W. Hardtwig, Konzeption und Begriff der Forschung in der deutschen Historie des 19. Jahrhunderts. In: A. Diemer (Hg.) Konzeption und Begriff der Forschung in den Wissenschaften des 19. Jahrhunderts. Meisenheim 1979, S. 11 bis 26, sowie zur Entwicklung der Historik H. W. Blanke, D. Fleischer, J. Rüsen, Historik als akademische Praxis. In: Dilthey – Jahrbuch 1 (1983), S. 182 bis 255.

den und das Handeln des Menschen im Wandel zu ihrem eigenen, unverwechselbaren Gegenstand. Damit löst sich »die Geschichte« endgültig von der Historie als dem moralisch interessierten Bericht über vergangene Geschehnisse. Die Summe aller möglichen Veränderungen, das Geschehen als solches, gewinnt mit dem Wort »Geschichte« einen eigenen Begriff und wird damit denkbar.

Aus diesem Verständnis von Geschichte als Geschehen folgt allerdings nicht nur eine neuartige Verkettung, sondern auch eine neuartige Disjunktion von Gegenwart und Vergangenheit. Die Gegenwart löst sich aus dem unreflektierten Traditionszusammenhang mit der Vergangenheit, der die Lehren der Historien unmittelbar auf die Gegenwart anwendbar gemacht hatte. Es entsteht ein Bewußtsein davon, daß sich die Gegenwart von aller Vergangenheit unterscheidet und doch zugleich von ihr bedingt ist. Erst diese Spannung macht die Grundstruktur des Wandels erfahrbar, so wie umgekehrt dieser Wandel dazu nötigt, Vergangenheit und Gegenwart auf einer veränderten Erfahrungsbasis wieder zu vermitteln. Geschichte als umfassender Geschehenszusammenhang wird zur Entstehungsgeschichte der Gegenwart, aus der Gegenwart heraus richten sich die Fragen an die Vergangenheit. Daraus ergibt sich die neue Aufgabe der Geschichte als Wissenschaft: es gilt, die gegenwärtigen Zustände aus den vergangenen begründend herzuleiten. Jede Grundsatzreflexion über die Geschichte und ihr Studium setzt seither bei der Gegenwart ein und bewegt sich dann zur Vergangenheit als dem Fremden und Fernen und doch auch – vermittelt – Gegenwärtigen. Schillers Satz: »Das Verhältnis eines historischen Datums zu der *heutigen* Weltverfassung ist es also, worauf gesehen werden muß«[18] gilt daher unverändert auch heute; spätere Historiker variieren ihn nur, je nach Standort und Zeitsituation. Unabhängig davon, wie enthusiastisch oder skeptisch sie jeweils der »Geschichte als Fortschritt« gegenüberstehen – in jedem Fall ist die Gegenwart der erkenntnisleitende Horizont, und dieser Horizont wird auch von den schärfsten Kritikern ihrer Gegenwart, wie etwa Jacob Burckhardt, nicht nur als erkenntnishemmende Grenze, sondern als erkenntnisstimulierende Herausforderung begriffen. Selbst Ranke, dessen Wunsch nach Versenkung in die Vergangenheit so weit ging, daß er bereit war, sein »Selbst gleichsam auszulö-

[18] Schiller, Universalgeschichte, S. 371.

schen«[19], formulierte diese notwendige Spannung und Wechselbeziehung von Gegenwart und Vergangenheit zurückhaltend, aber unmißverständlich: »Die Kenntnis der Vergangenheit ist unvollkommen ohne Bekanntschaft mit der Gegenwart; ein Verständnis der Gegenwart gibt es nicht ohne Kenntnis der früheren Zeiten. Die eine reicht der anderen die Hände: eine kann ohne die andere entweder nicht existieren oder doch nicht vollkommen sein.«[20] Jede Gegenwart entscheidet neu, welche Fragen sie an die Vergangenheit richtet und welche Aspekte aus der Vorgeschichte der Gegenwart sie jeweils bevorzugt untersucht; leitend ist der Erfahrungshorizont der Zeitgenossenschaft. Je nach Generationenerfahrung wechseln die Erkenntnisbedürfnisse und damit auch die Stimmungslagen beim Studium der Geschichte. Im Bewußtsein eines intellektuellen Aufbruchs arbeiteten Aufklärungshistoriker wie Gatterer und Schlözer an der Ausbildung der Geschichte als einer Disziplin, die immer auch Gegenwartsprobleme behandeln sollte[21]. Die Jahre revolutionärer Umbrüche in Gesellschaft, Staat und Kultur nach 1789 lösten in den Zeitgenossen das Gefühl aus, einem Sturm von Veränderungen ausgesetzt zu sein, in dem man so ungesichert dahintrieb wie ein Boot im Meer[22]. Aber auch diese Erfahrung des »Revolutionszeitalters«, die erstmals Niebuhr 1829 auf den Begriff brachte, konnte positiv oder negativ gefaßt werden: positiv, wie bei Droysen, als Geschichte nicht von Zerstörungen, sondern von Befreiungen[23], oder überwiegend kritisch, wie bei Burckhardt, was dann aber wieder den Wert des Vergangenen als Gegengewicht zur Gegenwart steigerte[24].

Im 20. Jahrhundert beherrschte dann die Reflexion auf die Katastrophen der deutschen Geschichte 1914–1918 und 1933

[19] Leopold von Ranke, Englische Geschichte vornehmlich im 16. und 17. Jahrhundert. Leopold von Rankes Sämtliche Werke, Bd. 15. Leipzig 1970, S. 103.

[20] Leopold Ranke, Über die Verwandtschaft und den Unterschied der Historie und der Politik. Eine Rede zum Antritt der ordentlichen Professur an der Universität zu Berlin im Jahre 1836. In: Leopold von Rankes Sämtliche Werke, Bd. 24. Leipzig 1872, S. 289 sowie in: W. Hardtwig, Über das Studium der Geschichte, S. 47–60.

[21] P. H. Reill, Die Geschichtswissenschaft um die Mitte des 18. Jahrhunderts. In: R. Vierhaus (Hg.), Wissenschaften im Zeitalter der Aufklärung. Göttingen 1984, S. 164 ff.

[22] Vgl. W. Hardtwig, Geschichtsschreibung zwischen Alteuropa und moderner Welt. Jacob Burckhardt in seiner Zeit. München 1974, S. 25 ff.

[23] Johann Gustav Droysen, Briefwechsel. Hg. v. Rudolf Hübner. Bd. 1, Leipzig 1929, S. 321 f. (26. 12. 1845).

[24] Burckhardt, Studium der Geschichte, S. 247 f.

bis 1945 das Nachdenken über die Grundfragen von Geschichtswissenschaft und Geschichtsstudium in Deutschland. Wo sie zu gering gewichtet wurden oder das bloße Kontinuitätsverlangen überwog, wie beim Neuanfang der geschichtswissenschaftlichen Arbeit nach 1945, da büßten auch die Fragen an die Vergangenheit an Dringlichkeit und Präzision ein[25]. Im Rückblick auf die – damalige – jüngste Vergangenheit des Kaiserreichs beklagte Franz Schnabel 1923, daß »wir nicht innerlich frei genug dazu waren, alle Inhalte und Werkzeuge unseres Lebens scharf und rückhaltlos auf ihre Gediegenheit und innere Kraft zu prüfen« – eine Feststellung, die er dann auch in eine Revision der damals vorherrschenden Wertmaßstäbe und Urteilskategorien umsetzte. Daher ist aber für ihn die Geschichte auch, wenn sie die richtigen, das heißt zeitgemäßen Fragen aufwirft, »in Zeiten der Not noch immer ein Mittel gewesen gegen die Resignation«[26]. Vergangenheitserforschung und Gegenwartserfahrung wie Gegenwartsanalyse sind unauflöslich miteinander verschränkt, nicht nur erkenntnislogisch, mit dem Eingeständnis der unaufhebbaren Zeitbedingtheit von Fragen und Urteilen, sondern auch wissenschaftsethisch und politisch. Nach 1945 drohte dann Hermann Heimpel zufolge Geschichtslosigkeit und damit die reduzierte Fähigkeit zur Gegenwartsbewältigung – nicht nur »Vergangenheitsbewältigung« –, »solange wir diese Zeit behandeln, als wären wir damals nicht gestrauchelt und hätten damals eigentlich nicht gelebt, als müßten wir jene Zeit nicht in die Kontinuität unserer Geschichte einstellen«[27].

III.

Für das geschichtliche Bewußtsein wie für die Geschichtswissenschaft hat das Verhältnis von Gegenwart und Vergangenheit viele Aspekte. Es wirft geschichtstheoretische Probleme auf, aber auch Fragen nach dem Sinn und den Funktionen ge-

[25] Exemplarisch dafür G. Ritter, Gegenwärtige Lage.

[26] F. Schnabel, Vom Sinn des geschichtlichen Studiums in der Gegenwart (1923). In: F. Schnabel, Abhandlungen und Vorträge 1914–1965. Hg. u. eingeleitet in Verbindung m. E. Angermann, Fr. H. Schubert u. E. Weis v. H. Lutz. Freiburg i. Br. 1970, S. 41 ff., hier S. 57, 49.

[27] H. Heimpel, Geschichte und Geschichtswissenschaft. In: Vierteljahreshefte für Zeitgeschichte 5 (1957), S. 1–17.

schichtlichen Wissens in einer Gesellschaft. Die spezifische Antwort, welche die deutschen Historiker im 19. und frühen 20. Jahrhundert auf diese Fragen gegeben haben, faßt die geschichtstheoretische und historiographiegeschichtliche Forschung unter dem Begriff des »Historismus« zusammen. Was ist darunter zu verstehen?

Die jüngste Forschung hat an dem Bild, das sich die deutsche Geschichtswissenschaft bis in die 1960er und 1970er Jahre hinein von ihrer eigenen Geschichte machte, wesentliche Korrekturen angebracht. Der Historismus ist sehr viel weniger, als man lange meinte, eine Gegenbewegung zur als französisch diskreditierten Aufklärung gewesen[28]. Vielmehr trieb er vor allem den Prozeß der Verwissenschaftlichung weiter voran, den die Aufklärung energisch eingeleitet hatte. Zudem hatte die Aufklärung Wissenschaft und Bildung entschieden aufgewertet. Als »Gesamtumwälzung der Kultur auf allen Lebensgebieten« trug sie zur Formierung der modernen Welt entscheidend bei[29]. Die Verwissenschaftlichung der Geschichtskenntnis als Teilprozeß dieser Gesamtumwälzung hat somit von Anfang an die Entstehung der modernen Welt stark gefördert. Seit der Mitte des 18. Jahrhunderts setzte sich schrittweise die Tendenz zu einer umfassenden Historisierung der Welt und des Menschen durch. Sie führte dazu, daß die historische Betrachtungsweise allgemein zur Grundlage der Geistes- und der Kulturwissenschaften erklärt wurde. Die Historiker dehnten auch den Gegenstandsbereich und die Erklärungsmuster der entstehenden Geschichtswissenschaft selbst aus. Junge Gelehrte wie Gatterer und Schlözer grenzten sich von der logischen Deduktion historischer Sachverhalte ebenso ab wie vom bloßen Sammlertum;

[28] Für die historistische Überlieferung über sich selbst bezeichnend: Ritter, Gegenwärtige Lage, S. 3f.; die klassische Darstellung des Historismus als »deutsche« Bewegung: Fr. Meinecke, Die Entstehung des Historismus. Fr. Meinecke, Werke. Bd. 3, München 1965; betont kritisch gegenüber dieser »spezifisch deutschen« Form des geschichtlichen Denkens: G. G. Iggers, Deutsche Geschichtswissenschaft. Eine Kritik der traditionellen Geschichtsauffassung von Herder bis zur Gegenwart. 3. Aufl. München 1976; zur Überprüfung des Historismus in geschichtstheoretischer Absicht: J. Rüsen, Für eine erneuerte Historik. Studien zur Theorie der Geschichtswissenschaft. Stuttgart 1976; zur Kontinuität von Aufklärungshistorie und Historismus unten S. 58ff., sowie Blanke, Rüsen (Hg.), Von der Aufklärung zum Historismus; vgl. auch G. Hübinger, Georg Gottfried Gervinus: Historisches Urteil und politische Kritik. München 1984, S. 73–87.

[29] E. Troeltsch, Aufklärung. In: E. Troeltsch, Gesammelte Schriften, Bd. 4. Hg. v. H. Baron. Tübingen 1925, S. 338, auch in: F. Kopitzsch (Hg.), Aufklärung, Absolutismus und Bürgertum in Deutschland. München 1976, S. 245.

die Summe aller Tatsachen sollte in einen umfassenden Erklärungszusammenhang gebracht werden. Altertumswissenschaftler wie Johann Gottlob Heyne und August Wolf und Theologen wie Johann David Michaelis entdeckten die Sprache als Instrument, die Sitten, Verhaltensweisen und die Kultur eines Volkes im Ganzen zu rekonstruieren. Zustände und Ereignisse wurden der durchgehenden »Entwicklung« einer Kultur, eines Volkes oder eines Staates zugeordnet[30]. Der Entwicklungsgedanke bereitete zugleich die Erkenntnis vor, daß alle historischen Erscheinungen individuell und unvergleichlich seien. Johann Martin Chladenius erarbeitete in seiner Theorie der Geschichten die fundamentale Einsicht in die Singularität auch des Erkennenden: alles historische Wissen ist notwendig perspektivisch[31]. Die entstehende Geschichtswissenschaft lehrte das Wissen kritisch zu prüfen und systematisch zu vermehren: die auf bloße Tradition oder ungeprüfte Autorität gestützte Lehrmeinung verlor an Geltung. Wenn Barthold Georg Niebuhr 1809 erklärte: »Wir müssen uns bemühen, Gedicht und Verfälschung zu scheiden, und den Blick anstrengen, um die Züge der Wahrheit, befreit von ... Übertünchungen, zu erkennen«[32], so zog er damit nur die Schlußfolgerung aus einer umfassenden Einstellungsänderung, die sich schon in den Jahrzehnten zuvor angebahnt hatte.

Damit präsentierte die entstehende Geschichtswissenschaft bereits vor Wilhelm von Humboldts Abhandlung ›Über die Aufgabe des Geschichtsschreibers‹ (1821)[33] und vor den großen historischen Darstellungen Leopold Rankes seit 1824 wesentliche Inhalte des Begriffs »Historismus«, wie er sich seit der zweiten Hälfte des 19. Jahrhunderts immer mehr durchsetzte und seit der Wende vom 19. zum 20. Jahrhundert zur Sammelbezeichnung für historische Bildung überhaupt aufstieg[34]. Der

[30] Vgl. Reill, Geschichtswissenschaft; H. E. Bödeker u.a. (Hg.), Aufklärung und Geschichte. Studien zur deutschen Geschichtswissenschaft im 18. Jahrhundert. Göttingen 1986.

[31] Vgl. Chladenius, Allgemeine Geschichtswissenschaft, Kap. I, § 17, 18; V, §§ 1, 8–12; VI, § 33, 34.

[32] Barthold Georg Niebuhr, Vorrede zu: Römische Geschichte. Erster Theil. Berlin 1811, S. VII–XIV.

[33] Wilhelm von Humboldt, Über die Aufgabe des Geschichtsschreibers. In: Wilhelm von Humboldts Gesammelte Schriften. Hg. von der Preuß. Akademie der Wissenschaften. Bd. 4, Berlin 1924, S. 35–56.

[34] G. Scholz, ›Historismus‹. In: J. Ritter u. K. Gründer (Hg.), Historisches Wörterbuch der Philosophie, Bd. 3. Stuttgart 1974, Sp. 1141–1147; O. G. Oexle,

Historismusbegriff trat in positiver oder negativer Wertung dort auf, wo es um ein neuartiges, auf Empirie und Methodizität gegründetes Wissen ging, das Naturgegebenheit oder Tradition als Basis von theoretischen oder praktischen Normen von Wahrheit und Ethik nicht mehr anerkannte, sondern jede Art von Norm auf ein kritisches, vernünftig erarbeitetes Wissen stellte. In der Vorrede zur zweiten Auflage der ›Römischen Geschichte‹ hat Niebuhr die Entstehung dieser Denkweise bereits selbst beschrieben und seine eigene kritische Leistung in diesen geschichtlichen Zusammenhang eingeordnet: »In dem 17. Jahrhundert gingen allgemein der Geist und die Wissenschaft aus der Unmündigkeit hervor: es lehrten große Männer das Antlitz der Dinge durchschauen und mit freier Brust erforschen ... eigenen Sinn, eigene Vernunft, eigenes Urteil in allem gebrauchen ...«[35]

Allerdings erhielten diese Denkweise und das Interesse an der Vergangenheit an der Wende vom 18. zum 19. Jahrhundert noch einen elementaren zusätzlichen Antrieb durch die Französische Revolution, die napoleonische Hegemonie über Europa und die Neuordnung Europas teils auf vorrevolutionären Fundamenten, teils aber auf den politischen, gesellschaftlichen und geistigen Grundlagen, die die Revolution erst geschaffen hatte. Die Erschütterungen dieser Jahrzehnte und die gesteigerte Veränderungsdynamik, die seither mit wachsender Beschleunigung die Wirklichkeit umgestaltet haben, schufen ein ganz neuartiges Bewußtsein der Unvergleichbarkeit von Gegenwart und Vergangenheit. Die Frage nach Kontinuität und Diskontinuität stieg zur Existenzfrage auf[36]. Nichts, so Ranke, beschäftige die Menschen in der Gegenwart mehr, als die »Begierde nach Neuerungen«[37]. Andererseits zwangen, so Burckhardt 1872, gerade die gewaltigen Veränderungen seit dem Ende des 18. Jahrhunderts zur intensiveren Erforschung der vor- und nachrevolutionären Zustände: »Eine bewegte Periode wie diese 83 Jahre Revolutionszeitalter, wenn sie nicht alle Besinnung verlieren soll, muß ein solches Gegengewicht schaffen. Nur aus der Be-

»Historismus«. Überlegungen zur Geschichte des Phänomens und des Begriffs. In: Jahrbuch der Braunschweigischen Wissenschaftlichen Gesellschaft 1986, S. 119–155.

[35] Barthold Georg Niebuhr, Vorrede zur 2. Ausgabe: Römische Geschichte, in: Römische Geschichte, neu hg. von M. Isler, Berlin 1873, S. XXVII.

[36] Vgl. dazu Hardtwig, Geschichtsschreibung, S. 25–50.

[37] Ranke, Über die Verwandtschaft, S. 280.

trachtung der Vergangenheit gewinnen wir einen Maßstab der Geschwindigkeit und Kraft *der* Bewegung in welcher wir selber leben.«[38] Die Krisenhaftigkeit der Gegenwart verlieh der Frage nach den früheren Zuständen eine neue Dringlichkeit; die Krise der Gegenwart konnte als Krise nur durch den Rückgriff auf das Vergangene oder Vorgegangene erkannt und begriffen werden. Revolutionäre Veränderung und die Entstehung eines neuen Bewußtseins standen dabei in einem dialektischen Verhältnis zueinander. Denn der Umsturz, die »tabula rasa« aller Verhältnisse (Burckhardt), setzte ein neues, objektiviertes Bewußtsein frei, das keinen Zustand mehr allein auf Grund seines Gewordenseins als berechtigt anerkannte. Allen europäischen Völkern, so Burckhardt an anderer Stelle, sei der historische Boden unter den Füßen weggezogen worden: »Die völlige Negation, die zu Ende des vorigen Jahrhunderts in Staat, Kirche, Kunst und Leben eintrat, hat eine solch ungeheure Menge von objektivem Bewußtsein in alle einigermaßen regsamen Köpfen hineingeworfen (bei den Bessern: entwickelt), daß an eine Herstellung der alten Unmündigkeit gar nicht mehr zu denken ist.«[39]

Burckhardt als Analytiker der Gegenwart hat damit einen Zusammenhang aufgedeckt, den er als Historiker noch gar nicht durchdenken konnte: Das Revolutionszeitalter ist auch das Zeitalter klassischer neuzeitlicher Geschichtsschreibung. Erst die Erfahrung des Revolutionszeitalters seit 1789 mit seinen Kontinuitätsbrüchen brachte das Geschichtsbewußtsein auf seine moderne Höhe. Seither ging und geht es darum, eine emphatisch bejahte oder irritiert abgelehnte, jedenfalls aber inkomparable Gegenwart mit einer immer fremder werdenden Vergangenheit in einen begründeten Zusammenhang zu bringen. Das gelang im Historismus mit der spezifisch modernen Kategorie der »Entwicklung« bzw. – noch schärfer gefaßt – des »Fortschritts«. Der Fortschritt wurde zum Denkmuster, das die Differenz von Gegenwart und Vergangenheit beschrieb, die Spannung zwischen beiden als sinnvoll erkennen ließ und das Handeln des einzelnen einem überpersönlichen Zusammenhang integrierte. Schon die aufklärerische Geschichtsschreibung hatte begonnen, den Gang der Welt einem »vernünftigen Zweck« zuzuordnen und ein »teleologisches Prinzip« in die Weltge-

[38] Burckhardt, Über das Studium, S. 248.

[39] Jacob Burckhardt, Briefe. Hg. v. M. Burckhardt. Bd. 1, Basel 1949, S. 201 (1842).

schichte hinein zu verlegen[40]. In den Umbrüchen und Katastrophen des Revolutionszeitalters war allerdings die aufklärerische Vorstellung einer heiteren Harmonie, die der vernünftig und historisch denkende Mensch aus sich selbst heraus in die »Ordnung der Dinge« verpflanzt[41], brüchig geworden. Bei vielen historisch reflektierenden Zeitgenossen machte sich tiefe Skepsis gegen ein schematisches Fortschrittsdenken bemerkbar, das Widersprüche harmonisierte und um unbestreitbar guter Ziele willen fragwürdige Mittel in Kauf nahm oder verteidigte. Der Historismus zerfiel daher in eine fortschrittsfreudige und in eine fortschrittsskeptische Richtung. Niebuhr, Ranke und Burckhardt waren von größter Sorge vor den Folgen des Revolutionszeitalters erfüllt, und auch Historiker, die man im politischen Spektrum des 19. Jahrhunderts dem »fortschrittlichen« Lager zurechnet wie Droysen und selbst Theodor Mommsen, wahrten Distanz zu unkritischer Fortschrittsgläubigkeit. Trotzdem herrschte die Überzeugung vor, es sei möglich, den großen Gang der Geschichte zu erkennen, eine bessere Zukunft zu wollen und das eine aus dem andern mit Bewußtsein und Augenmaß zu entwickeln. Die richtige Erkenntnis der Vergangenheit galt als Bedingung dafür, daß eine bessere Zukunft geschaffen werden könne. Fundamentaler Zweifel an der Möglichkeit gesellschaftlichen und politischen Fortschritts klang allenfalls bei Jacob Burckhardt an, der in der relativen Abgeschiedenheit der Universität Basel freilich außerhalb des spezifisch deutschen akademischen Milieus stand. Prinzipiell aber strebte der Historismus nach Vergegenwärtigung der Vergangenheit zum Zweck der Orientierung für eine bessere Zukunft[42]. Für die historistischen Historiker des 19. und 20. Jahrhunderts hatten dabei geschichtswissenschaftliche Begriffe und Kategorien wie »Individualität«, »Entwicklung«, »Nation« und »Staat« neben ihrer logischen Funktion in der Wissenschaft immer auch kulturelle Funktionen. Der Rang, den sie ihnen bei der wissenschaftlichen Erschließung der historischen Wirklichkeit zuwiesen, beruhte für sie immer auch auf dem Bedürfnis der Gesellschaft nach historisch vermittelter Selbstverständigung und Orientierung.

Dieses gesellschaftliche Bedürfnis erklärt auch, warum Geschichte und Geschichtswissenschaft seit Anbruch des Revolu-

[40] Schiller, Universalgeschichte, S. 374.
[41] Ebd., S. 374.
[42] Vgl. dazu unten S. 103–160, 224–263.

tionszeitalters im Kommunikationszusammenhang der Nation, des Staates bzw. der Gesellschaft einen neuen, erhöhten Stellenwert zugewiesen erhielten. Der Aufstieg der Geschichtswissenschaft zur »allgemeinen« Wissenschaft mit einem Deutungsprivileg für die Fragen der politisch-gesellschaftlichen Ordnung wie für die kulturelle Selbstverständigung verweist auf ein gesteigertes Verlangen, sich der eigenen Vergangenheit – und auf dem Weg über die Vergangenheit seiner selbst – bewußt zu werden: »die Geschichte ist das Bewußtsein und das Bewußtwerden der Menschheit über sich selbst«, heißt es bei Droysen[43]. Friedrich Schiller bereits hatte seine Vorlesung über den Sinn der Universalgeschichte unter die Kernfrage gestellt, die auch die nachaufklärerischen, historistischen Historiker leitete und die heute so aktuell ist wie im 19. Jahrhundert: »So waren wir – was sind wir jetzt?«[44] Diese Fragestellung an die Vergangenheit setzte voraus, daß dem festgefügten religiösen Glauben und den Institutionen, in die der einzelne eingefügt war, keine zeitgemäße Antwort auf die Frage mehr zugetraut wurde, wer wir eigentlich sind. Das Denken und Handeln des einzelnen – insbesondere des einzelnen Angehörigen des entstehenden Bildungsbürgertums – ging in den traditionellen Wertvorstellungen und Handlungsnormen der Kirchengemeinde, der Korporation, des ganzen Hauses, eines bestimmten, klar umgrenzten Wissenkanons nicht mehr auf. Wenn die Historiker daher jetzt, im »Revolutionszeitalter«, eine Geschichte erzählten, zum Beispiel die Geschichte des Römischen Rechts (Savigny), des mittelalterlichen Kaisertums (Giesebrecht), der »romanischen und germanischen Völker« (Ranke), des preußischen Staates (Droysen), der »Kultur der Renaissance« (Burckhardt), dann wollten sie zwar auch, aber nicht nur, überzeitliche und allgemeingültige Wahrheiten präsentieren, sondern die Geschichte einer Individualität – einer Person, einer Nation, eines Staates, einer Kultur, einer Institution –, ihren Wandel (zugleich mit ihren konstanten Elementen), ihre Ausbildung und Umbildung um ihrer selbst willen. Man hatte die Wandelbarkeit aller Zustände erlebt; Verlaufsprozesse darzustellen wurde daher zum entscheidenden Element der Identitätsbildung – Identität hier als gesichertes Bewußtsein von sich selbst verstanden. »Die Geschich-

[43] Johann Gustav Droysen, Historik. Vorlesungen über Enzyklopädie und Methodologie der Geschichte. 5. unv. Aufl. Hg. v. R. Hübner. Darmstadt 1967, S. 357.

[44] Schiller, Universalgeschichte, S. 365.

te« zerstörte institutionelle Identität; daher bemühten sich die Historiker, Identität neu zu bilden, indem sie Geschichten erzählten unter den leitenden Gesichtspunkten von Individualität, Entwicklung, Moralität, Recht, Staat, Nation – so wie man sie jetzt, in der Gegenwart, den Veränderungen des Revolutionszeitalters ausgesetzt, verstand[45].

IV.

Historismus, so läßt sich zusammenfassen, ist also sowohl eine Methode verwissenschaftlichter Erkenntnis der Vergangenheit, die der durchgehenden Historisierung der Wirklichkeit gerecht werden will, als auch eine Methode, die Voraussetzungen für praktisches gesellschaftlich-politisches Handeln zu klären und insofern auch zu dessen Orientierung beizutragen. Alle historistischen Geschichtsschreiber gingen – unabhängig von ihrem jeweiligen Verständnis von »Objektivität« – von der selbstverständlichen Annahme aus, daß die Ergebnisse ihrer historischen Forschung und Darstellung nicht nur ihr eigenes Erkenntnisinteresse und das ihrer Fachkollegen befriedigen, sondern in das Handeln ihrer Zeitgenossen hineinwirken konnten und sollten[46]; das gilt für Niebuhr ebenso wie für Wilhelm von Humboldt, Ranke oder Droysen; es gilt für Franz Schnabel, Friedrich Meinecke und Gerhard Ritter. Es gilt aber mutatis mutandis auch noch für die gegenwärtigen Historiker, die sich an der Diskussion um die Frage »Wozu noch Geschichte« beteiligt haben[47]. Insofern steht die Geschichtswissenschaft nach wie vor auf den Grundlagen des Historismus, ihr Perspektiven- und Methodenwandel in den letzten drei Jahrzehnten hat daran

[45] Zur »Identitätspräsentationsfunktion« von Geschichte v.a. H. Lübbe, Geschichtsbegriff und Geschichtsinteresse. Analytik und Pragmatik der Historie. Basel 1977; vgl. auch Th. Nipperdey, Wozu noch Geschichte? In: Hardtwig (Hg.), Über das Studium der Geschichte, S. 386ff.; J. Kocka, Geschichte – wozu? Ebd. S. 433ff., 441ff.

[46] Vgl. W. Hardtwig, Theorie und Erzählung – eine falsche Alternative. In: J. Kocka, Th. Nipperdey (Hg.), Theorie und Erzählung in der Geschichte. München 1979, S. 190ff.

[47] Vgl. Chr. Meier, Die Wissenschaft des Historikers und die Verantwortung des Zeitgenossen. In: Hardtwig, Über das Studium der Geschichte, S. 323–346; R. Koselleck, Wozu noch Historie? Ebd., S. 347–365; Th. Nipperdey, Wozu noch Geschichte? Ebd., S. 366–388; J. Kocka, Geschichte – wozu? Ebd., S. 427 bis 444.

nichts geändert. Nach wie vor ist sie verwissenschaftlichte Erkenntnis der Vergangenheit in der Absicht, der durchgehenden Historisierung der Welt und des Menschen in der modernen Welt gerecht zu werden; und nach wie vor begründet sie ihre Notwendigkeit zwar nicht ausschließlich, aber immer auch aus dem Bedürfnis, Handlungsorientierung zu ermöglichen, indem sie Handlungsvoraussetzungen klärt[48].

Allerdings haben sich die Bedingungen für die Wirkung historischen Wissens außerhalb der eigentlichen *scientific community* verändert – wenn auch weniger tiefgreifend, als man noch vor einigen Jahren glaubte. Alle Historiker von Schiller bis Gerhard Ritter haben die Meinung Rankes geteilt, daß Historie »bilden« solle – bilden nicht nur zur Fähigkeit, wahre wissenschaftliche Aussagen zu machen, sondern auch zur Fähigkeit richtigen Handelns und zur persönlichen geistigen Reife[49]. Doch war Bildung nicht nur die Absicht, sondern auch die Voraussetzung solcher praktischen Wirksamkeit historischer Erkenntnis. Auch die »kontemplative« Geschichtsschreibung Rankes verließ sich auf die Vermittlung ihres Wissens in das gesellschaftliche und politische Handeln durch die historische Bildung. Sie legte dabei eine Vorstellung von Öffentlichkeit zugrunde, in der öffentliche Meinung selbst nach dem Modell wissenschaftlicher Wahrheitssuche gedacht wurde – eine frühliberale Konzeption, in der man sich öffentliche Meinung als Summe der selbständig-rational gewonnenen, nicht nachgesprochenen und also allgemeingültigen Urteile vorstellte[50]. Auch für Droysen war es »von höchstem Interesse, daß die Sache gekannt, daß die Wahrheit gewußt werde, daß das, was in sorgsamer Forschung als die Wahrheit erkannt ist, auch dafür anerkannt und zur Gemeinüberzeugung werde«[51]. Daran hat es gerade im späteren 19. Jahrhundert nicht gefehlt; zumindest hatte es den Anschein, als sei die historistische Geschichtsschreibung ein maßgebliches und richtungweisendes, möglicherweise sogar beherrschendes Element des Meinungsbil-

[48] Vgl. dazu jetzt: O. G. Oexle, Die Geschichtswissenschaft im Zeichen des Historismus. Bemerkungen zum Standort der Geschichtsforschung. In: Historische Zeitschrift 238 (1984), S. 17ff.

[49] Leopold von Ranke, Aus Werk und Nachlaß. Bd. 1: Tagebücher. Hg. von W. P. Fuchs u. Th. Schieder. München 1964, S. 233.

[50] Zu dieser Konzeption von Öffentlichkeit vgl. noch immer J. Habermas, Strukturwandel der Öffentlichkeit, 4. Aufl. Neuwied 1969, S. 102ff.

[51] Droysen, Historik, S. 275.

dungsprozesses in der politischen Öffentlichkeit geworden. Jedenfalls deutet die Verbreitung umfangreicher, gerade in politisch-erzieherischer Absicht geschriebener Werke darauf hin. Fr. Christoph Schlossers vielbändige ›Weltgeschichte für das deutsche Volk‹, in der ersten Auflage 1844 bis 1856 erschienen, erreichte 1904 die 26. Auflage; Theodor Mommsens ›Römische Geschichte‹ (Bde 1–3 zuerst 1854–56; Bd. 5: 1885) erschien bei Mommsens Tod 1903 in der 9., 1932 in der 14. Auflage. Die Monarchen und Staatsbürokratien sahen im Geschichtsunterricht das wichtigste Mittel der Bildungsförderung überhaupt. Die geschichtliche Bildung sollte das Staatsbewußtsein insbesondere der künftigen Beamtenelite begründen und orientieren – darin stimmten die Intentionen der Gelehrten und der verantwortlich Handelnden überein, und darin erhielt das Studium der Geschichte seine solide materielle Grundlage. Fast alle wichtigen deutschen Historiker des 19. Jahrhunderts engagierten sich zudem mindestens zeitweise in der Politik oder in der historisch-politischen Publizistik. Der Historiker stieg zum gesuchtesten Interpreten der gesellschaftlich-politischen und kulturellen Zustände auf[52].

Gegen Ende des 19. Jahrhunderts hatte die historische Bildung einen so dominanten gesellschaftlich-kulturellen Stellenwert erobert, daß Nietzsche 1874 zu einem Gedankenexperiment angeregt wurde: »Denke man sich zum Beispiel einen Griechen an einer solchen Bildung vorbeigehend, er würde wahrnehmen, daß für die neueren Menschen ›gebildet‹ und ›historisch gebildet‹ so zusammenzugehören scheinen, als ob sie eins und nur durch die Zahl der Worte verschieden wären.«[53] Daran – an der weitgehenden Überformung von Bildung überhaupt durch historische Bildung und einer allmählich eintretenden Übermacht des historischen Wissens – entzündete sich die sogenannte »Krise des Historismus«. Sie ist eins der großen Themen der intellektuellen Auseinandersetzung der 1870er bis 1930er Jahre. Sie ist allerdings weitgehend Sache von Philosophen wie Heinrich Rickert oder von universalhistorisch gebildeten Nichthistorikern gewesen, des Theologen Ernst Troeltsch und des Nationalökonomen und Soziologen Max Weber[54]. Mit einigen wenigen Ausnahmen zeigte sich die For-

[52] Vgl. dazu unten S. 224–229.

[53] Nietzsche, Vom Nutzen und Nachteil, S. 232.

[54] Vgl. v. a. E. Troeltsch, Die Krisis des Historismus. In: Die Neue Rundschau 1 (1922), S. 572–590; ders., Der Historismus und seine Probleme. E. Troeltsch,

schungs- und Lehrpraxis und damit das »Studium der Geschichte« von ihr wenig berührt. Wer sich allerdings zu philosophischen und methodischen Grundfragen der Geschichtswissenschaft und damit auch über Motive und Prinzipien des Geschichtsstudiums äußerte, der konnte diese Krise nicht wegleugnen. Sie ist ein komplexes gesellschafts-, geistes- und wissenschaftsgeschichtliches Phänomen. Unverkennbar standen mit ihr Sinn und Funktion des geschichtlichen Wissens in der modernen Welt überhaupt zur Diskussion. Daß die Fachwissenschaft in Forschung und Lehre sich kaum darum kümmerte, ist nur Ausdruck dieser Krise.

Eröffnet wurde die Diskussion – zunächst weitgehend resonanzlos – von Friedrich Nietzsche 1874 in seiner Schrift ›Vom Nutzen und Nachteil der Historie für das Leben‹. Nietzsche diagnostizierte, daß gegen Ende des 19. Jahrhunderts das Instrument zur Auflösung und Verflüssigung überzeitlicher Wahrheitsannahmen, das historistische Geschichtsdenken, selbst zur Macht geworden war, zur Macht des Wissens über das Handeln und der Vergangenheit über die Gegenwart. Das Historische und das Unhistorische – so Nietzsche – gehörten gleichermaßen zur Gesundheit des einzelnen, eines Volkes oder einer Kultur. Daher polemisierte er nicht grundsätzlich gegen jedes Geschichtsinteresse, sondern entwarf eine Typologie von Grundformen des geschichtlichen Interesses – elementarer Bedürfnisse gegenüber der Vergangenheit, die in unterschiedlicher Intensität und Mischung nach Befriedigung verlangen: das antiquarische, das monumentalische und das kritische Interesse. Aber stärker als die Rückwendung in die Vergangenheit hat laut Nietzsche immer das geschichtsferne »Leben« der eigentliche Existenzgrund zu sein. Wissenschaft – und also auch die Geschichtswissenschaft – muß im Dienst der vitalen Lebensimpulse stehen[55]. Über die Gesundheit – und damit das Leben – entscheidet nicht die historische Bildung, sondern die »plastische Kraft eines Menschen, eines Volkes, einer Kultur ... Ich meine jene Kraft, aus sich heraus eigenartig zu wachsen, Vergangenes und Fremdes umzubilden und sich einzuverleiben,

Gesammelte Schriften, Bd. 3. Tübingen 1922, Neudruck 1977; H. Rickert, Probleme der Geschichtsphilosophie. 3. umgearb. Aufl. Heidelberg 1924, S. 129 ff.; zusammenfassender Problemaufriß jetzt bei Oexle, Historismus, S. 129–140, sowie Hardtwig, Geschichtsschreibung, S. 201 ff.

[55] Nietzsche, Vom Nutzen und Nachteil, S. 241 ff.

Wunden auszuheilen, Verlorenes zu ersetzen, zerbrochene Formen aus sich nachzuformen.«[56]

Nietzsche argumentierte hier aus einer Position fundamentaler Kritik an der positivistischen Wissenschaft seiner Zeit. Insofern ist es kein Wunder, daß die positivistische Wissenschaft selbst auf seine Angriffe kaum und auch dann nur verspätet reagierte. Doch selbst aus dem innerwissenschaftlichen Gesichtswinkel des szientifischen Erkenntnisfortschritts heraus begannen einzelne diesen Verlust an plastischer Kraft zu beklagen. Karl Lamprecht, der mit seiner Konzeption einer alles umfassenden Kulturgeschichte in scharfe Opposition zu vorherrschenden Methoden- und Wertorientierung der Geschichtswissenschaft im Kaiserreich trat, kritisierte 1896 an dem »seit etwa zwei Generationen bestehenden Betrieb der geschichtlichen Wissenschaft« die Unlebendigkeit, das Ersticken der organisierenden und gestaltenden – wenn man so will also der »plastischen« – Energie des Wissenschaftlers unter einer »toten Masse in sich wohl zubereiteten antiquarischen Stoffes«[57]. Aber was für den wissenschaftlichen Betrieb galt, wurde so, wie es Nietzsche vorweggedacht hatte, seit den 1890er Jahren als allgemeines Kulturproblem empfunden. Die Gebildeten sehnten sich vielfach nach den naiven Zeiten einer von historischer Bildung unbelasteten schöpferischen Vitalität, ohne doch eine Möglichkeit zu sehen, die Last der Erfahrung und des Wissens abzuschütteln[58]. Franz Schnabel nahm 1923 vor allem am fehlenden kritischen, Traditionen zerstörenden Potential dieses Historismus im Kaiserreich Anstoß: keine »Tat« und kein »Fortschritt« seien denkbar, »ohne daß Pietäten verletzt werden«; eine Nation, »die dies nicht zu ertragen imstande« sei, erstarre und die deutsche Nation habe es nicht ertragen[59].

Tatsächlich handelt es sich bei der Herrschaft des Historismus im 19. Jahrhundert wesentlich um ein ästhetisches Problem. Wo in den Umbrüchen des Revolutionszeitalters die

[56] Ebd., S. 213.

[57] K. Lamprecht, Was ist Kulturgeschichte? Beitrag zu einer empirischen Historik. In: Ausgewählte Schriften. Hg. v. H. Schönemann. Aalen 1974, S. 258; zu Lamprecht vgl. K.-H. Metz, Grundformen historiographischen Denkens. München 1979, S. 424–644; L. Schorn-Schütte, Karl Lamprecht. Kulturgeschichtsschreibung zwischen Wissenschaft und Politik. München 1984.

[58] Vgl. exemplarisch M. Lenz, Die Stellung der historischen Wissenschaften in der Gegenwart (1897). In: M. Lenz, Kleine historische Schriften. München 1910, S. 596–608.

[59] Schnabel, Vom Sinn des geschichtlichen Studiums, S. 57.

Wirklichkeit zunehmend als katastrophal empfunden wurde, als desintegriert und rapide wandelbar, da konnte, wie es das Anliegen der vorherrschenden monumentalischen (im Sinne Nietzsches) Sicht auf die Geschichte war, die Vollkommenheit der Welt nur mehr in ihrer Historizität dargestellt werden. Das geschah in der historistischen Kunst; sie trug die »Entzweiungen« der modernen Welt, von denen Ranke gesprochen hat, nicht in sich aus, sondern suchte sie durch eine historisch gewordene Ganzheitsvorstellung zu überwinden[60]. Umfang und Geltung der historischen Bildung in der Kultur des späten 19. Jahrhunderts lassen sich daher mehr aus dem Bedürfnis nach Kompensation der politisch-sozialen Realität erklären als aus konkreten Orientierungsbedürfnissen. Das Kompensationsverlangen stieg dabei in dem Maße an, als die Folgen von Industrialisierung und Fundamentaldemokratisierung das Orientierungspotential der selektiv gewordenen historischen Bildung auszehrten.

Aus der Perspektive der empirischen Einzelwissenschaften heraus hat dann zuerst Max Weber die Prämissen dieses Historismus als historischer Bildung mit wertbezogenem gesamtgesellschaftlichem Orientierungsanspruch einer grundsätzlichen Kritik unterworfen. Im nachchristlichen Zeitalter, so Weber, tauchen nach der jahrtausendalten Prägung des Alltags durch die christliche Ethik die »alten vielen Götter« wieder auf, allerdings »entzaubert und in der Gestalt unpersönlicher Mächte«[61]. Als leitende Wertideen der Individuen – und also auch der Wissenschaftler – bestimmen sie jede Entscheidung darüber, was wichtig und was unwichtig ist und stehen unvermeidlich im Konflikt mit anderen Wertideen. Sie gehen jeder Erkenntnisbemühung voraus, ein wissenschaftlicher Diskurs über sie – und also auch über die mögliche Geltung allgemein verbindlicher Normen – ist letzten Endes nicht möglich. Solche letztgültigen Wertentscheidungen liegen auch der unaufhebbaren Differenz von Wissenschaft und Politik zugrunde; zwei »Götter« – metaphorisch gesprochen – stehen einander gegenüber: die kontemplative Erkenntnissuche der Wissenschaft und die Macht als

[60] Leopold von Ranke, Über die Restauration in Frankreich (1832). In: Sämtliche Werke, Bd. 49/50. Leipzig 1887, S. 9; vgl. dazu W. Hardtwig, Kunst und Geschichte im Revolutionszeitalter. Historismus in der Kunst und der Historismusbegriff der Kunstwissenschaft. In: Archiv für Kulturgeschichte 61 (1979), S. 154.

[61] Weber, Wissenschaft als Beruf, S. 605.

Inhalt der Politik. »Politik«, so folgert Max Weber daraus in seiner direkten Anrede an die Studierenden, »gehört nicht in den Hörsaal«[62] – weder von seiten des Dozenten noch der Studenten. Der Wissenschaftler und der akademische Lehrer arbeitet zwar auf der Basis einer vorwissenschaftlichen Wertbeziehung, die ihm seinen Gegenstand und seine Arbeit als wichtig erscheinen läßt; Werturteile aber, das heißt normative Stellungnahmen, haben dort, wo er seine wissenschaftlichen Urteile ableitet, keinen Platz; nur so ist es auch möglich, daß »der Hörer in der Lage ist, den Punkt zu finden, von dem aus *er* von *seinen* letzten Idealen aus Stellung dazu nehmen kann«[63]. Das unterscheidet den akademischen Lehrer vom primär politisch Interessierten, dem »Propheten« und »Demagogen« (beides ist bei Weber nicht negativ verstanden), der seinen eigenen Handlungsraum mit den ihm entsprechenden Regeln in der politischen Öffentlichkeit findet[64].

V.

Weber trug sein reduktionistisches, Nüchternheit und Illusionslosigkeit betonendes Konzept von Wissenschaft bewußt und kämpferisch gegen den herrschenden Zeitgeist in den Hörsälen nach 1918 vor. Im Zeichen der Niederlage von 1918, der nationalen Identitäts- und der intellektuellen Sinnkrise, die allerdings in ihren Ursprüngen viel weiter zurückreicht, gewann die Vorstellung einer »Einheit von Wissenschaft und Leben« verführerischen Reiz[65]. Im Zeichen des aufsteigenden Antiliberalismus und Irrationalismus sehnten sich viele Studenten nach einem Typus von akademischem Lehrer, der zugleich politischer »Führer« sein und so die in der modernen Welt unvermeidliche Kluft zwischen Rationalität und Gefühl, zwischen kalter begrifflicher Präzision und inspirierender Begeisterung, zwischen der Partialität der Einzelforschung und ewiger, ganzheitlicher Wahrheit überbrücken sollte. Die akademische Geschichtswissenschaft verweigerte sich diesen Wünschen zwar

[62] Ebd., S. 600.
[63] Ebd., S. 601.
[64] Ebd., S. 602.
[65] Vgl. dazu F. Ringer, Die Gelehrten. Der Niedergang der deutschen Mandarine 1890–1933. München 1987 (zuerst engl. 1969), S. 300–329.

im großen und ganzen, hielt aber am historistischen Erbe eines unreflektierten Objektivismus und eines darauf gestützten normativen Anspruchs fest. Sie stellte die Vergangenheit unter dem Gesichtspunkt praktisch-politischer Interessen dar, überzeugt davon, damit der Nation jene Orientierung für die Zukunft zu geben, die sie in der Sinn- und Orientierungskrise – vor allem in der Krise des deutschen Selbstbewußtseins nach 1918 – brauche[66].

In dieser Zielsetzung stimmten nach 1918 die deutschen Geschichtsprofessoren überein. Allerdings gab es vereinzelt andere Akzentsetzungen. Aus heutiger Sicht verkörpert der damalige Außenseiter Franz Schnabel[67] eine positive Gegentradition in der deutschen Geschichtswissenschaft, deren Denkstil, Intellektualität und inhaltliche Schwerpunktverlagerung weg vom kleindeutsch-borussianischen Geschichtsbild folgerichtig auch erst in den Jahren nach dem Zweiten Weltkrieg breitere Resonanz fand. Schnabels Kritik am Kaiserreich, am bornierten Nationalismus, seine Offenheit für die geistige und politische Überlieferung der westlichen Nationalstaaten, aber auch seine Rezeption Nietzsches und Max Webers blieben in der Weimarer Republik vereinzelt und isoliert. Der *main stream* der deutschen Geschichtswissenschaft folgte, wie vor 1914 und eher noch stärker, der Idee, daß der »deutsche Sonderweg«, der sich spätestens seit dem ausgehenden 18. Jahrhundert herausgebildet habe – und zu dem auch die so sehr betonte deutsche Sonderform des Geschichtsdenkens gehörte –, der einzig gangbare Weg auch in die Zukunft sei[68].

Daran änderte sich auch nach 1945 zunächst wenig. Einzelne Historiker wie Friedrich Meinecke oder Siegfried A. Kaehler begannen sich mit der »Deutschen Katastrophe« oder dem »Irrweg der deutschen Geschichte« auseinanderzusetzen[69], aber im

66 Vgl. W. Jäger, Historische Forschung und politische Kultur in Deutschland. Die Debatte 1914–1980 über den Ausbruch des Ersten Weltkrieges. Göttingen 1984, bes. S. 198.

67 Vgl. Fr. H. Schubert, Franz Schnabel und die Geschichtswissenschaft des 20. Jahrhunderts. In: Historische Zeitschrift 205 (1967), S. 323 ff.; Franz Schnabel – Zu Leben und Werk (1887–1966). Vorträge zur Feier seines 100. Geburtstages. Hg. von der Historischen Kommission bei der Bayer. Akademie der Wissenschaften. München 1988.

68 Vgl. dazu unten S. 224–263.

69 Fr. Meinecke, Die deutsche Katastrophe. Wiesbaden 1946; zu Meinecke vgl. v. a. E. Schulin, Meineckes Leben und Werk. Versuch einer Gesamtcharakteristik. In: E. Schulin, Traditionskritik und Erinnerung. Studien zur Entwicklung

ganzen herrschte das Bemühen vor, »Normalität« wiederherzustellen. »Vieles ging altgewohnt weiter, als ob nichts Einschneidendes geschehen wäre.«[70] Da die meisten Veröffentlichungen deutscher Professoren zwischen 1933 und 1945 sich nicht wesentlich unterschieden hatten von denen der vorhergehenden Jahrzehnte, blieb auch die Struktur des Lehrkörpers weitgehend konstant[71]. Der wichtigere Einschnitt war die Emigration zahlreicher bedeutender und oft noch jugendlicher Gelehrter in den dreißiger Jahren. Die innovative Wirkung, die von ihnen und ihren Schülern dann auf die westdeutsche Geschichtswissenschaft ausging, machte sich erst in den sechziger Jahren bemerkbar[72]. Die in den späten vierziger und in den fünfziger Jahren nachrückenden Historiker gehörten den Geburtsjahrgängen um 1910 an, und diese waren wie die Generation vorher noch geprägt von der Erfahrung der Weimarer Republik und ihres Zusammenbruchs. Sie erwiesen sich als prinzipiell aufnahmebereit für die liberaldemokratische Tradition der westlichen Staaten und für eine Erweiterung des Methodenspektrums der deutschen Geschichtswissenschaft, aber durchgreifende Neuerungen in der Themenstellung und den Methoden, oder auch in der Lehrweise blieben zunächst aus[73]. Diese Situation spiegelt Gerhard Ritters programmatischer Eröffnungsvortrag zum 20. Deutschen Historikertag in München 1949, dem ersten nach

von Geschichtswissenschaft und historischem Denken. Göttingen 1979, S. 117ff. sowie M. Erbe (Hg.), Friedrich Meinecke heute. Berlin 1981.

[70] W. Conze, Die deutsche Geschichtswissenschaft seit 1945. Bedingungen und Ergebnisse. In: Historische Zeitschrift 225 (1977), S. 1–28, hier S. 12; W. Schulze, Deutsche Geschichtswissenschaft nach 1945. München 1989 (Beiheft 10 der Historischen Zeitschrift), S. 46–76 sowie jetzt zu verschiedenen Aspekten der deutschen Nachkriegshistorie: E. Schulin (Hg.), Deutsche Geschichtswissenschaft nach dem Zweiten Weltkrieg (1945–1965). München 1989.

[71] Zur deutschen Geschichtswissenschaft im Dritten Reich: Schulze, Deutsche Geschichtswissenschaft, S. 31–45, H. Rothfels, Die Geschichtswissenschaft in den 30er Jahren. In: A. Flitner (Hg.), Geistesleben und Nationalsozialismus. Tübingen 1965, S. 90ff.; H. Heiber, Walter Frank und sein Reichsinstitut für Geschichte des neuen Deutschland. Stuttgart 1966; K. F. Werner, Das NS-Geschichtsbild und die Geschichtswissenschaft. Stuttgart 1967; F. Graus, Geschichtsschreibung und Nationalsozialismus. In: Vierteljahreshefte für Zeitgeschichte 17 (1969), S. 87ff.; K. F. Werner, Die deutsche Historiographie unter Hitler. In: B. Faulenbach (Hg.), Geschichtswissenschaft in Deutschland. München 1974; G. Franz, Das Geschichtsbild des Nationalsozialismus und die deutsche Geschichtswissenschaft. In: O. Hauser (Hg.), Geschichte und Geschichtsbewußtsein. Göttingen 1981, S. 91ff.

[72] Vgl. v.a. G. G. Iggers, Die deutschen Historiker in der Emigration. In: Faulenbach, Geschichtswissenschaft in Deutschland, S. 97ff.

[73] Vgl. Conze, Die deutsche Geschichtswissenschaft, S. 11f.

dem Krieg, sehr präzis wider[74]. Dominant blieb die Ausrichtung an der politischen Geschichte, verbunden mit der Verteidigung eines deutschen geschichtswissenschaftlichen »Sonderweges«, der sich in Ranke personifiziert; und dominant blieb auch das Denken in den nationalstaatlichen und nationalpädagogischen Kategorien des 19. und frühen 20. Jahrhunderts. Geschichtsstudium und Geschichtsforschung dienten vorrangig der staatlich-nationalen Identitätsbildung, und das heißt bei Ritter auch noch der Betonung der Größe der deutschen Nation in der Rivalität mit den anderen Nationalstaaten.

Diese Verkoppelung von Geschichtsstudium und Geschichtswissenschaft mit der Nation hat eine lange Tradition. Sie setzt ein mit der Vertiefung des nationalen Sonderbewußtseins im Zeichen von Aufklärung, Revolution und napoleonischer Hegemonie über Europa und ist keineswegs eine deutsche Besonderheit. Forciert wurde sie indessen durch das Schicksal der Deutschen, eine »verspätete Nation« (Pleßner) mit verspäteter Nationalstaatsbildung zu sein. In Deutschland wie in den anderen europäischen Nationen verschrieben sich die Historiker der Aufgabe, das nationale Bewußtsein zu stärken. Theodor Mommsen hat diese Funktion der Historie nach der erfolgreichen Reichsgründung von 1871 besonders gerühmt und damit – ebenfalls politisch-pädagogisch – den bürgerlich-liberalen Beitrag zur Staatsgründung von oben indirekt besonders hervorgehoben: »Die deutsche Forschung und in noch unmittelbarerem Eingreifen in das praktische Leben der akademische Unterricht hat bei dem Fundamentalbau unserer Nation in wesentlichster Weise mitgewirkt.« Die Aufgabe, die Mommsen daraus ableitete, daß die »deutsche Wissenschaft ... der Machtstellung der Nation ebenbürtig bleibe oder ebenbürtig werde«[75] war für die Geschichtswissenschaft allerdings eine Hypothek, die sie nach der Niederlage von 1918 mit der rastlos wahrgenommenen und die meisten Kräfte absorbierenden Verpflichtung belastete, die Schuld am Ausbruch des Ersten Weltkrieges den Gegnern zuzuweisen. Friedrich Meineckes Konzeption der Geschichte als »Kulturgeschichte«, wobei mit Kultur die »Erzeugung jeweils eigenartiger geistiger Werte« gemeint ist, stellte demgegenüber zwar prinzipiell eine Themen- und Horizonterweiterung dar[76],

[74] Ritter, Gegenwärtige Lage.

[75] Mommsen, Rektoratsrede, S. 186.

[76] Fr. Meinecke, Kausalitäten und Werte in der Geschichte. In: Historische Zeitschrift 137 (1928), S. 1–27.

blieb aber fast folgenlos, weil auch Meinecke ausdrücklich an der beherrschenden Rolle der politischen Geschichtsschreibung festhielt, seinen zivilisationsgeschichtlichen Ansatz aus dem Gegensatz von Natur und Kultur nicht entfaltete und weil seine Reflexion von Grundfragen der Geschichtswissenschaft überhaupt wenig Anklang bei seinen Kollegen fand. Es ist bei alledem kein Zufall, daß auch die eigentliche Wende in der Geschichtswissenschaft der Nachkriegsära um 1960 noch einmal mit einem klassischen nationalgeschichtlichen Thema einsetzte. Fritz Fischer revidierte mit seinem ›Griff nach der Weltmacht‹ die traditionelle Position der deutschen Geschichtswissenschaft in der Frage der Kriegsschuld von 1914 und gewichtete dabei nun erstmals auch ökonomische und soziale Faktoren der nationalen Geschichte neu[77].

Der Überhang nationalpolitischer Orientierungen nach 1945 erklärt sich allerdings auch aus der extremen Situation Nachkriegsdeutschlands[78]. In den fünfziger Jahren war in West und Ost kaum jemand bereit, die Teilung Deutschlands in zwei Staaten gegensätzlicher weltanschaulicher Ausrichtung als länger anhaltenden Zustand zu akzeptieren. Es nimmt daher auch kaum wunder, daß Gerhard Ritter aus der traditionsgemäß der Geschichte zugeschriebenen nationalpädagogischen Funktion heraus speziell die Historiker zu Anwälten des nationalen Einheitsbewußtseins erklärte: es könne überhaupt »keinen Stand im deutschen Volke geben, der die Vereinigung von Ost und West, die Wiederherstellung eines ganzen Deutschland dringender wünschen muß als der Stand der deutschen Historiker«[79].

Damit war allerdings das Auseinanderfallen der deutschen Historikerschaft in zwei Geschichtswissenschaften mit konträren Wertbezügen, methodischen Prämissen und zunächst auch Gegenstandsbereichen nicht aufzuhalten. Seit 1948 begann in der DDR unter der Leitung der SED systematisch der Aufbau einer marxistisch-leninistisch ausgerichteten Geschichtswissenschaft. Leo Stern definierte erstmals im Juli 1952 sehr präzis deren »Gegenwartsaufgaben«. Aus einer radikalen Abrechnung mit den Überlieferungen der »bürgerlichen« deutschen Ge-

[77] F. Fischer, Griff nach der Weltmacht. Die Kriegszielpolitik des kaiserlichen Deutschland 1914/18. Düsseldorf 1961.

[78] Zum nationalen Sonderbewußtsein nach 1871 v.a.: B. Faulenbach, Ideologie des deutschen Weges. Die deutsche Geschichte in der Historiographie zwischen Kaiserreich und Nationalsozialismus. München 1980.

[79] Ritter, Gegenwärtige Lage, S. 10.

schichtswissenschaft und Geschichtsschreibung skizzierte er die Grundlinien einer »fortschrittlichen« Gegentradition und entwickelte dann die Maximen einer neuen, am historischen Materialismus ausgerichteten Geschichtswissenschaft; sie sollte nun auch direkt die Aufgabe übernehmen, ein neues, marxistisch-deutsches Geschichtsbild zu erarbeiten[80]. Diesem Ziel diente auch die Reorganisation des geschichtlichen Studiums im Rahmen der allgemeinen Studienreform der SED im Herbst 1951. Neue, speziell geschichtswissenschaftliche Institute entstanden an den Universitäten Berlin, Leipzig und Halle. Aus der Emigration zurückkehrende Altkommunisten oder andere zuverlässige Anhänger der marxistisch-leninistischen Ideologie übernahmen die Professorenstellen. An den Universitäten und an den neu geschaffenen Institutionen zur Pflege eines DDR-marxistischen Geschichtsbewußtseins wie dem Museum für Deutsche Geschichte (1951), der Parteihochschule und dem Institut für Geschichte an der Deutschen Akademie der Wissenschaften (1956) wurden zahlreiche Stellen geschaffen. Geschichtsstudium, Geschichtsforschung und -darstellung und »Geschichtspropaganda« erhielten eine führende Stellung beim Aufbau des Sozialismus und eines marxistisch-deutschen Staatsbewußtseins zugewiesen[81].

Allerdings stieß die Verordnung des marxistischen Wissenschaftsbegriffs und eines entsprechenden Geschichtsbilds durch die Partei auf vielfache Widerstände. Daher faßte das Zentralkomitee der Sozialistischen Einheitspartei 1955 einen Beschluß zur »Verbesserung der Forschung und Lehre in der Geschichtswissenschaft der Deutschen Demokratischen Republik«, der die Organisation von Geschichtsstudium, Geschichtswissenschaft und Geschichtspropaganda endgültig auf die Parteiinterpretation eines marxistisch-leninistischen Geschichtsbilds festlegte[82]. Der »Hauptinhalt« der deutschen Geschichte hatte

[80] Leo Stern, Gegenwartsaufgaben der deutschen Geschichtsforschung. In: Wissenschaftliche Zeitschrift der Martin-Luther-Universität Halle-Wittenberg (Gesellschafts- und sprachwissenschaftl. Reihe) 1 (1951/52) 3, S. 1 ff.

[81] Vgl. dafür etwa W. Schmidt, Geschichtsbewußtsein und sozialistische Persönlichkeit bei der Gestaltung der entwickelten sozialistischen Gesellschaft. In: H. Meier, W. Schmidt (Hg.), Geschichtsbewußtsein und sozialistische Gesellschaft. Berlin 1970, S. 9 u. ö.

[82] Die Verbesserung der Forschung und Lehre in der Geschichtswissenschaft der Deutschen Demokratischen Republik. Beschluß des Zentralkomitees der Sozialistischen Einheitspartei Deutschlands. In: Zeitschrift für Geschichtswissenschaft 3 (1955), S. 507–519.

demnach der »Kampf der werktätigen Massen gegen die herrschenden Ausbeuterklassen« zu sein; die revolutionären Traditionen der deutschen Arbeiterbewegung sollten im Vordergrund stehen. Dabei sollte allerdings an »fortschrittliche« Geschichtsphilosophen und Historiker angeknüpft und die »bürgerliche Geschichtsforschung« kritisch verarbeitet werden[83]. Ihr theoretisches Fundament erhielt die marxistische Geschichtswissenschaft im historischen und dialektischen Materialismus und in dem aus der Marx/Engelsschen Geschichtstheorie abgeleiteten Grundaxiom, die ganze deutsche Geschichte sei als ein »gesetzmäßiger Prozeß« zu sehen[84]. Die Gesetzeshypothese verbürgte den »unvermeidlichen Untergang des Imperialismus«, sollte aber gleichwohl im Einklang stehen mit der Konzeption der Geschichtswissenschaft als Kampf: »Die fortschrittliche deutsche Geschichtswissenschaft ist eine scharfe ideologische Waffe bei der Erfüllung der vom IV. Parteitag der Sozialistischen Einheitspartei Deutschlands gestellten Aufgaben bei der Erziehung der Arbeiterklasse und aller Werktätigen im Geiste des Patriotismus und des proletarischen Internationalismus, im Kampf gegen die verderbliche Ideologie der imperialistischen und militaristischen Kräfte in Westdeutschland.«[85]

Wenn in den fünfziger Jahren nichts anderes die bundesrepublikanische und die DDR-marxistische Geschichtswissenschaft verband, so doch – natürlicherweise gefördert durch die staatliche Teilung – die Betonung des Nationalen. In den sechziger und siebziger Jahren begann sich dann auch die DDR-Geschichtswissenschaft in mancher Hinsicht zu öffnen. Die Unterwerfung unter die Partei lockerte sich, damit erhielt auch die zunehmend leistungsfähige Forschung mehr Spielraum. Seit dem Ende der sechziger Jahre entfaltete sich dann auch eine flexiblere Grundlagen- und Methodendiskussion. Sie hat nicht dazu geführt, den Historismusbegriff als Selbstbezeichnung für Funktion und Methode der marxistischen Geschichtswissenschaft in Frage zu stellen. Er belegt die Verankerung dieses Geschichtsdenkens im Objektivismus des 19. Jahrhunderts mit dem Glauben an die wissenschaftliche Begründbarkeit eines universell gültigen Normensystems. Auch am Fundament einer umfassenden und einheitlichen Gesellschafts- und Geschichts-

[83] Ebd., S. 514f.
[84] Ebd., S. 516.
[85] Ebd., S. 507.

theorie wurde festgehalten, doch ging die Tendenz dahin, einlinige Determinierungen aufzubrechen[86]. Dies gilt etwa für die betont vielschichtig gesehene Wechselbeziehung von Ereignis, Struktur und Entwicklung[87], aber auch für die Neigung, die Gesetzmäßigkeit des Geschichtsverlaufs im Forschungsprozeß gleichsam zu suspendieren und damit der Komplexität von Zusammenhängen und Abfolgen mehr Raum zu geben[88]. Etwas vereinfachend läßt sich im übrigen auch feststellen, daß sich die Geschichtswissenschaften in der Bundesrepublik und in der DDR in der Gegenstandswahl und der Breite ihrer Interessen aufeinander zubewegten. Staats- und Parteiführung und Historikerschaft in der DDR fragten zunehmend nach bewahrenswerten kulturellen und politischen Überlieferungen der deutschen Geschichte, und die Geschichtswissenschaft in der Bundesrepublik wandte sich seit dem Beginn der sechziger Jahre entschieden und zielstrebig der Erforschung ökonomischer und sozialer Strukturen zu.

VI.

Diese Neuorientierung kam nicht ganz unvorbereitet. Wie jeder produktive Richtungswechsel in Fragestellung und Methode bahnte sie sich von der Gegenwartsdiagnose und ihren Ergebnissen her an. Hermann Heimpel hatte bereits 1956 in seinem Eröffnungsvortrag vor dem Ulmer Historikertag das tradierte Instrumentarium der deutschen Geschichtswissenschaft gegenüber den durchgreifenden globalen Strukturveränderungen von Wirtschaft, Gesellschaft und Politik in der Nachkriegsära überprüft und damit die Reflexion auf die Folgen der »deutschen Katastrophe« im Nationalsozialismus verbunden. Er fand sich vor den »Trümmern alter Selbstverständlichkeiten« und einem durchgreifenden Zerfall des Gewohnten, gefördert durch eine

[86] W. Küttler, Die historische Methode aus marxistisch-leninistischer Sicht. In: Hardtwig, Über das Studium der Geschichte, S. 408–426, bes. S. 417ff.

[87] W. Küttler, G. Lozek, Marxistisch-leninistischer Historismus und Gesellschaftsanalyse. Die historische Gesetzmäßigkeit der Gesellschaftsformationen als Dialektik von Ereignis, Struktur und Entwicklung. In: E. Engelberg (Hg.), Probleme der marxistischen Geschichtswissenschaft. Beiträge zu ihrer Theorie und Methode. Köln, S. 33ff.

[88] Küttler, Die historische Methode, S. 418ff.

universelle, »kaum noch vorstellbare Beschleunigung des geschichtlichen Prozesses« und den Folgen einer »noch unabsehbaren Revolution der Produktionsverhältnisse«[89].

Hellhörig registrierte Heimpel zugleich einen »Ton des Mißvergnügens an der Geschichte«[90] überhaupt im intellektuellen Diskurs der fünfziger Jahre – bei aller wissenschaftlichen und wissenschaftsorganisatorischen Betriebsamkeit – und führte ihn vor allem auf zwei Ursachen zurück: auf den allgemeinen Verlust von Geschichte und Erinnerung in der technisch geprägten Gegenwart mit ihrem umfassenden Glauben an das Machen- und Beherrschenkönnen; und, speziell in Deutschland, auf das Unbehagen an einer Erinnerungsarbeit, die notwendig jeden Zeitgenossen seiner Verwicklung in das katastrophale Geschehen der Jahre 1933 bis 1945 konfrontieren mußte, wie vermittelt und historisch unauffällig sie auch gewesen sein mochte. Beides blieben dann tatsächlich beherrschende Themen in den seit den sechziger Jahren einsetzenden – und allerdings in den fünfziger Jahren vielfach schon vorbereiteten – Geschichtsrevisionen.

Es gehört zur Signatur dieser Ära der Revisionen, daß jetzt eine Theoriediskussion einsetzte, wie es sie bis dahin in Deutschland nicht gegeben hatte. Sie begleitete die Öffnung zu neuen Fragen, Themen und Methoden. Sie hat diese Umorientierung nicht eingeleitet oder verursacht – das hieße die Prioritäten falsch setzen –, aber reflektiert, unterstützt und ihr ein Bewußtsein ihrer Absichten und Ziele, ihrer Motive und Vorgehensweisen verschafft. Was dabei zur notwendigen Kritik an erstarrten Traditionen, zu Sinn und Funktion der geschichtlichen Erinnerung und der Geschichtswissenschaft in der Gegenwart, zu Aufbau und Ziel des Geschichtsstudiums, zur Notwendigkeit erweiterter Zusammenarbeit mit den Nachbarwissenschaften und eines verstärkten Theoriegebrauchs, zu Methoden der Forschung und Formen der Darstellung erarbeitet wurde, hat im Jahr 1990 nichts an Gültigkeit eingebüßt[91].

In den intellektuellen, politischen und studienorganisatorischen Umbrüchen der sechziger und frühen siebziger Jahre erkannte man, daß die bürgerlich-liberale, idealistische Vorstellung von geschichtlicher Bildung mit dem Ideal eines überschaubaren, zugleich geistig bereichernden und praktisch-poli-

[89] Heimpel, Geschichte und Geschichtswissenschaft. In: Vierteljahrshefte für Zeitgeschichte 5 (1957), S. 7, 6.

[90] Ebd., S. 330.

[91] Exemplarisch in einer ersten Bilanz: Koselleck, Wozu noch Historie?

tisch der Orientierung dienenden Wissenskanon so nicht mehr zu halten war. Die Geschichte der vorhergehenden Jahrzehnte hatte »alle einigermaßen gesicherten, selbstverständlich und klar gewordenen Begriffe und Vorstellungen aufgelöst und durcheinandergewirbelt, so daß jetzt alles fließend und unübersichtlich geworden« war[92]. Die vertrauten Vorstellungen und Begriffe führten nicht mehr zu akzeptablen oder befriedigenden Antworten auf die bewegenden Fragen der Zeitgeschichte und der unmittelbaren Gegenwart. Die bis dahin alle anderen Wertbeziehungen überlagernde Bindung an Nation und Nationalstaat war brüchig geworden; alle wichtigen Diskussionen dieses Zeitraums spiegeln die verblassende Leuchtkraft des Nationalen wider. Seit der Mitte der sechziger Jahre entfaltete sich statt dessen mit großem Elan und starker, zumindest innerwissenschaftlicher Breitenwirkung die »kritische« politische Sozialgeschichte. Sie verlangte nicht die »direkte Umsetzung von historischer Erfahrung in Handlungsweisungen«, aber doch den »emanzipatorischen Praxisbezug« der Geschichtswissenschaft[93]. Ihre Absicht war und ist es in erster Linie, die Funktionsbedingungen und Lebensformen der Industriegesellschaften historisch zu analysieren und damit auf der Ebene der Wissenschaft zur Durchsetzung sozialer Gleichheitschancen beizutragen. Dieser Aufbruch fiel nicht nur in Deutschland, sondern international mit einem umfassenden politisch-gesellschaftlichen wie intellektuellen Klimawechsel zusammen. Die unmittelbare Nachkriegszeit war zu Ende, und viele westliche Länder gaben nach der Abschwächung des Kalten Krieges den linken Kräften im politischen Spektrum mehr Raum[94]. Innerhalb der deutschen Fachwissenschaft kamen ein Generationenwechsel und eine außergewöhnliche Stellenvermehrung fördernd hinzu. Die Zahl der Ordinariate und der Stellen für außerplanmäßige Professoren, Dozenten und Wissenschaftliche und Akademische Räte vervierfachte sich zwischen 1950 und 1975, wobei der eigentliche Aufschwung in den Jahren nach 1960 lag. Die Zahl der Assistenten stieg von rund 50 (1960) auf rund 380 (1975). Die Generation der Geburtsjahrgänge von 1929 bis 1941, also

[92] Meier, Die Wissenschaft des Historikers, S. 330.

[93] Programmatisch: Kocka, Geschichte – wozu? S. 443.

[94] Zum politischen und intellektuellen Klima der 60er Jahre in der Bundesrepublik aufschlußreich, aber überkritisch: K. Hildebrand, Geschichte der Bundesrepublik Deutschland. Von Erhard zur Großen Koalition 1963–1969. Stuttgart 1984, S. 417ff.

derjenigen, die den Nationalsozialismus nur noch als Kinder erlebt und keinen Kriegsdienst mehr geleistet hatten, besetzten 1973 bereits rund 45 Prozent der Ordinariate für Geschichtswissenschaft[95]. Die Verjüngung, der Wechsel der Generationenerfahrung und die Erweiterung des »Nahrungsspielraums« in der historischen »Zunft« haben die Dynamik des Aufbruchs und die Pluralisierung der Fragestellungen und Interessen zweifellos gefördert.

Die Hinwendung zahlreicher jüngerer Historiker zur kritischen Sozialgeschichte ging in einer Grundhaltung des Optimismus vor sich, die nicht auf die Geschichtswissenschaft beschränkt geblieben war, sondern die die Bewertung der Wissenschaft überhaupt für die gesellschaftliche und politische Entwicklung betraf. Die wissenschaftliche wie die historisch-politische Neuorientierung wurde getragen von einem kaum gebrochenen Glauben an die Durchsetzungsfähigkeit des vernünftigen Fortschritts. Allerdings fühlt sich wohl jeder Historiker, der nicht im bloßen Traditionalismus erstarrt, dem Ideal eines vernünftigen Fortschritts verpflichtet. Streit entstand daher sofort über die Frage, *worin* dieser vernünftige Fortschritt bestehen sollte und wieweit er die Preisgabe bestimmter Überlieferungen der deutschen Geschichtswissenschaft verlangte. Jedenfalls regenerierte sich auch die politische Geschichtsschreibung, die sich stärker der Tradition verpflichtet fühlte. Die Position der kritischen Sozialgeschichte oder historischen Sozialwissenschaft geriet zudem bald in das Dilemma, daß – nicht bei den Historikern selbst, aber bei Bildungsreformern, Politikern und Curriculumplanern – die Absage an die traditionelle Geschichte häufig in eine Absage an die Geschichte überhaupt umschlug[96]. Der neue, sich selbst als »kritisch« verstehende, mitunter aber höchst unkritische Fortschrittsglaube drohte sich über die Einwände auch der »kritischen«, aber immer noch und notwendigerweise individualisierenden Geschichtswissenschaft hinwegzusetzen. Die Tendenz, das geschichtliche Wissen zugunsten von Soziologie, Politikwissenschaft oder auch synthetischer Kunstfächer zu reduzieren und zum bloßen Instrument anthropologisch-kurzschlüssiger Sozialplanung zu funktionalisieren, ging so weit, daß Unterricht und Studium – und das bedeutet

[95] Conze, Die deutsche Geschichtswissenschaft, S. 18ff.

[96] R. Vierhaus, Zur Lage der historischen Forschung in der Bundesrepublik Deutschland. In: Jahrbuch der historischen Forschung in der Bundesrepublik Deutschland 1 (1974), S. 17–32, hier S. 18.

im deutschen akademischen System längerfristig auch Forschung und Lehre – der Alten, der Mittelalter- und selbst der Frühneuzeit-Geschichte grundsätzlich bedroht waren. Daher mußte gegenüber sozialtechnologischer Vereinfachungssucht die Vielfalt sowohl der unterschiedlichen Zugangsweisen zur Geschichte wie der Funktionen und Erkenntnischancen von Geschichtswissen überhaupt gerade in der technisierten Gegenwartsgesellschaft offengehalten werden. Dabei kämpfte man selbstverständlich auch grundsätzlich um die Vor- und Nachteile der akademischen kritischen Sozialhistorie[97].

Der naive Optimismus, der kaum bei den Historikern, wohl aber bei manchen »Machern« in Euphorie umgeschlagen war, verflog rascher als erwartet. Ölpreisschock, Konjunktureinbruch und die jetzt massiv hervortretende Gefährdung der Umwelt führten seit den frühen siebziger Jahren prinzipiell die »Grenzen« – oder doch zumindest »Gefahren des Wachstums« drastisch vor Augen. Damit aber traten auch die Grenzen der optimistisch-sozialemanzipatorischen Sozialgeschichte deutlicher hervor: Grenzen, die aus ihren Stärken resultierten. Sie sucht die Strukturen und die Entstehung der von Industrie und technischer Zivilisation bestimmten, zunehmend demokratisierten und mobilen Massengesellschaft aufzuhellen; die Gesellschaft als Ganzes bzw. einzelne soziale Klassen und Gruppen steigen dabei zu Subjekten der Geschichte auf. Der Erkenntnisgewinn aus dieser strukturgeschichtlich arbeitenden Sozialhistorie war und ist beträchtlich. Allerdings fand sich in solch anonymer Geschichte der einzelne nur noch sehr bedingt wieder. Das Individuum trat in der Regel nur mehr als Beispiel für etwas Typisches, Überindividuelles, für eine soziale Struktur oder für die Bedürfnisse und Lebensbedingungen einer sozialen Klasse auf. Damit verband sich ein fühlbarer anthropologischer Reduktionismus: die Bedeutung von Ideen und Bewußtseinshaltungen und -stufen, Mentalitäten, religiösen und kulturellen Bedürfnissen wurde zwar nicht von Grund auf bestritten, aber alle diese Faktoren kamen doch nur am Rande vor und wogen gering gegenüber den sozialökonomischen Determinanten – ganz abgesehen von der eigentlichen Politikgeschichte. So trifft wohl zu, daß die Fragestellung und Methodik dieser Sozialgeschichte auf ihre Weise die zunehmende »Versachlichung, Administrierung und Planung aller Bereiche des gesellschaftli-

[97] Nipperdey, Wozu noch Geschichte?, S. 366ff.

chen Lebens, das Verlangen nach rationaler Erklärung der Widersprüche der gegenwärtigen Gesellschaft« nachvollzog[98]. Das macht, wie gesagt, ihre Stärke wie ihre Schwäche aus.

Aussagekräftige Historie – dieser Tenor verbindet wohl alle wichtigen Texte zur Theorie der Geschichtswissenschaft – steht sowohl auf der Höhe der jeweiligen Gegenwart wie in Opposition zu ihr. *Wogegen* aber opponiert werden und das kritische Potential der Wissenschaft gewendet werden mußte, das änderte sich seit der Mitte der siebziger Jahre erneut – rasch und tiefgreifend. Im Umschwung von der allgemeinen Wissenschafts- und Rationalitätseuphorie der sechziger und frühen siebziger Jahre zur Rationalitäts- und Wissenschaftsskepsis der achtziger Jahre richtet sich die Kritik nicht mehr so sehr gegen versteinerte Sozialstrukturen und Herrschaftsverhältnisse als gegen die unbeabsichtigten, gleichwohl vielfach bewußt oder auch nur blind in Kauf genommenen Nebenfolgen dieser Rationalität selbst. Deren Herrschaft begann nun ihrerseits Formen anzunehmen, welche die selbstbestimmte Existenz des einzelnen ebenso – wenn nicht langfristig noch weit stärker – zu beeinträchtigen drohen wie es ehedem verkrustete Macht- und Sozialstrukturen getan haben. Damit trat »die Natur« – oder alles das, was man mit diesem historisch höchst variablen Sammelbegriff zu bezeichnen pflegt – verstärkt ins Gesichtsfeld; zunächst der Mensch als Naturwesen und zugleich, da er dies nie ausschließlich sein kann und will, als Kulturwesen: seine Körperlichkeit mit ihren Aspekten Lebenszyklus und Tod, Sexualität und Liebe, Ehe und diejenigen Formen der Vergesellschaftung, die Droysen als die »natürlichen« beschrieben hat: Familie, Nachbarschaft, der »Stamm«, das »Volk« – vor ihrer Prägung durch moderne Staatlichkeit und Verwaltung. Hier, in den »kreatürlichsten Formen«, wo auch Staat und Religion noch gleichsam »Naturstaat«, »Naturreligion«[99] sind, werden elementare Verhaltensweisen und -normen und vergleichsweise archaische Bewußtseinsformen aufgesucht, die in scharfem Kontrast zur technisch-industriell durchgeformten Lebenswelt stehen[100]. Die »Alltagshistorie« nimmt die Kosten der Modernisierung und Industrialisierung in den europäischen wie außer-

[98] Vierhaus, Zur Lage, S. 19.

[99] Droysen, Historik, §§ 50ff., bes. 57–61.

[100] Programmatisch: P. Borscheid, Alltagsgeschichte – Modetorheit oder neues Tor zur Vergangenheit. In: Hardtwig, Über das Studium der Geschichte, S. 389–407.

europäischen Gesellschaften verschärft wahr, welche die großen Veränderungsprozesse des 15. bis 20. Jahrhunderts in Gang gebracht hatten. Sie richtet ihre Aufmerksamkeit vor allem auf die Leidtragenden des technisch-rationalen Fortschritts und bevorzugt mit den Lebens- und Äußerungsformen der Volkskultur Bereiche, die dem Fachhistoriker nicht nur neu, sondern vielfach in sehr distinkter Weise auch fremd sind[101]. Ihre Erforschung stellt insofern zugleich eine partielle Opposition gegen unsere als deformierend erfahrene Gesellschaft dar.

In der Krise des technisch-sozialplanerischen Fortschrittsglaubens und gleichzeitig mit ihr artikulierte sich also ein anthropologisches Erkenntnisbedürfnis, das sowohl über die Interessenssphäre der älteren nationalstaatlich-politischen wie der neueren sozialökonomisch ausgerichteten Geschichte hinausgriff, dabei aber auch strukturelle Ergebnisse und Fragestellungen der politischen wie der Sozialgeschichte entweder entwertete oder nicht zur Kenntnis nahm. Die lebensweltliche Orientierung der Alltagshistorie, die Auflehnung gegen die beengende Wirklichkeit industriegesellschaftlicher Herrschaft über Menschen und Natur, gegen die Anonymität moderner Großorganisationen in Staat und Gesellschaft und gegen die Dominanz zweckrationalen Denkens auch in den alltäglichen menschlichen Beziehungen ist unübersehbar und wird von ihr selbst auch immer wieder unterstrichen. Andererseits sollte man nicht verkennen, in welchem Maße die Alltagsgeschichte – außerhalb Deutschlands offenkundig bewußter und früher als hierzulande – unmittelbar auf offene Fragen der Geschichtswissenschaft selbst neue und weiterführende Antworten gesucht und gefunden hat. Insofern handelt es sich zweifellos auch um einen innerwissenschaftlich bedingten Perspektiven- und Methodenwechsel[102]. Er hat allerdings in der älteren Kulturgeschichte des 19. Jahrhunderts eine durchaus kräftige, bisher aber nicht in Anspruch genommene Tradition[103]. Doch sollte man inner- und

[101] Vgl. programmatisch auch die Einleitung in: H. Medick, D. Sabean (Hg.), Emotionen und materielle Interessen. Sozialanthropologie und historische Beiträge zur Familienforschung. Göttingen 1984, S. 11 ff., sowie die Einleitung: Was ist und wer treibt Alltagsgeschichte. In: A. Lüdtke (Hg.), Alltagsgeschichte. Zur Rekonstruktion historischer Erfahrungen und Lebensweisen. Frankfurt a. M. 1989, S. 9–47.

[102] Vgl. dazu v. a. W. Schulze, Mikrohistorie versus Makrohistorie? Anmerkungen zu einem aktuellen Thema. In: Ch. Meier, J. Rüsen (Hg.), Historische Methode. München 1988, S. 319–341.

[103] Lamprecht, Was ist Kulturgeschichte.

außerwissenschaftliche Ursachen des Perspektivenwechsels auch wieder nicht zu rigoros einander gegenüberstellen, denn offenbar gibt es Rhythmen des Interessenwechsels, die beide Bereiche übergreifen. Sie äußern sich keineswegs unabhängig von gesellschaftlich-politischen Konstellationen und ihnen entsprechenden intellektuellen Stimmungen, ebensowenig wie von Voraussetzungen der Wissenschaftsgeschichte. Aber sie lassen sich doch nicht nahtlos aus ihnen herleiten. Zu ihrem Verständnis dürfte es nützlich sein, noch einmal auf Nietzsches fundamentale Unterscheidung dreier geschichtlicher Grundbedürfnisse zurückzugreifen: des monumentalischen, des antiquarischen und des kritischen Interesses.

VII.

Diese Typologie ist in der theoretisch-historiographiegeschichtlichen Reflexion der Historiker so gut wie völlig unbeachtet geblieben, vor allem wohl deshalb, weil sie im vorwissenschaftlichen Bereich anthropologischer Gegebenheiten ansetzt, zur Konstituierung der Wissenschaftlichkeit von Historie nichts beiträgt und gleichsam erst aus Nietzsches grundsätzlicher Feindschaft gegen ein positivistisches Wissenschaftsverständnis herauspräpariert werden muß; hinzu kommt sicherlich auch die problematische Wirkungsgeschichte Nietzsches im Dritten Reich[104]. Nietzsche entwirft eine Psychologie des Interesses an der Vergangenheit und systematisiert elementare, vorwissenschaftliche, in jedem (von der europäischen Kultur geprägten) Menschen und so auch im professionellen Historiker wirksame Bedürfnisse. Die Unterscheidung ist idealtypisch zugespitzt, das heißt, daß ihre Bedürfnisse in der Wirklichkeit nie in Reinform, sondern immer in Mischungen auftreten. Daher stehen sie auch nicht ungeschichtlich nebeneinander, sondern artikulieren sich je nach gesellschaftlich-politischer und kultureller Ausgangssituation neu und mit unterschiedlichem Schwerpunkt. In diesem Sinne läßt sich im historistischen Geschichtsdenken des 19. Jahrhunderts mit seinen langanhaltenden Nachwirkungen vorrangig das monumentalische Interesse erkennen – mit seinem Blick auf »das vergangene Große« als

[104] Vgl. Heimpel, Geschichte und Geschichtswissenschaft, S. 2.

»Mittel gegen die Resignation«, das »den Eindruck erweckt, als ob das Menschenleben eine herrliche Sache« sei[105]. In diesem Sinn kann man aber auch die kritische Sozialgeschichte durchaus Nietzsches Typus der kritischen Historie zuordnen; sie hat das auch selbst getan. »Oft genug« – so Nietzsche – müsse der Mensch »die Kraft haben, und von Zeit zu Zeit anwenden, eine Vergangenheit zu zerbrechen und aufzulösen, um leben zu können: dies erreicht er dadurch, daß er sie vor Gericht zieht, peinlich inquiriert und endlich verurteilt, ... dann soll es eben gerade klar werden, wie ungerecht die Existenz irgend eines Dinges, eines Privilegiums, einer Kaste, einer Dynastie zum Beispiel ist, wie sehr dieses Ding den Untergang verdient. Dann wird seine Vergangenheit kritisch betrachtet, dann greift man mit dem Messer an seine Wurzeln, dann schreitet man grausam über alle Pietäten hinweg.«[106]

Kritische Absichten und Wirkungen im Sinne Nietzsches hat allerdings – das verdient festgehalten zu werden – jede wirklich geschichts*wissenschaftliche* Arbeit. Schon indem sie quellenkritisch gemäß jenen Verfahren vorgeht, welche die entstehende Geschichtswissenschaft schrittweise entwickelt hat, legt sie das Messer an die Wurzeln einer bestimmten Vergangenheit; kritisch ist sie, indem sie bestehende Überlieferungen über vergangene Ereignisse und Zustände zerstört und neue Hypothesen über geschichtliche Zusammenhänge entwirft und zu begründen sucht. Dieses Element der notwendigen Zerstörung als Voraussetzung neuer Syntheseleistung ist seit Niebuhr immer wieder, wenn auch mit unterschiedlicher Klarheit, gesehen worden[107]. In der Diskussion über die Frage, wozu in der fortschreitend enthistorisierten Gegenwart Geschichte überhaupt noch nötig sei, wurde darüber hinausgehend auch die Aufgabe der Ideologiekritik als »Ergebnis einer konsequent durchgehaltenen historisch-philosophischen Methodik« unbestritten geltend gemacht[108]. Nietzsches kritische Historie geht freilich auch darüber noch hinaus, indem sie über die Korrektur der Überlieferung letztlich auf eine Korrektur des Überlieferten selbst zielt

[105] Nietzsche, Vom Nutzen und Nachteil, S. 219–221.

[106] Ebd., S. 229; vgl. dazu H.-U. Wehler, Geschichtswissenschaft heute. In: J. Habermas (Hg.), Stichworte zur geistigen Situation der Zeit. Frankfurt a.M. 1979, Bd. 2, S. 726.

[107] Niebuhr, Vorrede; vgl. auch Schnabel, Vom Sinn des geschichtlichen Studiums, S. 57ff.

[108] Koselleck, Wozu noch Historie? S. 358.

und insofern den Versuch darstellt, »sich gleichsam a posteriori eine Vergangenheit zu geben, aus der man stammen möchte, im Gegensatz zu der, aus der man stammt« – für Nietzsche ein zu bestimmten Zeiten notwendiger, aber immer »gefährlicher Versuch, weil es so schwer ist, eine Grenze im Verneinen des Vergangenen zu finden«[109]. Daher wurde im Diskurs der siebziger Jahre dem »Zauber des ›Emanzipatorischen‹« auch die »Schwere und Gewichtigkeit des Realitätsprinzips« gegenübergestellt; die Historie lehrt »jenseits von Traditionalismus, Status quo oder Anpassung ... den Ernst der Wirklichkeit«[110].

Neben der monumentalischen und der kritischen steht für Nietzsche gleichberechtigt die antiquarische Historie. Sie gehört dem »Bewahrenden und Verehrenden – dem, der mit Treue und Liebe dorthin zurückblickt, woher er kommt, worin er geworden ist ... Das Kleine, das Beschränkte, das Morsche und Veraltete erhält seine eigene Würde und Unantastbarkeit dadurch, daß die bewahrende und verehrende Seele des antiquarischen Menschen in diese Dinge übersiedelt und sich darin ein heimisches Nest bereitet ... Den höchsten Wert hat jener historisch-antiquarische Verehrungssinn, wo er über bescheidene, rauhe, selbst kümmerliche Zustände, in denen ein Volk lebt, ein einfaches rührendes Lust- und Zufriedenheitsgefühl verbreitet ... Wie könnte die Historie dem Leben besser dienen als dadurch, daß sie auch die minder begünstigten Geschlechter und Bevölkerungen an ihre Heimat und Heimatsitte anknüpft, seßhaft macht und sie abhält, nach dem Besseren in der Ferne herumzuschweifen und um dasselbe wetteifernd zu kämpfen.« Wie beim kritischen Sinn fügt Nietzsche dem Lob des antiquarischen Sinns die präzise Analyse seiner Gefahren an: »ein höchst beschränktes Gesichtsfeld; das allermeiste nimmt er gar nicht wahr, und das Wenige, was er sieht, sieht er viel zu nah und isoliert; er kann es nicht messen und nimmt deshalb alles gleich wichtig und deshalb jedes einzelne als zu wichtig ...«[111]

Selbstverständlich – um dies noch einmal zu betonen – handelt es sich hier um idealtypische Überzeichnungen; in der Wirklichkeit verschmelzen diese Typen zu Legierungen. Selbstverständlich auch bewahrt die Geschichte als Wissenschaft Distanz gegenüber solchen Vereinfachungen. Geschichtswissen-

[109] Nietzsche, Vom Nutzen und Nachteil, S. 230f.
[110] Nipperdey, Wozu noch Geschichte?, S. 379.
[111] Nietzsche, Vom Nutzen und Nachteil, S. 227.

schaft ist etwas anderes als das bloße Ausleben von Bedürfnissen gegenüber der Vergangenheit. Aber man kann nicht gut entweder die Begriffs- und Kategorienbildung Max Webers zum Fundament eines neuen »Paradigmas« erheben wollen – wie die Vertreter der kritischen Sozialgeschichte – oder die Webersche Trennung von Werturteil und Wertbezug zur methodischen Maxime erheben – wie die Gegner des emanzipatorischen Praxisbezugs –, ohne die entscheidende Rolle des vorwissenschaftlichen Wertbezugs zur Kenntnis zu nehmen und damit die maßgebliche Bedeutung vorrationaler Wertentscheidungen im Verhältnis des einzelnen zur Vergangenheit. Über sie muß dann zwar ein wissenschaftlicher Diskurs möglich sein, aber grundsätzlich bleibt der Unterschied der Wertsphären bestehen. Gewiß überbrückt die Wissenschaft die Kluft zwischen ihnen durch die relative Autonomie des innerwissenschaftlichen Fortschrittsprozesses. Vergißt man aber oder bestreitet man ihre untergründige, unaufhebbare Existenz, so nimmt der Kampf der Richtungen in der Geschichtswissenschaft jenen Charakter eines Schattenboxens an, der wissenschaftlichen Kontroversen gelegentlich zu eigen ist. Der Hinweis auf die Grundtypen des geschichtlichen Interesses berechtigt in keiner Weise dazu, die wissenschaftliche Kontroverse als notwendiges Instrument des Erkenntnisfortschritts zu diskreditieren. Aber er kann doch auch daran erinnern, worum es wirklich in solchen Kontroversen gehen muß: den Erklärungsgehalt und den Stellenwert von Hypothesen sowie die Brauchbarkeit von Methoden zu prüfen; gewiß dabei auch um den Primat des jeweils eigenen, letztlich wertbestimmten, aber methodisch disziplinierten Zugangs zur Geschichte in der *scientific community* oder auch im geschichtlichen Bewußtsein einer Gruppe oder Gesellschaft zu kämpfen; nicht aber die prinzipiell gleiche Berechtigung anderer Wertbezüge zu bestreiten.

2. Die Verwissenschaftlichung der Geschichtsschreibung zwischen Aufklärung und Historismus

Es galt in der deutschen historiographiegeschichtlichen Forschung lange Zeit für ausgemacht, daß die deutsche – und mit ihr die außerdeutsche – Historie ziemlich plötzlich, durch einige entscheidende Gründungsakte, den Rang einer Wissenschaft erreicht habe. Neben Niebuhrs Anwendung der kritischen Methode der Philologie auf die Quellen zur römischen Geschichte war es die Gewinnung der Kategorien »Individualität« und »Entwicklung« in der sogenannten »Deutschen Bewegung« (Meinecke) und die Selbstabgrenzung Rankes und Droysens gegenüber der Geschichtsphilosophie Hegels, worin die Kriterien für die Wissenschaftlichkeit der neuen Historiographie gesehen wurden. Dieses Bild, das sich die Geschichtswissenschaft von ihrer eigenen Entstehung gemacht hat, ist seit kurzem im Wandel begriffen[1]. Zum einen wurden die historischen Untersuchungen, die im Umkreis der neugegründeten Akademien[2] und Universitäten[3] des 18. Jahrhunderts entstanden waren, in ihrer Methodik und in ihrem Erkenntnisertrag neu gewürdigt. Zum anderen wurden einzelne »Historiker« – wobei noch zu klären ist, was darunter zu verstehen ist bzw. verstanden wur-

[1] Zu wesentlichen Aspekten der Verwissenschaftlichung der Geschichtsschreibung in der Aufklärung: P. H. Reill, The German enlightenment and the rise of historism. Berkeley 1975; R. Vierhaus (Hg.), Wissenschaften im Zeitalter der Aufklärung. Göttingen 1985; H. W. Blanke, J. Rüsen (Hg.), Von der Aufklärung zum Historismus. Zum Strukturwandel des historischen Denkens. Paderborn 1985; H. E. Bödeker, G. G. Iggers, J. B. Knudsen, P. H. Reill (Hg.), Aufklärung und Geschichte. Göttingen 1986; H. Dreitzel, Die Entwicklung der Historie zur Wissenschaft. In: Zeitschrift für historische Forschung 8 (1981), S. 257ff.

[2] Vgl. dazu A. Kraus, Die historische Forschung an der Churbayerischen Akademie der Wissenschaften. München 1959; ders., Vernunft und Geschichte. Die Bedeutung der deutschen Akademien für die Entwicklung der Geschichtswissenschaft im späten 18. Jahrhundert. Freiburg i. Br. 1963; ders., Die Geschichtswissenschaft an den deutschen Akademien des 18. Jahrhunderts. In: Historische Forschung im 18. Jahrhundert. Organisation, Zielsetzung, Ergebnisse. Hg. v. K. Hammer, J. Voss, Bonn 1976; P. Fuchs, Palatinatus Illustratus. Die historische Forschung an der kurpfälzischen Akademie der Wissenschaften. München 1963.

[3] G. G. Iggers, The University of Göttingen 1760–1800 and the transformation of historical scholarship. In: Storia della storiographia 2 (1982), S. 11ff.

de – des 18. Jahrhunderts monographisch untersucht[4]. Schließlich begann sich das Interesse auch den institutionellen Zusammenhängen zuzuwenden, in denen Historie stand und die auf ihre Methode und ihr Selbstverständnis einwirkten[5]. Für eine Wissenschaftsgeschichte der Historie fehlt es jedoch bislang an einer klaren Vorstellung davon, was eigentlich unter »Wissenschaft«, speziell unter Geschichtswissenschaft, zu verstehen ist. Die Vorstellung davon, was Wissenschaft ist, wodurch sie sich konstitutiert, ist ihrerseits ein historisches Phänomen. Daraus ergibt sich zunächst die Frage, was jeweils von den Zeitgenossen unter Geschichtswissenschaft verstanden wurde und worin frühere Konzeptionen von Geschichtswissenschaft mit heutigen Kriterien von Wissenschaftlichkeit übereinstimmen bzw. sich von ihnen unterscheiden[6]. Um deutlich zu machen, was unter »Verwissenschaftlichung« überhaupt zu verstehen ist, soll zunächst der neuzeitliche Wissenschaftsbegriff selbst kurz erläutert werden, bevor der Entstehung des Wissenschaftsanspruchs der Historie nachgegangen und danach gefragt wird, inwiefern die Historie diesen Anspruch eingelöst hat.

I.

Das deutsche Wort »Wissenschaft« hat seinen heutigen Bedeutungsgehalt erst an der Wende vom 18. zum 19. Jahrhundert gewonnen. »Wissenschaft« meinte im frühneuzeitlichen

[4] Vgl. J. Grolle, Landesgeschichte in der deutschen Spätaufklärung. Ludwig Timotheus Spittler (1752–1810). Göttingen 1963; H. Möller, Aufklärung in Preußen. Der Verleger, Publizist und Geschichtsschreiber Friedrich Nicolai. Berlin 1974; J. Voss, J. D. Schöpflins Wirken und Werk. Eine Bestandsaufnahme anläßlich seines 200. Todestages. In: Zeitschrift für die Geschichte des Oberrheins 119 (1971); vgl. auch die einschlägigen Beiträge in: H.-U. Wehler (Hg.), Deutsche Historiker. 9 Bände, Göttingen 1971–1982.

[5] J. Engel, Die deutschen Universitäten und die Geschichtswissenschaft. In: Historische Zeitschrift 189 (1959); N. Hammerstein, Jus und Historie. Ein Beitrag zur Geschichte des historischen Denkens an deutschen Universitäten im späten 17. und im 18. Jahrhundert. Göttingen 1972, sowie für die Akademien die in Anm. 2 genannten Arbeiten; vgl. auch J. Voss, Die Akademien als Organisationsträger der Wissenschaften im 18. Jahrhundert. In: Historische Zeitschrift 29 (1980).

[6] Vgl. A. Diemer, Die Begründung des Wissenschaftscharakters der Wissenschaft im 19. Jahrhundert – die Wissenschaftstheorie zwischen klassischer und moderner Wissenschaftskonzeption. In: A. Diemer (Hg.), Beiträge zur Entwicklung der Wissenschaftstheorie im 19. Jahrhundert. Meisenheim a. G. 1968, S. 3ff.

Sprachgebrauch zunächst vor allem das subjektive, auf eine einzelne Person bezogene Wissen: »Wissenschaft haben von etwas.«[7] Das Wort bezeichnete eine Fertigkeit oder Geschicklichkeit oder eine persönliche Fähigkeit, ähnlich wie »Klugheit«, »Einsicht« oder »Weisheit«. Bereits am Anfang des 17. Jahrhunderts konnte sich der Begriff zur Bezeichnung von gelehrtem Wissen spezialisieren, so etwa, wenn es bei Binhardus in seiner ›Tübinger Chronik‹ von 1613 heißt, es sei »hoch von nöten, das ein paterfamilias der historien eine gute Wissenschaft trage.«[8] Der Bezug auf die einzelne Person des Wissenden oder dann auch schon spezieller des Gelehrten bleibt bis ins späte 18. Jahrhundert dominierend. So etwa preist der Nachruf auf ein Mitglied der Bayerischen Akademie der Wissenschaften noch 1780 die »ruhige Zufriedenheit« oder Tugend, »die einem Weisen zur sorglosen Nachspürung höherer Wissenschaften so unentbehrlich nötig ist«[9]. In diesem Sinne der persönlichen Fähigkeiten spricht das 17. und 18. Jahrhundert meist von den Wissenschaften im Plural. Dies gilt besonders auch für die Fertigkeiten auf dem Gebiet der Geschichte. Charakteristisch nennt M. Benjamin Hederich eines seiner Bücher eine ›Anleitung zu den Führnehmsten historischen Wissenschaften, benanntlich (!) Der Geographie, Chronologie, Genealogie und Heraldica, Der Historia Universali, Notitia Auctorum, der Römischen Antiquitäten und der Mythologie. So fern solche einem politen Menschen, insonderheit aber denen, so die Studia zu prosequiren gedencken, nützlich und nötig‹[10]. Die allmähliche Entwicklung des Begriffs Wissenschaft von der Benennung beliebiger persönlicher Fähigkeiten zur individuellen Gelehrtheit resümieren um die Wende vom 18. zum 19. Jahrhundert die Wörterbücher von Adelung und Campe; sie machen auch deutlich, daß der subjektivische Sprachgebrauch »Wissenschaft haben von etwas«, der immer auf den einzelnen Gelehrten bezogen bleibt, veraltet, und daß sich ein objektiver, von der Person des Gelehrten abstrahierender Begriff von Wissenschaft durch-

[7] Vgl. dazu W. Bumann, Der Begriff der Wissenschaft im deutschen Sprach- und Denkraum. In: A. Diemer (Hg.), Der Wissenschaftsbegriff. Historische und systematische Untersuchungen. Meisenheim a. G. 1970, hier bes. S. 66f.

[8] Jacob und Wilhelm Grimm, Deutsches Wörterbuch. Bd. 14. Leipzig 1937, Sp. 784.

[9] Rede zum Andenken zweier akademischer Mitglieder ... von Karl Albrecht Edeln von Vacchiery, Kurfürstl. Revisionsrath, und derzeit Direktor der Historischen Klasse. München 1780, S. 8.

[10] Andere und verbesserte Auflage, Wittenberg 1711.

zusetzen beginnt: Wissenschaft sei »1. Der Zustand, da man etwas weiß, Kenntnis, Nachricht davon hat ... 2. Der Inbegriff dessen, was man im engeren Verstande weiß, der Inbegriff der klaren und deutlichen Begriffe ... Auch diese Bedeutung kommt wenig mehr vor. Am häufigsten gebraucht man das Wort noch 3. Objektive von dem Inbegriffe ineinander gegründeter allgemeiner Wahrheiten ...«[11]. Die zeitgenössische Wissenschaftslehre ergänzt und präzisiert diesen neuen Sprachgebrauch: »Objektiv ... versteht man darunter (unter »Wissenschaft«, W. H.) den Inbegriff dieser aus dem ganzen Vorrat erkennbarer Gegenstände ausgehobenen und in ein Ganzes geordneten Wahrheiten selbst, sofern sie miteinander verknüpft, ineinander gegründet und Gegenstände historischer und philosophischer Erkenntnis sind ...«[12]. W. T. Krug führt den Begriff der »Wissenschaftlichkeit« zur Benennung einer eigenständigen, von anderen abgegrenzten Handlungsweise ein: »Etwas wissenschaftlich behandeln heißt ... soviel als es gründlich, zusammenhängend, wohlgeordnet, überhaupt so zu behandeln, daß man eine möglichst klare, deutliche und bestimmte Erkenntnis davon erhält. Das Streben danach heißt daher auch der Geist der Wissenschaftlichkeit.«[13]

Diese Definitionen enthalten in verkürzter Form eine Mehrzahl von Kriterien dafür, was im frühen 19. Jahrhundert unter Wissenschaft und Wissenschaftlichkeit verstanden wurde: 1. Das *Wahrheitspostulat.* Es geht nicht mehr um ein persönliches Können und Wissen, eine Tugend oder Eigenschaft, sondern Wissenschaft heißt die überindividuelle, allgemeingültige Wahrheit, die sich von ihrem Träger ablöst. Wissenschaft hat unmittelbar nur mit Erkenntnis zu tun, nicht mit Überliefe-

[11] Ch. Adelung, Grammatisch-Kritisches Wörterbuch der Hochdeutschen Mundart, mit beständiger Vergleichung der übrigen Mundarten, besonders aber des Oberdeutschen. Mit D. W. Soltaus Beyträgen revidiert und berichtigt von F. X. Schönberger. 4. Teil, Wien 1811, Sp. 1582; ähnlich J. H. Campe, Wörterbuch der deutschen Sprache. 5. Teil, Braunschweig 1811, S. 746f.: »Die Wissenschaft, Mz. – en 1. Der Zustand, da man etwas weiß, da man Kenntnis von etwas hat ... 2. Der Inbegriff dessen, was man weiß, der Inbegriff der Kenntnisse, welche man besitzt ... 3. gegenständlich, den Inbegriff aller in einander gegründeter, ein Ganzes bildender allgemeiner Wahrheiten Einer Art, welche so mit einander verbunden und auseinander gefolgert sind, daß der höchste Grad der Gewißheit und Gründlichkeit befördert wird, zu bezeichnen.«

[12] J. J. Eschenburg, Lehrbuch der Wissenschaftskunde, ein Grundriß enzyklopädischer Vorlesungen. 3. verb. u. verm. Aufl., Berlin, Stettin 1809, S. 4.

[13] W. T. Krug, Allgemeines Handwörterbuch der philosophischen Wissenschaften. 2. Aufl., 2. Abt., Suppl. 1838, S. 467.

rung, Bericht, Bildung oder anderen Zwecken. 2. Der *Systemcharakter.* Wissenschaft stellt sich dar in Form eines Inbegriffs von Sätzen, die zueinander in einem Begründungszusammenhang stehen. 3. Die *Autonomie.* Wissenschaft greift aus der Summe des ingesamt möglichen Wissens einen bestimmten Bereich heraus und grenzt ihn gegenüber anderen Wissensgebieten ab. 4. Der *Ableitungscharakter.* Wissenschaftliche Wahrheit oder Gewißheit entsteht durch die Behandlungsart oder Methode, mit deren Hilfe die Klarheit und Bestimmtheit des Wissens gesichert wird. Schließlich ist aus den angeführten Definitionen noch hervorzuheben, daß die historische Erkenntnis neben der philosophischen ausdrücklich als *wissenschaftliche* Erkenntnis anerkannt wird. Dies ist keineswegs selbstverständlich, sondern verweist auf die historische Frage, welche Stelle die Historie im System der Wissenschaften einnimmt und eingenommen hat. Hat sie sich seit jeher als Wissenschaft im Sinne der genannten Kriterien verstanden bzw. wann und warum hat sie sich diese Kriterien zu eigen gemacht?

II.

Bis ins späte 18. Jahrhundert hinein diskutiert die Präzeptistik die Probleme der Historie bzw. der Historiographie als Probleme einer speziellen Art von Literatur. Die besonderen Merkmale der Historie erscheinen unter dem Vorzeichen literarischer Gattungseigenschaften, nicht unter dem einer Methodik der Forschung als der Ermittlung und Erkundung bisher unbekannter Wahrheiten. Auf das Kommunikationsmodell der Rhetorik bezogen, sucht die Theorie des historiographischen Textes insbesondere Unterschiede zwischen dichterischen Texten und Historien auf, so etwa bei den Techniken der Beschreibung, der Ausschmückung, der dramatischen Erzählung, des Plädoyers usw.[14] »Historie«, »Narratio« oder »Erzählung« sind demgemäß Differenzierungsbegriffe zur Unterscheidung verschiedener Darstellungstypen unter dem übergeordneten Gesichtspunkt einer Typologie von Formen sprachlicher Präsentation von Wirklichkeit. Die frühneuzeitliche Theorie der Historien

[14] Vgl. dazu K. Heitmann, Das Verhältnis von Dichtung und Geschichtsschreibung in der älteren Theorie. In: Archiv für Kulturgeschichte 52 (1970).

erwägt deren spezielle Eigenschaften unter dem Gesichtspunkt der *Ver*mittlung oder Mitteilung von Wirklichkeit, nicht primär unter dem der *Er*mittlung des Geschehenen.

Die rhetorisch-humanistische Tradition definiert Historie als die *narratio rei gestae*[15]. Gegenüber anderen Gattungen von Literatur besteht die Eigenheit der Historie darin, daß sie einen wahren Bericht über wirkliche Dinge gibt. Die Historie, als Teil der Rhetorik, übernimmt von der rhetorischen Kunst die Techniken und Fertigkeiten des Schreibens und wendet sie auf den Bericht über wahre Geschehnisse an. Historie erscheint demgemäß »nicht als die geschehende, auch nicht eigentlich als die geschriebene, sondern als die zu schreibende Geschichte«[16]. Die Wahrheit der Geschichte stellt sich dem rhetorisch-humanistischen Geschichtenerzähler nicht als logisches oder gnoseologisches Problem dar, sondern als eine Frage des Willens zur Aufrichtigkeit, als ein ethisches Problem.

Dieses rhetorisch-humanistische Modell von Historiographie bindet die Erzählung wahrer Geschichten über wirkliche Geschehnisse in praktische Lebenszusammenhänge ein: *historia magistra vitae*[17]. Das Hören oder Lesen von Historien soll in die Praxis wichtiger Fertigkeiten und eines tugendhaften Lebens einführen. Das Studium von Historien erscheint als Möglichkeit zur Schulung des Denkens, indem es die Kraft zur Unterscheidung zwischen Wahrscheinlichkeit und Unwahrscheinlichkeit stärkt; als Möglichkeit zur Erweiterung der Menschenkenntnis durch Fremderfahrung über den Kreis der eigenen Erfahrung hinaus; als Hinführung zu den Grundsätzen der Moral und zu den Prinzipien der Politik. Über diese allgemein anerkannten nützlichen Funktionen hinaus konnten noch speziellere Erwartungen an die Historien geknüpft werden: etwa die Kenntnis von Staats- und Völkerrecht, die Fähigkeit zur

[15] Zur rhetorisch-humanistischen Historiographie vgl. v.a. E. Keßler, Theoretiker humanistischer Geschichtsschreibung. Nachdruck exemplarischer Texte aus dem 16. Jahrhundert. München 1971; ders., Petrarca und die Geschichte. Geschichtsschreibung, Rhetorik, Philosophie im Übergang vom Mittelalter zur Neuzeit. München 1978, sowie A. Seifert, Cognitio historica. Die Geschichte als Namengeberin der frühneuzeitlichen Empirie. Berlin 1976, hier bes. S. 21 ff.

[16] Seifert, Cognitio historica, S. 22, sowie zum folgenden S. 24.

[17] Vgl. dazu v.a. R. Koselleck, Historia magistra vitae. In: Natur und Geschichte. Karl Löwith zum 70. Geburtstag. Stuttgart 1967, S. 196 ff., sowie die zahlreichen Belege in: ders., ›Geschichte, Historie‹. In: Geschichtliche Grundbegriffe. Historisches Lexikon zur politisch-sozialen Sprache in Deutschland. Hg. v. O. Brunner, W. Conze, R. Koselleck, Bd. 2, Stuttgart 1975, bes. S. 658 ff.

Prognose oder ganz einfach die Möglichkeit, andere durch Wissen über scheinbar außerhalb des eigenen Erfahrungshorizontes liegende Tatbestände zu beeindrucken[18]. Insgesamt lehren die Historien, »wie man von einer Sache recht urtheilen, reden, und vor sich im Thun und Laßen recht leben soll«[19].

Dieses Modell der Historie als Teil der rhetorischen Kunst prägt – ungeachtet anderer Ansätze, die noch behandelt werden sollen – die Struktur der Historien, also die historischen Erzählungen, ebenso wie die »Historik« die *ars historica* oder *historica,* die Lehre von den Historien bis zum Ausgang des 18. Jahrhunderts. Noch um 1800 können herkömmliche rhetorische Topoi, wie die Autopsieforderung, und die polemische Wendung gegen den rhetorischen Ornatus, die »pomphaften Declamationen des Geschichtsschreibers« in ein und derselben Vorrede unbefangen nebeneinander stehen[20] – ein Beispiel für die zeitlichen Interferenzen bei der allmählichen Überlagerung der rhetorischen Historie durch eine neue Konzeption der Historie als Wissenschaft. Die ›Allgemeine Geschichtswissenschaft‹[21] (1752) des Erlanger Professors Johann Martin Chladenius dokumentiert diesen Auflösungs- und Ablösungsvorgang außerordentlich präzis, aber gegenüber der allgemeinen Entwicklung auch verfrüht. In der Vorrede zu seiner Historik – denn das versteht er unter dem erstmals verwendeten Begriff »allgemeine Geschichtswissenschaft« – entwickelt er die Legitimation zu seinem Unternehmen erst in letzter Linie aus der rhetorisch-praktischen Funktion der Geschichten. Chladenius, »der heiligen Schrift Doktor, ordentlicher Professor der Gottesgelahrt-

[18] Der Katalog hier nach: D. N. H. Gundlings Academischer Discours über des Freyherrn Samuel von Pufendorffs Einleitung zu der Historie der vornehmsten Reiche und Staaten, so jetziger Zeit in Europa sich befinden. Frankfurt 1737, S. I f.

[19] Hederich, Anleitung, S. 187.

[20] Geschichte der Baiern im Verbande mit ihrem Staatsrecht. Hg. v. F. J. Lipowski. München 1799, S. 4; vgl. auch D. L. Wachler, Geschichte der historischen Forschung und Kunst seit der Wiederherstellung der litterärischen Cultur in Europa. 5 Bde, Göttingen 1812–1820, hier: Bd. 1, 2. Abt., S. 574, wo Wachler die »rhetorisierende Historiographie« ausdrücklich unterscheidet von »Forschung«, »Kompilatoren«, »Geschichte der Zeit und des Tages«, »historische Kunst«.

[21] J. M. Chladenii, der heiligen Schrift Doktors, ordentlichen Professors der Gottesgelahrtheit, der Beredsamkeit und der Poesie, wie auch Pastors an der Universitätskirche zu Erlangen, Allgemeine Geschichtswissenschaft, worinnen der Grund zu einer neuen Einsicht in allen Arten der Gelahrtheit gelegt wird. Leipzig 1752, Nachdruck Wien, Köln, Graz 1985.

heit, der Beredsamkeit und der Poesie«, wie es im Titel seines Buches heißt, ein Mann, der nacheinander Philosophie, Theologie, Kirchengeschichte und Rhetorik gelehrt und dabei jeweils mit Historien bzw. der historischen Erkenntnis zu tun bekommen hatte, stellt seiner Theorie der Historien – denn das blieb auch seine ›Allgemeine Geschichtswissenschaft‹ – ein wissenschaftstheoretisch-philosophisches, kein praktisch-didaktisches Bedürfnis voran. Erstens verspürt er den Bedarf an einer Theorie der Struktur »individueller Begriffe«, die, obwohl auch »Wahrheiten«, in der philosophischen Vernunftslehre zu kurz gekommen seien; zweitens bewegt ihn als Theologen das Problem, für die Erarbeitung antiquarischen Wissens zur Auslegung der »dogmatischen und historischen Bücher« wissenschaftliche Regeln der Hermeneutik aufzufinden; drittens geht es ihm darum, die methodischen Erfordernisse der Kirchengeschichte zu klären; erst an vierter und letzter Stelle erwähnt er das rhetorische Argument, daß der oratorische Vortrag moralischer Wahrheiten ganz wesentlich aus der Erzählung von Geschichten bestehe und daß es daher wichtig sei, über die Struktur und den Wahrheitsgehalt von Geschichten Bescheid zu wissen[22]. Hier sind erkenntniskritische und logische Probleme vorrangig geworden, entwickelt aus den disziplinären Bereichen der Philosophie, der Theologie und der Kirchengeschichte; die Fragen des Vortrags und damit die disziplinäre Zuständigkeit der traditionell-rhetorischen Geschichten-Lehre treten zurück.

Kurz nach der Jahrhundertwende, als sich das neue Verständnis der Historie als Wissenschaft durchzusetzen begann, konnten dann die Gründe für die Auflösung der forensischen Form von Geschichtsschreibung selbst Gegenstand scharfsinniger Erörterungen werden. Zwar ging es in den Überlegungen Ludwig Wachlers (1812) vordergründig um die Frage, welche Geschichten die besseren seien, die der Alten oder die der Modernen, doch kommt hinter diesen Erwägungen die Einsicht in Strukturmerkmale der modernen Welt zum Vorschein, angesichts deren sich die Vorbildhaftigkeit – und damit die Übertragbarkeit – der antiken Historiographie auf die Gegenwart auflöst[23]. Daß die Größe und Geschlossenheit der Geschichtsschreibung eines Thukydides oder Livius nicht mehr erreichbar sei, führt Wachler auf eine Mehrzahl von Widersprüchen zu-

[22] Ebd., Vorrede.
[23] Wachler, Geschichte der historischen Forschung, Bd. 1, 1, Einleitung, S. 8f.

rück, welche das gegenwärtige Leben beherrschten: die Dichotomie zwischen »öffentlichem bürgerlichem Leben« und Gelehrsamkeit; d.h. Wissen und Gesinnung träten in den beiden Bereichen auseinander und bildeten keine selbstverständliche Einheit mehr; es klaffe eine Differenz zwischen der Innerlichkeit des einzelnen auf der einen, den nach außen sichtbaren und vertretenen Handlungen auf der anderen Seite; die Einheit von religiösem und patriotischem Bewußtsein sei dahin. Vor allem aber beklagt Wachler den Hiatus, der zwischen Gegenwart und Vergangenheit entstanden sei; durch die allgemeine Historisierung des Bewußtseins sei die Vergangenheit nicht mehr als Tradition und Überlieferung selbstverständlicher Bestandteil der Gegenwart, sondern mache sich als eigenständige, zur Gegenwart in Widerspruch stehende Macht bemerkbar. Die Summe dieser Widersprüche entziehe der rhetorischen Kunst der Historie den Boden, indem sie die Einheit des Lebens auflöse, die im forensischen Modell der Historie vorausgesetzt sei. Selbst Gervinus, der noch 1837 versuchte, eine Historik auf der Geschichtsschreibung, nicht der Geschichtsforschung zu begründen, war sich darüber im klaren, daß die Form der Geschichtsschreibung unmittelbar von der Komplexität der Lebensverhältnisse abhängt, in denen sie entsteht[24].

III.

Die Zerfallsgeschichte des humanistisch-rhetorischen Modells von Geschichtsschreibung bzw. ihrer Formel, daß die Historie die *narratio rei gestae* sei, beginnt bereits zur Zeit ihrer unbestrittenen Geltung, in der ersten Hälfte des 16. Jahrhunderts. Insbesondere von der antiken Tradition der Naturhistorien her bemächtigt sich die Philosophie bzw. die allgemeine Wissenschaftslehre des Begriffs *historia* und erhebt ihn unabhängig von den *res gestae* zum Sammelbegriff für die empirische Einzelerkenntnis. Innerhalb des aristotelisch geprägten Systems der Wissenschaftslehre, das im 16. und 17. Jahrhundert zwar vielfach modifiziert, aber nicht grundlegend bestritten wurde, bil-

[24] G. G. Gervinus, Grundzüge der Historik. Leipzig 1837, S. 42: »Wenn wir die Form des Thukydides wieder treffen sollen, so gebe man uns auch die einfachen und doch so reichen, die viel verschlungenen und doch so klar durchschaubaren Verhältnisse der alten Welt ...«

det sich dabei die grundlegende Disjunktion heraus, welche die Begriffsgeschichte von *historia* bzw. »Historie« bis zum Ausgang des 18. Jahrhunderts beherrscht: die Unterordnung der Historie als vor- oder unwissenschaftliche *singularium rerum cognitio* unter die Philosophie als die wissenschaftliche Universalienerkenntnis[25].

In diesem Rahmen blieb die Historie als eine besondere Erkenntnisweise zwar einerseits auf die Erfassung der »vereinzelten«, »zufälligen«, kontingenten »sinnlich wahrnehmbaren« Tatsachen beschränkt, welcher der Einblick in das »Allgemeine«, die Prinzipien- und Wesenserkenntnis verwehrt war; noch in den neunziger Jahren des 18. Jahrhunderts hielt die Wissenschaftslehre der Schulphilosophie an dieser Opposition fest: »Alle Erkenntnisse sind entweder Erkenntnisse aus Tatsachen der Erfahrung, oder aus Grundsätzen der Vernunft (historische oder rationale Erkenntnisse).« Und: »Wissenschaftliche philosophische Erkenntnis ist im Gegensatz mit den historischen diejenige, die aus Grundsätzen hergeleitet wird.«[26] Andererseits jedoch legte diese Gleichsetzung von Historie und Empirie die Basis für mehrere wichtige Vorgänge im Verwissenschaftlichungsprozeß der Historie: Zum einen löste sich der *historia*-

[25] Ich stütze mich hierbei im wesentlichen auf die ebenso gelehrte wie scharfsinnige Arbeit von A. Seifert, Cognitio historica.

[26] C. H. Heydenreich, Enzyklopädische Einleitung in das Studium der Philosophie nach den Bedürfnissen unseres Zeitalters. Leipzig 1793, S. 27; vgl. ähnlich J. Ch. Briegleb, Einleitung in die philosophischen Wissenschaften, nebst einem Abriß der Geschichte derselben und einem Verzeichniß der vornehmsten philosophischen Schriften, zum Gebrauch seiner Zuhörer... Coburg 1789, S. 3: »Das, was die Sinne uns lehren, macht den Inhalt der historischen Erkenntnis aus; wenn man aber die Eigenschaften und Verhältnisse der Dinge, die den Sinnen nicht offenbar sind, und ihren Zusammenhang einsieht, dann entsteht die philosophische Erkenntnis.« J. H. G. Heusinger, Versuch einer Enzyklopädie der Philosophie, verbunden mit einer praktischen Anleitung zu dem Studium der kritischen Philosophie vorzüglich auf Universitäten. Weimar 1796, S. 53: »Wissenschaftliche philosophische Kenntniß ist im Gegensatz mit der historischen diejenige, die aus Grundsätzen hergeleitet wird ...«; vgl. auch Eschenburg, Lehrbuch der Wissenschaftskunde, S. 3f.; zum Ganzen: Diemer, Die Begründung des Wissenschaftscharakters, S. 33–35, sowie ders., Was heißt Wissenschaft? Meisenheim 1964; zur Stellung der Historie in der Disjunktion von Singularien- und Universalienerkenntnis vgl. schon Fr. von Bezold, Zur Entstehungsgeschichte der historischen Methodik. In: Internationale Monatsschrift für Wissenschaft, Kunst und Technik 8 (1914), S. 279f. Zur Disjunktion von Singularien- und Universalienerkenntnis in der Tradition der aristotelischen Wissenschaftslehre vgl. H.-M. Baumgartner, ›Wissenschaft‹. In: Handbuch der philosophischen Grundbegriffe. Hg. v. H.-M. Baumgartner, H. Krings, Ch. Wild. Bd. 6, München 1974, bes. S. 1741ff.

Begriff von der ausschließlichen und einengenden Bindung an die *narratio rei factae* – auch wenn dieser Vorgang in der humanistisch-rhetorischen »Historik« bzw. Topik nicht rezipiert wurde. Historia war demnach *Erkenntnis,* wenn auch niedere, nicht mehr nur »Erzählung«. Zum anderen erweiterte sich der Gegenstandsbereich von Historie: Als Tatsachenbeschreibung überhaupt ermöglichte sie nicht nur die enzyklopädischen und polyhistorischen Formen der Geschichtsschreibung, die sich zum Teil auch von der chronologischen Anordnung des Materials löste, sondern sie konnte zur unerläßlichen Induktionsbasis für jegliche Wissenschaft aufsteigen. Dieser in der Wissenschaftslehre der frühen Neuzeit festgelegte empirische Charakter der *historia* bzw. des historischen Wissens sollte auch dann noch ein maßgebliches Unterscheidungskriterium der Historie bleiben, als sie sich in der Aufklärung und im Historismus selbst als Wissenschaft bzw. Philosophie im Sinne einer Wesenserkenntnis oder Erkenntnis des »Allgemeinen« zu deklarieren begann. Schließlich entwickelte sich aus der Darstellungsform, welche in der frühneuzeitlichen Wissenschaftstheorie der »Empirie« zugeordnet wurde, der »theorie«losen Tatsachenbeschreibung, eine bedeutsame Sonderform der Historie, die sogenannte historische Staatenkunde oder Staatenbeschreibung. Sie wurde zuerst unter der Bezeichnung *Notitia rei publicae singularis* als empirische Erweiterung der Politikwissenschaft von Hermann Conring in den akademischen Unterricht eingeführt (1660) und erlebte als Lehre von der »Statistik« seit etwa 1750 einen enormen Aufschwung. Noch ganz im Sinne der Tradition zählt Gottfried Achenwall die »historische Staatslehre oder historische Staatskunde« zu den *»historicae disciplinae«* – im Gegensatz zur »philosophischen Staatslehre« als der »eigentlichen Staatswissenschaft«. Andererseits grenzt er sich von der *narratio-rei-gestae*-Historie als der »eigentlichen« Historie ab. Aus ihr übernimmt er nur die Geschichte der »Regierungsformen, Staatsgrenzen und Dynastien«, alle »übrigen besonderen Begebenheiten eines Staates überlassen wir der eigentlich so genannten Historie«[27]. Am Beispiel dieser »Statistik« oder historischen Staatenkunde und deren eigener Beschreibung ihrer Situation im System der Wissenschaften bzw. »Künste« läßt sich verdeutlichen, daß der moderne Gegensatz von Ereignisge-

[27] G. Achenwall, Staatsverfassung der heutigen vornehmsten Europäischen Reiche und Völker im Grundriß. Göttingen 1768, S. 3, 6; vgl. Seifert, Cognitio historica, S. 132–137.

schichte und Strukturhistorie historische Wurzeln hat im frühneuzeitlichen Gegensatz von rhetorischer *narratio rei gestae* und Historie als empirischem Tatsachenwissen und Tatsachenbeschreibung, die nicht notwendig auf ein bestimmtes Ereignis oder einen Geschehensablauf bezogen sind.

Die Emanzipation der Historie zu dem Anspruch, »Wissenschaft« im Sinne eines Ganzen geordneter, miteinander verknüpfter und ineinander begründeter Wahrheiten zu sein, vollzieht sich allerdings nicht primär über die Aufwertung des empirischen Tatsachenwissens, obgleich auch diese eine Rolle spielt. Vielmehr nimmt die Historie für sich selbst zunehmend Kriterien von Wissenschaftlichkeit im Sinne des aristotelischen Verständnisses von *scientia* in Anspruch. Zunächst führt die Behandlung von Historien durch Philosophen bzw. Logiker wie Keckermann und Voss dazu, daß die »historische Erkenntnis« auch Gegenstand einer Analyse ihrer logischen Struktur, nicht nur ihrer erzählerischen Eigenschaften werden kann[28]. Außerwissenschaftlich bedingte Gewichtsverlagerungen innerhalb des Systems der Wissenschaften im 18. Jahrhundert tragen zu einem gesteigerten Selbstgefühl der »Historiker« bei, so daß sie ihre eigenen Verfahrensregeln nach Analogie der höheren Wissenschaften zu definieren beginnen. Chladenius bleibt zwar einerseits im traditionell-hierarchischen Schema befangen, wenn er vom Gegensatz zwischen den »allgemeinen Wahrheiten, und den historischen Wahrheiten« ausgeht, doch dann durchbricht er das Schema, indem er eine Logik der Geschichtswissenschaft fordert: »Jene (die allgemeinen Wahrheiten) sind mit den schönsten Regeln der Logik versehen ... man sieht sie als das Leben der Gelehrtheit an: man hält denjenigen für einen verdorbenen Gelehrten, der sich niemals mit ihnen bekannt gemacht hat. Sollten die historische (!) Wahrheiten, die in den höhern Fakultäten ein so großes Stück ausmachen, nicht gleiches Recht genießen, in Regeln gefasset zu werden?«[29] Um die Jahrhundertwende bestätigt Adelung bereits für den allgemeinen Sprachgebrauch die Unterscheidung zwischen »Geschichtskunde« bzw. dem »Geschichtskundigen« und der »Geschichtswissenschaft« bzw. dem »Geschichtsgelehrten«[30]. Hin-

[28] Vgl. ebd., S. 89–98 passim.

[29] Chladenius, Allgemeine Geschichtswissenschaft, Vorrede.

[30] J. Chr. Adelung, Auszug aus dem grammatisch-kritischen Wörterbuch der Hochdeutschen Mundart. Bd. 2, Leipzig 1796, S. 518 f.: »Der Geschichtskundige ... der der Geschichte kundig ist«; »Der Geschichtsgelehrte ... der von der

ter der Geschichtskunde verbirgt sich die theorielose Empirie im alten Wortsinne von *historia*, ihr ist übergeordnet die Geschichtswissenschaft als die wissenschaftliche Behandlung des empirischen Materials.

Vor allem versteht sich die Historie seit der Mitte des 18. Jahrhunderts zunehmend selbst als Philosophie, das heißt als eine Wissensform, welche das einzelne, verstreute, zufällige Faktum, die individuelle Begebenheit, einfügt in einen allgemeinen Geschehens- bzw. Bedeutungszusammenhang[31]. Begriffsgeschichtlich entspricht diesem Vorgang die Ablösung der »Historie« im Singular durch den Kollektivsingular »Historie« bzw. die »Geschichte an sich«[32]. Thomas Abbt, Schlözer, Gatterer und andere bezeichnen sich selbst als »Philosophen« und begründen diesen Ausspruch ausdrücklich aus der Forderung, die einzelnen Tatsachen nicht nur zu beschreiben, sondern zu begründen und in ihrer Bedeutung aus allgemeinen Gesichtspunkten zu interpretieren. Laut Schlözer muß die Historie aufhören, »ein ödes Gedächtniswerk zu seyn, das Namen an Namen und Zalen reihet« – eine Beschreibung der bloß sammelnden und beschreibenden Geschichtskunde –, Historie soll vielmehr »Philosophie« werden, »die immer Wirkungen an Ursachen kettet«[33]. In der Selbstgleichsetzung der Historie mit der Philosophie äußert sich das Bedürfnis, die Vielzahl historischer Begebenheiten und Zustände rationaler Deduktion aus einsehbaren Ursachen zugänglich zu machen und damit zu Objekten logischer Ableitung zu erheben. Die »Aufmerksamkeit«, die

Geschichte oder von geschehenen Begebenheiten eine wissenschaftliche Kenntnis hat, und sich dadurch von einem bloß Geschichtskundigen unterscheidet«; davon wiederum wird unterschieden der »Geschichtsschreiber... der oder die eine Geschichte schreibet oder beschreibet. Historiographus«.

[31] Zum entstehenden Selbstverständnis der Historie als Philosophie vgl. die Belege bei Kraus, Vernunft und Geschichte, bes. S. 34ff., 80f., 88f., 94f.; zum Verhältnis von Historie und Philosophie bzw. der Rolle der Geschichtsphilosophie vgl. Kosellecks Artikel ›Geschichte, Historie‹. In: O. Brunner, W. Conze, R. Koselleck (Hg.), Geschichtliche Grundbegriffe. Bd. 2, Stuttgart 1975, S. 593 bis 718.

[32] Vgl. dazu Koselleck, Historia magistra vitae, sowie ders., Geschichte, Historie, S. 658f.

[33] A. L. Schlözer, Weltgeschichte nach ihren Hauptteilen, im Auszug und Zusammenhang. 2. verb. Aufl. Göttingen 1795, S. 98; das Prinzip, »die Wahrheit aus ihren Gründen herzuleiten«, zeigt die Übernahme der deduktiven Methode, welche nach der traditionellen Wissenschaftslehre für die philosophische Erkenntnis charakteristisch ist; das Zitat bei A. B. Michaelis, Einleitung zu einer vollständigen Geschichte der chur- und fürstlichen Häuser in Teutschland. 2 Bde, Lemgo 1759/60, zit. nach Kraus, Vernunft und Geschichte, S. 34.

sich in das Detail verstreue, solle immer »zum Allgemeinen« zurückkehren und die »Einzelheiten in das Ganze einschichten«[34]. Aus dieser Selbstgleichsetzung der Historie mit der Philosophie als der die kontingenten Einzeldaten transzendierenden Universalienerkenntnis wird dann die Einordnung der Historie an der Spitze der Wissenschaftshierarchie möglich, wie sie Schöpflin und Lamey in den Statuten der Mannheimer Akademie 1763 vorgenommen haben: »In historicis (sc. scientiis) itaque nova haec academia maxime versatur ... Scientiarum prima est ac fundamentum omnium ... in quibus vero omnibus regnat historia, philosophiae metropolis, lux veritatis et magistra vitae, ex Ciceronis sententia.«[35] Im Gegensatz schließlich noch zur Schulphilosophie des ausgehenden 18. Jahrhunderts erkennt die Wissenschaftslehre der idealistischen Universitätsreformer diesen Wissenschaftsanspruch der Historie vorbehaltlos an und weist ihr neben der Philosophie den Vorrang gegenüber den sonstigen Einzelwissenschaften zu[36].

Neben der Anerkennung der Historie als *cognitio*, wenn auch zunächst nur *cognitio rerum singularium*, in der Historik-Literatur der Philosophen bzw. Logiker und – im Verlauf des 18. Jahrhunderts – der Durchsetzung des Anspruchs, durch Historien auch Begründungszusammenhänge im Sinne philosophischer Deduktion herstellen zu können, ist für die Überwindung der rhetorischen *narratio-rei-gestae*-Formel von entscheidender Bedeutung, daß sich seit der Mitte des 18. Jahrhunderts diejenigen, die sich mit der Geschichte beschäftigen, als »Forscher« bezeichnen und zu verstehen beginnen. Hierbei ist zunächst auf die Semantik des Begriffs »Forschung« selbst, unabhängig von der Verbindung mit Geschichte, hinzuweisen. Das 18. Jahrhundert kennt diese Wortbildung praktisch noch nicht, doch bereitet sich das heute geläufige Bedeutungsfeld von »Forschung« in einer Reihe von Begriffen vor, die sich alle aus dem Tätigkeitswort »forschen« herleiten: man spricht von »dem Forschen«, den »Forschungen« oder »Nachforschungen«, dem »eigenen Forschen« u. ä.[37]. Bereits Zedler fügt in das geschlossene und mehr oder weniger kanonisch gültige System der *trivium artes*, nämlich Grammatik, Rhetorik und Poesie,

[34] Schlözer, Weltgeschichte, S. 107.

[35] Leges Academiae Theodoro-Palatinae I. Mannheim 1766, S. 5; vgl. dazu Kraus, Geschichtswissenschaft an den deutschen Akademien, S. 243.

[36] Vgl. Engel, Die deutschen Universitäten, S. 286–296.

[37] Vgl. Hardtwig, Konzeption und Begriff sowie oben S. 22.

gegen jede Tradition eine vierte *ars* oder Kunst ein: die »Wortforschungskunst oder Criticam«[38]. Damit ist die Kritik als eigenständige Tätigkeit mit eigenen Verfahrensregeln neben den herkömmlichen propädeutischen Künsten bzw. Wissenschaften etabliert, freilich noch nicht als unerläßlicher und selbstverständlicher Bestandteil in diese Wissenschaften integriert. Sie definieren sich als »Wissenschaft« noch keineswegs dadurch, daß sie selbst »Forschung« seien. Doch zeigt sich, daß das Wort »Forschen« von Anfang an ein kritisches Verhalten gegenüber Texten bzw. jeglicher Form von Überlieferung zum Ausdruck bringen soll. Die Grundbedeutung: »Forschen heißt etwas genau untersuchen, alle Mühe anwenden, daß man es erfahre ...«[39] erfährt im weiteren Sprachgebrauch eigentlich nur noch ihre Ausdifferenzierung und Präzisierung[40].

Die Anwendung der Begriffe »Forschen«, »Erforschen« etc. etwa seit der Mitte des 18. Jahrhunderts auf die Tätigkeit derer, die mit Historien zu tun haben, setzt gegenüber der rhetorischen *narratio-rei-gestae*-Historie und gegenüber *historia* als empirischer Tatsachenbeschreibung auch bei der Beschäftigung mit den Historien ein neuartiges Interesse voraus. Es hatte sich bereits seit der Mitte des 16. Jahrhunderts in zunehmender Breite angekündigt, war aber auf den Begriff »Historie« ohne Einfluß geblieben: das »historioskopische« Interesse. In den historioskopischen Reflexionen bildet sich eine Literatur heraus, »die nicht den Geschichtsschreiber, sondern den *lector historiarum* instruieren will«[41]. Gegenstand der Analyse oder Anweisung ist nicht die *historia scribenda*, sondern die *historia*

[38] Joh. Heinrich Zedler, Großes vollständiges Universal-Lexikon. Leipzig, Halle, Artikel ›Wissenschaft‹, Bd. 57, Sp. 1401: »Die Philosophie oder die Sprachen-Wissenschaft begreiffet unter sich die 1. Sprach-Kunst oder Grammaticam 2. Redner-Kunst oder Rhetoricam 3. Dicht-Kunst oder Poesie 4. Wortforschungskunst oder Criticam.«

[39] Zedler, Artikel ›Forschen‹, Bd. 9, Sp. 1520.

[40] J. Chr. Adelung, Versuch eines vollständigen grammatisch-kritischen Wörterbuchs der hochdeutschen Mundart. Teil II, Leipzig 1775; Artikel ›Forschung‹: »forschen ... fleißig, genau nach etwas fragen. 1. Eigentlich, da die Sache vermittelst des Vorwortes nach ausgedrückt wird: nach etwas forschen ... Im allgemeinen Leben hat dieses Zeitwort in den meisten Fällen den Nebenbegriff des versteckten Fragens bei sich, da man durch allerley Umschweife nach einer Sache fraget. 2. In weiterer Bedeutung, genau untersuchen ... 3. Durch Forschen herausbringen, erforschen ...« Vgl. auch die Belege zu dem Tätigkeitswort »forschen« im Grimmschen Wörterbuch, Bd. 4, 1. Abt., 1. H., Leipzig 1878, Sp. 1, 2.

[41] Seifert, Cognitio historica, S. 27; zum Zusammenhang vgl. ebd., S. 25ff.

legenda. Diese Ansätze zu einer Methodologie für das richtige Lesen von Historien gehen dementsprechend auch nicht von der rhetorischen Pragmatik aus, sondern von den berufsmäßigen Geschichtslesern, Juristen und Theologen. Dieses Interesse nicht an den zu schreibenden Primärhistorien, sondern daran, wie aus den Quellen zuverlässige Kenntnisse gewonnen werden können, artikuliert sich jetzt in der Aufnahme des Begriffs »Forschen« durch die »Historiker«. Stefan Pütter verweist z.B. auf die Notwendigkeit »eigener Nachforschung der unerschöpflichen Menge Quellen«[42]. Schlözer repräsentiert den üblichen Sprachgebrauch, wenn er von der »Kunst, historische Kritik genannt«, erwartet, daß sie aus dem »albernsten Gewäsche, den lächerlichsten Anachronismen, den gröbsten Widersprüchen Licht und Wahrheit hervorspringen«[43] läßt und dem »Forscher« die Absicht zuspricht, die »unsichtbaren«, »verdeckten« Ursachen und Zusammenhänge von Ereignissen ans Licht zu bringen. Forschung und Kritik bleiben auch für die »Historiker« eng miteinander assoziiert. Immer wieder findet sich der Hinweis auf die Eigenschaft der Forschung, »Mühe« zu sein. Hierin am deutlichsten bahnt sich das Verständnis für Forschung als »Arbeit« an, das für das moderne Wissenschaftsverständnis, auch der Geschichtswissenschaft, grundlegend wird[44]. Die »Aussichtung« der Quellen erscheint als der »unentbehrlichste, wenn gleich der beschwerlichste und der langsamst fortschreitende Theil, bis alles, was versteckt ist, vorgefunden, ... bis das Fabelhafte von dem Wahrscheinlichen, und unter dem (!) gehörigen Gesichtspunkt gestellt ist ... Für den Kenner ist nicht das geringste zwecklos und unfruchtbar und er forschet einem halb verlöschten Namen mit eben der Sorgfalt nach, mit welcher er ein wohlerhaltnes Denkmal betrachtet.«[45] Grundsätzlich gilt, daß alle diese »Untersuchungen«, »Abhandlungen«, »Betrachtungen« sich kritisch gegenüber der Überlieferung verhalten.

Es entspricht jedoch der älteren vorhistoristischen, historioskopischen Tradition, wenn dabei trotzdem die Forschung noch nicht als autonome Rekonstruktion der Vergangenheit als solcher, der geschehenen Geschichte, verstanden wird, sondern

[42] St. Pütter, Vollständiges Handbuch der deutschen Rechtshistorie. Göttingen 1762 (Vorrede).

[43] A. L. Schlözer, Kritisch-historische Nebenstunden. Göttingen 1797, S. II.

[44] Vgl. Hardtwig, Konzeption und Begriff, vgl. oben S. 24, Anm. 17.

[45] Neue historische Abhandlungen der churfürstlichen baierischen Akademie der Wissenschaften. Bd. 5, München 1798 (Vorrede).

als kritische Klärung einer Historie, einer Erzählung. So bleibt etwa bei Chladenius das Forschen auf die Historie als die *narratio rei gestae* bezogen. In seinen methodologischen Anweisungen zur »Erforschung einer Geschichte« ordnet er die Forschung der Überlieferung durch die Geschichten noch nach, das Forschen heißt immer die kritische Prüfung einer bereits vorgefundenen, überlieferten Historie, nicht der Aufbau einer neuen, selbständigen Erzählung; die Methodologie des Forschens dient der Absicht, die in den Geschichten bisher unbeachteten oder verborgenen Tatsachen ans Licht zu fördern[46]. Erst seit der Jahrhundertwende steht dann der Begriff der historischen Forschung im heutigen Wortsinn zur Verfügung, wenn auch noch keineswegs im Sinne eines selbstverständlich gebrauchten Fachterminus. Er schließt vor allem das selbst wieder historische Bewußtsein ein, daß sich moderne Geschichtswissenschaft mit ihrer Eigenschaft, Forschung zu sein, grundsätzlich von der antiken Geschichtsschreibung und der literarischen *narratio rei gestae* unterscheidet. Ludwig Wachler faßt in seiner ›Geschichte der historischen Forschung und Kunst‹ (1812) die verschiedenen Attribute von »Forschung« zusammen: sie zielt auf Vollständigkeit der Materialien bzw. der Quellen, muß gründlich und fest sein, soll »geheime Beweggründe« und »versteckte Pläne« aufdecken und so alle Zustände der Ereignisse »historisch erklären«; Forschung hat »wenig betretene Wege« zu gehen, das heißt, sich von der Tradition und den überlieferten Darstellungen und Deutungen zu lösen[47]; die Historik hat auf zwei grundsätzlich verschiedene Pragmatiken aufzubauen: auf der »Logik der historischen Forschung«[48] einerseits, der Kunst der Darstellung andrerseits. Dabei deutet sich auch eine Vorordnung der Forscherqualitäten vor den Darstellerqualitäten an: in seiner Typologie »historischer Schriftsteller« rangiert der Forscher vor dem Tagespublizisten und dem Kompilator, jedoch auch vor dem »eigentlichen Historiker, welcher für die Nation und für die Nachwelt« schreibt[49]. Daß als »eigentlicher« Historiker immer noch oder wieder der Erzähler der *rerum gestarum* figuriert, macht deutlich, daß trotz der Verselbständigung und Aufwertung der Operationen des Forschers die rhetorische Tradition des Geschichtenerzählers nicht abgerissen ist. Es

[46] Chladenius, Allgemeine Geschichtswissenschaft, S. 201.
[47] Wachler, Geschichte der historischen Forschung, Bd. 1, S. 9f., 97, 170, 236.
[48] Ebd., Bd. 2, S. 785.
[49] Ebd., Bd. 1, S. 548.

stellte sich daher das Problem, wie auf dieser Ebene der Verwissenschaftlichung der Historie das Verhältnis von Forschung und Darstellung gestaltet und gedeutet wurde. Zunächst soll jedoch der Verwissenschaftlichungsprozeß selbst zwischen Aufklärung und Historismus verfolgt werden.

IV.

Vor allem stellte sich die Frage nach der *dispositio*, der Anordnung des Stoffes, neu. Innerhalb der rhetorischen Tradition blieb bis ins späte 18. Jahrhundert hinein das biblizistische Schema der Universalgeschichte grundlegend. Die Chronologie galt wie die Genealogie oder die Heraldik als eine »historische Wissenschaft« im alten Wortsinn, eine spezielle Kunst, die zur Herstellung von Geschichten nützlich sei, gelegentlich sogar etwas hervorgehoben, als das »andere Auge« der Historie, neben der Geographie[50]. Biblizistische Daten und Daten der klassischen Geschichte sind vielfach in einer Verschmelzung traditionell-religiöser und humanistisch-rhetorischer Überlieferung zu einem chronologischen Orientierungsschema zusammengefügt[51]. Noch 1797 kritisiert Schlözer das »Ding, Universal-Historie genannt«, das »seit der Reformation ... auf allen unseren guten Schulen und Universitäten« getrieben worden sei: »freilich war das Ding nur Subsidium der classischen Literatur, war nach der 4-Monarchien-Methode ... gegliedert«[52]. Die Kritik am christlich-humanistischen Chronologieschema der Universalhistorie verrät ein neuartiges Interesse an der Chronologie als solcher. Mit deren Verselbständigung und Aufwertung vollzieht sich ein wesentlicher Schritt der Autonomisierung der Historie gegenüber der religiösen Überlieferung und der Theologie. Das biblizistische Einteilungsschema, das eine spezifisch heilsgeschichtliche Programmatik widerspiegelt, wird in dem

[50] Hederich, Anleitung, S. 74: Die Chronologie als »Zeit-Rechnung oder Zeit-Kunde ... ist teils eine mathematische, teils eine historische Wissenschaft von den Zeiten ... wird mit Recht das andere Auge der Historie genannt, wie sie dieser nebst der Geographie das größte Licht gibt«.

[51] Vgl. dazu W. Kaegi, Voltaire und der Zerfall des christlichen Geschichtsbilds. In: ders., Historische Meditationen. Bd. 1, Zürich 1942, hier bes. S. 238 bis 241.

[52] Schlözer, Kritisch-historische Nebenstunden, S. IV.

Maße obsolet, in dem der Mensch selbst als Movens der Geschichte in Erscheinung tritt. Gleichzeitig wendet sich die historische Methodenreflexion gegen die rhetorische *dispositio* als Anordnungsprinzip des Stoffes. Die von den »Alten« erlernte »Kunst zu komponieren«[53] reiche nicht mehr aus – ein wesentlicher Schritt zur Verselbständigung der Historie als Wissenschaft gegenüber ihrem rhetorischen Verständnis als literarische Gattung.

Konstitutiv für historiographisch erzählte Geschichten wird nunmehr die Herstellung des Zusammenhangs der Ereignisse und Zustände durch eine Zeitfolge, die sich durch Erforschung ihrer Chronologie nachprüfbar rekonstruieren läßt. Solche Geschichten zeichnen sich aus durch die Organisation des Wissens nach Maßgabe empirisch ermittelter Zeitrelationen zwischen verschiedenen Ereignissen, zwischen Anfang und Ende der Geschichte. Die Geschichte erhält ihre Struktur durch die Zuordnung von Ereignissen und Zuständen gemäß ihrem Verhältnis in der Zeit. Die Stimmigkeit der chronologischen Anordnung, unabhängig von der tradierten biblischen Chronologie, steigt auf zum Bewertungskriterium für die wissenschaftliche Qualität einer Geschichte. So formuliert Thomas Abbt 1783 in seiner kurzen Abhandlung ›Vom Vortrag der Geschichte‹: »Die Zeitfolge macht den großen Faden aus, an dem die Begebenheiten angekettet sind; und darf also am wenigsten versäumt werden. Alle anderen Fehler dürfen noch einigermaßen Vergebung erwarten; allein die Unachtsamkeit auf die Zeit ist die eigene Sünde wider die Geschichte, und bleibt ohne Begnadigung. Die Geschichte ist eine Art von Darstellung dieser Welt für jeden Augenblick der Zeit; und wer die verschiedenen Zustände der Welt recht will kennenlernen, muß sie so sehen, wie sie auseinanderfolgen ...«[54] Wird so die Abfolge der Zustände selbst zum maßgeblichen strukturierenden Prinzip der dargestellten Historie, so erschöpft sie sich nicht in der bloßen temporalen Reihung von Ereignissen nach dem Schema »und dann ... und dann«. Die Zustände der Welt folgen nicht nur *auf*einander, sondern *aus*einander. In der temporalen Sukzession teilt sich auch die kausale Begründung des Späteren aus dem Früheren mit.

[53] Wachler, Geschichte der historischen Forschung, Bd. 1, S. 86.

[54] Th. Abbt, Vermischte Werke. 4. Theil, welcher vermischte Aufsätze enthält. Frankfurt, Leipzig 1783, hier S. 126.

Abbt deutet hier neben der Forderung nach chronologischer Richtigkeit auch die Forderung nach kausaler Begründung der Ereignisse und schließlich die Verbindung von Temporalität und Kausalität an, welche sich als die eigentliche geschichtslogische Neuerung seit der Aufklärung anbahnt und im Historismus bestimmend wird. Für Schlözer sind zeitliche Daten »oft bis auf die kleinste Bestimmung des Jahres, des Tages, selbst der Stunde hin, äußerst wichtig«[55]. Ohne Kenntnis der Zahlen könne niemand Historiker werden. Die geschichtstheoretische Reflexion Schlözers kreist demgemäß um die Möglichkeit der richtigen temporalen Anordnung des Stoffes, welche zum Träger des Erklärungsgehalts der Geschichte wird. Die Herstellung einer synchronen und diachronen Ordnung der Ereignisse wird zur Bedingung der Möglichkeit, diese Ereignisse zu »begreifen«[56], nicht nur sie zu berichten. Die Weltgeschichte stellt nach Schlözer ihre Sätze nach der Folge der Ereignisse in synchroner und diachroner Zuordnung auf; das aber heißt ausdrücklich nicht, daß sie »Namen an Namen und Zahlen reihet«; vielmehr kettet sie immer »Wirkungen an Ursachen«[57]. Die temporale Anordnung von Sätzen ist demnach immer auch eine kausal begründete Anordnung. Die logische Ineinssetzung von Temporalprinzip und Kausalitätsprinzip konstitutiert die neue Gattung der »Weltgeschichte«, die Schlözer von der bisherigen »Universalgeschichte« polemisch abgrenzt[58]. Diese sei ein Gemengsel einiger historischer Daten gewesen, welche die Theologie zum Verständnis der Bibel und die Philologie zur Erklärung der alten Autoren benötigt habe. Schlözer nimmt also für seine »Weltgeschichte« eine neuartige wissenschaftliche Eigenständigkeit in Anspruch und begründet sie auf ein neues Prinzip, nach welchem Geschichten und schließlich die Weltgeschichte herzustellen sind: die Zuordnung von Fakten zu durchgehenden, kritisch ermittelten temporalen Strukturen als Erklärung des Späteren aus dem Früheren. Ähnlich wie Schlözer formuliert auch Friedrich der Große die Voraussetzung, von der aus allein noch historiographische Geschichten erzählt werden sollten: »Da es gewiß ist, daß alles einen Grund seines Daseins haben muß, und daß man die Ursache der Ereignisse in anderen Ereignissen findet, die ihnen vorangehen, so muß auch jeder

[55] Schlözer, Weltgeschichte, S. 82.
[56] Ebd., S. 82.
[57] Ebd., S. 8.
[58] Ebd., S. 3f.

politische Vorgang die Folge eines früheren politischen Vorgangs sein, der sozusagen seine Geburt vorbereitet.«[59] Dabei nimmt der Begriff der historischen Erzählung den Anspruch in sich auf, Ereignisse und Zustände nicht nur zu überliefern, sondern zu erklären. Chladenius z.B. fordert nichts anderes als das diskursive Erzählen, und damit den Vorrang der Begründungsleistung der Historie vor poetologischen bzw. topischen Gesichtspunkten der sprachlichen Präsentation, wenn die Erzählung »wahr« sein solle. Unbegründete Urteile oder Folgerungen fielen hinweg und würden widerlegt, »wenn man die Sache umständlicher erzählet, dergestalt, daß auch der Grund der Handlung eingesehen wird«[60]. Thomas Abbt wägt ausdrücklich zwischen rhetorischer Ausschmückung und Begründungsleistung der Erzählung ab und gibt den Rat, man solle lieber »an dem Umständlichen der Erzählung« etwas abkürzen als die Behandlung der »Ursachen« versäumen[61]. Damit ist letztlich die moderne Konzeption der historischen Erklärung gewonnen, wie sie im wissenschaftstheoretischen Begriff der »Erzählung« ausgeführt wird[62]. Von der Begriffgeschichte des Wortes *historia* her gesehen läßt sich sagen, daß die beiden bislang disziplinär getrennten Bedeutungsfelder von *historia,* Erkenntnis einerseits, *narratio rei gestae* andererseits zu sein, sich vereinigen und auf diese Weise die spezifische Form der historischen Erklärung entsteht.

Dieser Autonomisierung der geschichts»wissenschaftlichen« Erkenntnis- und Darstellungsform entspricht die Tatsache, daß

[59] Friedrich II., Considérations sur l'état présent du corps politique de l'Europe. Zit. nach Kraus, Vernunft und Geschichte, S. 33.

[60] Chladenius, Allgemeine Geschichtswissenschaft, S. 146, 149.

[61] Abbt, Vermischte Werke, S. 129.

[62] A. C. Danto, Analytical philosophy of history. Oxford 1965; deutsch: Analytische Philosophie der Geschichte. Frankfurt a.M. 1974, sowie H.-M. Baumgartner, Kontinuität und Geschichte. Zur Kritik und Metakritik der historischen Vernunft. Frankfurt a.M. 1972, bes. S. 294–296; ders., Erzählung und Theorie in der Geschichte. In: Theorie und Erzählung in der Geschichte. Hg. v. J. Kocka u. Th. Nipperdey, München 1979; für eine Differenzierung des Begriffs der historischen Erzählung vgl. W. Hardtwig, Theorie oder Erzählung – eine falsche Alternative. ebd.; zum Diskussionsstand um den Begriff der historischen Erzählung vgl. insgesamt die übrigen Beiträge in diesem Band 3 der Reihe ›Theorie der Geschichte‹, bes. G. Mann, Plädoyer für die historische Erzählung; K.-H. Stierle, Erfahrung und narrative Form. Bemerkungen in ihrem Zusammenhang in Fiktion und Historiographie; Ch. Meier, Vor der Schwierigkeit, ein Leben zu erzählen. Zum Projekt einer Caesar-Biographie; J. Rüsen, Wie kann man Geschichte vernünftig schreiben? Über das Verhältnis von Narrativität und Theoriegebrauch in der Geschichtswissenschaft.

Geschichtstheoretiker und Geschichtsschreiber bzw. -forscher jetzt auch den Gegenstand der historischen Erkenntnis neu bestimmen. Diese Historie will nicht mehr Exempla für moralische Grundsätze oder gedankliches Probehandeln für die rechte Politik sein, sie lehnt es ab, den gemeingeschichtlichen Faktenhintergrund für theologische oder philologische Fragen an die übergeschichtlich gültige Offenbarung oder klassisch-exemplarische Texte zu liefern. Sie erklärt vielmehr die Veränderung, den Wandel als solchen für ihren eigentlichen Gegenstand. Schon in der humanistisch-rhetorischen Historie hatte das Interesse an der *varietas*, der *mutabilitas temporum* sich gelegentlich gegenüber dem straffen Einteilungsprinzip der *aetates mundi* verselbständigt[63]. Doch erst die allmähliche Trennung von religiösen Providenzvorstellungen setzt das Interesse an der Veränderung als solcher frei. Chladenius bezieht den Begriff der historischen Erkenntnis nicht auf allgemeine Wahrheiten, die durch Erzählung einer Geschichte demonstriert oder erläutert werden sollen, sondern versteht unter Geschichte den Gesamtzusammenhang der sich verändernden Zustände[64]. Schlözer sieht die »Materie« der »Weltgeschichte« in den »Hauptveränderungen der Erde, des Menschengeschlechts; Revolution, Weltbegebenheiten, der Zeiten, aller Arten, aller Völker«[65]. Damit hat die Geschichtstheorie endgültig die Geschichte als universellen Geschehenszusammenhang von der Historie als den Bericht über Geschehenes getrennt. Die Summe aller möglichen Veränderungen, das Geschehen als solches hat jetzt in dem Wort »Geschichte« seinen Begriff gewonnen und ist damit denkbar geworden.

Dieser Begriff von Geschichte als Geschehen schließt ein, daß Gegenwart und Vergangenheit in neuartiger Weise auseinandertreten und wieder miteinander verbunden werden[66]. Die Tatsache des Wandels wird erfahrbar erst aus einem gesteigerten Bewußtsein davon, daß sich die Gegenwart von der Vergangenheit unterscheidet und zugleich von ihr bedingt ist. Die Geschichte als umfassender Geschehenszusammenhang stellt sich zunächst dar als Entstehungsgeschichte der Gegenwart: »Welt-

[63] Vgl. L. Boehm, Der wissenschaftstheoretische Ort der Historie im frühen Mittelalter. In: Speculum historiale. Festschrift für J. Spörl. Hg. v. C. Bauer, L. Boehm, M. Müller, Freiburg i. Br. 1965, hier S. 670.

[64] Chladenius, Allgemeine Geschichtswissenschaft, S. 2.

[65] Schlözer, Weltgeschichte, S. 73.

[66] Vgl. dazu Koselleck, Geschichte, Historie, S. 658ff.

geschichte studieren heißt, die Hauptveränderungen der Erde und des Menschengeschlechts im Zusammenhang denken, um den heutigen Zustand von beiden aus Gründen zu erkennen.«[67] Dieser Begriff von Geschichte: die begründete Herleitung der gegenwärtigen Zustände aus den vergangenen, bleibt für den Historismus und darüber hinaus maßgeblich. Die »Geschichte ist nicht vorhanden um der Merkwürdigkeit willen, sondern um die Vergangenheit mit der Gegenwart zu vermitteln«, heißt es beim jungen Jacob Burckhardt[68].

Die Autonomisierung der Historie zur Wissenschaft, die an der Gewinnung eines eigenen Gegenstandsbereiches und einer eigenen Erkenntnisform, der »historischen Erklärung«, aufgezeigt worden ist, hat schließlich noch einen institutionengeschichtlichen Aspekt. Schon die Begriffsgeschichte von »Historia« läßt erkennen, daß die »historioskopischen« Tätigkeiten, die verschiedenen Verrichtungen der textkritischen Arbeit, von der Tätigkeit des Erzählers oder Geschichtsschreibers ganz getrennt geblieben waren. Noch Adelung unterscheidet ausdrücklich den Geschichtsschreiber vom Geschichtsgelehrten, der die Historie auf wissenschaftliche Art betreibt, und unter diesem wurde zeitgenössisch nicht so sehr der Kenner der textkritischen Methode verstanden als derjenige, welcher die Ereignisse mit philosophischem Blick zu betrachten versteht[69]. Die verschiedenen Methoden, welche der historistische Geschichtswissenschaftler des 19. Jahrhunderts bei seiner Arbeit anwendet, und die logischen Operationen, die er durchführt, die Textkritik, die sogenannten Hilfswissenschaften, das hermeneutische Verstehen, die historische Erklärung als Herleitung des Späteren aus dem Früheren und schließlich die Kunst der Darstellung wurden zwar im Verlauf der frühen Neuzeit entwickelt und

[67] Schlözer, Weltgeschichte, S. 73; vgl. ebd., S. 4: »Weltgeschichte ist eine systematische Sammlung von Tatsätzen, vermittels derer sich der, der (!) gegenwärtige, so sehr verschiedene Zustand der Erde und des Menschengeschlechts aus Gründen verstehen läßt.« Zur wachsenden Bedeutung der Gegenwart als Gegenstand und Bezugspunkt historisch-politischen Interesses im 18. Jahrhundert vgl. auch – mit dem Versuch quantitativer Erfassung des Geschichtsinteresses – O. Dann, Das historische Interesse in der deutschen Gesellschaft des 18. Jahrhunderts. In: Historische Forschung im 18. Jahrhundert, hier bes. S. 398–402; R. Vierhaus, Geschichtsschreibung als Literatur im 18. Jahrhundert, ebd., S. 418, 423, 424.

[68] Jacob Burckhardt, Vorwort zu ›Konrad von Hochstaden‹ (1843). In: Jacob Burckhardt, Frühe Schriften (Jacob Burckhardt-Gesamtausgabe, Bd. 1). Hrsg. v. H. Trog, E. Dürr, Stuttgart u. a. 1930, S. 200.

[69] Vgl. oben Anm. 29.

hatten am Ende des 18. Jahrhunderts im wesentlichen denjenigen Stand erreicht, den »die Geschichtswissenschaft« heute verlangt, doch waren diese Tätigkeiten disziplinär getrennt geblieben. Den »Historiker« im heutigen Sinne, der, abgesehen von der Kunst der Darstellung, alle diese Funktionen in sich vereinigt, gibt es erst seit Spätaufklärung und humboldtscher Universitätsreform und auch dann noch keineswegs überall.

Was man in der traditionellen universitätsgeschichtlichen Forschung als die frühneuzeitlichen Lehrstühle für »Geschichte« bezeichnet, sind zunächst lediglich Rhetoriklehrstühle, die sich von den anderen Lehrstühlen der Artesfakultät dadurch unterschieden, daß sie die Tugenderziehung stärker auf die Lektüre von Geschichtsschreibern stützten und weniger auf die von Poeten und Rhetoren[70]. Wie die anderen Fächer der Artistenfakultät hatte die Beschäftigung mit den Historien lediglich propädeutische Funktion für die allgemeine Tugenderziehung. Im System der Wissenschaften erfuhr die Historie im Laufe des 17. und 18. Jahrhunderts eine Aufwertung vor allem dadurch, daß die Kenntnis der Historien für die Theologie und die Jurisprudenz immer wichtiger wurde. Die sogenannten Hilfswissenschaften, die seit dem frühen 19. Jahrhundert vielfach mit historischer Methodik gleichgesetzt wurden und die zum Teil bis heute als das eigentliche Kriterium für die Wissenschaftlichkeit der Historie gelten, Heraldik, Numismatik, Genealogie, vor allem die Urkundenlehre, wurden nicht von den Inhabern der humanistisch-rhetorischen Lehrstühle gepflegt, sondern von den Juristen und Theologen[71]. Über das hohe wissenschaftliche

[70] Vgl. Engel, Die deutschen Universitäten, S. 241 ff.

[71] Diese Auffassung der Tätigkeitsfelder beschreibt schon Ludwig Wachler bei seiner Behandlung der Renaissance-Historiographie: »Bestimmt wurde nämlich der Geist und die Manier der Historiographie durch zwei aufeinanderfolgende, oft zusammenfließende vorherrschende Grundsätze: durch Nachahmung der alten Klassiker und durch Polemik, welche in kritisch-historischer Forschung das wirksamste Mittel erkannte, um die Wahrheit und Richtigkeit eigener Behauptungen zu begründen und die Irrtümer und Fehlschlüsse der Gegner entscheidend nachzuweisen. Der erstere Grundsatz bezog sich auf die historische Kunst, der andere auf die Forschung und wissenschaftlich-pragmatische Anwendung.« (Geschichte der historischen Forschung, Bd. 1, S. 84). Die Förderung der hilfswissenschaftlichen Methoden durch ihre Brauchbarkeit für die Durchsetzung juristischer und theologisch-konfessioneller Interessen betont ganz im Sinne Wachlers N. Hammerstein, Der Anteil des 18. Jahrhunderts an der Ausbildung der historischen Schulen des 19. Jahrhunderts. In: Historische Forschung im 18. Jahrhundert, hier bes. S. 439, 444; hinzu tritt das philologische Interesse. Mit dem Hinweis auf die Hilfsfunktion der historischen Hilfswissenschaften für

Ansehen der Juristen[72], insbesondere der »Publicisten«, wurden die Hilfswissenschaften »fast bis zur Würde einer Wissenschaft hinauf«gehoben[73]. Es signalisiert daher einen wichtigen Schritt in der Zusammenfassung bislang disziplinär getrennter Funktionen zur Geschichtswissenschaft im modernen Sinne, wenn Johann Georg Meusel 1779 von der »Geschichtskunde und den dazu gehörigen Hilfswissenschaften« spricht und den Begriff der »eigentlichen Geschichte«, die bislang von den Rhetorikern beansprucht wurde, mit »Geschichtskritik und Diplomatik« verbindet[74]. Die Distanz von Historikern, welche die Rhetoriktradition pflegten, zur hilfswissenschaftlichen Arbeit spricht sich noch 1837 bei Gervinus unmißverständlich aus: aus den Hilfswissenschaften seien lediglich »antiquarische, philologische und archäologische Geschichten« hervorgegangen, sie gehörten zur Geschichtsforschung, nicht zur Geschichtsschreibung[75]. Einen ähnlichen Integrationsvorgang von Verfahrensweisen in die neu entstehende Geschichtswissenschaft stellt die Übernahme der neuen philologisch-kritischen Methode der Textauslegung und Textkritik in den disziplinären Zuständigkeitsbereich der Historie dar. Die philologische und theologische Hermeneutik hatte sich immer mehr zu einer allgemeinen Auslegungskunst erweitert. Innerhalb der philologischen Methode der Textkritik war die Kenntnis der Realien selbst immer wichtiger geworden[76]. Die für die entstehende Geschichtswissenschaft methodenbildenden Anleitungen zur Quellenkritik und die quellenkritischen Musterstudien stammen von den Altphilologen Heyne und Wolf[77]. Die immer wieder hervorgeho-

Theologie und Jurisprudenz soll nicht behauptet werden, daß die Fülle der Arbeiten auf diesem Gebiet nicht auch einem originären Interesse an den »Altertümern« überhaupt entspringen kann; zur Bedeutung der nichtprofessionellen »Geschichtskundigen« oder »Gelehrsamkeitskenner« u. ä. vgl. A. Kraus, Der Beitrag der Dilettanten zur Erschließung der geschichtlichen Welt im 18. Jahrhundert. In: Römische Quartalschrift 57 (1962).

72 Vgl. dazu v. a. Engel, Die deutschen Universitäten, S. 271 ff.

73 L. A. Gebhardi, Genealogische Geschichte der erblichen Reichsstände in Teutschland, Bd. 1, Halle 1776, S. 10.

74 Historische Untersuchungen. Gesammelt u. hg. v. Johann Georg Meusel. Bd. 1, Nürnberg 1779 (Vorerinnerungen).

75 Gervinus, Grundzüge der Historik, S. 59.

76 Vgl. dazu auch Hammerstein, Der Anteil des 18. Jahrhunderts, S. 435–438, sowie U. Muhlack, A. Hentschke, Einführung in die Geschichte der klassischen Philologie. Darmstadt 1972, S. 91 ff.

77 Vgl. Kraus, Die Geschichtswissenschaft an den deutschen Akademien, S. 249 f.

bene Gründungsleistung Niebuhrs[78] für die moderne Geschichtswissenschaft besteht daher nicht in der Entwicklung einer neuen Methode, sondern in der Verbindung verschiedener, bisher getrennter einzelwissenschaftlicher Techniken und Fragestellungen aus der Philologie, der Publizistik und der Historie mit dem neuen Verständnis der Geschichte als universellem Geschehenszusammenhang. Die philologisch-kritische Methode wird einer neuen Funktion dienstbar gemacht: sie dient nicht mehr der Klärung und Rekonstruktion exemplarischer Texte, sondern der Rekonstruktion von Zuständen und Ereignissen. Ziel der Quellenkritik ist es nicht mehr, im Text zeitlos gültige Wahrheit sicherzustellen, sondern Aussagen über Veränderungen zu gewinnen[79]. Die Historie bildet sich aus zur autonomen Wissenschaft durch die Zuordnung bisher außer»historischer« Methodiken zum Begriff der Geschichte als Geschehen.

V.

Nach dem Versuch, den Autonomisierungsprozeß der Historie zur Wissenschaft im Lauf der frühneuzeitlichen Entwicklung bis zum Übergang der Aufklärung in den »Historismus« darzustellen, soll im folgenden geprüft werden, ob und in welcher Weise die historistische Historie die aus den zeitgenössischen Definitionen von Wissenschaft entwickelten Kriterien von Wissenschaftlichkeit angenommen und verwirklicht hat: das Wahrheitspostulat, den Systemcharakter und den Ableitungscharakter des historischen Wissens. Dabei zeigt sich zunächst vor allem der innere Zusammenhang zwischen diesen Wissenschaftskriterien. Die Maßstäbe dafür, was Wahrheit ist, werden in den

[78] Einen Überblick über die Beurteilungen Niebuhrs gibt S. Rytkönen, Barthold Georg Niebuhr als Politiker und Historiker. Zeitgeschehen und Zeitgeist in den geschichtlichen Beurteilungen von B. G. Niebuhr. Helsinki 1968, S. 190 bis 195; vgl. auch P. H. Reill, Barthold Georg Niebuhr and the enlightenment tradition. In: German Studies Review 3 (1980), S. 9ff.; A. Heuß, Barthold Georg Niebuhrs wissenschaftliche Anfänge; Untersuchungen und Mitteilungen über die Kopenhagener Manuskripte und zur empirischen Tradition der Lex agraria (lois agraire). Göttingen 1981; G. Wirth (Hg.), Barthold Georg Niebuhr. Historiker und Staatsmann. Bonn 1984.

[79] Ähnlich auch Hammerstein, Der Anteil des 18. Jahrhunderts, S. 438f., sowie Muhlack, Hentschke, Einführung, S. 75.

Erkenntnis- bzw. Herstellungsprozeß selbst verlegt und nicht mehr im Gegenstand aufgesucht. Wahrheit hängt ab von den Operationen des Historikers, ist nicht mehr nur Sache des ethischen, sondern des logischen und methodischen Verhaltens. Die Frage ist nicht mehr wie in der rhetorischen Historie, ob eine erfundene oder tatsächlich geschehene Geschichte erzählt werden soll, sondern wie die Wahrheit der tatsächlichen Geschichte gesichert werden kann.

Dieser »wissenschaftliche« Zugriff gegenüber dem historischen »Material« oder den Quellen äußert sich *erstens* in der prinzipiell traditionskritischen Haltung. Die Emanzipation der »kritischen Forschung« dokumentiert eine grundsätzlich skeptische Einstellung gegenüber der Zuverlässigkeit der Überlieferung. Apologetisches, monumentalisches und antiquarisches Interesse hatten gemeinsam die Dialektik der historischen Aufklärung in Gang gebracht, so daß schließlich nur noch das kritisch ermittelte Wissen Geltung als Wahrheit in Anspruch nehmen konnte. Gerade das konfessionell- und staatspolitisch apologetische Interesse, zu beweisen oder zu bestätigen, was als Wahrheit vorher schon feststand, hatte die Sammlung zuvor unbekannter Materialien, die Erschließung und Edition neuer Quellen und die Ausbildung der Urkundenkritik vorangebracht[80]. Noch Chladenius' ›Allgemeine Geschichtswissenschaft‹, also seine Beschäftigung mit der Theorie der Historien, war ursprünglich aus einer ganz anderen – der apologetischen – »Hauptabsicht« hervorgegangen, nämlich aus dem Interesse an der »Erklärung und Vertheidigung der geoffenbarten Wahrheiten«[81]. Die kritische Sichtung von Materialien auf ihre apologetische Brauchbarkeit hin hatte schließlich zur Kritik dogmatisch oder einfach traditionell vorausgesetzter Wahrheiten und Normen selbst geführt. Die kritischen Mittel, ursprünglich eingesetzt entweder nur zur Kritik oder zur Kritik der Kritik *voraus-*

[80] Zur apologetischen und »monumentalischen« Funktion vgl. v.a. A. Kraus, Grundzüge barocker Geschichtsschreibung. In: Historisches Jahrbuch 88 (1968); zur Fortführung der Tradition der Bollandisten und Mauriner in der deutschen Geschichtsforschung der Benediktiner im 18. Jahrhundert vgl. L. Hammermayer, Die Forschungszentren der deutschen Benediktiner und ihre Vorhaben. In: Historische Forschung im 18. Jahrhundert, S. 122f.; die gelehrte Leistung habe sich im Kampf nach »zwei Seiten« durchgesetzt: gegen den »modischen historischen Skeptizismus« einerseits, gegen »alle diejenigen, die nach wie vor auf ungeprüfte Autoritäten und Traditionen bauen zu können glaubten«; ebd. S. 123f.

[81] Chladenius, Allgemeiner Geschichtswissenschaft, Vorrede.

gesetzter Wahrheiten und Normen, verselbständigen sich zu einem Tätigkeitsbereich sui generis, der sich seine Regeln selbst vorgibt. Das kritisch-methodische Wissen bestimmt sich schließlich selbst als Fundament und als Horizont, die vorschreiben, was Wahrheit ist. Die Kritik wird zu einem Instrument für die autonome Herstellung wahrer Sätze durch den Wissenschaftler. Die Forderung Wachlers, »nichts auf fremde Auctorität anzunehmen«, wird zum Programm, das jeder Erzählung einer Geschichte voransteht[82]. Daraus ergibt sich dann die mehrmals wiederholte These Rankes und Droysens, es komme nicht darauf an, zu »überliefern«, sondern zu »begreifen«[83].

Der Anspruch der Historie, nicht nur *narratio*, sondern auch *cognitio* zu sein, hatte sich in der Aufklärung bereits im Selbstverständnis der Historie als Philosophie artikuliert. Jedoch beginnt sich die Historie seit der Jahrhundertwende von der Philosophie abzugrenzen. Gegenüber dem deduktiven Charakter des philosophischen Wissens verbindet sie ihr Selbstverständnis als Wissenschaft *zweitens* mit dem empirischen Charakter des historischen Wissens. Der Historiker, seinem Selbstverständnis nach »Geschichtsforscher, der den Wechsel der Verhältnisse darstellen will«, wendet sich von jetzt ab mit einer gewissen Stereotypie gegen die »speculative« – philosophische – Methode der Herleitung von Einzelphänomenen aus allgemeinen Prinzipien oder Ideen. So versichert A. H. L. Heeren in der Vorrede zu seinem ›Handbuch der Geschichte des europäischen Staatensystems und seiner Colonien‹ über sich selbst: »Zu jenem höheren Standpunkt ... sich zu erheben, von dem herunter unsere speculativen Historiker, das europäische Staatensystem nur als ein Glied in der Kette betrachtend, die Fortschritte der Menschheit zu messen behaupten, lag nicht in seinem Plan. Männer die da oben waren, haben ihm versichert, man sähe dort nicht weiter als hier.«[84] Die Selbstabgrenzung Rankes und Burckhardts gegenüber der Geschichtsphilosophie ist bekannt[85]. Ranke sieht

[82] Wachler, Geschichte der historischen Forschung, Bd. 1, S. 187f.; vgl. auch Bd. 2, S. 424.

[83] Vgl. z.B. L. v. Ranke. Sämtliche Werke, Bd. 49/50, S. 9.

[84] A. H. L. Heeren, Handbuch der Geschichte des europäischen Staatensystems und seiner Colonien. Göttingen 1809, S. X.

[85] Zur Selbstabgrenzung Burckhardts vgl. die bekannten Formulierungen in: J. Burckhardt, Über das Studium der Geschichte. Der Text der ›Weltgeschichtlichen Betrachtungen ...‹ hg. v. P. Ganz. München 1982, S. 225ff.

den Unterschied von Philosophie und Historie in der Eigenschaft der Geschichtswissenschaft als »Tatsachenforschung«[86]. Die »kritisch erforschte Geschichte« ist die »ursprüngliche Geschichte« gegenüber der Geschichtsphilosophie[87]. Ranke wendet sich gegen den »Einheitsbegriff des ganzen Lebens« und gegen das »Construieren der Historie«, gegen die Reduktion des Wissenswürdigen auf das *principium philosophicum*[88]. Kritische Forschung, Tatsachenerkenntnis und -darstellung und das induktive Schlußverfahren vom Besonderen zum Allgemeinen verbinden sich zur Kennzeichnung der spezifisch geschichtswissenschaftlichen Methodik. Für Droysen unterscheidet sich die Geschichtswissenschaft von der »Philosophie, Theologie, Naturbetrachtung usw.« dadurch, daß sie »nicht spekulativ dürfe sein wollen, sondern in ... empirischer Weise, von der einfachen und sicheren Basis des Gewordenen und Erkannten aus vorzugehen habe«[89]. Empirischer Art wie sie sei, müsse die Geschichtswissenschaft »möglichst exakt zu sein suchen, und exakt ist sie in dem Maße, als sie für die einzelne Aufgabe, die einzelne Frage, die sie sich stellt, aus dem kritisch verifizierten Material in möglichst gesicherter Schlußfolgerung ihre Ergebnisse zieht«[90]. Die historistische Theorie der Historie als Wissenschaft nimmt also die frühneuzeitliche Opposition von Universalienerkenntnis und Singularienerkenntnis, von Wesenserkenntnis und Realien- oder Tatsachenerfassung durchaus auf. Der Begriff der Historie bleibt wie in der Wissenschaftslehre des 16. bis 18. Jahrhunderts auf das Erkenntnisobjekt der kontingenten Einzelereignisse und auf die nichtdeduktive Erkenntnis bezogen. Die Begriffstradition von »Historia«, Identifikation, Beschreibung oder Darstellung des Einzelfaktums zu bezeichnen, wird also in das Selbstverständnis der Historie als Wissenschaft hinübergenommen.

Dennoch ist zu betonen, daß sich nach der Überzeugung der Historisten der empirische Charakter des historischen Wissens zwar mit seiner Wissenschaftlichkeit verträgt, sie aber nicht

[86] L. v. Ranke, Einleitung zur Weltgeschichte, zit. nach G. Berg, Leopold von Ranke als akademischer Lehrer. Studien zu seinen Vorlesungen und zu seinem Geschichtsdenken. Göttingen 1968, S. 188, Anm. 49.

[87] L. v. Ranke, Idee der Universalhistorie. Gedruckt in: E. Kessel, Rankes Idee der Universalhistorie. In: Historische Zeitschrift 178 (1954), S. 292f.

[88] Vgl. dazu vor allem das »Politische Gespräch«. In: Sämtliche Werke, Bd. 49/50, S. 325.

[89] Droysen, Historik, S. 324.

[90] Ebd., S. 185.

konstituiert. Ganz im Sinne der klassischen Wissenschaftslehre ergibt sich vielmehr der Wissenschaftscharakter der Historie *drittens* aus dem Anspruch, Erkenntnis des »Allgemeinen«, Überindividuellen zu sein. In einer Vielzahl von Äußerungen von Humboldt über Ranke, Burckhardt, Droysen bis zu Gervinus läßt sich die Überzeugung nachweisen: »Wenn Wissenschaft sein soll, so muß zu dem Einzelnen, das die Empirie gibt, ein Allgemeines hinzukommen, woraus sich erklärt, was ist und geschieht, warum es ist und geschieht, ein Allgemeines und Notwendiges.«[91] Ranke bekennt sich bei dieser Übernahme der Charakteristika einer Erkenntnisweise, die in der traditionellen Wissenslehre der Philosophie zugeschrieben worden war, auch ausdrücklich dazu, daß die Historie dieselbe Erkenntnis allgemeiner Zusammenhänge wie die Philosophie anstrebe, mit dem Unterschied, daß sie sich dabei jedoch der Empirie bediene.

Versucht man zu klären, was unter diesem »Allgemeinen« denn nun konkret zu verstehen ist, so stößt man immer wieder auf die Gleichsetzung des »Allgemeinen« und »Notwendigen« mit der »Idee« oder der Vielzahl der »Ideen«, die mit ihrer Wechselwirkung und Aufeinanderfolge, ihrem Zerfall und ihrem Wiederaufleben die geschichtlichen Prozesse und Zustände bestimmen. Die »nötigende Gewalt«, welche den herrschenden Ideen innewohnt, macht sie zu den eigentlich geschichtsbestimmenden Kräften. Nach der bekannten Formulierung der Berchtesgadener Vorträge stellen sie die jeweils dominierenden Tendenzen des Jahrhunderts dar[92]. Für Ranke ebenso wie für Gervinus und letztlich auch für Droysen sind die Ideen metaphysische Größen, denen an sich, unabhängig von der erkennenden Vernunft, Seinsrang zukommt. Befragt man sie jedoch auf ihren logischen Status hin, so zeigt sich, daß sie die Gesamtheit der »kulturbedeutsamen Phänomene« (Max Weber) selektieren, die Fragestellung strukturieren, Sinnerwartungen formulieren, verschiedene, inhaltlich und zeitlich oft sehr weit auseinanderliegende Daten synthetisieren. Nimmt der Historiker nach der Anweisung von Gervinus die Entstehung, Entwicklung, Modifikation und die Vielzahl der Wirkungen einer Idee zum »Faden seines Geschichtswerkes«, so hat er sich die Möglichkeit geschaffen, die Summe der Einzeltatsachen um diesen Faden her-

[91] Ebd., S. 27.
[92] Vgl. dazu W. Hardtwig, Geschichtsschreibung zwischen Alteuropa und moderner Welt. Jacob Burckhardt in seiner Zeit. Göttingen 1974, S. 70ff.

um zu »gruppieren«, so daß sich daraus die »schönste Einheit« des Werkes ergibt[93]. Die Ideen erfüllen also genau diejenigen Aufgaben, welche die Geschichtstheorie heute von Theorien in der Geschichtswissenschaft erwartet. Unter Theorien sollen dabei verstanden werden: »solche Begriffs- und Satzsysteme, die zur Systematisierung, Interpretation und Erklärung historischer Erscheinungen benutzt werden, die uns in den Quellen entgegentreten ... einen Gegenstand, einen Vorgang erkennen, heißt ihn als etwas erkennen, als Einzelfall eines Allgemeinen auffassen«[94]. Als Beispiel für diese Funktion der Idee als Deutungsmuster oder Theorie soll Rankes Entwurf einer griechischen Verfassungsgeschichte von der homerischen Zeit bis zum Peloponnesischen Krieg angeführt werden[95]. Die monarchische Verfassung der Frühzeit sei naturgemäß, die aristokratische Verfassung ihr gegenüber der erste Schritt des Niedergangs gewesen, weil sich »der Beste« für die Regierung nicht mehr habe finden lassen. Die Erblichkeit der Würden habe es im nächsten Schritt des Verfalls unmöglich gemacht, »*die* Besten« zu finden. Ranke resümiert nun, »es müßte die Idee sein einer Geschichte der griechischen Verfassung, diesen Gedanken tragisch hindurchzuführen«. Die allgemeinen Sätze, von denen Ranke ausgeht, würden lauten: Wird die Herrschaft nicht von den Fähigsten ausgeübt, so verfällt sie; Erblichkeit der Ämter verhindert die Herrschaftsausübung der Fähigsten. Die »Idee« ist dann, in logischer Sicht, die räumlich und zeitlich spezifizierte These, daß das Erblichwerden der Ämter in Griechenland einen Ablaufmechanismus in Gang gebracht habe, der zwischen archaischer Zeit und Peloponnesischem Krieg immer mehr von der Herrschaft des oder der Bestqualifizierten weggeführt habe. Es zeigt sich also, daß die historistische Geschichtswissenschaft

[93] Gervinus, Grundzüge der Historik, S. 70.

[94] G. Patzig, Theoretische Elemente in der Geschichtswissenschaft. In: Theorie und Erzählung in der Geschichte, S. 137ff., hier S. 139; vgl. ähnlich die Definition von J. Kocka in: Theorien in der Praxis des Historikers (Sonderheft von Geschichte und Gesellschaft). Hg. v. J. Kocka. Göttingen 1977, S. 10, 178. Zum Problem der Theorien in der Geschichtswissenschaft vgl. neben den Beiträgen in dem von Kocka und Nipperdey herausgegebenen Sammelband auch u.a. Geschichte und Theorie. Umrisse einer Historik. Hg. v. H.-M. Baumgartner, J. Rüsen. Frankfurt a.M. 1976; R. Koselleck, Über die Theorienbedürftigkeit der Geschichtswissenschaft. In: Theorie der Geschichtswissenschaft und Praxis des Geschichtsunterrichts. Hg. v. W. Conze, Stuttgart 1972, S. 10ff.; K. Acham, Analytische Geschichtsphilosophie. Freiburg, München 1974, bes. S. 45ff.

[95] Ranke, Tagebücher, S. 106.

mit ihrer durchgehenden Forderung, vom Einzelfaktum zum »Allgemeinen« vorzustoßen, oder die Einzeltatsache nur im Hinblick auf allgemeine Zusammenhänge als Ausdruck oder Erscheinungsweise einer Idee zu erforschen und darzustellen, den Theoriegehalt des historischen Wissens als eigentliches Kriterium ihrer Wissenschaftlichkeit hervorhebt. Um diesen Sachverhalt würdigen zu können, muß man allerdings die logische Funktion der »Ideen« von ihrer im Historismus meist noch vorausgesetzten ontologischen Qualität, ihrem metaphysischen Charakter trennen, Instanzen »über«, »hinter« oder »unter« der erfahrbaren Wirklichkeit zu sein[96].

Ein ähnliches Verfahren der Entmetaphysierung ist nötig, um erkennen zu können, daß die historistische Geschichtswissenschaft bereits *viertens* den hypothetischen bzw. den Konstruktionscharakter des historischen Wissens zu erfassen sucht. Diese Einsicht artikuliert sich unter anderem in dem methodologischen Begriff der »Divination«, der in der Historismusdeutung und Historismuskritik häufig als Beweis für den irrationalen Charakter der historischen Erkenntnis im Historismus mißverstanden worden ist. Divination ist ein Fachterminus der philologisch- bzw. historisch-kritischen Methode und bezeichnete die rekonstruierende Leistung des Quellenkritikers, das Schlußfolgern über die unmittelbar in den Quellen überlieferten Aussagen hinaus: »Durch zwey Mittel ersetzt die Historie die Mängel ihrer Quellen, ihre Verfälschung und Dürftigkeit; durch Kritik und Divination.«[97] Genau in diesem Sinne sprechen nach Niebuhr auch Ranke und Droysen von »Divination«[98]. Oder es wird zwischen »negativer Kritik« und »schöpferischer Kraft«[99] unterschieden, die gleichermaßen erforderlich seien. In allen diesen Formulierungen schlägt sich die Überzeugung nieder,

[96] Vgl. dazu Diemer, Die Begründung des Wissenschaftscharakters, S. 44–49.

[97] B. G. Niebuhr, Kleine historische und philologische Schriften. Bd. 2, Bonn 1843, S. 11.

[98] Droysen, Historik, S. 86; Ranke, Idee der Universalhistorie, S. 301.

[99] Fr. A. Wolf: »Da diese Kunst (der historischen Kritik, W. H.) entweder sich auf handschriftliche Urkunden stützt, oder aus innern Beweisgründen etwas aufklärt, wovon es keine Zeugen gibt, zuweilen nicht einmal geben kann, so unterscheidet man hiernach eine niedere Kritik besser eine beurkundende und eine höhere, die man lieber die divinatorische nennen sollte.« Darstellung der Alterthums-Wissenschaft, Museum der Alterthums-Wissenschaft. Hg. v. Fr. A. Wolf, Ph. Buttmann. Bd. 1, Berlin 1807, S. 40; W. Dönniges, Kritik der Quellen für die Geschichte Heinrichs VII. des Luxemburgers. In: ders., Geschichte des deutschen Kaiserthums im 14. Jahrhundert. 1. Abt., 1. Abschn., Berlin 1841, S. VIII.

daß das Geschäft des Historikers nicht mit der Quellenkritik erschöpft sei, sondern daß diese nur die Voraussetzung bilde für die selbständige Rekonstruktion der Zusammenhänge durch die historische Einbildungskraft. Die Tätigkeit des Historikers zerfällt in eine rezeptiv-kritische und in eine konstruktive Leistung; sie ist, nach dem Ausdruck Humboldts, nicht nur »auffassend und wiedergebend«, sondern auch »selbsttätig und schöpferisch«[100]. Diese Dichotomie verbindet sich mit der alten Opposition von bloßer Faktenerkenntnis (Singularien) und Einsicht in die Zusammenhänge (Universalien), von sinnlicher Wahrnehmung und vernünftiger Erkenntnis. Der hinter der unmittelbaren Erfahrung oder Anschauung der kontingenten Einzeltatsachen liegende Zusammenhang muß »hinzuempfunden, geschlossen, erraten« werden und hat konstruktiven Charakter[101]. Die Historie wird zur Wissenschaft erst durch diese Konstitutionsleistung der historischen Vernunft. Die »Ideen«, insbesondere bei Ranke, sind, wie das oben angeführte Beispiel deutlich macht, solche Konstrukte der historischen Vernunft. In den biedermeierlich-bildungsbürgerlichen Ausdrücken, mit denen Ranke den Forschungsprozeß, die »Art der Forschung« beschreibt, lassen sich unschwer die genannten Wissenschaftskriterien auffinden: er spricht vom »stillen Fortgang der Untersuchung«, der »Entwicklung des Höchsten aus dem Geringsten«, der »Vereinigung der Widerlegung mit dem, was gebildet und gedacht werden soll«[102]. Die Kritik geht dem Schlußfolgern, der Verallgemeinerung aus dem empirischen Material, der autonomen Herstellung von Kausalbeziehungen zwischen den empirischen Daten voraus. Der ganze Vorgang dient der Herstellung eines Systems von Sätzen, in welchen die charakteristischen Aussagen nichts anderes sind als »Hypothesen, also empirisch gehaltvolle Aussagen, deren Überprüfung durch Faktenanalyse grundsätzlich möglich ist«[103]. Bei Droysen schließlich tritt der Konstruktionscharakter des historischen Wissens theoretisch geklärt in einer transzendentalen Theorie der histo-

[100] W. v. Humboldt, Über die Aufgabe des Geschichtsschreibers (1824). In: W. v. Humboldt, Werke in 5 Bänden. Bd. 1, Stuttgart, 3. Aufl. 1980, S. 584; vgl. dazu den Gesamtzusammenhang der Argumentation Humboldts, ebd., S. 485ff.

[101] Ebd.

[102] Ranke, Tagebücher, S. 100.

[103] H. Albert, Probleme der Wissenschaftslehre in der Sozialforschung. In: Handbuch der empirischen Sozialforschung. Hg. v. R. König, Bd. 1, Stuttgart 1962, S. 50.

rischen Erkenntnis hervor – allerdings auch hier verunklart durch die metaphysischen Implikationen seiner Theorie[104].

Mit diesen Wissenschaftskriterien hat die historistische Geschichtswissenschaft, vorbereitet durch einzelne Entwicklungen bis zum Ende des 18. Jahrhunderts, die Oppositionen der alten Wissenschaftslehre zwar z. T. übernommen, aber im neuen Begriff einer autonomen Geschichtswissenschaft aufgehoben: 1. den Gegensatz von *narratio rei gestae* und *cognitio* oder Erkenntnis, begründet in der disziplinären Trennung von rhetorisch-propädeutischer Historienerzählung und wissenschaftlicher Tatsachenbeschreibung. Dem Historiker geht es nach wie vor, nicht nur in der Aufklärung, sondern auch im Historismus, wie der Sprachgebrauch vielfach beweist, vor allem um die »Erzählung«. Doch setzt diese Erzählung jetzt immer die autonome Erkenntnis oder Erforschung der erzählten Geschichte voraus. 2. den Gegensatz von »niederer« Faktenerkenntnis und »hoher« *cognitio ex principiis*, der im alteuropäisch-aristotelischen Wissenschaftsbegriff angelegt ist. Der Geschichtswissenschaftler erfaßt die scheinbar kontingenten Ereignisse und Zustände, die Einzeltatsachen, aber er sucht sie induktiv allgemeinen Begründungszusammenhängen zuzuordnen. Demgegenüber hat sich eine neue Opposition aufgebaut: die zwischen Forschung und Darstellung. Die »Erzählung«, in der rhetorischen Tradition ein poetologischer Differenzierungsbegriff, soll nunmehr zur Darstellungsform des wissenschaftlich ermittelten Wissens werden. Je mehr sich die Geschichtserkenntnis allerdings verwissenschaftlichte, desto komplexer stellte sich das Problem dar, wie sich Forschung und Darstellung im konkreten Einzelfall zueinander verhalten sollen.

[104] Vgl. zum transzendentalen Charakter der Droysenschen Geschichtstheorie v. a. H.-M. Baumgartner, Kontinuität und Geschichte, S. 55–87 passim; zu den metaphysischen Implikationen W. Hardtwig, Geschichtsprozeß oder konstruierte Geschichte. Eine Auseinandersetzung mit H.-M. Baumgartner, ›Kontinuität und Geschichte‹. In: Philosophisches Jahrbuch 81 (1974).

3. Geschichte als Wissenschaft oder Kunst

Jede Wissenschaft kennt das Problem der Darstellung. In der Geschichtswissenschaft nimmt es allerdings eine besondere Form an, weil »Historia« ursprünglich überhaupt nur die Darstellung meinte, sei es die »Erzählung« der rhetorischen Kunst, sei es die Beschreibung als empirisch-vorwissenschaftliche Tatsachendarstellung. Was sich historische »Erzählung« oder *narratio* nannte, war bis zur Mitte des 18. Jahrhunderts und darüber hinaus von der eigentlichen Forschungsarbeit getrennt. Umgekehrt war die Forschungsarbeit nicht als Vorstufe zur Darstellung gemeint. Im 18. Jahrhundert gelang es nur in Ausnahmefällen einzelnen Autoren, beides zu einer gewissen Synthese zu bringen – sofern überhaupt schon wirkliche Forschungsarbeit geleistet wurde[1]. »Historioskopie« und Historiographie blieben getrennt. Die Historiographie orientierte sich beim Bau ihrer Geschichten an der Vorbildhaftigkeit der Antike, wie noch Johann Christoph Gatterer, der führende Methodologe der Göttinger Historischen Schule des späten 18. Jahrhunderts, betont, und worauf nach der Jahrhundertwende noch Ludwig Wachler mit seinem Hinweis anspielt, es reiche nun nicht mehr aus, wie die Alten zu komponieren[2]. Mit der Emanzipation der Forschung, mit der Systematisierung und mehr oder weniger formellen Kodifikation der Forschungsregeln treten »Forschung« und »Kunst« als Tätigkeitsfelder bzw. Fähigkeiten des Historikers einander gegenüber. Seit der Jahrhundertwende, deutlich faßbar etwa in Wachlers ›Geschichte der historischen Forschung und Kunst seit der Wiederherstellung der litterärischen Cultur in Europa‹, wird jedoch durchgehend deren Vereinigung von Historikern erwartet. Das Verhältnis von historischer Forschung und Kunst der Darstellung steigt jetzt zum immer wieder diskutierten Problem der Geschichts-

[1] Vgl. dazu A. Kraus, Vernunft und Geschichte. Die Bedeutung der deutschen Akademien für die Entwicklung der Geschichtswissenschaft im späten 18. Jahrhundert. Freiburg i. Br. 1963, S. 204 f.; zu den Fragen der Geschichtsdarstellung vgl. v. a. R. Koselleck, H. Lutz, J. Rüsen (Hg.), Formen der Geschichtsschreibung. München 1982.

[2] D. L. Wachler, Geschichte der historischen Forschung und Kunst seit der Wiederherstellung der litterärischen Cultur in Europa. 5 Bde, Göttingen 1812 bis 1820, hier Bd. I, S. 9 f., 97, 170, 236.

theorie auf. Bei der Rekonstruktion dieser Problemstellung gilt es zuerst zu klären, was Geschichtsschreiber und Geschichtstheoretiker eigentlich unter »Kunst« verstanden haben.

Im 16. und 17. Jahrhundert wurden »Kunst« und »Wissenschaft« im Sinne von »Wissenheit«, dem subjektiven Können oder der subjektiven Fähigkeit des einzelnen, praktisch synonym gebraucht. Kunst meinte die Fähigkeit, eine Sache regelrecht durchführen oder ein Werk sachgerecht herstellen zu können[3]. In diesem Wortsinn ist die Fähigkeit, eine historische Erzählung in Anlehnung an die antiken Vorbilder und unter Anwendung der Regeln der Komposition anzufertigen, ebenso eine »Kunst« wie etwa die nach Regeln verfahrende und sachgerechte Anwendung der philologisch-kritischen Methode oder der hilfswissenschaftlichen Fertigkeiten. Noch in den achtziger und neunziger Jahren des 18. Jahrhunderts sprechen die Geschichts»forscher« ganz selbstverständlich von der »Kunst der Diplomatik«[4], der »Kunst der Heraldik«[5] oder der »Kunst« der »historischen Kritik«[6]. Dieser Sprachgebrauch lebt noch in Johann Gustav Droysens ›Historik‹ nach, welche die verschiedenen Tätigkeiten der Quellenkritik als »kritische Kunst« zusammenfaßt[7]. Noch in Wilhelm Wachsmuths Historik von 1820 heißen Forschung und Darstellung zusammen »historische Kunst«[8]. Doch ist hier der Sprachgebrauch schon inkonsistent, wenn Wachsmuth von der historischen Darstellung verlangt, ihr müsse »ein künstlerisches Gemüth« zugrundeliegen[9].

Wachsmuth reagiert damit – sehr spät – auf die Entwicklung besonders seit der Mitte des 18. Jahrhunderts, in der die selbstverständliche und formelhafte Verbindung von »Kunst und Wissenschaft« sich aufzulösen begann – und zwar infolge der

[3] Jacob u. Wilhelm Grimm, Deutsches Wörterbuch, Bd. 5, Leipzig 1873, Artikel ›Kunst‹, insbes. Sp. 2670ff.; vgl. dazu auch W. Bumann, Der Begriff der Wissenschaft im deutschen Sprach- und Denkraum. In: A. Diemer (Hg.), Der Wissenschaftsbegriff. Historische und systematische Untersuchungen. Meisenheim a. Gl. 1970, S. 68ff.

[4] F. A. Huch, Versuch einer Literatur der Diplomatik. Erlangen 1792, S. XIII.

[5] L. A. Gebhardi, Genealogische Geschichte der erblichen Reichsstände in Teutschland. Bd. 1, Halle 1776, S. 10.

[6] A. L. Schlözer, Kritisch-historische Nebenstunden. Göttingen 1797, S. II.

[7] J. G. Droysen, Historik. Vorlesungen über Enzyklopädie und Methodologie der Geschichte. 5. unveränd. Aufl., Darmstadt 1967, S. 94.

[8] W. Wachsmuth, Entwurf einer Theorie der Geschichte. Halle 1820, S. 1.

[9] Ebd., S. 120.

spezifisch neuzeitlichen Freisetzung der ästhetischen Erfahrung als einer von der Vernunfterkenntnis getrennten, eigenständigen Erkenntnisform. Die seit etwa 1750 entstehende Theorie der *schönen* Kunst beschreibt ein Verfahren ästhetischer Wirklichkeitsproduktion, das sich vom instrumentellen Verfahren der sich verselbständigenden Wissenschaften ablöst und Kunst als Produkt der Subjektivität und Innerlichkeit des Menschen auffaßt. Rationales Wissen und ästhetisches Gefühl treten auseinander. Begrifflich setzt sich diese Polarisierung von rationaler Wissenschaft und ästhetischer Kunst nur langsam durch. Zunächst verwandeln sich die »Künste« oder *artes* des Triviums in »schöne Wissenschaften«: »Die Dichtkunst, die Historie, und die Beredsamkeit ... begreifen alles dasjenige in sich, was man hauptsächlich die schönen Wissenschaften nennt. Dieses ist von der ganzen Gelehrsamkeit der Teil, bey welchem man die größte Anmut findet, welcher am prächtigsten in die Augen fällt, und welcher, in einem gewissen Verstande, am meisten fähig ist, durch Werke, welche ... die Blüte des feinsten und artigsten Witzes sind, einer Nation Ehre zu bringen.«[10] Bis zum Ausgang des 18. Jahrhunderts stehen sich nicht Kunst und Wissenschaft gegenüber, sondern »schöne Künste« bzw. »schöne Wissenschaften« auf der einen, »ernste Wissenschaften« auf der anderen Seite[11]. Gemeinsames Kennzeichen der schönen Künste und Wissenschaften ist das Bestreben, der »Darstellung den höchsten Grad der Lebhaftigkeit und Sinnlichkeit zu erteilen«[12]. Sie soll einnehmend und anregend sein, sie spricht nicht die be-

[10] Historie alter Zeiten und Völcker, der Ägypter, Cartaginenser, Assyrer, Babylonier, Meder, Perser, Macedonier und Griechen, aus dem Französischen des Herrn Rollin übersetzt. 12. Theil, Dresden, Leipzig 1748, Vorbericht, S. 3f.; vgl. auch: Einleitung in die schönen Wissenschaften, nach dem Französischen des Herrn Batteux, mit Zusätzen vermehret von Karl Wilhelm Ramler, Bd. 4, Leipzig 1769. Zu den folgenden Überlegungen vgl. die Arbeiten von J. Ritter über die Entstehung der Theorie des Ästhetischen: J. Ritter, Landschaft. Zur Funktion des Ästhetischen in der modernen Gesellschaft. In: ders., Subjektivität. Frankfurt a. M. 1974; ders., Artikel ›Ästhetik, ästhetisch‹. In: Historisches Wörterbuch der Philosophie, Bd. 1, Sp. 555ff.; vgl. auch H. R. Jauß, Ästhetische Normen und geschichtliche Reflexion in der »Querelle des Anciens et des Modernes«. Einleitung zur Neuausgabe von Perraults »Parallèle des Anciens et des Modernes«. München 1964, S. 150ff.

[11] Vgl. dazu die Belege bei Bumann, Der Begriff der Wissenschaft, S. 70.

[12] J. J. Eschenburg, Entwurf einer Theorie und Literatur der schönen Wissenschaften. 2. Aufl., Berlin, Stettin 1789, S. 6; zur rhetorisch orientierten Geschichtsschreibung vgl. oben S. 58ff.

griffsbildende und schlußfolgernde Vernunft an, sondern die Gefühle.

Diese Verwandlung der alten *artes* oder Künste in die »schöne« oder ästhetische Kunst innerhalb der noch auf den alteuropäischen Aufbau des Wissenschaftssystems bezogenen Wissenschaftslehre vollzieht sich gleichzeitig und gegenläufig zur Autonomisierung und Emanzipation der Historie als Forschung und Wissenschaft. Die ästhetische Qualität der Historie tritt zunehmend in einen deutlich herausgearbeiteten Gegensatz zu ihrer Eigenschaft als Forschung. Die ästhetischen Komponenten in der Tätigkeit des Historikers verbinden sich mit der »Darstellung«, die kritische Tätigkeit mit der Forschung. Seit dem rhetorischen Modell der Geschichtsschreibung in der idealistischen Bildungsreform der institutionelle Boden entzogen worden ist und seit der Autonomisierung der Historie als Wissenschaft verschwindet die Bezeichnung der Historie als »schöne Wissenschaft«. Die Trennungslinie von ästhetischer Affektation der Sinne und rationaler Vernunfterkenntnis verläuft nicht mehr zwischen schöner und ernster Wissenschaft, sondern innerhalb der Historie zwischen »mühevoller« Forschung und »schöner« Darstellung. Als der ideale Historiker gilt von jetzt ab, wer beides verbindet[13]. Dabei ist man sich bewußt, daß das Zusammentreffen solch grundverschiedener Fähigkeiten nicht die Regel ist, sondern eine Leistung; daher wird es besonders hervorgehoben, wenn sich mit »leichter Darstellung und schöner Sprache große Belesenheit und unermüdlicher Forschungsgeist« vereinen[14]. Die *narratio rei gestae,* die Schilderung von Ereignissen und Zustandsabfolgen erscheint im Gegensatz zu den Untersuchungen der gelehrten Forschung als die »eigentliche Historiographie«, doch gilt die Forschung von jetzt ab generell als unerläßliche Voraussetzung ästhetischer Darstellung; ohne gelehrte Gründlichkeit ist das »historische Kunststreben eitel Torheit«[15]. Bei Wachler zeigt sich auch schon das Bewußtsein, daß mit der ästhetischen Kunst der Geschichtsschreibung gegenüber der rhetorischen Kunst der Historie etwas Neues entstanden ist. Er lokalisiert die Entstehung der Geschichtsschreibung als Literatur im Sinne des ästhetischen Kunstbegriffs im England und Frankreich des 18. Jahrhun-

[13] Wachler, Geschichte der historischen Forschung, S. 88.
[14] Ebd., Bd. 1, S. 103.
[15] G. G. Gervinus, Grundzüge der Historik, Leipzig 1837, S. 77.

derts[16]. Denselben Epochenschnitt in der Geschichte der Geschichtsschreibung findet er in Deutschland bestätigt: mit Justus Möser, Johannes von Müller und Friedrich Schiller habe die »künstlerische Darstellung« eine neue Qualität erreicht[17].

Als Ranke 1824 in der Vorrede zu den ›Geschichten der romanischen und germanischen Völker‹ die Prinzipien skizzierte, auf denen dann die Reihe seiner großen historiographischen Werke beruht, fühlte er sich veranlaßt, die Historie ausdrücklich gegen die Dichtung abzugrenzen: »Man kann von einer Historie nicht die freie Entfaltung fordern, welche wenigstens die Theorie in einem poetischen Werke sucht ... Strenge Darstellung der Tatsachen, wie bedingt und unschön sie auch sei, ist ohne Zweifel das oberste Gebot.« Doch bricht er damit die Beziehung zur Kunst nicht ab: »Die Aufgabe des Historikers ist zugleich literarisch und gelehrt; die Historie ist zugleich Kunst und Wissenschaft. Sie hat alle Forderungen der Kritik und der Gelehrsamkeit so gut zu erfüllen wie etwa eine philosophische Arbeit, aber zugleich soll sie dem gebildeten Geiste denselben Genuß gewähren wie die gelungenste literarische Hervorbringung«[18]. Hier sind alle wesentlichen Merkmale der historistischen Historie zusammengefaßt: der Anspruch, Forschung zu sein und das Selbstverständnis als »philosophische«, mit der Erkenntnis allgemeiner Begründungszusammenhänge befaßte Wissenschaft; die Abgrenzung gegenüber der rhetorischen *narratio rei factae* und die Absicht auf ästhetische Darstellung. Ranke greift zwar die alte rhetorische Unterscheidung zwischen Historie und Dichtung als dem Bericht über die *res factae* und die *res fictae* auf, löst sie aber sogleich aus der Tradition topischer Klassifizierung als Typen rein darstellerischen Verhaltens,

[16] Vgl. dazu die Periodisierung von Formen der Geschichtsschreibung bei Wachler, Geschichte der historischen Forschung, Bd. 1, S. 7: »Im 4. Zeitraum seit Anfang des 18. Jahrhunderts wirken Bayles Skeptizismus, Leibniz' Philosophie und die großen Fortschritte in allen Wissenschaften. Frankreich eignet sich die Herrschaft in Angelegenheiten des Geschmacks zu und gibt die ersten Muster ästhetisch-historischer Composition. Der 5. Zeitraum stellt die britischen Meisterwerke historischer Kunst auf und zeigt, wie die übrigen gebildeten Nationen Europas dem Ideale moderner Historiographie nachstreben.«

[17] Vgl. Wachler, Historische Forschung, Bd. 2, S. 776; zum Selbstverständnis und der Auffassung von Historiographie als Literatur vgl. R. Vierhaus, Geschichtsschreibung als Literatur im 18. Jahrhundert. In: J. Voss (Hg.), Historische Forschung im 18. Jahrhundert. Organisation, Zielsetzung, Ergebnisse. Bonn 1976, S. 417ff.

[18] Ranke, Sämtliche Werke, Bd. 33/34, S. VII.

indem er die Historie als Darstellung der kritischen Resultate beschreibt. Ranke unterscheidet nicht mehr zwischen Historie und Poesie als zwei Künsten im alten Wortsinn, sondern zwischen Dichtung als ästhetischer Kunst und Historie als Wissenschaft. Die wissenschaftliche Historie stellt nicht dar, was als *res factae* überliefert ist, sondern was die Forschung als noch unbekannte Wahrheit über die *res factae* erst ermitteln muß. Da Ranke aber nicht nur von Darstellung spricht, sondern von Kunst, welche »Genuß« vermitteln soll, geht sein Anspruch an die historische Erzählung über die bloße Mitteilung der Forschungsergebnisse hinaus.

Wie Ranke suchen auch Wilhelm Wachsmuth, Wilhelm von Humboldt, Georg Gottfried Gervinus und Wilhelm Dönniges die Eigenart der Geschichtsschreibung innerhalb der Trias Philosophie, Dichtung, Historie zu bestimmen, durch Vergleich der drei Disziplinen und die Feststellung von Gemeinsamkeiten und Unterschieden. Sie sind sich des Wissenschaftsanspruchs der Historie bewußt und betonen die Rolle der Forschung. Doch geht es ihnen vorrangig um die Darstellung oder besser, die Geschichtsschreibung. Der Orientierungsbegriff ist der »Geschichtsschreiber«, nicht der »Geschichtsforscher« oder »Geschichtswissenschaftler«. Für sie ist die Konstitution des Geschichtswerkes nicht nur eine Leistung der erklärenden Vernunft, sondern auch, wenn nicht überwiegend, der künstlerischen Einbildungskraft. Für Wachsmuth zum Beispiel ist die Aufgabe, »verschiedene Institutionen zusammenfassend« darzustellen, eine »künstlerische«[19]. Humboldt beschreibt die Fähigkeit, Einzeltatsachen zu einem Erzählganzen zusammenzufügen nach Analogie der dichterischen Einbildungskraft. Zwar bleibt die Phantasie des Historikers zurückgebunden an zwei Grundsätze: sie zielt nur auf die *res factae,* die Darstellung des tatsächlich Geschehenen, und sie verfährt induktiv-empirisch; doch muß der Historiker »auf verschiedene Weise, aber ebensowohl als der Dichter« das »zerstreut Gesammelte in sich zu einem Ganzen verarbeiten«[20]. Ein wesentliches Kriterium für die Wissenschaftlichkeit der Historie, die Synthetisierungsleistung, die Zuordnung der Einzelfakten zu einem Deutungszusammenhang, wird so einem Vermögen übertragen, das der

[19] Wachsmuth, Entwurf einer Theorie der Geschichte, S. 149.

[20] Humboldt, Über die Aufgabe des Geschichtsschreibers (1824). In: W. v. Humboldt, Werke in 5 Bänden. Bd. 1, Stuttgart 3. Aufl. 1980, S. 586.

dichterischen Gestaltungskraft nahekommt. Gervinus findet die eigentliche Konstitutionsleistung des Historikers in der Kunst der Darstellung: »Die Geschichte stellt den, der sich ihr widmet, in das natürliche Gleichgewicht zwischen Reception und Production; weil immer die Geschichtsforschung der Geschichtsschreibung vorangeht.«[21] Die bloße Faktensammlung fügt sich zu einem sinnvollen Ganzen nur durch die Einwirkung der philosophischen »Speculation« und der dichterischen »Einbildungskraft«[22]. Die Einheit des Geschichtswerkes ist immer auch, wenn nicht überwiegend, eine ästhetische, denn die »Einheit des Plans« entsteht erst durch den Kunstcharakter des historiographischen Werkes[23]. Die Darstellung ist demnach nicht nur eine unerläßliche Leistung der Wissensvermittlung, sie übernimmt auch die Aufgabe, das Wissen zu ordnen, und zwar nach ihren immanenten Regeln, die von denen der Forschung klar und bewußt unterschieden sind.

In der Gegenüberstellung von Forschung und Darstellung treten sich Vernunftvermögen und sinnliche Empfänglichkeit, Begriff bzw. Erklärung einerseits, Empfindung bzw. Gefühl andererseits akzentuiert gegenüber. Schon die »schöne Kunst« der Historie im 18. Jahrhundert macht die »Seele« zu dem Organ, aus dem die historische Vorstellung hervorgeht, welche dann der Erzählung zugrunde liegt: »wir erzählen die Sachen ... nach der Empfindung ... und richten uns also nach dem Bilde, welches durch die Empfindung in unsere Seele eingeprägt wurde«[24]. Daß in den synthetisierenden, und das ist für viele gleichbedeutend mit den darstellenden Leistungen des Historikers, die Empfindung angesprochen ist, bzw. daß die »schöpferische« Leistung des Historikers auf der Empfindung beruht, läßt sich in einer Vielzahl von Äußerungen bis hin zu Gervinus belegen. Es ist also festzuhalten, daß offenbar gleichzeitig mit der Verwissenschaftlichung der Historie und, so läßt sich annehmen, in einem begründeten Zusammenhang damit, der ästhetische Charakter der Historie als »schöner Kunst« bewußt und bejaht freigesetzt wurde. In der Leistung des Ge-

[21] Gervinus, Grundzüge der Historik, S. 84.

[22] Ebd., S. 19.

[23] Ebd., S. 31.

[24] J. M. Chladenius, Allgemeine Geschichtswissenschaft. Neudruck der Ausgabe Leipzig 1752, mit einer Einleitung von Chr. Friedrich und einem Vorwort von R. Koselleck. Wien u.a. 1985, S. 116; Vierhaus, Geschichtsschreibung als Literatur, S. 427.

schichtsschreibers, der Forschung und ästhetische Darstellung, Kritik und Synthese, Erzählung als Erklärung und Erzählung als sinnlichen Genuß zugleich geben will, sollen ebendiese Gegensätze, die mit der Verwissenschaftlichung der Historie aufgerissen sind, wieder aufgehoben werden. Zwischen der Wahrheit der Forschung und der Schönheit der Darstellung war zwar einerseits eine tiefe Differenz entstanden, doch galt diese Differenz als aufhebbar. Die Einheit von Mühe und Wahrheit der Forschung hier, Genuß und Schönheit der Darstellung dort, war das Programm. Es hat den Anschein, als verstehe sich die historistische Geschichtsschreibung mit ihrem Programm der Ganzheit als Antwort auf die »Entzweiungen«, die nach dem Wort Rankes die Physiognomie der modernen Welt prägen[25].

Diese Konzeption der ästhetischen Geschichtsschreibung, die vor allem von Ranke in seinen exemplarischen Erzählungen praktisch durchgeführt worden ist, lebte in der historistischen Tradition der deutschen Geschichtsschreibung zum Teil bis in die Gegenwart weiter. Sie nahm dabei vielfach die Form bloßer Tradition oder einer Ideologie des Individuellen und Ästhetischen an, und zwar deshalb, weil sie ihre Ursprungsgeschichte aus den Augen verlor und den gegenseitigen Begründungszusammenhang von Verwissenschaftlichung und Ästhetisierung vergaß. Eine späte prägnante Ausformung hat diese Tradition bei Friedrich Meinecke erfahren. Er suchte sie in seiner ›Entstehung des Historismus‹ einerseits weiterzuführen, andererseits in ihrer Entwicklungsgeschichte darzustellen[26]. Meinecke identifizierte dabei die »Verwissenschaftlichung«, sofern dieser Begriff überhaupt eine Problemstellung in seinem Denken erfaßt, mit der Ästhetisierung. Den »kritischen Leistungen der Theologen und Philologen Semler, Michaelis und Heyne« widmete Meinecke ebenso wie der »Tradition deutscher Gelehrtengründlichkeit in der Göttingen Schule« jeweils nur einen Satz[27]. Ihm kam es vielmehr entscheidend darauf an, die Entstehung einer Form von Geschichtsbetrachtung nachzuzeichnen, die in »Handlung, Leben und Wirksamkeit zugleich auch deren

[25] Ranke, Sämtliche Werke, Bd. 49/50, S. 9; vgl. dazu auch W. Hardtwig, Theorie oder Erzählung – eine falsche Alternative. In: J. Kocka, Th. Nipperdey (Hg.), Theorie und Erzählung in der Geschichte. München 1979, S. 290ff.

[26] Fr. Meinecke, Die Entstehung des Historismus. Hg. v. C. Hinrichs. München 1965.

[27] Ebd., S. 286f.

Schönheit« wahrnimmt[28]. Unerläßlich für ein »tieferes Schauen« der Geschichte war für ihn der »ästhetische Sinn«, das »metaphysische Bedürfnis« und der »Enthusiasmus«[29].

Dieser vorrangig ästhetischen Sicht historiographischer Leistung, die ja nach der frühen Theorie der Darstellung an das Gemüt und die Empfindung appelliert und aus ihr hervorgeht, korrespondiert nach Meineckes Auffassung die Neuentdeckung des eigentlichen Gegenstandsbereiches der historistischen Geschichtsschreibung: der Seele und der Innerlichkeit des Menschen. Um sie erfassen zu können, erscheint eine an die Dichtung angelehnte Form der Geschichtsschreibung als das beste Verfahren. Die ästhetisierte Geschichtsschreibung tritt der verwissenschaftlichten Geschichtsforschung als Korrelat oder Kompensat gegenüber. »Die Empfindung mußte neben dem Denken sich ihren Platz erobern.«[30] Indem die ästhetische Geschichtsschreibung die aus der Innerlichkeit heraus organisierte Individualität zum eigentlichen Objekt der Geschichtserkenntnis erklärt, artikuliert sie den Wunsch, Ganzheit zu erfassen und darzustellen. Dieser Wunsch ist durch die Emanzipation der Forschung und durch die Verwissenschaftlichung der Historie, durch die Autonomisierung der Wissenschaften insgesamt bedingt. Die ästhetische Geschichtsschreibung soll, wie Wachsmuth 1820 formuliert, »Ersatz für die Entfremdung vom Allgemeinen« geben, »welche die besonderen Wissenschaften veranlassen«[31]. Das bedeutet, daß diese Geschichtsschreibung ihre Funktion nicht nach innerwissenschaftlichen Kriterien bestimmt, daß sie nicht bloß Mitteilung der Forschung sein will, sondern anderes und mehr. Eine solche Auffassung von Geschichtsschreibung und ihrer – außerwissenschaftlichen – Funktion liegt noch einem Erzählwerk wie Golo Manns ›Wal-

[28] Ebd., S. 20; vgl. dazu die Charakterisierung der Rolle Winckelmanns in der Entstehungsgeschichte des deutschen Historismus, ebd., S. 299: »Winckelmann sprach von dem Geheimnis der Schönheit und der Gewißheit, zwar nicht durch den Verstand, aber durch die Seele Zugang zu ihm zu gewinnen ... Er lebte damit die seelische Einfühlung in das geschichtliche Gebilde vor, dessen der kommende Historismus als seines eigentlichen Erkenntnismittels bedurfte«; zur Bedeutung Winckelmanns vgl. die These von H. R. Jauss, daß Ranke in seinen großen Historien dem Modell der Winckelmannschen Stilgeschichte gefolgt sei; vgl. H. R. Jauss, Geschichte der Kunst und Historie. In: ders., Literaturgeschichte als Provokation. 6. Aufl. Frankfurt a. M. 1979.

[29] Meinecke, Entstehung des Historismus, S. 23.

[30] Ebd., S. 303.

[31] Wachsmuth, Entwurf einer Theorie der Geschichte, S. 129.

lenstein‹ zugrunde[32]. Im Zentrum steht hier das »Ganze« der Individualität Wallensteins. Mit Hilfe additiver Erzählformen, die es erlauben, eine Vielzahl von Personen, Schauplätzen, Episoden einzuschieben, wird das dargestellte Leben illustrativ erweitert und bereichert. Diese Form der Erzählung prätendiert, eine Totalität abzubilden oder die Ganzheit des Lebens wenigstens symbolisch zu präsentieren. Die Absicht zielt dabei weniger auf die geschichts»wissenschaftliche« historische Erklärung als Herleitung des Späteren aus dem Früheren, als vielmehr darauf, die »Buntheit des Lebens« (Golo Mann) zu schildern. Mann befindet sich damit im Einklang mit Wilhelm Wachsmuths Theorie der historischen Erzählung: »Nicht die nüchterne Prosa der Wissenschaft ist der Geschichte eigen; der historische Styl soll in seiner Art nicht weniger Lebensfülle, Reichtum der sinnlichen Gestaltung haben, als das wirkliche Leben, das es ausdrückt.«[33]

Grundlage für diese Form der Geschichtsschreibung ist die Konzeption der Kunst als Natur- oder Wirklichkeitsnachahmung. Humboldt hat sie in seinem Traktat ›Über die Aufgabe des Geschichtsschreibers‹ ausdrücklich formuliert[34]. Eine solche Geschichtsschreibung als Mimesis der Wirklichkeit setzt voraus, daß die abbildende Darstellung die Wirklichkeit nicht verfälscht, wenn sie die erforschten Tatsachen »schön« darstellt. Dahinter wiederum steht die metaphysische Grundannahme, daß die Welt jenseits aller kontingenten Ereignisse letztlich geordnet ist und in der göttlichen Providenz ruht – eine Überzeugung, die Meinecke in der Debatte um die Krise des Historismus unermüdlich aufrechtzuerhalten versucht hat[35]. Die historistische ästhetische Geschichtsschreibung zerfällt daher mit der Preisgabe solcher metaphysischer, im Sinne der oben eingeführten Definition von Wissenschaft außerwissenschaftlicher Prä-

[32] Wallenstein. Sein Leben erzählt von Golo Mann. Frankfurt a.M. 1971.

[33] Wachsmuth, Entwurf einer Theorie der Geschichte, S. 149; als Fallstudie zu den Erzählstrukturen im Werk Rankes: K. H. Metz, Grundformen historiographischen Denkens. Wissenschaftsgeschichte als Methodologie. Dargestellt an Ranke, Treitschke und Lamprecht. Müchen 1979, S. 117ff.

[34] Humboldt, Über die Aufgabe des Geschichtsschreibers, S. 591; vgl. dazu auch Vierhaus, Geschichtsschreibung als Literatur, S. 427.

[35] Vgl. dazu oben S. 29, sowie W. Hardtwig, Geschichtsschreibung zwischen Alteuropa und moderner Welt. Jacob Burckhardt in seiner Zeit. Göttingen 1974, S. 201–272, 347–360, sowie ders., Kunst und Geschichte im Revolutionszeitalter, Historismus in der Kunst und der Historismusbegriff der Kunstwissenschaft. In: Archiv für Kulturgeschichte 61 (1979), S. 189ff.

missen. Die Geschichtswissenschaft und die geschichtswissenschaftliche Darstellung ist daher seit der Krise des Historismus geprägt von den miteinander verknüpften Tendenzen der Entmetaphysierung und der Entästhetisierung[36]. Beide Tendenzen prägen sich am markantesten bereits sehr früh, in der Historik Droysens, aus. Hier tritt an die Stelle der Geschichtsschreibung als Wirklichkeitsabbildung die Konzeption der Geschichtswissenschaft als »Arbeit«, und das heißt als Wirklichkeitsveränderung. In ihr verliert die Darstellung ihre Eigenständigkeit als »schöne Kunst« und wird zur Funktion der Forschung.

[36] Beiträge zu der unter dem Stichwort »Fiktionalisierung« geführten Diskussion über die ästhetische Dimension der Geschichtsschreibung v. a.: K.-H. Stierle, Erfahrung und narrative Form. Bemerkungen zu ihrem Zusammenhang in Fiktion und Historiographie. In: Kocka, Nipperdey (Hg.), Theorie und Erzählung in der Geschichte, S. 85, sowie die Beiträge von H. R. Jauss, D. Harth, H. U. Gumbrecht und J. Rüsen in: Koselleck, Lutz, Rüsen (Hg.), Formen der Geschichtsschreibung. München 1982.

4. Von Preußens Aufgabe in Deutschland zu Deutschlands Aufgabe in der Welt

Liberalismus und borussianisches Geschichtsbild zwischen Revolution und Imperialismus

I.

Als der Mainzer Bischof Wilhelm Emmanuel von Ketteler 1867 nach der Niederlage Österreichs bei Königgrätz in die publizistische Auseinandersetzung um die Einigung Deutschlands eingriff, gab er eine Definition des Begriffs »Borussianismus«, die bei aller polemischen Schärfe doch zugleich wesentliche Strukturmerkmale und die weltpolitische Dimension dieser Form des historisch-politischen Denkens deutlich machte: »Unter Borussianismus verstehen wir ... eine fixe Idee über den Beruf Preußens, eine unklare Vorstellung einer Preußen gestellten Weltaufgabe, verbunden mit der Überzeugung, daß dieser Beruf und diese Aufgabe eine absolut notwendige sei, die sich mit derselben Notwendigkeit erfüllen müsse, wie der losgelöste Fels herabrollt, und daß es daher unstatthaft sei, diesem Weltberufe sich im Namen des Rechts und der Geschichte entgegenzustellen.«[1]

Ketteler charakterisiert als »Borussianismus« nicht so sehr eine wissenschaftliche Theorie, als vielmehr einen Komplex von Überzeugungen über Traditionen und Handlungsmaximen preußischer Politik mit unmittelbar praktisch-politischem Anspruch. Wenn aber dieser Ideenkomplex in den Jahren der Reichsgründung auch in der politischen Publizistik in der Form tagespolitischer Schriften hervortrat, so hat er doch seinen Ursprung und seine stringente Ausformulierung zuerst in der eigentlichen Geschichtswissenschaft gefunden.

Die politische Ideologie des Borussianismus ist ein Produkt jener Geschichtsschreibung, die wir nach verbreitetem Sprachgebrauch »Historismus« nennen. Wenn im folgenden kurz skizziert werden soll, was »Historismus« eigentlich meint, so steht eine solche Klärung nicht außerhalb des Zusammenhangs

[1] W.E. v. Ketteler, Deutschland nach dem Krieg von 1866 (Mainz 1867). In: K.-G. Faber, Die nationalpolitische Publizistik Deutschlands von 1866 bis 1871. 2 Bde, Düsseldorf 1963 (im folgenden zit. N.P.), Nr. 45, S. 32–35; vgl. dazu auch K.-G. Faber, Realpolitik als Ideologie. Die Bedeutung des Jahres 1866 für das politische Denken in Deutschland. In: Historische Zeitschrift 203 (1966), S. 8.

von wissenschaftlicher Historie, historisch-politischem Denken der national-politischen Publizistik, politischen Handlungszielen und öffentlicher Meinung, der hier thematisiert werden soll, sondern zielt mitten in diesen Zusammenhang hinein. Die historiographisch-wissenschaftstheoretische Historismusforschung ist sich, wenn auch mit verschiedener Akzentuierung, weitgehend darin einig, daß historistisches Denken nicht nur in der Anwendung eines bestimmten innerwissenschaftlichen Regelkodex zur Ermittlung von Wahrheit über die Vergangenheit besteht, sondern daß es sich zu praktischen Lebensvollzügen in eine enge Beziehung setzt[2]. Eine Begriffsgeschichte des Wortes »Historismus« zeigt darüber hinaus, daß »Historismus« ursprünglich nicht die Wissenschaftspraxis wertfreier Anwendung historisch-kritischer Erkenntnismethoden meint. Die verbreitete Verwendung des Begriffs seit der Mitte des 19. Jahrhunderts steht vielmehr im Kontext der Frage nach den spezifisch zeitgenössischen Aufgaben von Philosophie und Wissenschaft[3] – Aufgaben, die nicht nur im Bereich der Theorie, sondern auch in dem der Praxis liegen. Der Historismusbegriff tritt in positiver oder negativer Wertung auf, wo es um ein neuartiges, auf Empirie und Methodizität gegründetes Wissen geht, welches Naturgegebenheit oder Tradition als Geltungsgrund von theoretischen oder praktischen Normen, von Wahrheit und Ethik nicht mehr anerkennt, sondern jede Art von Norm auf ein kritisches, »vernünftiges« Wissen stellt. Es geht dabei immer um Legitimierungsprinzipien auch des praktischen Verhaltens.

[2] Vgl. dazu oben S. 27ff. H. Schnädelbach sieht im Sprachgebrauch von »Historismus« neben der Bedeutungskomponente der »historischen Information in rein kontemplativer Haltung« Historismus als »Denkform« auch für den Bereich der »Moral«. H. Schnädelbach, Geschichtsphilosophie nach Hegel. Die Probleme des Historismus. Freiburg i. Br. 1974, S. 20. Nipperdey definiert neben dem »Komplex der methodologisch-logischen Grundlage« den Historismus als »geistige Bewegung«; vgl. Th. Nipperdey, Historismus und Historismuskritik heute. In: ders., Gesellschaft, Kultur, Theorie. Göttingen 1976, S. 59f. Für Rüsen erhebt der Historismus den »Anspruch, aus den gewordenen Handlungsbedingungen der Gegenwart durch Aufdeckung ihrer kulturellen Genese ein allgemeines Sinnkriterium für politische Zwecksetzungen zu gewinnen«. Vgl. J. Rüsen, Probleme und Funktion der Historik. In: W. Oelmüller (Hg.), Wozu noch Geschichte? München 1977, S. 128.

[3] Zur Begriffsgeschichte von »Historismus« vgl. W. Hardtwig, Kunst und Geschichte im Revolutionszeitalter. Historismus in der Kunst und der Historismusbegriff der Kunstwissenschaft. In: Archiv für Kulturgeschichte 61 (1979); Fundstellen bei G. Scholz, ›Historismus‹. In: Historisches Wörterbuch der Philosophie. Hg. v. J. Ritter u. K.-F. Gründer. Bd. 3, Stuttgart 1974, Sp. 1141 bis 1147.

Diese These kann vielleicht am besten verdeutlicht werden aus der Position der Kritik am »Historismus«, welche für unser heutiges Begriffsverständnis maßgeblich geworden ist. Heinrich Rickert greift nur auf die eingeführten Bedeutungskomponenten des Wortes zurück, wenn er »Historismus« als Methode wissenschaftlicher Erkenntnis *und* als eine Methode beschreibt, die Geltung von Normen des praktischen Handelns zu begründen[4]. Rickert verbindet dann die Diagnose von der Herrschaft des Historismus als Erkenntnismethode mit der Diagnose des Normenverlusts oder der Normenkrise für gegenwärtiges Handeln *durch* diese Methode. Rickerts Historismusbegriff bezeichnet in negativer Wertung die Einsicht, daß am Ende des 19. Jahrhunderts das Instrument zur Auflösung und Verflüssigung überzeitlicher Wahrheitsannahmen und Handlungsprinzipien, das »historistische Geschichtsdenken«, selbst zur Macht geworden ist, zur Macht des Wissens über das Handeln und der Vergangenheit über die Gegenwart[5]. Rickert zielt auf die als handlungslähmend empfundene Wirkung eines historischen Denkens, das ursprünglich die Autonomie des Handelns gegenüber der Geschichte freilegen sollte und freilegte, schließlich aber, nach Rickerts Meinung, den Handlungswillen so abstumpfte, daß die Geschichte, jetzt nicht mehr als unmittelbar wirkende Tradition, aber als gewußte Geschichte, das Handeln beherrscht. Er kritisiert den Verlust von Spontaneität und originärer Produktion durch das omnipräsente Wissen über vergangene Kulturformen.

Rickert bringt damit paradigmatisch für den vorherrschenden Sprachgebrauch seit der Jahrhundertwende ein tiefes Ungenügen über die Form der Vermittlung von gegenwärtigem Handeln und Wissen über die Vergangenheit zum Ausdruck. Der Historismusbegriff wird zur Formel für das Unbehagen an der Geschichte, das kaum noch einen »Nutzen«, vor allem aber »Nachteile der Historie für das Leben« erkennen konnte[6]. Die seither topisch wiederholten Vorwürfe an den Historismus: der

[4] Vgl. H. Rickert, Probleme der Geschichtsphilosophie. 3. umgearb. Aufl., Heidelberg 1924, S. 129ff.

[5] »Der Historismus nämlich, der sich so positiv dünkt, erweist sich, sobald man ihn zu Ende denkt, als eine Form des Relativismus und Skeptizismus und kann, konsequent durchgeführt, wie jeder Relativismus nur zum vollständigen Nihilimus kommen, d.h. er muß sich selbst auflösen.« Ebd., S. 129.

[6] Friedrich Nietzsche, Vom Nutzen und Nachteil der Historie für das Leben. In: Fr. Nietzsche, Werke in 3 Bänden. Hg. v. K. Schlechta. Bd. 1, München 1966, S. 209.

Relativismusvorwurf und der Vorwurf der Lebensfeindlichkeit bestätigen aus der Position kritischer Ablehnung die Tatsache, daß historische Kategorien, daß Geschichtsbilder für das politische Handeln im Kaiserreich maßgeblich geworden sind – zumindest nach der Meinung der Historismus-Kritiker. Der Vorbehalt, daß unter dem Mantel historischer Argumente und Begründungen sich ganz andere Motive und Ziele verbergen könnten, wurde damals jedoch kaum gemacht – außer von Nietzsche bereits 1874 in seiner zutreffend so genannten ›Unzeitgemäßen Betrachtung‹[7]: das historische Wissen bleibe »innen«-unvermittelt und gleichgültig für das tatsächliche Handeln; dieses werde, indem es sich um die Kultur der geschichtlichen Welt nicht kümmere, barbarisch, während das angesammelte historische Wissen faktisch dem bloßen Selbstgenuß des gebildeten Individuums diene[8]. Ist damit die Problematik der Wirkungsgeschichte, der beliebigen Anwendbarkeit, der Brauchbarkeit und Mißbrauchbarkeit von Geschichtsbildern und -konzeptionen wie des »Borussianismus« angedeutet, so muß uns zunächst noch die Frage nach der Entstehung und nach den Gründen ihrer Entstehung beschäftigen.

Die historistischen Historiker Ranke, Burckhardt, Droysen u.a., haben seit Niebuhr 1830 ihre eigene Epoche als »Revolutionszeitalter« beschrieben[9]. Die Erfahrungen des Revolutionszeitalters, des Kontinuitätsbruchs, des umfassenden politischen und sozialen Wandels, der »Reversibilität von allen und jedem«[10], bewirkten eine ganz neuartige Erfahrung der Differenz von Gegenwart und Vergangenheit. Diese Differenz zu überbrücken, Gegenwart und Vergangenheit wieder in einen sinn-

[7] Nietzsche, ebd.

[8] »Unsere moderne [i.e. die historische] Bildung ist eben deshalb nichts Lebendiges, weil sie ohne jenen Gegensatz [von innen und außen] sich gar nicht begreifen läßt, d.h.: Sie ist gar keine wirkliche Bildung, sondern nur eine Art Wissen um die Bildung, es bleibt in ihr bei dem Bildungsgedanken, bei dem Bildungsgefühl, es wird kein Bildungs-Entschluß daraus. Das dagegen, was wirklich Motiv ist und was als Tat sichtbar nach außen tritt, bedeutet dann oft nicht viel mehr als eine gleichgültige Fratze ...; so ist die ganze moderne Bildung wesentlich innerlich: auswendig hat der Buchbinder so etwas draufgedruckt wie ›Handbuch innerlicher Bildung für äußerliche Barbaren‹.« Ebd., S. 232f.

[9] Vgl. dazu Hardtwig, Geschichtsschreibung, S. 25–50; vgl. auch: Th. Schieder, Das Problem der Revolution im 19. Jahrhundert. In: Ders., Staat und Gesellschaft im Wandel unserer Zeit. Studien zur Geschichte des 19. und 20. Jahrhunderts. München 1958, S. 11–57.

[10] J. Burckhardt, Gesamtausgabe. Hg. v. E. Dürr, W. Kaegi u.a. Stuttgart 1929–1934, Bd. 7, S. 421.

vollen, einsehbaren Zusammenhang zu bringen, gelang mit Hilfe der spezifisch modernen Kategorie der Entwicklung und des »Fortschritts«. Der Fortschritt wird zu dem Denkmuster, das die Spannung zwischen Gegenwart und Vergangenheit als sinnvoll erkennen läßt und das Handeln der einzelnen in einen überpersonalen Geschehenszusammenhang integriert[11]. Die praktische Bedeutsamkeit dieses Denkmodells liegt auf der Hand. Eine Untersuchung über die Verfassung des neuen Deutschen Reiches aus dem Jahr 1872 artikulierte nur eine weitverbreitete Überzeugung, wenn sie feststellte, es komme darauf an, »den großen Gang der Geschichte zu erkennen, die entsprechende Zukunft zu wollen und bewußt daran zu arbeiten«[12]. Genauso, als reflektierende Vergegenwärtigung der Vergangenheit zum Zweck der Orientierung für Gegenwart und Zukunft, konzipierte Johann Gustav Droysen seine ›Geschichte der Preußischen Politik‹, das Hauptwerk des borussianischen Geschichtsbildes, das zwischen 1855 und 1886 in 14 Bänden erschien[13].

Die historiographiegeschichtliche Selbstreflexion der Historiker auf die Frage »wozu Geschichte« hat darüber hinaus wieder in Erinnerung gebracht, was den historistischen Historikern des 19. Jahrhunderts selbstverständliche Überzeugung war: daß die theoretischen Kategorien der Geschichtswissenschaft, wie z.B. Individualität, Entwicklung, Sittlichkeit, oder Begriffe wie Nation und Religion neben ihrer logischen Funktion in der Wissenschaft immer auch kulturelle Funktionen haben, daß sie nicht nur aus den Erkenntnis-, sondern auch aus den Selbstverständigungs- und Orientierungsbedürfnissen des Revolutionszeitalters heraus entwickelt wurden und ihren Stellenwert, ihre zentrale wissensorganisierende und -ordnende Stellung auch aus diesen Funktionen bezogen[14]. Die Geltungskriterien solcher

[11] Vgl. R. Koselleck, »Erfahrungsraum« und »Erwartungshorizont« – zwei historische Kategorien. In: U. Engelhardt, V. Sellin, H. Stuke (Hg.), Soziale Bewegung und politische Verfassung. Beiträge zur Geschichte der modernen Welt. Festschrift für W. Conze. Stuttgart 1976, hier bes. S. 26.

[12] J. v. Held, Die Verfassung des Deutschen Reiches vom staatsrechtlichen Standpunkt aus betrachtet. Ein Beitrag zu deren Kritik. Leipzig 1872, S. 189.

[13] Johann Gustav Droysen, Geschichte der preußischen Politik. 5 Teile in 14 Bdn. Leipzig 1855–1886 (im folgenden zit. GPP).

[14] Vgl. neben den Einzelstudien die Monographien: R. Vierhaus, Ranke und die soziale Welt. Münster 1957; J. Rüsen, Begriffene Geschichte, Genesis und Begründung der Geschichtstheorie J.G. Droysens. Paderborn 1969; W. Hardtwig, Geschichtsschreibung; V. Dotterweich, Heinrich von Sybel. Geschichts-

Begriffe und Theoreme sind in der Wissenschaft und in der gesellschaftlichen Selbstverständigung verschieden. Aber ihre Formulierung und der Rang, der ihnen bei der Erfassung und Erschließung der historischen Wirklichkeit zugewiesen wird, beruhen auf den gleichen Erklärungs- und Verständigungsbedürfnissen.

Aus diesen Bedürfnissen erklärt sich schließlich auch der Rang, welcher der Geschichte und ihrer Wissenschaft im Kommunikationszusammenhang der Gesellschaft selbst zugewiesen wurde. Die neue Valenz des historischen Denkens seit Beginn des Revolutionszeitalters, seine Anerkennung schließlich als die »allgemeine Wissenschaft« an Stelle von Theologie und Philosophie seit der Mitte des 19. Jahrhunderts verweist auf ein gesteigertes Verlangen, sich der eigenen Vergangenheit bewußt zu werden: »Die Geschichte ist das Bewußtsein und das Bewußtwerden der Menschheit über sich selbst«, heißt es bei Droysen[15]. Als Benennung für diesen Vorgang, sich über sich selbst bewußt zu werden, hat sich der Begriff der Identitätsbildung eingebürgt. »Identität – das ist die richtige Antwort auf die Frage, wer wir sind.«[16] Daß diese Antwort in verstärkter Weise auf dem Wege über die Geschichte gesucht wurde, setzt voraus, daß, wie es vor allem im Liberalismus geschah, dem Hinweis auf die Institutionen, in die der einzelne eingebettet ist, keine zeitgemäße Antwort auf die Frage, wer wir eigentlich sind, mehr zugetraut wurde. Das Handeln des einzelnen geht in den traditionellen Wertvorstellungen und Handlungsnormen des

wissenschaft in politischer Absicht (1817–1861). Göttingen 1978; vgl. auch die Beiträge über Ranke, Droysen, Burckhardt, Dahlmann, Sybel, Gervinus, Treitschke, in: H.-U. Wehler (Hg.), Deutsche Historiker. Göttingen 1973; grundlegend zur Ausbildung neuzeitlicher Geschichtstheorie: R. Koselleck, Historia magistra vitae. Über die Auflösung des Topos im Horizont neuzeitlich bewegter Geschichte. In: Natur und Geschichte, Festschrift für K. Löwith. Stuttgart 1967, S. 195–219; ders., Wozu noch Historie? In: Historische Zeitschrift 212 (1971), S. 1–18, wieder in: W. Hardtwig (Hg.), Über das Studium der Geschichte. München 1990, S. 347ff.; H. Günther, R. Koselleck, ›Geschichte‹. In: Geschichtliche Grundbegriffe, Bd. 2, S. 625–715; zur Verfassungshistorie: E.-W. Böckenförde, Zeitgebundenes Denken in der deutschen verfassungsgeschichtlichen Forschung des 19. Jahrhunderts. Berlin 1960; zum Liberalismus: M. Neumüller, Liberalismus und Revolution. Das Problem der Revolution in der deutschen liberalen Geschichtsschreibung des 19. Jahrhunderts. Düsseldorf 1973.

[15] J. G. Droysen, Historik. Vorlesungen über Enzyklopädie und Methodologie der Geschichte. Hg. v. R. Hübner. 5. unv. Aufl., Darmstadt 1967, S. 357.

[16] H. Lübbe, Wer kann sich historische Aufklärung leisten? In: W. Oelmüller (Hg.), Wozu noch Geschichte? München 1977, S. 311.

ganzen Hauses, der Zunft, der Kirchengemeinde usw. nicht mehr auf. Die Erzählung einer historiographischen Geschichte will daher nicht mehr primär überzeitliche und allgemeine Wahrheit präsentieren, sondern sie erzählt die Änderung, die Ausbildung und Umbildung von Personen und Institutionen um ihrer selbst willen. Die neue Valenz des Historischen im Revolutionszeitalter ergibt sich aus dem Zerfall der institutionellen Identität im permanent gewordenen sozialen Wandel. Gegenüber der Erfahrung omnipräsenter Wandelbarkeit der Zustände wird die Präsentation von Verlaufsprozessen selbst zum entscheidenden Element der Identitätssicherung. Die Geschichte, welche die institutionelle Identität zerstört, bildet Identität neu durch die Erzählung von Geschichten unter den leitenden Gesichtspunkten von Individualität, Entwicklung, Moralität. Ließe sich nun einwenden, daß der Begriff der Identität vom Individuum auf Kollektive nicht ohne weiteres übertragbar sei, so hat doch die historistische Geschichtsschreibung diese Übertragung selbst ausdrücklich vorgenommen, indem sie »Volk«, »Nation«, »Staat« nach Analogie des Individuums aufgefaßt hat. Begriffe wie »Volksgeist«, »Volkspersönlichkeit«, die Anwendung organologischer Denkmodelle und Begrifflichkeit, das Reden von der Jugend, der Reife, dem Alter, dem Werden von Nationen und Staaten sind nur aus dieser Übertragung zu verstehen[17].

Daß die liberale Geschichtstheorie die Aufgabe kollektiver Identitätsbildung für die Geschichtsschreibung nicht nur implizit, sondern expressis verbis in Anspruch genommen hat, macht z.B. Karl Theodor Welcker deutlich: Der Historiker solle »die Menschen, die, obwohl durch Zeit, Ort und Verhältnis getrennt, doch nur eines Geschlechtes sind, zu Einer Gesellschaft vereinigen«[18]. *Wie* solche Identitätsbildung konkret vor sich geht, soll im Hinblick auf die borussianische Geschichtsschreibung noch mit zwei Überlegungen erläutert werden. E. Erikson

[17] Vorbehalte gegen die identitätssichernde Funktion von Geschichtsschreibung macht J. Kocka geltend: J. Kocka, Gesellschaftliche Funktionen der Geschichtswissenschaft. In: Oelmüller (Hg.), Wozu noch Geschichte?, S. 30f.; sie scheinen mir insofern nicht ganz gerechtfertigt, als Kocka einen eo ipso bestehenden Widerspruch von Identitätspräsentation und kritischem Verhalten zu unterstellen geneigt ist. Er ergibt sich nicht notwendig aus der identitätssichernden Funktion, trifft allerdings für die borussianische Geschichtsschreibung in hohem Maße zu.

[18] K. Th. Welcker, Universal- und die juristisch-politische Enzyklopädie und Methodologie. Stuttgart 1829, S. 297.

stellt den Zusammenhang zwischen familiär geprägter Ich-Bildung und der Identitätsbildung der Großgruppe der Gesellschaft über den Begriff des »sozialen Leitbilds« her[19]. Die Identitätsbildung der einzelnen erweist sich als angewiesen auf außerfamiliäre Leitbilder. Über gemeinsame Leitbilder in einer Gesellschaft werden gemeinsame Vorstellungen darüber gebildet, was gut und böse, nachahmenswert oder verwerflich sei. Als zentrales Element von Identität definiert Erikson daneben die Gewinnung einer Rollengewißheit beim heranwachsenden Menschen. Da es unmöglich sei, sich in jedem Augenblick neu rational und unter Abwägung aller relevanten Gesichtspunkte zu entscheiden, werde die Aktivität des einzelnen erst dann stetig, konsequent und selbstsicher, wenn sich ein stabiles Bewußtsein der eigenen Aufgaben und ihrer Funktion in der Gesellschaft gebildet habe. Auch diese Rollengewißheit stellt sich nicht zuletzt über die Geltung und überpersonale Anerkennung sozialer Leitbilder her. Wird solchermaßen festgelegt, »was in dieser Welt wirklich zählt«[20], so ist die Wahl, Beschreibung und Durchsetzung historischer Persönlichkeiten als überpersonaler, für eine große Gruppe, vielleicht eine ganze Nation gültiger Leitbilder ein zentraler Vorgang bei der Herausbildung der kollektiven Identität. Charakter, Ziele, Methoden, Leistungen solcher Persönlichkeiten erhalten wert- und verhaltensnormierende Funktion für die politische und soziale Gemeinschaft. In der Entstehungsphase des Historismus hat Wilhelm v. Humboldt diese kulturelle und gesellschaftlich-integrative Funktion der Historie beschrieben. Humboldt verbindet die Identitätssicherung mit der neuen Bezugsgröße »Nation«, geht von der Analogie Person–Nation aus und charakterisiert somit »Nation« selbst als Individualität; über den Entwicklungsgedanken stellt er die Verbindung von gegenwärtigem Zustand und Vergangenheit her und erklärt die Gegenwart zum Resultat der Entwicklung: »Das Studium einer Nation gewährt schlechterdings alle diejenigen Vortheile, welche die Geschichte überhaupt darbietet, indem dieselbe *durch Beispiele von Handlungen und Begebenheiten die Menschenkenntnis erweitert, die Beurtheilungskraft schärft, den Charakter erhöht und verbessert;* aber es thut noch mehr. Indem es nicht sowohl dem Faden auf einander folgender Begebenheiten nachspürt, als vielmehr den Zustand

[19] Vgl. E. Erikson, Identität und Lebenszyklus. Frankfurt a.M. 1966, hier bes. der Aufsatz: Gruppenidentität und Ich-Identität, S. 15 sowie 22ff.
[20] Ebd., S. 24.

und die gänzliche Lage der Nation zu erforschen versucht, liefert es gleichsam eine *Biographie* derselben.«[21]

Der Borussianismus kann als eine Form der Geschichtsschreibung betrachtet werden, welche die gesellschaftlich-integrative Funktion bis zu der Gefahr hin ernstgenommen hat, die Prinzipien autonomer wissenschaftlicher Wahrheitsfindung zu verlassen und das Interesse am politischen Nutzen über das Interesse an der Wahrheit zu stellen[22].

II.

Droysen hat wesentliche Elemente seiner borussianischen Konzeption von der deutschen Aufgabe Preußens bereits im Vormärz konzipiert, doch entwickelte er den Plan für eine »histoire de la diplomatie prussienne« erst nach dem Scheitern der Einigungs- und Freiheitsbewegung von 1848/49[23]. Aus der Erfahrung der mißlungenen Revolution und der scharfen Kritik an der deutschen und überhaupt auswärtigen Politik Berlins zu Beginn der fünfziger Jahre entstand im Sommer 1852 die Absicht, in einer groß angelegten Arbeit ein für allemal klarzustellen, welches die leitenden Grundsätze der preußischen Politik zu sein hätten. »Nichts scheint mir beklagenswerter als der Mangel an Einsicht und Kontinuität der Einsicht in die durch die Natur und Geschichte dieses Staates bedingten auswärtigen Verhältnisse. Faßt man die Aufgabe hoch genug, so ist die Ge-

[21] W. v. Humboldt, Über das Studium des Altertums und des griechischen insbesondere (1793). In: Ders., Werke. Hg. v. Andreas Flitner, Klaus Giel. Bd. 2, Darmstadt 1961, S. 1–24, hier: S. 2 (Hervorhebungen W. H.).

[22] Zum Borussianismus vgl. G. Iggers, Deutsche Geschichtswissenschaft. Eine Kritik der traditionellen Geschichtsauffassung von Herder bis zur Gegenwart. München 1971, S. 86ff.; neben seiner Droysen-Monographie: J. Rüsen, Politisches Denken und Geschichtswissenschaft bei J. G. Droysen. In: Politische Ideologien und nationalstaatliche Ordnung. Studien zur Geschichte des 19. und 20. Jahrhunderts. Festschrift Th. Schieder. München 1968, S. 171ff.; G. Birtsch, Die Nation als sittliche Idee. Der Nationalstaatsbegriff in Geschichtsschreibung und politischer Gedankenwelt J. G. Droysens. Köln 1964, bes. S. 242–248; A. Lees, Revolution and reflection. Intellectual change in Germany during the 1850ies. Den Haag 1974; G. List, Historische Theorie und nationale Geschichte zwischen Frühliberalismus und Reichsgründung. In: B. Faulenbach (Hg.), Geschichtswissenschaft in Deutschland. München 1974, S. 35ff.

[23] Johann Gustav Droysen, Briefwechsel. Hg. v. R. Hübner. 2 Bde, Stuttgart 1929, Bd. 2 (im folgenden zit. Briefwechsel), S. 126f.

schichte der auswärtigen Beziehungen Preußens die einzige, aber auch beste Instruktion für den praktischen Gebrauch«.[24] In direkter Wendung gegen Rankes »nur historiographischen« Standpunkt bejaht Droysen nicht nur die politisch bewußtseinsbildende Funktion der Geschichtswissenschaft, die auch Ranke anerkannt hätte, sondern stellt sie ausdrücklich in den Dienst einer praktisch-politischen Aufgabe: Handlungsmaximen für die auswärtige Politik zu erarbeiten[25].

Droysen faßte seine Aufgabe zunächst rein zeitgeschichtlich. Anfang 1853 entwickelte er den Plan einer ›Preußischen Politik von 1786–1840‹. Schon Ende desselben Jahres aber spannte er den Bogen seines Interesses zurück bis ins 15. Jahrhundert. Tatsächlich liegt dann in den Bänden 1 und 2 ein erster Versuch vor, das deutsche Spätmittelalter in universaler Sicht zu erfassen. Band 1: ›Die Gründung‹ umfaßt den Zeitraum vom Ausgang der Staufer bis zur Kaiserwahl von 1440; Band 2: ›Die territoriale Zeit‹ führt in einer ersten Abteilung die Darstellung bis zur Königswahl Maximilians I. weiter. Die beiden Bände, zusammen an die 820 Seiten stark, könnten, für sich genommen, ›Geschichte des deutschen Spätmittelalters‹ heißen, vielleicht mit dem Zusatz: »unter besonderer Berücksichtigung der Mark Brandenburg«. Die Geschichte der Marken – oder auch der Zollern – tritt jedoch hinter der Schilderung der allgemeinen Reichsgeschichte weit zurück. Droysen beginnt zwar die eigentliche Darstellung mit einem Abschnitt über ›Die Mark Brandenburg‹, welchem die Darstellung der Frühgeschichte der Hohenzollern folgt: ›Die Burggrafen von Nürnberg und das Reich‹, doch stellt er der Geschichte der Mark und der Zollern die Erinnerung an die ›Hohenstaufenzeit‹ voran, »den Gipfel unserer Geschichte«[26]. Im Rückgriff auf die Stauferzeit enthüllt sich die leitende Idee der ›Geschichte der Preußischen Politik‹: Einheit und nationale Macht einerseits, eine bestimmte Konzeption von Herrschaft und Staatlichkeit, von »wahrer Obrigkeit« andererseits. Droysen gibt sich von Anfang an als Historiker nicht des preußischen Partikularismus, sondern als Historiker der deutschen Einheitsbewegung zu erkennen; er geht von einer ursprünglichen Einheit aus; er würdigt die »Idee« des hochmittelalterlichen Kaisertums und bejaht sie; allerdings ha-

[24] Briefwechsel 2, S. 126f.
[25] Briefwechsel 2, S. 169.
[26] GPP I, S. 12; vgl. auch Briefwechsel 2, S. 131; zur deutschen Hochmittelalterforschung zu Beginn des 19. Jahrhunderts vgl. unten S. 227ff.

be sich die Wirklichkeit bald von der Idee entfernt. Aber auch nach dem Ende der Staufer habe eine Reichspartei den ghibellinischen Reichsgedanken gegen alle Widerstände aufrechtzuerhalten gesucht und ihn punktuell auch immer wieder zur Geltung gebracht.

Droysens speziell »borussianische« Geschichtskonstruktion setzt dort ein, wo er das Postulat politischer Einheit und nationaler Macht, legitimiert durch die Erinnerung an die Staufer und die Forderung nach »sittlicher« Herrschaft, wie sie im ghibellinischen Reichsgedanken erhalten geblieben sei, mit der Behauptung verknüpft, daß beide Traditionen gerade von den Hohenzollern aufgegriffen worden und gegen den Widerstand partikularistisch interessierter Landesherren und des habsburgischen Kaisertums aufrechterhalten worden seien. Droysen betont immer wieder die Reichstreue der Zollern. Nach seiner Darstellung ist jedoch der einsame Kampf der reichs- und pflichtbewußten Zollern um Reichseinheit und moralische Herrschaftslegitimität zum Scheitern verurteilt. Moralische Korrumpiertheit und mangelnde Einsicht in die Regeln und Verpflichtungen von Herrschaft bei den Reichsfürsten, ein zugleich moralisches und intellektuelles Versagen führen dazu, daß seit Sigismund und dem Konstanzer Konzil die Reichsgewalt verfällt und sich in Privilegien und partikularen Herrschaftsrechten auflöst. Die Wahl des Habsburger Königs Friedrich III. 1440 habe einen Zustand sanktioniert, »für den nur das sprach, daß er sich mit der Zähigkeit aller kleinen und besonderen Interessen gegen die Ehre und das Wohl des Ganzen, gegen das Recht des Reiches und das Wesen des Reichsstaates durchgesetzt und behauptet« habe[27]. Damit war es nach Droysens Ansicht sinnlos geworden, Reichspolitik zu treiben. Droysen bejaht jetzt die Politik des dynastischen und territorialstaatlichen Egoismus, die er zuvor im Hinblick auf die Reichsgewalt so scharf kritisiert hatte. Nunmehr habe auch für die Zollern die Notwendigkeit landesherrlicher Machtpolitik nach innen und außen bestanden. Im Kampf der Landesherren gegen die Stände bezieht Droysen eindeutig Partei gegen die Stände. Da sie nicht willens gewesen seien, das Wohl des Ganzen zu berücksichtigen, billigt Droysen den Fürsten das Recht zu, den ständischen Widerstand mit Gewalt zu brechen[28]. Auch unter dem Vorzei-

[27] GPP I, S. 453, sowie S. 455–466.
[28] GPP I, S. 452–457; sowie I, S. 66f.; II/1, S. 283, 350f.; II/2, 8ff., 12.

chen des von dem Liberalen Droysen scharf kritisierten Absolutismus sei jedoch Preußen seiner Aufgabe treu geblieben: »Preußen umfaßt nur Bruchteile deutschen Volkes und Landes. Aber zum Wesen und Bestandteil dieses Staates gehört jener Beruf für das Ganze, dessen er fort und fort weitere Teile sich angegliedert hat. In diesem Beruf hat es seine Stärke. Es würde aufhören notwendig zu sein, wenn es ihn vergessen könnte; wenn es ihn vergaß, war es schwach, verfallend, mehr als einmal dem Untergang nahe.«[29] So steht auch die partikularstaatlich-preußische Ausbildung des territorialen Flächenstaates unter dem Großen Kurfürsten und seinen Nachfolgern immer unter dem Vorzeichen deutscher Einigungspolitik. Die Politik von Preußens innerem König, Friedrich Wilhelm I., nimmt demgemäß das »preußische und zugleich deutsche Interesse« wahr, und der »gute Deutsche«[30] Friedrich der Große weckt einen »neuen nationalen Geist«. Der Kampf gegen Kaiser und Papst ist immer schon identisch mit deutscher Politik, denn er ermöglicht Preußen, »tief und tiefer in Deutschland hineinzuwachsen«[31]. Und auch der Gedanke der »wahren Obrigkeit« hat selbst in der Phase absolutistischer Monopolisierung der Gewalt durch den Landesherrn seine durchgehende Tradition im Machtstaat Preußen. Denn er schafft die »Formen« und »Organe«, um »alle Kreise und Schichten des Volkslebens unmittelbar zu fassen und umbildend zu durchdringen«[32].

In Droysens ›Geschichte der preußischen Politik‹ schlagen sich somit die zwei zentralen Motive des Liberalismus nieder: die Forderungen nach nationaler Einheit und nach mehr Freiheit. Droysens spezifisch borussianische Konzeption besteht in der Behauptung, daß beide Forderungen nur vom peußischen Staat verwirklicht werden konnten und daß die preußische Politik immer schon, bewußt oder unbewußt, der Schrittmacher zu diesem geschichtlichen Fortschritt gewesen sei. Im Hinblick auf die historische Wirkung und die politischen Folgen des borussianischen Geschichtsbilds in der Reichsgründungsära und danach sollen nunmehr vier Problemkomplexe innerhalb des borussianischen Denkens näher beleuchtet werden, nämlich

[29] GPP I, S. 4.

[30] GPP IV/2, S. 125, 170f.; V/1, S. 151.

[31] GPP I, S. 457; zum Zusammenhang vgl. G. Birtsch, Die Nation als sittliche Idee. Der Nationalstaatsbegriff in Geschichtsschreibung und politischer Gedankenwelt Joh. G. Droysens. Köln 1964, S. 242–248.

[32] GPP V/3, S. 7f.

1. Die Frage nach der Priorität von Freiheit oder Einheit oder, allgemeiner, dem Verhältnis des Borussianismus zur Macht und zum Machtstaat;

2. der Entwicklungsgedanke, die teleologische Denkstruktur und das neue Gewicht der Außenpolitik;

3. die Säkularisierung des Sakralen und die Sakralisierung von Politik und Ökonomie;

4. die weltpolitische Dimension des Borussianismus: der Übergang von Preußens Aufgabe in Deutschland zu Deutschlands Aufgabe in der Welt.

III.

Das Machtstaatsproblem

Für die kritische Würdigung des borussianischen Geschichtsdenkens und seiner Auswirkungen in der Reichsgründungszeit wie auch im Kaiserreich ist es unerläßlich, seine Entstehungsgeschichte im Auge zu behalten. Denn alle für das politische Bewußtsein und die Geschichte des National-Liberalismus zentralen Probleme, die Entscheidung für Einheit statt Freiheit, die verfassungsrechtliche Stellung des Parlaments gegenüber dem Monarchen und seiner Regierung, die Beurteilung der Hohenzollerndynastie, das Problem des Machtstaats, erschließen sich nur aus der Tradition liberaler Staats- und Gesellschaftstheorie und ihrer politischen Geschichte zwischen Vormärz und Reichsgründung. Beachtet man z.B. gleichermaßen die Kontinuität *und* die Akzentverschiebungen in den Anschauungen Droysens über die grundlegenden Fragen von Einheit, Freiheit, Macht, so löst sich der sogenannte »Sündenfall« des Liberalismus von 1866 mehr oder weniger in ein differenziertes Wechselspiel von Theorievorgaben aus dem Vormärz, politischen Ereignissen wie die Erfahrung der Revolution, der Reaktion, des Verfassungskonflikts und Theorie-Revisionen infolge dieser Erfahrungen auf. Mit W. Bußmann muß man die Wendung des gemäßigten Liberalismus zu Bismarck und zu den militärisch-machtstaatlichen Traditionen Preußens als »Ergebnis einer lange vorbereiteten Entwicklung bezeichnen«[33], ohne allerdings

[33] W. Bußmann, Zur Geschichte des deutschen Liberalismus im 19. Jahrhundert. Zuerst in: Historische Zeitschrift 186 (1958), S. 527–557, gekürzt wieder in: H. Böhme (Hg.), Probleme der Reichsgründungszeit 1848–1879. 2. Aufl. Köln

die bei Bußmann implizierte positive Wertung des Ergebnisses als »sinnvoll« ohne weiteres zu übernehmen.

Gegenüber der nachrevolutionären ›Geschichte der preußischen Politik‹ tritt z.B. in den vormärzlichen ›Vorlesungen über die Freiheitskriege‹[34] die Absolutismuskritik zwar wesentlich schärfer hervor, gleichwohl erscheint bereits hier die absolutistische Ausbildung der Fürstensouveränität als notwendiges Übergangsstadium auf dem Wege zur geforderten Souveränität des Staates – ebenso notwendig wie die entsprechende konträre Verirrung: die Volkssouveränität in der Französischen Revolution. Der entscheidende Schritt, der in den preußischen Reformen getan worden sei, liegt für Droysen in der Anbahnung liberaler Freiheitsrechte, in der Beteiligung des Bürgers an den staatlichen Funktionen durch die Selbstverwaltung und schließlich in der Verselbständigung des Staates gegenüber der absolutistischen Gesetzlosigkeit des Herrschers. Als notwendige Fortführung der Reformansätze fordert Droysen die Verfassung, um die Staatsgewalt gegen die Gefahren der Willkür bei ihrer Ausübung zu sichern – er fordert sie allerdings nicht, um die Macht des Staates insgesamt zu vermindern. Droysen wendet sich gegen die vor allem im südwestdeutschen Liberalismus verbreitete naturrechtliche Lehre vom Gesellschaftsvertrag und ihre Konsequenz: die Begründung des Staates auf einen Vertrag isolierter Individuen[35]. Wie dem sogenannten »organischen« Liberalismus insgesamt erscheint ihm der Staat als uranfänglich mit der Sozialnatur des Menschen gegeben. Der einzelne übernimmt im Staat die Stellung eines freien und selbstbestimmten Bürgers, aber er kann seine Freiheit und Selbstbestimmtheit auch nur im Staat verwirklichen. Die Forderung nach Schwächung der Staatsgewalt als solcher widerspräche daher dem Begriff des Bürgers selbst[36].

1972, S. 85–103; hier: S. 99f.; den Forschungsstand zum »Sündenfall«problem resümiert H. Seier, Liberalismus und Staat in Deutschland zwischen Revolution und Reichsgründung. In: W. Klötzer, R. Moldenhauer, D. Rebentisch (Hg.), Ideen und Strukturen der deutschen Revolution 1848. Frankfurt 1974, S. 69ff.; vgl. auch A. Dorpalen, Die Revolution von 1848 in der Geschichtsschreibung der DDR. In: Historische Zeitschrift 210 (1970), S. 324–368, bes. S. 334.

[34] Johann Georg Droysen, Vorlesungen über die Freiheitskriege. 2 Bde, Kiel 1846.

[35] Zu Recht wendet sich Seier, Liberalismus und Staat, S. 71, gegen die »häufig begegnende Gleichsetzung, die vom oft behandelten preußischen auf den schlechter bekannten deutschen Liberalismus schloß«.

[36] Als zusammenfassende Charakteristik nützlich: E.R. Huber, Deutsche Verfassungsgeschichte. Bd. 2, Stuttgart 1960, S. 371-390.

Diese »organische Staatstheorie« blieb nicht ohne Konsequenzen für die konkrete Politik des »gemäßigten« Liberalismus in der Revolutionsära 1847 bis 1849. Schon Anfang 1847 polemisierte Droysen gegen eine »gewisse Magerkeit und Knappheit« der radikaleren, wenngleich keineswegs demokratischen, stärker naturrechtlich orientierten liberalen Theorien, denen es vor allem auf rechtsstaatliche Garantien ankam[37].

Diese wünschte auch Droysen, aber weniger, um die staatliche Macht überhaupt einzuschränken und die Gewaltenteilung grundsätzlich zu sichern, als vielmehr, um die staatliche Macht auf das Handlungspotential freier Staatsbürger zu gründen und damit zu stärken. Droysen verlangt von der geforderten Verfassung »viel mehr als Garantien«, nämlich: daß sie »den Gegensatz von Fürst und Volk ... von sich stößt«[38]. Er zielt auf die Verbindung und Versöhnung der individuellen Handlungsimpulse des selbstbewußten Bürgers mit der einheitlichen Zentralgewalt. Zu diesen politisch-verfassungsrechtlichen Absichten steht die Forderung nach verfassungsrechtlicher Festlegung der Grundrechte des deutschen Volkes, an deren Ausarbeitung Droysen im Siebzehner-Ausschuß maßgeblich beteiligt war, keineswegs im Widerspruch. Denn Droysen ebenso wie seine Gesinnungsgenossen in der Casinopartei waren der Meinung, daß die verfassungsrechtliche Garantie bürgerlicher Beteiligung am politischen Leben die Aktivität, Energie und Moralität der Bürger der Staatsmacht zuführen mußten: Sie postulierten, wie W. Hock pointiert formuliert, das »Recht auf Pflicht weit mehr als das auf Freiheit und Solidarität«[39]. Als Droysen daher im Herbst 1848 seine Frankfurter Hoffnungen enttäuscht sah, war es nur folgerichtig, daß er die antirevolutionäre oktroyierte preußische Verfassung vom Dezember 1848 als wichtigen Schritt auf dem Wege der deutschen Nationalstaatsbildung begrüßte. Die deutsche Einheit konnte, so glaubte er, nunmehr

[37] Vgl. den Aufsatz ›Die preußische Verfassung‹ in: J. G. Droysen, Politische Schriften. Hg. v. F. Gilbert. München, Berlin 1933, S. 65–102.

[38] Zit. nach W. Hock, Liberales Denken im Zeitalter der Paulskirche. München 1957, S. 159.

[39] Ebd., S. 161; zudem hatten die Grundrechte großes einigungspolitisches Gewicht. Rudolf Stadelmann hat den verbreiteten Spott über »dieses politische Selbstbekenntnis deutscher Theoretiker« mit dem Argument zurückgewiesen, die Grundrechte des deutschen Volkes seien »als gewaltiger Gegenschlag gegen den deutschen Partikularismus« gemeint gewesen. R. Stadelmann, Soziale und politische Geschichte der Revolution von 1848. Neudruck Darmstadt 1962, S. 121.

nur noch durch die staatliche Politik Preußens herbeigeführt werden. Zu deren Stärkung erschien ihm eine Belebung der preußischen Innenpolitik unerläßlich. Im Juli 1849 schrieb er an Duncker: »Die allererste Pflicht ist, Preußen endlich konstitutionell einzufahren ... Damit identisch ist das andere, daß endlich einmal der rechte preußische Geist eine feste und imposante Macht auch parlamentarisch zeigt.«[40] Unmittelbar nach dem definitiven Scheitern der Paulskirche »tastete« sich der Liberalismus bei Droysen »wieder an die Macht heran«[41] – auf dem Boden des durch die oktroyierte Verfassung erneut von oben reformierten preußischen Staates. Wenn Th. Schieder allgemein feststellt, daß sich »nach dem Fiasko eines gesamtnationalen Parlaments« der Schwerpunkt der politischen Interessen wieder in die Einzelstaaten verlagert« habe, und ihre Liberalisierung »erneut als Vorbedingung für eine nationale Politik« erschienen sei, so verzichtet der 48er-»Revolutionär« Droysen lange vor Baumgartens Selbstkritik des Liberalismus auf die »schlimme Hilfe der Revolution«[42]. Aus der von den norddeutschen Liberalen im Vormärz festgehaltenen Traditionslinie der Reformära heraus bezieht Droysen im Juli 1849 eine ähnliche Position wie Heinrich von Sybel 1863, der mitten im Verfassungskonflikt die Ansicht vertrat, daß es keinerlei Diskrepanz gebe zwischen den wahren Traditionen der preußischen Monarchie und den liberalen Bestrebungen[43]. Er unterstellte dabei auch bereits, daß, wie Max Duncker 1861 formulierte, »die deutsche Frage eine Machtfrage« sei, und daß sie »ohne Machtentfaltung Preußens, ohne Beweise des nationalen Machtgebrauchs und Machterfolgs« nicht gelöst werden könne[44]. Für die spätere Geschichte des Nationalliberalismus und der borussianischen Geschichtskonzeption ist also vor allem festzuhalten, daß die Überzeu-

[40] Briefwechsel 1, S. 553.

[41] Seier, Liberalismus und Staat, S. 73.

[42] Th. Schieder, Staatensystem als Vormacht der Welt 1848–1918. Frankfurt a. M. 1977, S. 142; Hermann Baumgarten, Der deutsche Liberalismus. Eine Selbstkritik. Hg. u. eingel. v. A. E. Birke, Frankfurt a. M. 1974, S. 61.

[43] Über die Entwicklung der absoluten Monarchie in Preußen. In: Heinrich v. Sybel, Kleine historische Schriften. Bd. 1, 2. Aufl. 1869, S. 511 ff.; vgl. E. Fehrenbach, Die Reichsgründung in der deutschen Geschichtsschreibung. In: Th. Schieder, E. Deuerlein (Hg.), Reichsgründung 1870/71. Tatsachen, Kontroversen, Interpretationen. Stuttgart 1970, S. 259–290, hier: S. 263; vgl. dazu insgesamt: H. Seier, Die Staatsidee Heinrich von Sybels in den Wandlungen der Reichsgründungszeit 1862/71. Lübeck 1961.

[44] In: J. Heyderhoff (Hg.), Deutscher Liberalismus im Zeitalter Bismarcks. Eine politische Briefsammlung. Bd. 1, Bonn, Leipzig 1925, S. 71.

gung, nur Preußen könne die deutsche Einheit schaffen, schon jetzt an die preußische Staatspolitik geknüpft wird und daß dabei dem Parlament nach der Überzeugung Droysens vor allem die Rolle zufällt, diese Staatspolitik zu stärken und zu dynamisieren.

Die Macht erscheint dem organischen Liberalismus darüber hinaus schon von seinen theoretischen Grundlagen, die in der vormärzlichen Staatstheorie ausgearbeitet wurden, nicht als etwas »an sich Böses«, wie es in aufklärerischer Tradition etwa bei Schlosser noch heißen konnte. Dahlmann hat den für das deutsche Nationalstaatsbewußtsein typischen Zusammenhang von bürgerlicher Freiheit und nationaler Macht im September 1848 in einer vielzitierten Äußerung auf den Begriff gebracht: »Ihr dämpfet das Feuer der Anarchie in Deutschland ... nur auf dem Wege, daß ihr eine kraftvolle Einheit einsetzet, und durch diese Einheit die Bahn für die deutsche Volkskraft eröffnet, die zur Macht führt. Die Bahn der Macht ist die einzige, die den gährenden Freiheitstrieb befriedigen und sättigen wird, der sich bisher selbst nicht erkannt hat. Denn es ist nicht bloß die Freiheit, die er meint, es ist zur größeren Hälfte die Macht, die ihm bisher versagte, nach der es ihn gelüstet. Deutschland muß als solches endlich in die Reihe der politischen Großmächte des Erdteils eintreten. Das kann nur durch Preußen geschehen und weder Preußen kann ohne Deutschland, noch Deutschland ohne Preußen genesen ...«[45] Die Macht, welche die Liberalen Dahlmann und Droysen meinen, ist nicht der Gegenspieler von Freiheit, sondern ihr Ergebnis, ihr Ausdruck. Sie wurzelt in der Innerlichkeit, im Handlungs- und Wirkungsdrang des selbstbewußten Bürgers, wie er sich allerdings nach Meinung dieses National-Liberalismus nur im konstitutionell-monarchischen Bürgerstaat entwickeln konnte, denn nur dieser gibt dem Bürger die Möglichkeit, die Impulse seiner Subjektivität, seiner »Sittlichkeit« in politische Handlungen umzusetzen. Als Dahlmann diese Rechtfertigung und historisch-politische Begründung des Machtstaats vortrug, scheitert jedoch mit der Ablehnung der Reichsverfassung durch die Bundesstaaten und infolge der Ablehnung der Kaiserkrone durch Friedrich Wilhelm IV. gerade diese Konzeption des bürgerlich-sittlichen nationalen Machtstaates. Vielmehr wurde diese Staatskonzeption aufgrund

[45] Stenographischer Bericht über die Verhandlungen der deutschen constituierenden Nationalversammlung 1849. Bd. VII, 4821.

des Versuchs, sie auf revolutionärem Wege zu verwirklichen, von Friedrich Wilhelm IV. abgelehnt, und zwar nicht so sehr aus Gründen der Staats- und Machträson, sondern mit moralischen und traditionalistischen Argumenten. Friedrich Wilhelm gibt dabei nichts anderes wieder, als die verbreitete konservative Einstellung der traditionellen Machtelite in Preußen, des Adels in Bürokratie und Militär. Die von den Liberalen emphatisch bejahte Macht war nicht die institutionelle, traditional begründete Macht feudaler Herrschaftsstellung oder das Gewaltmonopol des absolutistisch-zentralistischen Staates. Die Bejahung des Machtsstaates bei den Liberalen beruht daher auf der Antizipation einer Verfassungsordnung und eines politischen Systems, das bis 1918 diesem Anspruch gegenüber immer verspätet blieb. Dahlmanns Freisetzung der Macht als legitimes, ja notwendiges Mittel und Ziel politischen Handelns antizipiert die verwirklichte Staatsbürgergesellschaft im Verfassungsstaat, in dem Staat und Gesellschaft insofern vereinigt sein sollten, als der Staat die sittlichen Handlungsimpulse des Bürgers verwirklicht[46]. Gemäß der frühliberalen Konzeption der bürgerlichen Gesellschaft soll die Moralität ihrer Mitglieder die Tugendhaftigkeit des staatlichen Handelns garantieren, sofern sie durch die Verfassung berechtigt sind, an den staatlichen Souveränitätsakten teilzunehmen. Diese Bejahung des Machtstaates wurde angesichts der retardierten verfassungsrechtlichen Entwicklung seit der nachrevolutionären Reaktion nicht revidiert. Sie orientierte sich vielmehr bei Droysen um zum bestehenden bürokratisch-militärischen Machtstaat Preußen. Dementsprechend macht in der nachrevolutionären ›Geschichte der preußischen Politik‹ die scharfe vormärzliche Absolutismuskritik einer stärkeren Anerkennung der zentralistischen »inneren Machtpolitik« der preußischen Kurfürsten Platz[47]. So wie für die Zeit des Großen Kurfürsten der Aufbau der Verwaltung untersucht wird im Hinblick auf die Ausbildung der zentralistischen Landesherr-

[46] Vgl. z.B. auch in der Debatte über die Versammlungsfreiheit und die Frage der Genehmigungspflicht von Versammlungen im Verfassungsausschuß die Argumentation Bassermanns: »Wir sind allzusehr von dem Wesen der alten Regierungen befangen, wir glauben immer noch Abwehren gegen die Willkührherrschaft schaffen zu müssen; für freisinnige Regierungen, wie deren fortan allein möglich sind, als Ausdruck des Gesamtwillens oder der Majorität, wird es stets erwünscht und notwendig sein, noch die Macht in Händen zu behalten, durch die allein die Freiheit vor der zügellosen Wuth des Augenblicks gesichert werden kann.« In: J.G. Droysen, Verhandlungen 1848, S. 21f.

[47] Vgl. z.B. GPP II, S. 385.

schaft, so stellt sich Preußen die Frage der Verfassung jetzt in der Form, was sie zum Aufbau eines deutschen Nationalstaates leistet[48]. 1870 spricht Droysen von der »neuen Machtgrundlage des Reiches«: dem »Nationalparlament«; es steht neben anderen »Machtgrundlagen«, nämlich »Wehrpflicht« und »unerhörten Siegen«[49]. Das Parlament steht primär im Dienst der nationalen Macht, nicht im Dienste bürgerlicher Freiheitsrechte und Mitbeteiligung an den staatlichen Hoheitsakten. Vor der einmal vorgenommenen Parallelisierung von Gegenwart und Vergangenheit, von Reichsgründungszeit und »Neugründung« des preußischen Staates durch den Großen Kurfürsten fallen die für die Gegenwart wesentlichen Akzente: »Gegen diese Notwendigkeit, stark genug zu Schutz und Trutz zu sein, erschien ihm vorerst jede andere Rücksicht untergeordnet.«[50] Zudem wird für Droysen nunmehr die politische Theorie, für den Liberalismus ursprünglich das einzig zulässige Fundament politischen Handelns überhaupt, unerheblich gegenüber der Wirklichkeit der »einzelnen Verhandlungen«, mit welcher der Große Kurfürst »seinen Staat« schafft[51]. Es ist deutlich, daß Droysen hier nicht nur vom Großen Kurfürst, sondern auch von Bismarck spricht. Das rein Faktische absolutistischer oder – bei Bismarck – quasi-absolutistischer Machtpolitik, der politische Wille einzelner Individuen, wird aufgewertet bis zu einem Punkt, wo er geradezu als Legitimitätsgrundlage des Staates und als Organisationsprinzip der europäischen Staatenordnung erscheint, in welcher der Große Kurfürst Preußen, Bismarck dem deutschen Machtstaat einen neuen Platz zuweist.

[48] Droysen folgt hier der von Faber für die Diskussionen der Paulskirche beschriebenen »besonderen Form der Argumentation mit historischen Fakten, ... der Konstruktion historischer Analogien, durch die räumlich und zeitlich weit entfernte Ereignisse oder Vorgänge« zueinander in Beziehung gesetzt werden. Vgl. K. G. Faber, Nationalität und Geschichte in der Frankfurter Nationalversammlung. In: W. Klötzer, R. Moldenhauer, D. Rebentisch (Hg.), Ideen und Strukturen, S. 113.

[49] Briefwechsel 2, S. 896; Droysen zieht praktisch eine direkte Kontinuitätslinie von den Verwaltungsreformen des Großen Kurfürsten bis zum verfassungspolitischen Quietismus des Nationalliberalismus im Kaiserreich durch; 1880 (Briefwechsel 2, S. 938) beschreibt er die These seiner Vorlesung ›Über Preußische Geschichte mit besonderer Berücksichtigung der Verfassung und Verwaltung‹: »Indem man auf die inneren Organisationen und Tätigkeiten dieses doch merkwürdig sorgsam auferbauten Staates eingeht, lehrt man besser Politik als mit dem ewigen Verfassungsdusel auf die Melodie Parlament oder Ideen von 1789.«

[50] GPP III/2, S. 370.

[51] GPP III/2, S. 369.

Entwicklungsgedanke, teleologische Denkstruktur und das neue Gewicht der Außenpolitik

Eine solche Aufwertung der Macht bleibt jedoch noch immer nicht voll erklärlich, wenn man sie nur auf die Ansätze machtstaatlichen Denkens in der politischen Theorie des vormärzlichen Liberalismus und auf die Konfrontation dieser Theorietraditionen mit der Staatsmacht Preußen in der Revolution und mit dem Machtpolitiker Bismarck in der Reichsgründungszeit zurückführt. Sie erschließt sich erst ganz, wenn man sich die teleologische Struktur des liberalen Entwicklungsgedankens vergegenwärtigt, wie sie wiederum in exemplarischer Form bei Droysen festgestellt werden kann. Es ist gezeigt worden, wie Droysen den Aufbau der preußischen partikularen Landesherrschaft auch und gerade dann rechtfertigt, wenn sie sich gegen die Struktur des Reiches, und damit an sich auch gegen die erstrebte nationale Einheit richtet. In der borussianischen Konzeption kommt die Funktionsfähigkeit der Verwaltung und die Stärke der Armee, die Leistungsfähigkeit Preußens überhaupt eben jenem Preußen zugute, das sich auf die Erfüllung seiner nationalen Aufgabe *vorbereitet*. Die an sich partikularistische Festigung der eigenen Staatlichkeit ist die Bedingung für die *spätere* Schaffung der deutschen Einheit. Das Entwicklungsschema des rechtsliberalen Hegelschülers Droysen weist insofern dieselbe Struktur auf wie das Entwicklungsschema des linkshegelianischen und des marxistischen Geschichtsdenkens[52]. Grundlegende Denkfiguren, wie sie an der marxistischen Interpretation der Reformation als frühbürgerlicher Revolution aufgezeigt worden sind[53], prägen auch das Droysensche Ablaufmodell der preußisch-deutschen Geschichte. So erlaubt die Kategorie der »Aufgabe«, bei Droysen der deutschen Aufgabe Preußens, die Bejahung partikularistischer Territorialstaatsbildung unter dem zukunftsorientierten Gesichtspunkt ihrer späteren Nutzung für die Einigung. Dazu gehört dann auch die Dialektik von »subjektiver« Absicht und »objektiver« Funktion. Hegelisch gesprochen: die subjektive Entfremdung des wahren Staatsgedankens in den absolutistischen Machtstaat des 17. und 18. Jahrhunderts bildet die objektive Voraussetzung

[52] Zum Verhältnis Droysens zu Hegel vgl. Rüsen, Begriffene Geschichte. S. 16–22.

[53] Th. Nipperdey, Die Reformation als Problem der marxistischen Geschichtswissenschaft. In: Ders., Reformation, Revolution, Utopie. Göttingen 1975, hier speziell S. 17f., 21ff.

für die Entstehung des nationalunitarischen deutschen Friedensstaates in Gegenwart und Zukunft.

Diese teleologische Denkstruktur hat für die praktische Politik und die aktuelle politische Meinungs- und Willensbildung borussianisch gesinnter Historiker gravierende Folgen. Sie verleiht absolute Gewißheit über die politischen Handlungsziele. Sie erlaubt aber auch die Integration aller auftretenden Widerstände in die als notwendig angenommene Entwicklung zu diesem Handlungsziel und fordert damit die Versöhnung aller Gegensätze. Und sie neutralisiert etwaige moralische und theoretische Widerstände gegenüber den Mitteln, mit denen das erstrebte und unbezweifelbare Ziel herbeigeführt wird. So treibt das in seiner Wünschbarkeit und Erreichbarkeit über alle Diskussion erhabene Ziel der nationalen Einheit den liberalen Beamten Droysen ebenso wie seine durchaus staatsloyalen Kollegen Dahlmann und Waitz, Duncker und Haym zur Teilnahme an der Revolution. Das politische Engagement erscheint dabei als direkte Konsequenz des Bürgersinns, wie er durch den preußischen Staat selbst – nach Ansicht Droysens – in den Reformen gefordert worden war. Nach ihrem subjektiven Empfinden wichen nicht die konstitutionellen Liberalen der Frankfurter Paulskirche vom Weg der »wahren Obrigkeit« ab, sondern sie gingen den vorgezeichneten, »notwendigen« Weg gegen den Widerstand einer wieder einmal »entsittlichten« Obrigkeit – wie Friedrich I. von Hohenzollern gegen den Widerstand der Reichsobrigkeit, wie die protestantischen Bürger in der Reformation gegen Feudalherren, Kaiser und Papst, wie der Große Kurfürst und seine Nachfolger gegen die Reichsgewalt, wie Yorck von Wartenburg 1813 gegen die konservativen Kräfte im preußischen Staat. In der Revolution kämpfte Droysen nach seiner Ansicht nicht *gegen* die preußische Regierung und den König, sondern *dafür,* daß diese ihre *wahre* Aufgabe erkennen und ergreifen sollten. Folgerichtig konnte sich die liberale Opposition auch nicht in revolutionäre Konfrontation zu den widerständigen Kräften des staatlichen Partikularismus und des feudalen Adels stellen, sondern hatte die »reformerische« oder »reformatorische« Versöhnung der Gegensätze zu suchen, während der Ära der Paulskirche ebenso wie in der Reichsgründungsära. Und da das Ziel gewiß war, daß nämlich der nationale Staat auch von einer »wahren Obrigkeit« regiert werden würde, da jeder Entwicklungsschritt der Geschichte schließlich ein Fort-Schritt zur Verwirklichung der Freiheit war, konnte auch der verstärkte Rekurs auf die Macht und den Einsatz von Machtmitteln, wie er sich in der Revolution als notwendig erwiesen hatte, schließlich nur diesem Ziel, der wahren Staatlichkeit, dienen.

Die Macht selbst war in diesem Entwicklungsschema nichts Statisches, in seinem Wesen Gleichbleibendes, sondern sie änderte ihren Charakter im Zuge der universalen Freiheitsgeschichte. Jeder Schritt, den der Staat zur Verwirklichung bürgerlicher Freiheit und Selbstbestimmtheit tat, änderte auch das Wesen der Macht von der bloßen Verfügungsgewalt institutionell legitimierter Machthaber zur Funktion bürgerlicher Freiheit[54]. Für Droysen resultiert die Ausübung monopolisierter Macht im Absolutismus aus einem falschen, aber auch notwendig überholbaren Staatsverständnis. Daher verwirft Droysen auch nicht die Rivalität der Mächte im europäischen Staatensystem, vielmehr erscheinen Diplomatie und Kabinettskrieg als adäquater Ausdruck der Staatsidee auf ihrem vergangenen Entwicklungsstand. Das relationale Verständnis von Macht und Staat schließt ein, daß absolutistische Machtausübung so lange ihr historisches Recht hat, als das Staatsverständnis dem Absolutismus verhaftet bleibt. Seit der Septemberkrise der Paulskirche anläßlich der Schleswig-Holstein-Frage, in der sich wie in einem Brennspiegel die Interessen der europäischen Mächte konzentrierten, überzeugte sich Droysen davon, daß die Staaten Europas einschließlich Preußens noch weit von der Verwirklichung der »wahren« Staatsidee entfernt waren. Machtanwendung im Sinne des Kräftespiels der europäischen Mächte erschien ihm seither wieder als plausibel und legitim. Droysens Wandlung in der Revolutionszeit besteht vor allem darin, daß er nunmehr über das zunächst von den außenpolitischen Gegebenheiten weitgehend abstrahierende, auf die Frage von Herrschaftslegitimierung und innerer Staatsverfassung konzentrierte Staatsdenken des vormärzlichen Liberalismus hinausgeht und die Bedeutung der Außenpolitik auch für die innere Beschaffen-

[54] Vgl. Historik, S. 259: »... in niedrigen Entwicklungsstufen hat der Staat wenig oder nichts als das Attribut der Gewalt und Willkür. Aber sein Fortschreiten ist, daß er das Wesen der Macht tiefer, wahrer, sittlicher zu fassen lernt, daß er endlich in dem freien Willen der Menschen, in ihrer Freiheit, Hingebung und Begeisterung, in der höchsten Entwicklung alles Guten, Edlen, Geistigen die wahre Macht erkennt und zu organisieren lernt. So wenig ist der Begriff der Macht niedrig, roh, unsittlich, daß er vielmehr in allen wahrhaft sittlichen Funktionen seine Nahrung und seine Berechtigung findet.«

heit des Staates erkennt – sie dabei aber ebenso stark überbewertet, wie er sie vor der Revolution unbeachtet gelassen hatte[55]. Die Forderung nach Macht tritt daher vorwiegend im Kontext außenpolitischer Überlegungen auf. Jetzt erst beginnt die intensive Beschäftigung mit den äußeren Beziehungen der europäischen Mächte, welche die Korrespondenz der fünfziger Jahre erfüllt und die Konzeption der ›Geschichte der preußischen Politik‹ prägt. Das Programm, das er für seine Politik-Vorlesung entwirft: »darzustellen, nicht wie *der* Staat sein müßte, sondern wie *die* Staaten nach ihren Machtmitteln, ihren Machtverhältnissen, ihren Machtbedingungen sind«[56], zeigt, daß sich Droysen in einem Zustand der Retardierung einrichtet, den er in der notwendigen Entwicklung des deutschen Nationalstaats eingetreten sieht. Aus der Verzögerung in der Entwicklung des Staatsgedankens leitet er die Notwendigkeit quasi-absolutistischer Machtpolitik sowohl gegenüber den europäischen Mächten wie gegenüber den deutschen Klein- und Mittelstaaten ab. Nicht ohne Zufriedenheit sah er sich durch deren partikularistische Interessenpolitik davon überzeugt, daß sie vom »wahren« Staatsgedanken noch weiter entfernt seien als Preußen. Zum fraglos gültigen Zwecke der Einigung schien ihm daher auf der gegebenen Entwicklungsstufe der Staatsidee Machtpolitik – allerdings natürlich nur Preußens – erlaubt und notwendig. Damit war die Prioritätsfrage in der Alternative: erst Einigung oder erst Freiheit für Droysen definitiv entschieden. Das geschichtsphilosophische Konstrukt des hegelianischen Entwicklungsgedankens hat ihn, der von der Theorie zur Praxis übergegangen und von der Praxis zur Theorie zurückgekehrt war, in dem Bedürfnis, die Vernünftigkeit der Wirklichkeit zu erkennen, subjektiv konsequent, aber objektiv doch nicht ohne einen Schein von Inkonsequenz von der Opposition im Vormärz zur Affirmation in der Reichsgründungsära und im Kaiserreich getrieben.

[55] Vgl. hierzu v.a. das vielzitierte Wort: »Die Wirklichkeiten begannen über die Ideale, die Interessen über die Abstractionen zu siegen. Der Blick entnüchterte (!) sich.« Zitat aus dem 1849 erschienenen Aufsatz ›Preußen und das System der Großmächte‹. Joh. Gustav Droysen, Politische Schriften, S. 212–229, hier: S. 222; zum Ganzen vgl. F. Gilbert, Johann Gustav Droysen und die preußisch-deutsche Frage. München 1931, Beiheft 20 der Historischen Zeitschrift, S. 131 bis 148; Hock, Liberales Denken, S. 95ff., 102–105; Birtsch, Die Nation als sittliche Idee, S. 57–71, 101–108, 124–135.

[56] Briefwechsel 1, S. 747; (Hervorhebungen W. H.).

Die Säkularisierung des Sakralen und die Sakralisierung von Politik und Ökonomie

Neben der Konstruktion von der im engeren Sinne national- und außenpolitischen Führungsrolle Preußens und der Hohenzollern ist im Werk Droysens noch ein konfessionspolitischer und religionsgeschichtlicher Theoriekomplex zu beleuchten, der m.E. auch für die politische und soziale Geschichte des 19. Jahrhunderts von größter Bedeutung ist: die liberale Deutung der Reformation und ihre Folgen für das religiöse, aber auch für das politische und soziale Bewußtsein weiter Kreise des protestantisch-liberalen Bürgertums. Das durchgehende Charakteristikum dieses Deutungsmusters für die Reformation, das seinerseits die Tradition der Lutherdeutung der Aufklärung, der deutschen Klassik und der Befreiungsära hinter sich hat, ist die Verbindung des politischen, »bürgerlichen« Freiheitsgedankens mit der religiösen Freiheit. Die Reformation erscheint als die für das neuzeitliche Bewußtsein insgesamt maßgebliche Bewegung. Sie hatte auch nach der Meinung von Ernst Troeltsch, der sich gegen die nationalpolitische Lutherlegende wandte, die »tragenden Ideen der Personalität und der Freiheit« nicht nur für den innerlichen Bereich der Religiosität, sondern auch für das politisch-soziale Leben bereitgestellt[57]. Die prägnanteste und für das Geschichtsbild vieler Liberaler maßgebliche Ausformung hat dieser Ideenkomplex durch Hegel erfahren. Mit dem protestantischen Prinzip der Subjektivität war nach Hegels Überzeugung »das neue, das letzte Panier aufgethan, um welches die Völker sich sammeln, die Fahne des freien Geistes, der bei sich selbst, und zwar in der Wahrheit ist und nur in ihr bei sich selbst ist ... Die Zeit von da bis zu uns hat kein anderes Werk zu tun gehabt und zu tun, als dieses Prinzip in die Welt hineinzubilden ... Recht, Eigentum, Sittlichkeit, Regierung, Verfassung usw. müssen nun auf allgemeine Weise bestimmt werden«, damit sie der Freiheit des Individuums »gemäß und vernünftig seien«[58]. Der Protestantismus wird damit

[57] Die Formulierung von H. Bornkamm, Luther im Spiegel der deutschen Geistesgeschichte. Heidelberg 1955, S. 72; vgl. dazu E.W. Zeeden, Martin Luther und die Reformation im Urteil des deutschen Luthertums. 2 Bde, Freiburg i. Br. 1950–52, bes. Bd. 1, S. 189–288; H. Stephan, Luther in den Wandlungen seiner Kirche. Gießen 1907.

[58] Hegel, Die Vernunft in der Geschichte (Einleitung der Vorlesung über die Philosophie der Weltgeschichte). Werke, Bd. 11, S. 524; vgl. dazu speziell: J. Ritter, Subjektivität und industrielle Gesellschaft. Zu Hegels Theorie der Subjek-

zu einem allgemeinen geistigen Prinzip erhoben, in dem religiöse, soziale und politische Faktoren sich unauflöslich miteinander vermischen[59]. Aus der Sicht der protestantischen Theologie nach dem Ersten Weltkrieg hat Karl Barth diesen »religiösen Anthropozentrismus« des philosophischen und theologischen Denkens aufs schärfste kritisiert und dafür verantwortlich gemacht, daß sich die Theologie »in der ersten Hälfte des Jahrhunderts ... naiv ... der politischen Reaktion und ... in der zweiten der Ideologie und Erhaltung des liberalen Bürgertums und des neuen Nationalismus und Militarismus verschrieben« habe[60]. Führte dies zu »verstärkter Unselbständigkeit« des religiösen Bewußtseins »gegenüber den Gestalten, Mächten und Bewegungen der sonstigen ... Geistes-, Kultur- und Weltgeschichte«[61], so flossen dadurch umgekehrt den politischen Überzeugungen und den Zielen vor allem des liberalen Bürgertums[62] religiöse und quasi-religiöse Antriebskräfte und Bedeutungsgehalte zu, die sowohl dem Machtstaatsdenken des protestantischen Liberalismus als auch seinen ökonomischen und kulturell-zivilisatorischen Energien neue und anhaltende Anstöße gaben.

So markiert Droysens politisch-moralische Argumentation in seiner Reformationsdeutung ihre eigene Herkunft aus spezifisch bürgerlichen Wertvorstellungen dort, wo sie dem alteuropäisch-hierarchischen, politisch-gesellschaftlichen Ordnungsprinzip des Privilegs die Reichsreformbewegung als Opposition bürgerlichen Geistes gegen feudale Herrschaft gegenüberstellt und zugleich die Vorgeschichte der geistlichen Reformation mit der weltlichen Reichsreform zusammenzieht zu einer »einheitlichen großen reformatorischen Bewegung unserer Nation«. Der »nationale Geist«, der Reichsreform und Reformation gleichermaßen getragen habe, sei dort erwacht, wo, ausgelöst durch die »wachsende Bedrängnis des Bürgertums die Städte und Nobilität sich die Waage zu halten aufhörten«, und die »städtische

tivität. In: Ders., Subjektivität, Frankfurt a.M. 1974, S. 11–35; zum Zusammenhang insgesamt vgl. Bornkamm, Luther, S. 27ff.; W. v. Loewenich, Das Lutherbild im 19. und 20. Jahrhundert. In: K. Forster (Hg.), Wandlungen des Lutherbildes. Würzburg 1966, S. 55ff.

[59] Ausdrücklich in der Theologie z.B. bei Christian Bauer und Reinhard Rothe, vgl. W. v. Loewenich, Das Lutherbild, S. 58f.

[60] K. Barth, Evangelische Theologie im 19. Jahrhundert. Zürich 1957, S. 16, 19.

[61] Ebd., S. 18.

[62] Mit dieser Bezeichnung sind die liberal orientierten Teile des Bürgertums gemeint, es ist keine Gleichsetzung von »liberal« und »bürgerlich« intendiert.

Freiheit« der »beherrschten Massen« gegen die »hierarchisch-feudalen Ordnungen« der »herrschenden Classen« ihre politischen Zielvorstellungen durchzusetzen beansprucht habe: »öffentliches Recht« und »Ordnung« gegen »Unterordnung, Selbstgewalt, Selbsthülfe, Rechtlosigkeit« – eine erstaunliche Konstruktion einer einheitlichen, »frühbürgerlichen« Reform oder Reformation[63]. Es wurde schon darauf hingewiesen, daß der teleologische Entwicklungsgedanke Droysens ähnliche Strukturen aufweist wie die der linkshegelianischen bzw. marxistischen Geschichtsdenker. Dies zeigt sich auch an Droysens Darstellung der Reformation: Strukturmerkmale der marxistischen Konzeption der frühbürgerlichen Revolution finden sich auch bei Droysen. Er interpretiert die Krisen um 1500 als beherrschendes Merkmal *aller* Bereiche: der weltlichen Herrschaft, der Kirche, der intellektuellen Auseinandersetzung[64], und faßt diese Krisen zu *einer* Krise zusammen und führt sie auf *eine* gemeinsame Ursache zurück[65]; freilich nicht auf die ökonomisch-sozialen Veränderungen, sondern idealistisch auf eine Änderung der letztlich politischen Wert- und Ordnungsvorstellungen, die Änderung in der Legitimationsgrundlage von Herrschaft, auf ein neues Verständnis von Freiheit. So allgemein dieser Begriff »Freiheit« ist, er leistet mit seiner Allgemeinheit doch eines: Er ebnet den Unterschied zwischen religiösen und politischen Phänomenen ein; die geistliche Reformation ist zugleich Ausdruck politischen Freiheitsstrebens; die Reichsreform ist zugleich Ausdruck religiös begründeten Widerstandes gegen Kaiser und Kirche und die von ihnen vertretene religiöse Lehre. Auf derselben Linie einer Säkularisierung des Religiösen und der Sakralisierung des Politischen liegt Droysens Beschreibung des reformierten Bekenntnisses. Das Beharren des Luthertums auf der *Confessio Augustana* habe für Preußen den Verzicht auf die notwendige Weiterentwicklung der Lehre bedeutet. Das orthodoxe Luthertum sei zur rückschrittlichen Kraft, zur Defensivideologie lutherischer Landesherren geworden, welche die ihnen durch die Reformation zugewiesene »Aufgabe«, die Fortentwicklung der »Freiheit«, der »sittlichen Autonomie der Persönlichkeit«[66] verraten hätten –

[63] GPP II/2, S. 4.

[64] Vgl. Nipperdey, Die Reformation als Problem der marxistischen Geschichtswissenschaft, S. 12.

[65] Vgl. ebd, S. 13.

[66] GPP II/2, S. 361 f.

ein Verrat eben nicht nur an den geistlichen Errungenschaften der Reformation, sondern zugleich damit an ihren politischen Errungenschaften. Die theologische Dimension tritt bei Droysens Darstellung reformierter Religiosität und Kirchenorganisation ganz zurück, vielmehr interessiert ihn deren »republikanisches Wesen«, in dem »nicht der Adel, ... sondern bürgerliche Magistrate, ja Gemeinden die Hauptrolle spielten«[67]. Der Konfessionswechsel der Hohenzollern vom Luthertum zum reformierten Bekenntnis durch Joachim Friedrich bringt für Droysen Preußen also wiederum an die Spitze des geistlichen und des weltlich-politischen Fortschritts.

Droysen verrät hier ein ungebrochenes religiös-politisches Sendungsbewußtsein des protestantischen, konservativen bürgerlichen Liberalismus in engster Verbindung mit den dynastischen und obrigkeitsstaatlichen Traditionen des preußischen Staates[68]. Mit der Ausgleichung von religiös und politisch begründeten Handlungen, von religiösem Fortschritt und Fortschritt zur bürgerlichen Freiheit stand Droysen in einer Tradition, die in ihrer borussianisch-nationalen Fassung bis in die Ära der Befreiungskriege zurückreicht. Sein ethischer Protestantismus weist charakteristische Züge der Religiosität der Befreiungs- und Reformzeit auf, aus deren Traditionen er auch seine politischen Zielvorstellungen entwickelt hatte. Droysens Darstellung der preußischen Reform gründet noch in derselben Verbindung von christlichem Ethos und neuer Staatsgesinnung, die auch die preußischen Reformer zur Stärkung des Staates gewünscht hatten[69]. Seine Gleichsetzung von religiöser und na-

[67] GPP II/2, S. 383.

[68] Er ist damit weit entfernt von der resignativen Haltung etwa Hermann Baumgartens 1866. Während Baumgarten einerseits dem Bürgertum überhaupt die Eignung zur Ausübung politischer Elitefunktionen zugunsten des Adels abzusprechen erwog (Baumgarten, Liberalismus, S. 44 ff.), machte er andererseits das Luthertum für die Gewöhnung an Kleinstaaterei, politischen Quietismus und Attentismus verantwortlich. »Die ganz auf den inneren Menschen gerichtete Art Luthers ... hat dem Staat das männerbildende Mark ausgesogen und ihn sozusagen in einen Kleinkindergarten verwandelt, der uns vor allen Fährlichkeiten, aber auch aller Größe der bösen Welt bewahrt hat.« Ebd., S. 25 f.

[69] Vgl. zum Ganzen: Th. Nipperdey, Kirchen als Nationaldenkmal. Die Pläne von 1815. In: L. Grisebach, K. Renger (Hg.), Festschrift für O. Simson. Frankfurt a. M. 1977, S. 422 ff., sowie die ältere Spezialliteratur dazu: A. Adam, Nationalkirche und Volkskirche im deutschen Protestantismus. Göttingen 1938; A. Heger, Evangelische Verkündigung und deutsches Nationalbewußtsein. Berlin 1939; G. Kunze, Die religiöse und nationale Volksstimmung in Preußen während der Freiheitskriege 1813/15. Diss. theol. Breslau 1939.

tionaler Erneuerung setzt die Amalgamierung von Christlichkeit und bürgerlich-nationaler Gesinnung voraus, die von Schleiermacher, Fichte oder E.M. Arndt in der Befreiungsära vollzogen wurde. Die christlichen Glaubensinhalte wurden dabei so eng mit dem Staat verknüpft, daß sich, nach der Formulierung Wittrams, die religiöse Substanz »ganz auf den sittlichen Kern des Verhaltens« reduzierte[70]. Der Glaube des von Droysen verehrten Reformers Stein ist mehr von einer staatsorientierten Ethik als vom lutherischen Rechtfertigungsprinzip getragen. Politik und Glaube gehen eine Verbindung ein, in welcher »der religiös-sittliche Wert politischer Freiheitsrechte über das Luthertum ... hinauswies«[71]. Die Verschmelzung von diesseitsbezogener, in gesellschaftlichem und politischem Handeln realisierter Sittlichkeit mit Religion überhaupt ermöglichte den Appell an alle Energien zur Steigerung der Kräfte des Staates. Droysen, der Sohn eines pommerschen Garnisonspredigers, blieb dieser Gedankenwelt um so eher verhaftet, als das Erbe der Befreiungszeit in der protestantischen Predigt bis zur Revolution fortwirkte[72]. Droysens borussianische Konstruktion vom Weg des liberal-protestantischen Staatsideals durch die preußische Geschichte und von Preußens deutscher Aufgabe verlängerte diese Tradition in die Reichsgründungsära und gab ihr gegenüber den überkonfessionellen Tendenzen des antinapoleonischen Nationalismus eine betont protestantische Wendung. Die Tendenz zur Sakralisierung des Staates konnte so allein einer preußisch-protestantischen Begründung des neuen Kaisertums zugute kommen.

[70] R. Wittram, Kirche und Nationalismus in der Geschichte des deutschen Protestantismus im 19. Jahrhundert. In: Ders., Nationalismus und Säkularisation. Beiträge zur Geschichte und Problematik des Nationalgeistes. Lüneburg 1949, S. 40; dazu vor allem auch F. Schnabel, Deutsche Geschichte im 19. Jahrhundert, Bd. 4: Die religiösen Kräfte. 3. Aufl. Freiburg i.Br. 1955, S. 309–320; dort eine Interpretation der religiösen Entwicklung Schleiermachers, bei dem die Verschmelzung von Religion und Moral exemplarisch gezeigt werden kann. Auch Dilthey resümiert über Schleiermacher: »Umsonst würde jemand in diesen Predigten etwas von den Lehren suchen, die sich an den geschichtlichen Christus, an die Versöhnungslehre anschließen.« Zit. nach Wittram, Kirche und Nationalismus, S. 42; zum Ganzen vgl. auch: F. Fischer, Der deutsche Protestantismus und die Politik im 19. Jahrhundert. In: Historische Zeitschrift 171 (1951), S. 473–502, gekürzt in: H. Böhme (Hg.), Probleme der Reichsgründungszeit 1848–1879. Köln, Berlin 1968, S. 49–71.

[71] F. Schnabel, Deutsche Geschichte, Bd. 4, S. 311.

[72] Vgl. E. Schubert, Die evangelische Predigt im Revolutionsjahr 1848. Gießen 1913.

Anders als bei seiner Einschätzung der politischen Fähigkeiten und Energien des protestantisch-liberalen Bürgertums zeigt Baumgarten in seiner ›Selbstkritik des Liberalismus‹ weitgehende Übereinstimmung mit Droysen in einem Punkt, der für das Selbstverständnis des Nationalliberalismus insgesamt bis zum Ende des Kaiserreiches vielleicht noch bedeutsamer wurde als die verfassungspolitischen Fragen: die quasi-sakrale Weihung der Arbeit und damit im weiteren Sinne des Ökonomischen überhaupt durch ihre säkularisierende Deutung als zeitgemäßer Form der Religiosität. »Alles, worauf wir stolz sein können, was unser häusliches, privates, ökonomisches Glück ausmacht«, führt Baumgarten auf die lutherische Wendung zur Innerlichkeit zurück: die Integrität des Familienlebens, Solidität und Arbeitsamkeit des Bürgertums, die Korrektheit der Bürokratie, die Effizienz des Bildungswesens und die Erfolge der Wissenschaft[73]. Durchaus und bewußt im Sinne einer Wendung zur Innerweltlichkeit wird Religion an ihren sichtbaren Resultaten, an innerweltlicher Aktivität und Leistung gemessen, die durch sie ermöglicht und motiviert werden sollen. Nach Droysens Meinung wendet sich der Mensch zunächst im Luthertum, dann im reformierten Bekenntnis vom »Jenseits und der seraphischen Welt« ab, hin zum »Diesseits und dem creatürlichen Dasein«[74]. Religion wird zur aktivierenden, auf weltlichen Fortschritt drängenden, sittlich disziplinierenden Kraft. Diese fortschrittsgläubige, diesseitig-kulturelle Konzeption des Religiösen erhebt Arbeit zum Ausdruck spezifisch moderner, nachreformatorischer Frömmigkeit, heiligt Arbeit als die eigentliche Selbsterfüllung des Menschen, in deren Vollzug er den weltgeschichtlichen Prozeß seiner eigenen Steigerung voranbringt. Wie für Hegel objektiviert sich der Mensch in den Resultaten seiner Arbeit und leistet so die »ungeheure Arbeit der Weltgeschichte«[75]. In deren Vollzug verschwindet die »falsche Alternative des Diesseits und Jenseits«, der Mensch gewinnt in der »Welt sittlicher Kräfte und Zwecke ... ein Dasein, in dem es wahr wurde, daß er nach Gottes Ebenbild geschaffen wurde«[76].

Mit dieser These von der Gottgleichheit des Menschen durch Arbeit hat Droysen den Boden des lutherischen Rechtferti-

[73] Baumgarten, Liberalismus, S. 26.

[74] GPP II/2, S. 362.

[75] G.W.F. Hegel, Phänomenologie des Geistes. Hg. v. J. Hoffmeister, Hamburg 1952, S. 28.

[76] GPP II/1, S. 11; vgl. auch GPP I/2, S. 146, 462, 465, 591.

gungsglauben verlassen. Die Aufhebung des Gegensatzes von Diesseits und Jenseits in der Konzeption der geschichtlichen Arbeit macht den Menschen zum selbstmächtigen Schöpfer seiner Welt. Da die geschichtliche Arbeit in allen den Formen geleistet wird, in denen die einzelnen sich zur Verfolgung gemeinsamer, übergeordneter Zwecke verbinden, in den »idealen Gemeinsamkeiten« der Künste, Wissenschaften und Sprachen ebenso wie in den »politischen Gemeinsamkeiten« des Staates und der Gesellschaft, erscheinen alle »sittlichen« Tätigkeiten, die Hoheitsakte des monarchisch-konstitutionellen Verfassungsstaates ebenso wie die gesellschaftliche Reproduktion und die wissenschaftliche Reflexion in einem quasi-sakralen Licht. Forschung, Wirtschaftswachstum und »tugendhafte« Politik sind Erscheinungsformen eines zweiten Schöpfungsprozesses, in dem der Mensch die Schöpfung Gottes ausgestaltet und sich ihm damit angleicht. Fortschrittspathos und Selbstgewißheit des aufgeklärt-protestantischen Bürgertums erhielten auf diese Weise ein ideologisches Fundament, das sowohl bürgerliche Tüchtigkeit in der entstehenden industriellen Gesellschaft wie auch die staatliche Herrschaftsordnung quasi-sakral absicherten. Säkularisierte religiöse Heilssuche in der potenzierten Naturbeherrschung, in der Bewährung durch die freie Konkurrenz der Kräfte und im politischen Machtanspruch bilden ein brisantes Gemisch von individuellen und staatlichen Energien, das durch die umfassende Konzeption der Arbeit als Selbstverwirklichung des Menschen in den verschiedenen Handlungsbereichen von Wirtschaft, Kultur und Staat ermöglicht wurde und das durch die Rückführung auf das deutsche Prinzip der Reformation einen Zug ins Hegemoniale entwickelt. Die Arbeit als zunächst ökonomische, dann auf Politik und Religion übertragene Kategorie integriert alle Aktivitäten in einen umfassenden Handlungszusammenhang, in dem jeweils die eine nur durch die andere möglich sein sollte.

Da der borussianische Liberalismus in der Krise der fünfziger und sechziger Jahre zugleich die Wendung zur Anerkennung der Machtfaktoren in der Geschichte, zur Aufwertung der Außenpolitik, zum »Realismus« überhaupt vollzog[77], orientierte sich das Schema der Entwicklungserwartung zugleich um von

[77] Zu Droysen, s.o. »Das Machtstaatsproblem«; Baumgarten, Der deutsche Liberalismus. Eine Selbstkritik; vgl. Anm. Nr. 42; A.L. v. Rochau, Grundsätze der Realpolitik, angewendet auf die staatlichen Zustände Deutschlands. Stuttgart 1853.

der Selbstdurchsetzung der Ideen zum »Kampf«, von der Kultur der Innerlichkeit zu den »Dingen dieser Welt«, die »uns Deutschen immer nur zu wenig gegolten« hätten[78]. Nicht zufällig kündigen die historischen Kategorien und Begriffe bei Baumgarten zugleich die Ausweitung des Kampfes in die Dimension einer Konkurrenz der europäischen Mächte an: »den Engländern wurde durch die Reformation die Gelegenheit, ihr Staatswesen scharf und fest abzuschließen und zusammenzufassen. Die Niederlande fanden in der Glaubenserneuerung die Kraft, einen ewig denkwürdigen Kampf für die nationale Unabhängigkeit gegen die spanische Weltmacht zu führen. Die Schweizer, Dänen und Schweden verknüpften ebenso die politische und die religiöse Arbeit. Wir allein ließen uns nur unser Seelenheil angelegen sein«[79]. Mit der Forderung nach nationaler Einheit unter preußisch-protestantischer Führung spätestens seit 1848 wurden die Merkmale des preußisch-protestantischen Geistes auf die preußisch-deutsche Staatsnation insgesamt übertragen[80]. Der Übergang vom europäischen Staatensystem zum Weltstaatensystem in der Ära des Imperialismus erweiterte den Aktionsraum der so verbundenen ökonomischen, kulturellen und staatlichen Energien in die Handlungsräume von Weltwirtschaft und Weltpolitik.

Von Preußens Aufgabe in Deutschland zu Deutschlands Aufgabe in der Welt

Bereits Ketteler hatte 1866 den Borussianismus als ein Geschichtsbild beschrieben, das nicht nur eine Aufgabe Preußens in Deutschland, sondern eine preußische »Weltaufgabe« festlegte, einen universalen, übernationalen Geltungsanspruch von Prinzipien, die laut borussianischer Konstruktion für die Geschichte Preußens maßgeblich *gewesen* sein und für die Zukunft Deutschlands maßgeblich *werden* sollten. Indem Droysen die Gründung des brandenburgischen Staates als »das letzte Aufleuchten des ghibellinischen Gedankens« bezeichnet[81], bezieht er die preußische Geschichte von allem Anfang an, ebenso wie

[78] Baumgarten, Liberalismus, S. 25.

[79] Ebd., S. 25.

[80] Vgl. auch Seier, Liberalismus und Staat, S. 78: »daran, Preußen als Großmacht zu sehen, seine Schlüsselrolle anzuerkennen und die europäische Dimension der Entwicklung zu beachten«, habe sich seit 1848 für den Liberalismus »generell nichts mehr« geändert.

[81] GPP I/1, S. 4.

das zukünftige deutsche Reich, auf das hochmittelalterliche Imperium.

Die historiographische Konstruktion, daß Preußen den ghibellinischen Gedanken aufgegriffen und bis in die Gegenwart bewahrt habe, gibt der Droysenschen Anknüpfung an die Tradition der vormärzlichen Hochmittelalterforschung einen neuen, politisch-aktivistischen Impuls. Die Erinnerung an die staufische Universalmonarchie wird über den Verfall des alten Reiches hinweg zur Forderung an das neuzuschaffende deutsche Reich. War das staufische »Kaiserthum ... der Ausdruck ihrer [der Nation] weltherrschenden Stellung«[82], so meldet Droysen auch für das neue Kaiserreich den Anspruch einer weltbeherrschenden Stellung an: »in der Sehnsucht der Nation liegt der ghibellinische Gedanke«, der Gedanke von der »überragenden Bedeutung unserer Nation«[83]. Gegenüber einer solchen massiven, zugleich in seiner historischen Begründung aber eher verhalten angedeuteten Formulierung eines nationalen Prioritätsanspruchs ist es wichtig, an den Komplex historisch-politischer Überzeugungen, in den er eingefügt ist, insgesamt zu erinnern, um nicht überzogenen Interpretationen zu verfallen. Seit seiner Entstehung in der Französischen Revolution hat der neuzeitliche Nationalismus die Tendenz, seine jeweiligen eigenen Ziele nicht auf die eigene Nation zu begrenzen, sondern ihnen allgemein übernationale Relevanz zuzusprechen. Neben dem nationalen Selbstbewußtsein spricht dabei die aufklärerisch-weltbürgerliche Tradition mit, die von der eigenen Nation erreichten fortschrittlichen Errungenschaften der ganzen Menschheit zugute kommen zu lassen. Auch hier knüpft Droysen an die ältere, vormärzliche, stark universalistisch orientierte Tradition des Nationalgedankens an. Das zeigt sich vor allem bei den Inhalten, auf die sich sein preußisch-deutscher »Sendungsgedanke« bezieht. Kommt der liberalen Einheitsforderung spezifisch nationale Bedeutung zu, so ist die Verwirklichung des Freiheitspostulats ein universales Ziel, dessen Realisierung allerdings die Einheit der deutschen Nation voraussetzt. Nach Droysens borussianischer Konstruktion ist Preußen und den Hohenzollern

[82] GPP I/1, S. 5.

[83] GPP I/1, S. 14; die Bedeutung des ghibellinischen Reichsgedankens für das politische Selbstverständnis der Nation wird v. a. in der politischen Symbolik der Nationaldenkmäler deutlich; so ist die politische Typologie Barbarossa-Barbablanca bereits 1875 in Entwürfen für die Berliner Siegessäule nachgewiesen; sie wird prägend für die politische Ikonographie bis in die 1890er Jahre.

mit dem ghibellinischen Erbe nicht nur das Vermächtnis nationaler Größe anvertraut, sondern auch das, worauf diese Größe allein beruhen kann: die Realisierung der »wahren Herrschaft«, der bürgerlichen Freiheit und Selbstbestimmtheit. Sofern diese, wie oben gezeigt, nach der Überzeugung des »organischen« Liberalismus nur durch einen starken, konstitutionell verfaßten Rechts- und Verfassungsstaat möglich sein sollte, besteht die wahre Obrigkeit in einer starken konstitutionellen Monarchie. Der historische Rückgriff auf die Universalität des mittelalterlichen Imperiums weist dieser Staatsform, wie sie allein in Deutschland ihre begründete Tradition haben sollte, Modellcharakter für alle europäischen Mächte zu.

Der Anspruch, daß diese Staatsform zuerst und vorbildlich auf deutschem Boden verwirklicht werde, ist in den ›Vorlesungen‹ von 1846 in verdeckter Form schon angemeldet. Da die durch die Reformation gewonnene geistige Freiheit – zumindest potentiell – zugleich auch staatsbürgerliche Freiheit bedeutet, liegt der Ursprung der universalen neuzeitlichen Entwicklung zum liberalen Rechts- und Verfassungsstaat in den lutherischen Territorien. Diese Vorreiterrolle hält sich auch im Absolutismus durch: Während die absolutistische Entartung der Macht im Staat Ludwigs XIV. kulminiert, geht Preußen als erster europäischer Staat zum aufgeklärten Absolutismus über[84]. Den entscheidenden Schritt weg vom militärisch-bürokratischen Absolutismus tut Preußen dann in der Reform. Hier bahnt sich der »lebendige, einheitliche Organismus« des liberalen Rechts- und Verfassungsstaates an, der auf der »königlichen Vollfreiheit des sittlichen Menschen« beruht[85]. Mit der bevorstehenden Gründung des deutschen Nationalstaats durch Preußen auf diesen freiheitlichen Herrschaftsgrundlagen übernimmt das deutsche Reich die universale Mission der Versittlichung des Politischen.

Dieser vorrevolutionäre, seltsam immaterielle Begriff von Herrschaft, auf dem Deutschlands Vorrang vor den europäischen Nationen beruhen sollte, war nun allerdings unter der Hand von Revolution und Reaktion einem prekären Wandlungsprozeß ausgeliefert. Denn wie oben gezeigt, veranlaßte die

[84] »Es ist Preußen ... es ist der königliche Philosoph, der zuerst diese neue Form der Monarchie hindurchführt«, der »eine völlig neue Ordnung der Dinge« etabliert, in welcher der Staat es als »seine Aufgabe« erkennt, »Recht und Gesetz und das Wohl aller zu schützen«. Vorlesungen I, S. 57f.; vgl. ebd. S. 56–61.

[85] Vorlesungen II, S. 411.

Retardierung, welche die deutsche Einigungsbewegung durch das Scheitern der Revolution 1848/49 erfahren hatte, Droysen zu einer beträchtlichen Aufwertung der Macht. Wenn auch die neue Bedeutung der Machtpolitik nur als vorübergehende Notwendigkeit in der Entwicklung zum freiheitlichen Nationalstaat gemeint war, so erlag Droysen doch der Gefahr, sich in diesem Übergangsstadium auch im Hinblick auf die historisch-politische Theoriebildung zu etablieren und der Machtpolitik eine mehr als nur peremptorische Rolle zuzuweisen. Droysen konnte sich durch die Erfolge Bismarcks in seiner Konstruktion von der deutschen Aufgabe Preußens bestätigt fühlen und tat dies auch[86]. Das Sich-Einrichten in der Übergangsperiode hatte via facti auch die Anerkennung des europäischen Machtstaatssystems und damit der Methoden seiner Politik mit sich gebracht. Im Einklang mit seiner historisch-teleologischen Theorie sah er nunmehr auch »Bismarck und das Reich an der Spitze der fortschreitenden Idee«[87]. Der universale Anspruch, den Droysen für Deutschland erhob, konnte, auf der Basis solchermaßen veränderter Voraussetzungen, in das Gegenteil dessen umschlagen, was er ursprünglich intendiert hatte. Droysen ging nicht davon ab, einem deutschen Nationalstaat die Rolle eines »Friedensstaates« zuzuweisen, der von der Mitte Europas aus eine pazifizierende Wirkung auf den ganzen Kontinent ausüben sollte[88]. Er befand sich damit im Einklang mit zahlreichen Liberalen[89]. Daß Droysen damit eine idealistische Tradition weiterführte, welche Deutschland als Kultur- und Menschheitsnation eine universale Aufgabe zuspricht, ist zutreffend festgestellt worden[90]. Dieser Ideenkomplex erhält jedoch seit der Ausweitung des europäischen Mächtesystems zum Weltstaatensystem, in deren Zug auch die neue kontinentale Militärmacht des Deut-

86 Vgl. vor allem Briefwechsel 2., S. 904.

87 Briefwechsel 2., S. 904; vgl. dazu Th. Schieder, Grundfragen der neueren deutschen Geschichte. Zum Problem der historischen Urteilsbildung. Zuerst in Historische Zeitschrift 192 (1961), S. 1–16, wieder in: H. Böhme (Hg.), Probleme der Reichsgründungszeit 1848–1879, S. 21–37, hier S. 30: »Daß der neue Nationalstaat nicht den entscheidenden Fortschritt in der Bewegung des Geistes bilde ..., sondern dem deutschen Geist im Weg stehe ..., hat zuerst ... Nietzsche in den Unzeitgemäßen Betrachtungen über D. Fr. Strauß ... ausgesprochen.«

88 Droysen, Politische Schriften, S. 62f.

89 Insbes. mit Rümelin u. Pfitzer; vgl. Birtsch, Die Nation als sittliche Idee, S. 124f.; Hock, Liberales Denken, S. 100f.

90 Birtsch, Die Nation als sittliche Idee, S. 126f.

schen Reiches »zu maritimer und kolonialer Weltpolitik überging und den Reichsgedanken ins Imperiale zu wenden suchte«[91], eine neue ideenpolitische und ideologische Wendung, nicht so sehr durch Droysen selbst, aber durch große Teile des Liberalismus in der Ära des Wilhelminismus[92]. Zu fragen ist, ob, und, wenn ja, inwiefern die borussianische Geschichtskonzeption dem »Sich-Einlassen des Liberalismus mit dem Imperialismus« vorgearbeitet hat[93], auf welche politischen oder sozio-ökonomischen Probleme der Borussianismus reagiert und welche politischen oder ideologischen Funktionen der Borussianismus damit erfüllt.

Zur Beantwortung dieser Frage läßt sich ausgehen von idealtypischen, wenn auch eng miteinander verknüpften »Grundmustern« der Motivation, die in den verschiedenen Richtungen des liberalen Imperialismus dominierten vor 1914: der nationalistischen, der ökonomischen und der kulturimperialistischen[94]. In der nationalistischen Motivation erscheint die imperialistische Bewegung als Fortentwicklung und Steigerung des bürgerlichen Nationalismus unter den Bedingungen des Übergangs zum Weltstaatensystem[95]. In der Ideologie dieser nationalistischen Begründung imperialer Ansprüche spielt die Anknüpfung an charakteristische Merkmale des Nationalgedankens eine besondere Rolle – so die Berufung auf eine Kontinuität zwischen vergangenen und für die Gegenwart und Zukunft geforderten Phasen der nationalen Macht und Größe. Beriefen sich in England die Ideologen des naturalistisch-rassischen britischen Imperialismus wie John Robert Seeley, Charles Dilke und Lord Rosebery auf die glorreiche Vergangenheit des briti-

[91] Th. Schieder, Das deutsche Kaiserreich von 1871 als Nationalstaat. Köln 1961, S. 7.

[92] Vgl. dazu: W.J. Mommsen, Wandlungen der liberalen Idee im Zeitalter des Imperialismus. In: K. Holl, G. List (Hg.), Liberalismus und imperialistischer Staat. Imperialismus als Problem liberaler Parteien in Deutschland 1890–1914. Göttingen 1975, S. 109; sowie dazu: L. Gall, »Sündenfall« des liberalen Denkens oder Krise der bürgerlich-liberalen Bewegung? Zum Verhältnis von Liberalismus und Imperialismus in Deutschland. Ebd., S. 148ff.

[93] Mommsen, Wandlungen, S. 110.

[94] Mommsen, Wandlungen, S. 133.

[95] Vgl. Schieder, Staatensystem, S. 251: »In Deutschland ist die Herkunft der kolonial-imperialistischen Bewegung aus dem bürgerlichen Nationalismus am deutlichsten, ja man kann sagen, daß sie seine Fortsetzung darstellt und Ausdruck der von der Nationalstaatsgründung nicht befriedigten nationalbürgerlichen Bildungsschichten gewesen ist, die von Wirtschaftskreisen unterstützt wurden.«

schen Empire, so konnte in Deutschland der ghibellinische Reichsgedanke eine ganz ähnliche Funktion übernehmen[96]. Zudem mußte die im borussianischen Entwicklungskonzept angelegte Dynamik der permanenten Steigerung der Kräfte und Fähigkeiten nach der Erfüllung des Einigungswunsches über die begrenzten nationalpolitischen Ziele hinaustreiben, da die universalhistorisch angelegte Konzeption des dauernden Zuwachses aus sich selbst heraus sich nicht mit der Reichsgründung abbrechen ließ und andererseits der ursprünglich philosophisch-kulturelle Gedanke gesteigerter Selbstentfaltung des Menschen immer mehr Elemente des Machterwerbs und der Machtausübung in sich aufgenommen hatte.

Indem Droysen sich mit der europäischen Machtstaatenwelt abfand, näherte er sich Rankes Konzept der großen Mächte, ohne gleichzeitig den universalen Anspruch aufzugeben, der zwar auf eine europäische Friedensordnung zielt, aber doch so germanozentrisch ist, daß er in der Konstellation imperialistischer Mächterivalität eine aggressive Spitze bekommen konnte. Daß Rankes Grundgedanke der »Großen Mächte« in den Jahren vor und während dem Ersten Weltkrieg der Gefahr nationalistischer und imperialistischer Mißdeutung ausgesetzt war, ist bekannt[97]. Wieviel mehr konnte die Historikergeneration vor und während des Weltkrieges an eine Geschichtskonzeption anknüpfen, die Deutschland in Europa und der Welt eine positive politisch-kulturelle Führungsaufgabe übertragen hatte.

[96] Vgl. W.J. Mommsen, Nationale und ökonomische Faktoren im britischen Imperialismus vor 1914. In: Historische Zeitschrift 206 (1968), S. 618ff., bes. S. 619ff.

[97] Vgl. dazu den Aufsatz, durch den die Frage erstmals aufgeworfen wurde: G. Dehio, Ranke und der deutsche Imperialismus. In: Historische Zeitschrift 170 (1950), S. 307–328; jetzt v.a.: E. Fehrenbach, Rankerenaissance und Imperialismus in wilhelminischer Zeit. In: Faulenbach (Hg.), Geschichtswissenschaft, S. 54–65; von der Seite der Weltkriegsforschung her: K. Schwabe, Die deutschen Professoren und der alldeutsche Annexionismus 1914/15. In: Vierteljahreshefte für Zeitgeschichte 14 (1966), S. 105–138, hier: S. 106f.; ders., Wissenschaft und Kriegsmoral. Die deutschen Hochschullehrer und die politischen Grundfragen des Ersten Weltkrieges. Göttingen 1969. Daß Ranke selbst noch die Erweiterung des europäischen Staatensystems ins Auge faßte, erhellt aus dem Diktat vom November 1885, in dem er die Eröffnung einer universalen Aussicht für Deutschland als Triebkraft für die Abfassung seiner ›Weltgeschichte‹ nennt: »Die universale Aussicht für Deutschland und die Welt hat mich dazu veranlaßt, meine letzten Kräfte einem Werk über die Weltgeschichte zu widmen ...« Sämtliche Werke, Bd. 52/53, S. 76; zu diesem Aspekt im Werke Rankes vgl. auch: A. Kmiläinen, Die historische Sendung der Deutschen in L. v. Rankes Geschichtsdenken. Helsinki 1968, S. 147.

War es möglich, Rankes System der europäischen Mächte zur Konzeption eines Weltstaatensystems auszuweiten, in dem auch Deutschland seinen Platz finden sollte, so bot Droysens Erbe die Möglichkeit, auf seine Bestimmung der deutschen Aufgabe zu rekurrieren. Droysen hatte gefordert, es sollte in Mitteleuropa an die Stelle der Ohnmacht und des Leidens »das System einer starken Neutralität« treten, »stark genug, jeder Übermacht, die sich geltend machen will, der Seedespotie wie der Eroberungssucht und der vordringenden Barbarei entgegenzutreten«[98]. Seedespotie, Eroberungssucht und Barbarei stehen hier für die europäischen Großmächte England, Frankreich und Rußland, denen ein deutscher Friedensstaat als die Schutzmacht Europas gegenüberstehen sollte[99]. Deutschland sollte in dieser mächtigen und neutralen Arbiterstellung die kleineren »vor dem Gewaltanspruch der großen, vor jedem Eingriff in ihre innere Entwicklung« bewahren und ihre »staatliche freie Selbstbestimmung« schirmen[100]. Bei Treitschke verbindet sich diese übernationale deutsche Friedensaufgabe, deren Erfüllung bereits eine mehr oder weniger hegemoniale Machtstellung voraussetzt, mit der Wahrnehmung massiver nationaler Interessen in Übersee: »Bei der Vertheilung dieser nicht europäischen Welt unter die europäischen Mächte ist Deutschland bisher immer zu kurz gekommen, und es handelt sich doch um unser Dasein als Großstaat bei der Frage, ob wir auch jenseits der Meere eine Macht werden können. Somit eröffnet sich die gräßliche Aussicht, daß Rußland und England sich in die Welt theilen; und da weiß man wirklich nicht, was unsittlicher und entsetzlicher wäre, die russische Knute oder der englische Geldbeutel.«[101] Hier klingen Formulierungen an, mit denen Meinekke, Hintze, Sering in den Kriegsjahren die ideelle Mission Deutschlands vertraten[102]. Und die Beiträge zu ›Deutschland und der Weltkrieg‹ (1915), dem offiziösen Werk der deutschen Professorenschaft, konnten Droysens Gedanken aufnehmen, wenn sie eine deutsche Weltstellung als Ausdruck der Freiheit

[98] Droysen, Politische Schriften, S. 63.

[99] Vgl. Birtsch, Die Nation als sittliche Idee, S. 125.

[100] Droysen, Politische Schriften, S. 62f.

[101] H. v. Treitschke, Politik. Vorlesungen, gehalten an der Universität zu Berlin. Hg. v. M. Cornicelius. Leipzig 1911, Bd. 1, S. 42; zur etatistischen Theorie des Imperialismus vgl. W.J. Mommsen, Imperialismustheorie. Ein Überblick über die neueren Imperialismusinterpretationen. Göttingen 1977, S. 7–11.

[102] Vgl. dazu v.a.: Schwabe, Wissenschaft und Kriegsmoral, Kap. II, hier bes. S. 46–49.

im Staatensystem verteidigten: »Wir wollen die Freiheit und Gleichberechtigung, die bisher unter den europäischen Großmächten herrschte, hinüberretten in das erweiterte Weltstaatensystem, das unter den fürchterlichen Wehen dieses Krieges geboren wird« (Delbrück)[103].

Die Grenze zwischen nationalistischer und kulturimperialistischer Argumentation ist hier fließend, und zwar auch deshalb, weil verschiedene Formen der Institutionalisierung von Herrschaft und Ausübung von Herrschaft verschiedenen nationalen Kulturen zugeschrieben werden – eine Auffassung, der wiederum Droysen und der ältere Liberalismus mit der These von der konstitutionellen Monarchie als der wahren und sittlichen Obrigkeit vorgearbeitet hatten. In der politischen Diskussion seit der Jahrhundertwende konnte daher die Selbstbehauptung des spezifisch deutschen Typus staatlicher Herrschaft in der konstitutionellen Monarchie auf dem Felde der Weltstaatenrivalität nicht nur als nationalpolitische, sondern als kulturelle Weltaufgabe gedeutet werden. Erschien daher in der Weltkriegspublizistik der Erste Weltkrieg »zugleich als ein Verfassungskrieg zwischen der national-autoritären Verfassungsform des Bismarckreiches und dem angelsächsischen Demokratismus«[104], so hätte dessen Übernahme in Deutschland nicht nur den Bruch mit der nationalen Tradition und Besonderheit dargestellt, sondern auch die Preisgabe der weltpolitisch-kulturellen Aufgabe der vermeintlichen Versittlichung der Politik. Obgleich freilich die kulturimperialistische Ausweitung der preußisch-deutschen Aufgabe in der borussianischen Geschichtsteleologie Droysens schon angelegt ist, zeigt sich ein grundlegender Unterschied des in altpreußischen Traditionen verhafteten liberalen Borussianismus Droysens zu den imperialistischen Ideologien im Festhalten an einem europäischen Ordnungsgedanken und in dem Fehlen der von Theodor Schieder angesprochenen »Hypertrophie des Sicherheitsdenkens, das nur mehr eine schlecht verhüllte Form eines radikalen nationalen Egoismus war« und das »die perfekte Sicherheit nur noch durch die Ausdehnung der Herrschaft auf alle Nachbarn erreichen woll-

[103] Zit. nach Schwabe, Wissenschaft und Kriegsmoral, S. 51.

[104] E.W. Böckenförde, Der deutsche Typ der konstitutionellen Monarchie im 19. Jahrhundert. In: W. Conze (Hg.), Beiträge zur deutschen und belgischen Verfassungsgeschichte im 19. Jahrhundert. Stuttgart 1967, S. 70ff., hier: S. 71; vgl. für die »philosophischen Ideen von 1914«: H. Lübbe, Politische Philosophie in Deutschland. Basel 1963, S. 173ff.

te«[105]. Doch bereitet sich die Radikalisierung des nationalen Egoismus insofern vor, als in der Gleichsetzung militärischer Siege, wie denen von 1866 und 1870/71, mit Erscheinungsformen kultureller Überlegenheit der Gedanke der Kulturnation ganz in dem der Staatsnation aufgeht und die nationalstaatliche Politik als Realisierung der angenommenen kulturellen Aufgaben erscheint – gleichzeitig mit der immanenten Aufwertung der Macht und der Anerkennung »realistischer« Methoden nationalstaatlicher Politik, wie etwa der Kabinettspolitik und des guten und notwendigen Krieges[106].

Was schließlich die ökonomische Motivation und ihren Zusammenhang mit der älteren Tradition eines »Freiheitsimperialismus« betrifft[107], so ist die auch von Droysen vertretene Theorie des freien Marktes und der freien Entfaltung der Produktivkräfte – formuliert in der Historik seit 1857[108] – insofern universal angelegt, als die darauf beruhende Entwicklung der zivilisatorischen Kräfte von vornherein nicht auf Europa beschränkt bleibt, sondern auf außereuropäische Expansion drängt. Und für das nationalliberale Denken in Deutschland ist die Trennung zwischen »laissez-faire-Expansion« und »politisch-territorialer Expansion«[109] von Anfang an deshalb nicht so strikt, weil infolge der politisch-gesellschaftlichen Entwicklungsbedingungen der liberalen Theorie die freie Entfaltung der individuellen ökonomischen Kräfte und eine starke Staatsmacht kaum als Gegensatz aufgefaßt, vielmehr beide als Bedingungszusammenhang miteinander verknüpft wurden. In der spezifisch borussianischen Fassung verband Droysen ebenso wie später Baumgarten und Treitschke die Entfesselung innerweltlicher, auf die »Potenzierung der menschlichen Naturbeherr-

105 Schieder, Staatensystem, S. 354.

106 Vgl. für die Generation der 48er-Liberalen: O. Dann, Nationalismus und sozialer Wandel in Deutschland 1806–1850. In: Ders. (Hg.), Nationalismus und sozialer Wandel. Hamburg 1978, S. 77ff., bes. S. 109: »Die konservativen Liberalen waren die eigentlichen Träger der deutschen »Kulturnation« und betrachteten den angestrebten Nationalstaat als deren Erfüllung ...«

107 Mommsen, Wandlungen, S. 112.

108 Historik, S. 248–254, unter der Überschrift »Die Sphäre der Gesellschaft« bzw. »Die Sphäre der Wohlfahrt«.

109 Gegen die striktere Trennung dieser Gesichtspunkte v.a. H.-U. Wehler, Bismarck und der Imperialismus. Köln 1969. Überblick über den Anteil der ökonomischen Motive bei H. Böhme, Thesen zur Beurteilung der gesellschaftlichen, wirtschaftlichen und politischen Ursachen des deutschen Imperialismus. In: W.J. Mommsen (Hg.), Der moderne Imperialismus. Stuttgart 1971, S. 31ff.

schung«[110] gerichteten Energie mit der Ausbildung des preußischen Machtstaates durch die reformierten Hohenzollern. Gesteigerte Arbeitsteilung und die Revolution der Technologie, die freie Konkurrenz und »die ganze Fülle von neuen Kombinationen und Formungen, die sich auf den Kredit gründen, Banken, Staatspapiere, Aktienunternehmungen«[111], zurückgeführt auf die »tiefeingreifende Reformation«, welche die »Arbeit« erst »emanzipiert« habe[112], erscheinen nicht nur im kulturnationalen Sinne als ursprüngliche Schöpfung des protestantisch-deutschen Geistes, sie werden über die konfessionspolitische und religionsgeschichtliche Führungsaufgabe der Hohenzollern zu staatsnationalen Errungenschaften. Die für den Zeitraum vom 17. Jahrhundert bis zur Gegenwart der Reichsgründung hervorgehobene Tradition der ökonomischen, sozialen und politischen Modernisierung von oben stellt damit im borussianischen Liberalismus einen Begründungszusammenhang von preußischer Machtstaatsbildung und der Freisetzung von kapitalistischer Verkehrswirtschaft und gesamtzivilisatorischer Entwicklung her, der für das national-liberale Denken das Problem, wie sich Machtstaatsentfaltung und ökonomische Expansion zueinander verhalten, mehr oder weniger implizit dadurch löste, daß es einen unauflöslichen Systemzusammenhang beider unterstellte[113].

[110] Historik, S. 250.
[111] Historik, S. 251.
[112] Historik, S. 248.
[113] Geht man auf die Ausgangssituation der liberalen Theorie in der Reformära und im Vormärz zurück, so scheint mir dieser Systemzusammenhang hier bereits angelegt, Lothar Galls alternative Unterscheidung zweier »verschiedenartiger Reformansätze«, nämlich der »politischen Emanzipation« einerseits, der »bürokratischen Reform« andererseits daher in dieser Schärfe nicht haltbar; vgl. L. Gall, Liberalismus und »bürgerliche Gesellschaft«. Zu Charakter und Entwicklung der liberalen Bewegung in Deutschland. In: Historische Zeitschrift 220 (1975), S. 328; für die norddeutsch-protestantischen »borussianischen« Liberalen und die maßgeblichen Repräsentanten der Casinopartei bzw. der Erbkaiserlichen von 1848/49 war die bürokratische Reform wesentliche Voraussetzung und Entwicklungsstufe zur politischen Emanzipation. In Erinnerung an Preußens Rolle in der Befreiungs- und Reformära wurde der preußische bürokratische Anstaltsstaat als der eigentliche Träger des geschichtlichen Fortschritts zu den liberalen Freiheitszielen weiterhin in Anspruch genommen. Umgekehrt erfuhren dadurch Strukturmerkmale und Leistungen des bürokratisch reformierten Anstaltsstaates, wie etwa das Bildungssystem, die Heeresverfassung und die Effektivität und Rationalität der Verwaltung im wesentlichen eine positive Würdigung durch den gemäßigten Liberalismus, ganz abgesehen von der Freisetzung der kapitalistischen Verkehrswirtschaft in Preußen als Bedingung und Grundlage der individu-

Es genügt jedoch nicht, den Zusammenhang von nationalistischer, kulturimperialistischer und ökonomischer Motivation bei der imperialistischen Umformung und Steigerung des borussianischen Theorienkomplexes zu konstatieren. Vielmehr verweist gerade die Verflechtung der Motive zurück auf die Frage nach dem Bedingungszusammenhang von sozialökonomischem Strukturwandel und historisch-politischer Theoriebildung im Liberalismus. Es ist zu Beginn angedeutet worden, in welchem Maße die historistische Geschichtsschreibung insgesamt sich selbst die Aufgabe stellt, im sozialen Strukturwandel von der alteuropäischen *societas civilis* zur modernen bürgerlichen Gesellschaft durch die Vermittlung von Vergangenheit und Gegenwart Identität zu bilden. Spezifische Kategorien der historistischen Geschichtsschreibung wie »Individualität«, »Entwicklung«, »Sittlichkeit« entsprachen weitgehend dem frühliberalen sozialen und politischen Erwartungsmodell einer Gesellschaft freier und selbstbestimmter Individuen, das sich am Mittelstand orientierte und zwar geeignet war, die Rahmenbedingungen für eine fortschreitende industrielle Entwicklung zu schaffen, zugleich jedoch vorindustriellen sozialen Ordnungs- und Wertvorstellungen insofern verhaftet blieb, als es sich über die klassenbildende Wirkung industrieller Arbeit unzureichend Rechenschaft ablegte und am Sozialmodell der klassenlosen Bürgergesellschaft auch dann noch orientiert blieb, als die bürgerliche Klassengesellschaft bereits irreversible Züge angenommen hatte[114]. Bezieht man den expliziten gesellschaftlichen Integrations- und Orientierungsanspruch der borussianischen Geschichtsschreibung zurück auf den konkreten ökonomischen und sozialen Strukturwandel in deren Entstehungsphase, so zeigt sich, daß die borussianisch-nationalstaatliche Geschichtskonzeption Droysens unmittelbar auf die Krise, in die das liberale Denken in den fünfziger Jahren geraten war, antwortet. Sie ist den von L. Gall genannten »theoretischen Bemühungen«, mit welchen der Liberalismus »dieser Krise durch eine entschiedene Neuorientierung Herr zu werden« suchte, den Versuchen von Gervinus, Rochau, später auch Baumgarten, hinzuzufügen, und stellt vielleicht den wichtigsten dieser Versuche dar[115]. Verlor die liberale Konzeption »einer im

ellen Entfaltungsmöglichkeit der Kräfte des einzelnen im Vormärz, die den konservativen Liberalen z. T. zu weit ging.

[114] So v. a. Gall, Liberalismus und »Bürgerliche Gesellschaft«, S. 334.

[115] Gall, »Sündenfall des liberalen Denkens«, S. 151.

wesentlichen evolutionär verlaufenden Entwicklung hin zu einer Emanzipation aller Menschen zu ›Bürgern‹ im materiellen, geistigen wie politischen Sinn« ihre integrative Kraft, so bestand jetzt das Bedürfnis nach einer Geschichtskonzeption, die auch und gerade unter den veränderten sozioökonomischen Verhältnissen nach 1850 – dem Durchbruch der Industrialisierung und der Erfahrung einer auch politisch sich manifestierenden Klassenbildung bereits in den Revolutionsjahren 1848/49 – integrative Kraft entwickeln konnte. Eine solche Geschichtskonzeption mußte die irreversible Tatsache der Klassenbildung in den Hintergrund rücken und zugleich die durch den Revolutionsverlauf bedingte Retardierung der politischen Emanzipation des Bürgertums zur Machtausübung in ein politisch-soziales Erwartungsmodell einbeziehen.

Droysens borussianisch-nationalstaatliche Geschichtskonzeption entspricht sehr genau dieser Bedürfnislage: Sie hebt die Klassenspaltung auf in der übergeordneten Gemeinsamkeit der Nationalität, und sie lenkt die Machtansprüche des zu politischer Aktivität drängenden Bürgertums verstärkt nach außen, in den außenpolitischen Machtanspruch Preußens bzw. Deutschlands – ein Vorgang, dessen innere Folgerichtigkeit bereits Dahlmann in der Revolution auf den Begriff gebracht hatte[116]. Daß dieser Machtanspruch sich nur im Rückgriff auf die Machtmittel des militärisch-bürokratischen Machtstaates Preußen realisieren lasse, brachte Droysen schon 1850 zum Ausdruck[117]. Ein solcher Rückgriff war um so leichter möglich, als für den norddeutsch-protestantischen Liberalismus ein grundsätzlicher Gegensatz einer Reformpolitik von unten durch politische Emanzipation der Gesellschaft zu dem Konzept der bürokratischen Reform in der Tradition des Aufgeklärten Absolutismus von vornherein nicht bestand[118]. Nationale bzw. nationalstaatliche Machtpolitik wird jetzt gedeutet als die Fähigkeit, »Ideen« zu vertreten, eine Zuordnung, mit der Droysen auf die politisch-soziale Konsequenz der Industrialisierung, die Entstehung der »Massen«, reagiert. Droysen hat den psychologischen Zusammenhang zwischen der Erfahrung beschleunigter gesellschaftlicher Desintegration zur industriellen Massengesellschaft und ihrer politischen Konsequenzen mit der Notwendigkeit expansiver nationaler Machtpolitik präzis formuliert: er verbin-

[116] Vgl. oben S. 119f.
[117] Vgl. oben S. 118.
[118] Vgl. oben Anm. 113.

det 1851 die Kritik am Caesarismus Napoleons III. mit der Kritik an der defensiven Außenpolitik Preußens gegen Österreich 1850/51 und an der Anerkennung des »Usurpators« Napoleon durch Preußen und postuliert ineins damit eine aktive nationale Außenpolitik Preußens auf der Grundlage nationaler und staatlicher Tradition: »Als sich Preußen (in Olmütz) vor Österreich beugte ... ward der rettende Gedanke Deutschlands, der in dem Preußen seine Stärke und seinen Beruf hat, totgesprochen. Als das offizielle Europa den Usurpator ... in der Stellung anzuerkennen eilte, in der es den caesarisch begabten Oheim nur überwältigt anerkannte, seitdem ist das legitime Europa nur mehr durch die Gewalt der geordneten über die ungeordneten Massen legitimiert, nicht mehr durch die Zuversicht tieferen Rechts, durch den Beruf, Ideen zu vertreten, die über die Angst des Augenblicks rettend und tröstend emporragen.« Als Heilmittel gegen die Angst des Augenblicks, ausgelöst durch die neue Rolle der Massen in der Politik, fordert Droysen die Orientierung an »Ideen«. Die borussianische Geschichtskonzeption mit der deutschen Aufgabe Preußens und mit der deutschen Aufgabe in der Welt definiert diesen »Beruf, Ideen zu vertreten«: Verwirklichung der exemplarischen, »wahren« Form von Herrschaft durch die Verfassungsform der konstitutionellen Monarchie und Verrichtung der weltgeschichtlichen Arbeit durch die preußisch-deutsche Nation in Ökonomie und Geisteskultur. Droysen selbst zieht dabei schon 1851 die Perspektive von der europäischen Mächteordnung zur Rivalität in einem zukünftigen Weltstaatensystem: »Wer mag sagen, wie die Dinge weiter verlaufen werden? Um die Zeit der Reformation entwickelte sich an dem Kampf des italienischen Staatensystems – auch fünf Staaten – der Anfang des europäischen Staatensystems; wird dem europäischen jetzt ein Weltstaatensystem folgen? In sich unruhig und wirr, bis sich, wie in jenem die fünfte Macht Preußen, so zwischen Nordamerika, England, Rußland, China die fünfte Macht findet? Und wird sie der geographischen Notwendigkeit folgend, wie einst Preußen, sich auferbauen an der Landenge, die die Ostmeere, oder an der, die die Westmeere scheidet, beim Suez oder Panama? Denn so gewiß der große Gang der Weltgeschichte ihren (!) Fortgang hat – daß er an *unsrer* Scholle haften bleibe ist keine Notwendigkeit ...«[119] Seit dem Erscheinen der ›Geschichte der preußi-

[119] Briefwechsel 2, S. 35.

schen Politik‹ von 1855 bis 1886 konnte kein Zweifel mehr darüber bestehen, wer diese Großmacht sein würde. Die außereuropäischen Handlungsräume der nationalen Politik waren bereits ins Auge gefaßt.

IV.

Versucht man abschließend zusammenzufassen, in welcher Weise der Borussianismus als Geschichtsbild und schließlich in seiner populären Fassung als mehr oder weniger diffuses ideologisches Konstrukt Krisenpunkte des Kaiserreiches vorbereitet oder verstärkt, so ergeben sich einige Thesen, die zwar stark vereinfachen, aber doch heuristischen Wert haben:

1. *Der Borussianismus trägt bei zu der Verfestigung der kleindeutschen Lösung und unterstreicht die absolute Führungsrolle Preußens im Reich.* Die Tradition des preußischen Machtstaates wird zur eigentlichen Reichstradition erklärt; das gilt für die Stellung von Bürokratie und Militär, aber auch für die Beurteilung der Tradition bürokratischer Reform von oben. Der Borussianismus begründet und legitimiert dabei nicht nur eine machtstaatliche, sondern auch eine intellektuelle und kulturelle Superiorität. Wenn Philipp von Nathusius, der Herausgeber eines konservativen ›Volksblatts für Stadt und Land‹ in Quedlinburg, den »preußischen Sieg 1866 als einen überwältigenden Ausdruck der Gesamtüberlegenheit Preußens über Österreich« feierte, so entsprach dies ganz der borussianischen Überzeugung[120]. In der Wendung des Liberalismus zur etatistischen Reichseinigungspolitik Bismarcks treten die machtstaatlichen Überzeugungen, die sich im »organischen« Liberalismus Norddeutschlands herausgebildet hatten, in Verbindung mit der bürokratisch-militärischen Struktur Preußens. Freiheitliche Traditionen, z.B. auch die des süddeutschen vormärzlichen Liberalismus verlieren an Kraft. Wichtige, in der politischen Realität des neuen Reiches nicht einfach zu beseitigende oder zu leugnende Traditionen und Loyalitäten wurden etwa von Heinrich von Treitschke als »hemmende Gegenkräfte« in einen grundsätzlichen Gegensatz zum neuen Reich gestellt: Österreich, der

[120] Zit. nach Faber, Realpolitik, S. 32.

Katholizismus als Ultramontanismus, der für doktrinär erklärte süddeutsche Liberalismus[121].

2. *Der Borussianismus untermauert den Machtstaatsgedanken nach innen und verfestigt ideologisch die Interferenz zwischen gesellschaftlicher und verfassungsrechtlicher Entwicklung.* Die Hypostasierung der konstitutionellen Monarchie als spezifisch deutscher und einzig wahrer Verfassungsform legitimierte historisch und theoretisch die fehlende parlamentarische Verantwortlichkeit der Regierung nach der Reichsverfassung von 1871 und verschärfte damit das politisch-gesellschaftliche Grundproblem des Kaiserreichs, die »Versteinerung überalterter gesellschaftspolitischer Machtverhältnisse, die den vollen Durchbruch der Industriegesellschaft und ihrer Klassen in der Reichspolitik und ihren Institutionen verhinderte und unerträgliche Spannungen im Staats- und Gesellschaftsgefüge herbeiführte«[122]. Die Frage, ob der in Deutschland entwickelte und vom Borussianismus zur einzig wahren Staatsform stilisierte Typ der konstitutionellen Monarchie eine, wie Böckenförde formuliert, »selbständige politische Form und in sich ruhende Ordnung neben Absolutismus und Parlamentarismus« gewesen sei[123], ist heute noch kontrovers. Gegen E.R. Huber, der dem deutschen Konstitutionalismus den Rang eines »systemgerechten Modells verfassungspolitischer Selbstgestaltung« zuweist[124], entwickelt Böckenförde mit überzeugenden Gründen die These, daß die konstitutionelle Monarchie ein »Zwischenzustand«, eine »Balancierung verschiedener politischer Formkräfte für eine Übergangszeit« sei. Ihre Bedeutung liege in der »Ermöglichung eines kontinuierlichen, auf einer Reihe von Kompromissen beruhenden Übergangs von monarchischer zu parlamentarischer Regierung, von der Monarchie zur Volkssouveränität«[125]. In der borussianischen Geschichtsteleologie wurde sie nicht als Übergangsform, sondern als Ziel der welthistorischen Entwicklung

[121] H. von Treitschke, Deutsche Geschichte im 19. Jahrhundert. 5 Bde, 1879–1894, Bd. 1, S. 3; vgl. E. Fehrenbach, Die Reichsgründung in der deutschen Geschichtsschreibung, S. 262; Droysen wußte sich mit Treitschke nach eigener Aussage »in den großen wissenschaftlichen und politischen Interessen ... gleicher Ansicht«; Briefwechsel 2, S. 938 (16. 11. 1880).

[122] Schieder, Grundfragen der neueren deutschen Geschichte, S. 28.

[123] Böckenförde, Der deutsche Typ der konstitutionellen Monarchie, S. 70.

[124] E.R. Huber, Deutsche Verfassungsgeschichte. Bd. 3, Stuttgart 1963, S. 11, vgl. insges. S. 4ff.

[125] Vgl. Böckenförde, Der deutsche Typ, S. 89.

dargestellt und verstärkte ihre »versteinernde« Wirkung durch die letztlich überhistorische Qualität, die sie als Prinzip sui generis annahm[126].

3. Der *Borussianismus bereitet einen Superioritätsanspruch Deutschlands in der Welt, die These von der deutschen Weltmission, vor.* Dieser Anspruch kündigt sich in der historisch-politischen These an, daß allein Preußen-Deutschland aufgrund seiner historischen Voraussetzungen mit der konstitutionellen Monarchie die für alle Staaten exemplarische Form staatlicher Herrschaft hervorgebracht habe, und daß ihm deshalb die Aufgabe zufalle, die europäische und, beim Übergang zum Weltstaatensystem, die Weltfriedensordnung zu garantieren. Der Borussianismus verdrängt das Bewußtsein von der politischen Rückständigkeit Deutschlands, das im Vormärz vor allem im südwestdeutschen Liberalismus vorhanden gewesen war und in der Vorgeschichte der Revolution von 1848/49 eine wesentliche Rolle gespielt hatte. An seine Stelle tritt die These von der Überlegenheit des deutschen Sonderwegs. Die ghibellinische Reichsidee entwickelt dabei eine eigene Dynamik, die über die politische Gesinnung ihres wichtigsten Vertreters, Droysen, z.T. hinausging. Mit dem Entschluß der Erbkaiserlichen 1848/49 zur kleindeutschen Lösung war die Tradition des universalen Kaisertums an sich abgebrochen, und der Kaisername konnte nur deshalb 1848 nahezu einstimmig übernommen werden, weil er eine bloße »Titelformalität« geworden war[127]. Während der konservative Katholik Constantin Frantz annahm, daß »der deutsche Volkskörper mit dem Untergang des Kaisertums sein früheres Einheitsprinzip verloren« habe[128], stellte der ghibellinische Reichsgedanke eben dieses Einheitsprinzip wieder her und verband durch die innere Konsistenz der Konstruktion den Universalitätsanspruch mit dem auf einen protestantischen Preußen übertragenen Kaisertitel, obgleich z.B. Droysen mit seiner antihabsburgischen und antikatholischen Grundeinstellung die Übernahme des Kaisertitels zunächst ablehnte. Die

[126] Zum Anteil liberal-konservativer Vorstellungen an Bismarcks Verfassung für den Norddeutschen Bund vgl. W. Bußmann, Bismarck: Seine Helfer und seine Gegner. In: Th. Schieder, E. Deuerlein (Hg.), Reichsgründung 1870/71. Stuttgart 1970, S. 129f.

[127] E. Fehrenbach, Wandlungen des deutschen Kaisergedankens 1871–1918. München 1969, insbes. S. 18ff.

[128] Constantin Frantz, Louis Napoleon (1852). Neudruck Darmstadt 1969, S. 56.

Droysensche Form, die ghibellinische Idee mit den liberal geprägten Vorstellungen von einer möglichst herrschaftsfreien Herrschaft zu verbinden, erlaubte die Deutung des vorhabsburgischen Kaisertums der Staufer bzw. des Luxemburgers Heinrich VII. als eine auf quasi-liberale Prinzipien gegründete Herrschaft. Sie belebte die Idee einer auf *auctoritas,* nicht auf *potestas* gegründeten Herrschaft neu und konnte so in der Phase der Beunruhigung der europäischen Mächte durch Napoleon III. dem französischen Caesarismus Napoleons ein historisch legitimiertes Herrschaftsprinzip gegenüberstellen, welches zugleich jene Nachteile zu vermeiden schien, welche den Caesarismus für die Liberalen anfangs so abstoßend machte: die Verbindung von plebiszitärer Demokratie mit autoritärer monarchischer Macht. So konnte dem Spiel Napoleons III. mit der abendländisch-karolingischen Tradition die Berufung auf die universalistische Tradition des deutschen Kaisertums und der *potestas* des Caesarismus die *auctoritas* des wahren – vorhabsburgischen – deutschen Kaisertums gegenübergestellt werden. Dieser Reichsgedanke öffnete sich aber dann durch die zunächst verdeckte und implizite Aufwertung der Macht zwischen 1850 und 1871 durchaus für konkrete *potestas* und für die Steigerung imperialistischer Ansprüche und konnte schließlich »realpolitische« Großmachtpolitik ideologisch absichern. Die Fundamente dafür wurden zwischen 1850 und 1867 gelegt: »Nicht erst seit dem weltpolitischen Ausgreifen unter dem neuen Kurs ließ man sich wieder vom Vorbild der Italienfahrten römisch-deutscher Kaiser inspirieren. Die ghibellinische Auffassung der mittelalterlichen Vergangenheit war nicht nur nie in Vergessenheit geraten, sie hatte auch lange vor der imperialistischen Wendung der deutschen Politik eine gewisse Aktualisierung erfahren.«[129]

4. *Der Borussianismus fördert den Hang zur Personalisierung von Herrschaft und Politik und stützt die irrationale Glorifizierung der Hohenzollern.* Die Notwendigkeit der Erbmonarchie war im »gemäßigten Liberalismus« schon deshalb nicht umstritten, weil sie dem Verfassungsideal der konstitutionellen Monarchie entsprach. Doch wurden ihre Vorzüge noch mitten in der revolutionären Bewegung von 1848/49 mit Argumenten

[129] H. Gollwitzer, Zur Auffassung der mittelalterlichen Kaiserpolitik im 19. Jahrhundert. In: R. Vierhaus, M. Botzenhart (Hg.), Dauer und Wandel in der Geschichte. Festgabe für K. von Raumer. Münster 1966, S. 507, vgl. insges. S. 483–512 passim.

begründet, die dem gleichzeitig vorgetragenen staatsbürgerlichen Selbstbestimmungsanspruch im Grunde widersprachen. In der Debatte über Artikel I, § 1a des Entwurfs der Reichsverfassung am 22. 1. 1849[130] betonte Dahlmann das »Gewicht eines erblichen Fürstenhauses, wie dieses die Schwächen, die Fehler, selbst die Laster des einzelnen Individuums im Volksglauben zu überbieten vermag« (das Protokoll vermerkt hier »Unruhe«). »Ein Haus gilt mehr, als ein Individuum. Ja, meine Herren, nehmen sie den Völkern, nehmen sie dem Volksleben seine tieferen Anhänglichkeiten ... nehmen sie selbst den einzelnen ihre edleren Täuschungen, so nehmen sie das Leben selbst, sie töten das Leben ab.« Es ist zu verstehen, was Dahlmann meint: die für die politische und soziale Integration wesentliche Rolle von Loyalitäten, die sich nicht durch nebensächliche Mängel derer, denen die Loyalität gilt, beirren läßt. Doch sind Dahlmanns Überlegungen nicht frei von dem Gedanken, den nach liberal-konservativer Vorstellung von den politischen Mitspracherechten ausgeschlossenen Schichten ohne Besitz und Bildung zum Ausgleich dafür die Möglichkeit zur »Anhänglichkeit« an das Herrscherhaus zu gewähren. Die Gewöhnung an das erbliche Fürstenhaus mußte dann allerdings schließlich auch Anhänglichkeit und Loyalität erzwingen, wenn die »Schwächen und Fehler«, wie bei Wilhelm II., über das Maß dessen hinausgingen, was selbst in einer konstitutionellen Monarchie politisch vertretbar war. Hinzu kommt die spezifisch borussianische Annahme, daß das Haus Hohenzollern gar nicht anders könne, als zum Wohle ganz Deutschlands zu handeln: »Uns thut ein Herrscherhaus noth, welches gänzlich sich unserem Deutschland widmet, gänzlich in Deutschland lebt und in nichts Anderem ... An dem Hohenzollernhaus Preußens *können* wir ein solches Herrscherhaus nicht nur haben, sondern mit dem schlechtesten und dem besten Willen kann es kein Sterblicher dahin bringen, daß wir es nicht an ihm hätten. Hier kommt es also durchaus nicht darauf an, eine Wahl zu treffen, sondern lediglich uns dieses Hauses von Anfang an zu versichern ...« Hier wird die Herrschaft der Hohenzollern schlechthin zur metaphysischen Notwendigkeit, die sich der historischen und politischen Beurteilung entzieht und unabhängig vom Willen der Staatsbürger unveränderlich und heilspendend vorgegeben

[130] Stenographischer Bericht über die Verhandlungen der deutschen constituierenden Nationalversammlung. Bd. VII, 4820.

ist. Droysen bindet dann in der Geschichte der preußischen Politik die Erfüllung der deutschen Aufgabe Preußens immer an die einzelnen Hohenzollernherrscher, eine Denkweise, die ihr reales Fundament in der Regierungsleistung des Großen Kurfürsten, Friedrich Wilhelms I., Friedrichs d. Großen hat. Die neue Hinwendung zur Außenpolitik fördert zusätzlich diese Konzentration auf das fürstliche Staatshandeln. Ist hier die Betonung der großen Individuen historisch in der Verfassungsstruktur des absolutistischen Staates begründet, so verwischt jedoch die direkte Analogisierung z.B. Bismarcks mit dem Großen Kurfürsten für das zeitgenössische politische Bewußtsein die fundamentalen Unterschiede der Verfassungsformen von Absolutismus und konstitutioneller Monarchie – ein Beitrag zur Schwächung des verfassungspolitischen Gewissens des Nationalliberalismus.

Die Glorifizierung von Herrschaftspersönlichkeiten kann sich darüberhinaus auch auf das liberale Persönlichkeitsideal stützen, das seinerseits im Strukturwandel von der vormodernen *societas civilis* zur bürgerlichen Gesellschaft in der Reformära wurzelt. Es ermöglicht und trägt zunächst den bürgerlichen Selbstbestimmungsanspruch. Die Individualisierung von Moral und Ethos erscheint als notwendige Bedingung der Entwicklung von der Untertanengesellschaft zur Staatsbürgergesellschaft, die freie, selbstbestimmte Persönlichkeit definiert sich selbst als Träger der historischen Entwicklung. Dieses Persönlichkeitsideal disponierte schon vor dem historischen Auftreten Bismarcks die konservativen Liberalen für eine besondere Affinität zu überragenden Persönlichkeiten, so etwa bei der allgemeinen und zur Überschätzung neigenden Verehrung für Heinrich von Gagern 1848.

Wäre der Vorgang nicht erklärbar, so könnte man es fast eine Tragik des Liberalismus nennen, daß diese Hochschätzung der Persönlichkeit, die sich im Kampf gegen die Sozial- und Herrschaftsstruktur der vormodernen *societas civilis cum imperio* herausbildet, und als spezifisch bürgerlicher Wert den bürgerlich-liberalen Anspruch auf Beteiligung an der Macht und auf Versittlichung und ethische Bändigung der Macht trägt, schließlich den Repräsentanten des monarchischen Autokratieanspruchs zugute kommt: Bismarck und Wilhelm I. Voraussetzung dafür ist die zumindest vom norddeutsch-protestantischen Liberalismus des Vormärz unterstellte Harmonie der Interessen und Ziele zwischen den prinzipiell reformbereiten, modernisierungswilligen und national-deutsch gesinnten Hohenzollernmonarchen mit dem vom »Gemeingeist« erfüllten staatsnahen liberalen Bürgertum[131]. Der Borussianismus war eine nur vor dem Hintergrund der Reformaktivitäten des deutschen Spätabsolutismus mögliche Bewegung, die Hohenzollerndynastie durch Verdeutlichung historischer Kontinuitätslinien und politischer Ziele auf ihren vermeintlichen ursprünglichen Weg zur Verwirklichung spezifisch bürgerlicher Ziele – der nationalen Einheit und der Partizipation der Staatsbürger an der politischen Willensbildung – zurückzubringen, der vorübergehend, aber korrigierbar, verlassen worden war.

5. *Der Borussianismus verficht den Vorrang des Protestantismus im deutschen Nationalstaat, legitimiert die Idee eines protestantischen Kaisertums* und leistet damit keinen Beitrag zum Abbau der Spannung zwischen preußisch-protestantisch staatsbezogenem Denken und Fühlen und katholisch-universalistischer Mentalität. Grundlegend dafür ist die Deutung der Reformation als religiös-politischer Modernisierungsleistung, an deren Spitze seit dem 17. Jahrhundert Preußen und die Hohenzollern gestanden hätten. Deutsch-Sein und Protestantisch-Sein wurden gleichgesetzt. So war für Droysen der Sieg von 1866 ein »Triumph des rechten deutschen Geistes über den falschen, des Geistes von 1517 und 1813 über den romanischen«[132]. Der Sieg von Königgrätz wurde als letzter Akt in dem siegreichen Kampf des protestantisch-national-freiheitlichen Prinzips über die freiheits- und nationalstaatsfeindliche Herrschaft Roms gepriesen, eine Konstruktion, auf deren Boden erst der Kulturkampf und die Rede von den katholischen »Reichsfeinden« möglich wurde. Wenn sich im Kaiserreich schließlich die Monarchen selbst um eine betont überkonfessionelle Stellung bemühten und die Idee eines »evangelischen Kaisertums« von ihnen nicht als politisches Programm verfolgt wurde, so tradierte sich doch der preußisch-protestantische Prioritätsanspruch selbst bis in die gesamtnationale Notsituation des Weltkriegs hinein – auf dem

[131] Vgl. dazu W. Hardtwig, Politische Gesellschaft und Verein zwischen Aufgeklärtem Absolutismus und der Grundrechtserklärung der Frankfurter Paulskirche. In: G. Birtsch (Hg.), Grund- und Freiheitsrechte in der europäischen Geschichte. Göttingen 1980.

[132] Briefwechsel 2, S. 871; vgl. dazu auch Faber, Realpolitik als Ideologie, S. 35 ff. und ähnliche Belege bei Fehrenbach, Wandlungen des deutschen Kaisergedankens, S. 31.

Boden der spezifisch borussianischen Konstruktionen. In einem Aufsatz über ›Luther und den deutschen Geist‹ (›Zum 31. Oktober 1917‹) zieht Max Lenz die Kontinuitätslinie durch von Luther bis zu Wilhelm II.: »Als ... Luther die morsch gewordenen Fesseln zerbrach, welche die welsche geistliche Schirmgewalt ... über die Nation geworfen hatte, gab er dieser die Richtung und das Ziel an, in dem ihr Ehrgeiz befriedigt werden konnte ...«. Seit dem »Zeitalter des Großen Kurfürsten ... ist die ganze Entwicklung des Lebens unserer Nation *ein* Zeugnis für die Kräfte, die der evangelische Geist bewahrt hatte. Alle Vorkämpfer des neuen Deutschlands sind Protestanten gewesen: der Große Kurfürst und Friedrich der Große, Freiherr vom Stein und Scharnhorst, fast alle Wortführer und Propheten des nationalen Staates, von Ernst Moritz Arndt bis zu Heinrich von Treitschke; so auch die Staatsmänner und zu allermeist die Heerführer, die Fürsten selbst, die das Haus, in dem wir wohnen, gebaut haben, die Rüstung geschaffen haben, in der wir heute dem Andrang einer Welt von Feinden siegreich widerstehen: Bismarck und Roon und Moltke, Kaiser Wilhelm der Alte und sein herrlicher Sohn und sein Enkel, dessen Ruf die ganze Nation zu dem gerechtesten aller Kriege gefolgt ist«[133]. Diese konfessionell begründete »liberale Arroganz«[134] mußte für die innere Reichsgründung um so störender sein, als die Mehrzahl der deutschen Katholiken zwar die Vorgänge von 1866 als revolutionären Bruch empfunden hat, die Reichsgründung aber keineswegs ablehnte[135] und Ketteler bei aller Kritik am Borussianismus die Loyalität der Katholiken gegenüber dem neuen Reich mehrmals betont hat. Die Wiederbelebung der deutschen Kaiseridee im katholisch-großdeutschen Lager, schon vor 1866 ausgelöst vor allem durch die Auseinandersetzung mit dem Caesarismus Napoleons III., ging ausdrücklich mit dem Verzicht auf die theokratische Komponente des alten Kaisertums einher, bevor überhaupt an die Möglichkeit eines protestantisch-preußischen Kaisertums gedacht wurde[136]. Auch die borussianisch-protestantische Idee eines evangelischen Kaisertums, die Bismarck 1872 schließlich selbst ausdrücklich pro-

[133] Max Lenz, Luther und der deutsche Geist. In: Ders., Kleine historische Schriften. München, Berlin 1920, S. 17, 19, 20.

[134] Bußmann, Bismarck. Seine Helfer und seine Gegner, S. 134.

[135] Vgl. R. Lill, Die deutschen Katholiken und Bismarcks Reichsgründung. In: Schieder, Deuerlein (Hg.), Reichsgründung, S. 345ff., hier bes. S. 345.

[136] Vgl. Fehrenbach, Wandlungen des deutschen Kaisergedankens, S. 18ff.

klamierte[137], obgleich ihm die kulturprotestantische Erklärung des Sieges 1866 ferne stand, schloß die strikte Trennung von Staat und Kirche ein, doch mußte die Vereinnahmung aller nationalen und »fortschrittlichen« Errungenschaften für das protestantische Preußentum durch die borussianische Geschichtsauslegung die nationale Identitätsbildung auf Dauer schwer belasten.

6. *Der Borussianismus beeinflußt das Identitätsbewußtsein der Nation im machtstaatlich-militaristischen Sinne.* Ist Identität die »richtige Antwort auf die Frage, wer wir sind«[138] und wird diese Antwort gesucht als Antwort auf die Frage, woher wir kommen und wohin wir gehen, so wird Identität entscheidend gebildet durch die Vermittlung von historischer Erfahrung und politisch-sozialer Erwartung. In welchem Maße die historistische Geschichtsschreibung, insbesondere die borussianische, den Anspruch erhob, durch das richtige Geschichtsbild das politische Handeln für die Zukunft zu orientieren, ist oben gezeigt worden. Eine entscheidende Bedeutung bei dieser Orientierung kommt der Wahl nationaler Leitbilder zu, an welchen die Nation ihre Vorstellung darüber bildet, was politisch gut und richtig ist, »was in dieser Welt wirklich zählt«[139]. Als Heinrich von Treitschke nach 1871 seine ›Deutsche Geschichte im 19. Jahrhundert‹ konzipierte, verfolgte er die Absicht, »eine allen Gebildeten gemeinsame nationale Geschichtsüberlieferung« zu schaffen[140], und damit das »einmütige Gefühl froher Dankbarkeit« auch bei den Deutschen zu wecken, »das ältere Nationen ihren politischen Helden entgegenbringen« und das die Deutschen bisher nur »für die großen Namen unserer Kunst und Wissenschaft« hegten. Er machte damit dieselbe Absicht ausdrücklich, die Droysen schon Mitte der 50er Jahre verfolgt hatte: dem politischen Bewußtsein der Deutschen eine preußisch-protestantische Identität zu geben. Der Wandel der politischen Wertvorstellung des gemäßigten Liberalismus selbst in der Ausbildung des borussianischen Geschichtsbilds, der Versuch, das historisch-politische Bewußtsein der Deutschen im preußisch-machtstaatlichen Sinne umzuformen und schließlich die Aus-

[137] Otto von Bismarck, Die gesammelten Werke, Berlin 1924–1935, Bd. II, S. 256f.

[138] Vgl. oben Anm. 16.

[139] Vgl. oben Anm. 20.

[140] Treitschke, Deutsche Geschichte im 19. Jahrhundert, Bd. 1, S. V.

wirkungen dieses Versuchs können exemplarisch verdeutlicht werden an der Rolle, welche Friedrich d. Große für die Identität der neuen deutschen Staatsnation spielte. Angesichts der von den Liberalen im Vormärz und während der Revolution von 1848/49 bevorzugten Werte wie »Gemüt«, »sittlicher Ernst«, »Idealismus« zeigte sich Droysen im Vormärz noch voller Vorbehalte gegen Friedrich d. Großen. Seine Einstellung wandelte sich schon vor dem Auftreten Bismarcks vollständig. Baumgarten hat die politische Stoßrichtung dieser Umwertung Friedrichs zu einem nationalen Leitbild präzis beschrieben. In ironischer rhetorischer Antithetik stellt er dar, daß Friedrich »an dem Maß der unter uns Deutschen herrschend gewordenen Betrachtungsweise gemessen ... kaum recht bestehen kann«. Er habe den »Idealen unseres kleinstaatlichen Gemüts nicht entsprochen«, das Selbstbestimmungsrecht der Schlesier gebrochen, »in der polnischen Teilung ein Verbrechen begangen, von dem sich jeder aufrichtige Liberale mit tiefster Entrüstung abwenden muß; er hat sein Heer und somit den Adel in einer Weise bevorzugt, das unser bürgerliches Bewußtsein auf das Entschiedenste mißbilligen muß«. Wenn Friedrich trotz seiner ungemütlichen, kalt-rationalen, harten und abweisenden Natur »auf lange der Mittelpunkt deutscher Gedanken und Hoffnungen« geworden sei, so beweise dies »das Walten eines mächtigen Dranges in ihrem (der Nation) Inneren nach Macht und Größe ...«[141]. Hier bahnt sich schon die Analogisierung von Bismarck und Friedrich an, die Droysen 1883 formuliert: »Er (Friedrich) kann alles, was er als König muß, wie Bismarck auch alles weiß, was er braucht, und alles kann, was er will.«[142] Die Erhebung Friedrichs und Bismarcks zu den zentralen Leitbildern des politischen Bewußtseins sollte die Identität der Nation in Opposition zu den vormärzlichen liberalen Wertvorstellungen am politischen Machtwillen und den realpolitischen Methoden der Leitbilder orientieren. Bei dieser Aufwertung Friedrichs ist zu beachten, daß Friedrich als rigoroser Verfechter der »Staatsräson« mit der Entfesselung des schlesischen Krieges einen selbst für die Staatenwelt des Absolutismus sensationellen Rechtsbruch beging und den Folgen dieses Rechtsbruchs im Siebenjährigen Krieg mit einem Präventivkrieg begegnen mußte. Die Erinnerung an den Siebenjährigen Krieg befestigte für die Kriegspublizisten des Ersten Weltkriegs den Glauben daran,

[141] Baumgarten, Liberalismus, S. 28.
[142] Briefwechsel 2, S. 968; 8. 9. 1883, an seinen Sohn Gustav.

daß sich bei der nötigen Geschlossenheit und dem Festhalten an den preußischen Tugenden auch ein Mehrfrontenkrieg gewinnen lasse. Die Verehrung für Friedrich und Bismarck verengte zugleich die politische »Kunst« auf den Vorrang von Außenpolitik und Kriegführung. Droysens hemmungslose Bismarckverehrung spricht sich aus zu einem Zeitpunkt, als Bismarck zwei innenpolitische Grundentscheidungen gefällt hatte, die für die innere Integration und also die Identität der Nation und für die Entwicklung des Parlamentarismus im Kaiserreich die negativsten Folgen haben mußten: die Verabschiedung des Sozialistengesetzes 1878 und der innenpolitische Koalitionswechsel von den Nationalliberalen zum bisher als ultramontan bekämpften Zentrum. Der Politik polizeistaatlicher Unterdrückungsmethoden und des rücksichtslosen Taktierens mit Parteien und ihrer politischen Überzeugung und damit die faktische Entwertung des Parlaments ging somit in das ein, was der Nation als exemplarisch für staatsmännisches Handeln präsentiert wurde. Für die äußere Politik zeigt die Verbindung von Bismarck und Friedrich die Dynamik, welche das borussianische Denken schließlich an imperialistische Zielsetzungen heranführte. Denn anders als für Ranke, der Friedrich als den Vollender der europäischen Gleichgewichtsordnung interpretierte, war Friedrich für Droysen der Überwinder des europäischen Staatensystems, der »Richter über eine morsche Welt«[143].

In welcher Weise solche Leitbilder unmittelbar praktisch wirksam werden konnten, sollte sich in der Vorgeschichte des Ersten Weltkriegs zeigen: die politischen und militärischen Aspekte des Schlieffen-Planes setzten historische Assoziationen voraus, die sich unmittelbar mit den Leitbildern Friedrich und Bismarck und der spezifischen Kombination beider verband: militärisch war Schlieffen von der absoluten Zuverlässigkeit seines Siegesrezepts überzeugt: des von ihm so genannten »Cannae«- oder »Leuthen«-Prinzips, die Entscheidung durch Umgehungsmanöver und Flankenangriff. Die historische Bewährung des Prinzips, vor allem durch Friedrich d. Großen, trug Schlieffen über alle militärischen Fragwürdigkeiten seines Planes hinweg[144]. Die politischen Überlegungen über die Zulässigkeit ei-

[143] W. Bußmann, Friedrich der Große im Wandel des europäischen Urteils. In: Ders., Wandel und Kontinuität in Politik und Geschichte. Hg. von W. Pöls. Boppard 1973, S. 261f.

[144] Vgl. G. Ritter, Staatskunst und Kriegshandwerk. Das Problem des »Militarismus« in Deutschland. Bd. 2, München 1960, S. 247ff.

nes Überfalls auf das neutrale Belgien mündeten in der allgemeinen Überzeugung, der Gegner würde »skrupelfrei und praktisch« (d.h. realpolitisch) genug sein, den Rechtsbruch seinerseits zu begehen[145]. Der unverdächtige Beurteiler Gerhard Ritter bezeugt, »daß Schlieffen sich von dem ›skrupelfreien‹ Vorgehen der Franzosen ein schiefes, zum mindesten allzu stark vereinfachtes Bild gemacht hat«[146]. Die militärische Führung und mit ihr die öffentliche Meinung Deutschlands 1914 war der historisch-ideologisch bedingten Projektion der eigenen, verinnerlichten und zur allgemeinen politischen Handlungsmaxime gewordenen Konzeption der »Realpolitik« auf den Gegner zum Opfer gefallen.

7. *Der Borussianismus fördert das, was man die »Metaphysierung der Politik« nennen könnte.* Wie in den großen Werken der borussianischen Historie, so erschien in der borussianischen nationalpolitischen Publizistik der preußische Sieg von 1866 als ein »notwendiges Postulat der Geschichte«[147]. Die borussianische Geschichtsdeutung verband die Hinwendung zur Realität des politischen Handelns mit der Rahmenvorstellung ihres umfassenden teleologischen Entwicklungsgedankens, in welchem jedes einzelne politische Ereignis seinen Platz als Resultat geschichtlicher Notwendigkeit hat. Die Auslegung der preußisch-deutschen Geschichte als Ergebnis eines überpersonalen objektiven Willens konnte die widersprüchlichen Ereignisse auf dem Weg zur Nationalstaatsbildung in die Gewißheit integrieren, daß letztlich doch alles Geschehen der Realisierung des Nationalstaatsprinzips diente[148]. Treitschke formulierte 1885 die allgemeine Überzeugung der nationalpolitischen Publizistik: »Über dem bunten Wirrsal waltet die Notwendigkeit einer erhabenen Vernunft.«[149] Diese Annahme birgt zum einen die Gefahr eines gewissen politischen Quietismus in sich, der die Liberalen hinsichtlich ihrer Verfassungsideale teilweise erlegen sind: Karl Twesten zum Beispiel war der Überzeugung, diese liberale

[145] So Gerhard Ritter, ebd., S. 242.

[146] Ebd., S. 242.

[147] Adolf Schmidt, Preußens deutsche Politik. 1785, 1806, 1849, 1866. Leipzig 1867, 3. Aufl. (zuerst 1850), zit. nach Faber, Nationalpolitische Publizistik, Nr. 31.

[148] Zur Bedeutung der Hegelschen Geschichtsphilosophie für die historisch-politischen Argumentationen des politischen Tageskampfes vgl. Faber, Nationalität und Geschichte, S. 117.

[149] Treitschke, Deutsche Geschichte im 19. Jahrhundert, Bd. 3, 1885, Vorwort.

Verfassung werde sich als Resultat des ökonomischen und sozialen Aufstiegs des Bürgertums notwendig einstellen[150]. Die Vorstellung, das Gewünschte werde durch die Geschichte selbst verwirklicht, verleitete andererseits dazu, das, was sich tatsächlich vollzog, zum Ausdruck geschichtlicher Notwendigkeit hochzustilisieren und als Ergebnis eines überpersonalen Willens, der Geschichte an sich, hinzunehmen. Faber[151] zeigt mit prägnanten Beispielen, wie in der nationalpolitischen Publizistik der Bruch des positiven und historischen Rechts gerade durch die unterstellte Notwendigkeit der Entwicklung gerechtfertigt wird. Die geschichtsphilosophischen Denkkategorien geben nunmehr den Rahmen ab, um sich einer ethischen Bewertung der Methoden und Ergebnisse der Realpolitik und dem Bewußtsein individueller politischer Verantwortung des einzelnen zu entziehen. Rochau erklärte 1869 im 2. Band seiner ›Realpolitik‹ die Neugestaltung Deutschlands durch Preußen als notwendiges »Naturgesetz«, dessen Beurteilung jenseits aller Privatmoral liege.

Dem borussianischen Liberalismus hat sich im Zuge der Bismarckschen Nationalstaatsbildung ein Problem gestellt, dessen fundamentale Bedeutung für alles politische Handeln im »Zeitalter der Ideologien«[152] immer deutlicher hervorgetreten ist: das der Vermittlung von politischen Zielen, die als unbezweifelbar vernünftig, als überhistorisch legitimiert vorausgesetzt sind, mit der politischen Handlungspraxis, mit den Methoden. Wenn Baumgarten nach Königgrätz den Eindruck hatte, daß der Liberalismus und seine »bisherige Art, Politik zu machen, auf dem Holzwege« gewesen sei und »eine vollständige Umkehr in unserem politischen Denken sowohl wie in unserem politischen Tun not ist«[153], so forderte er nicht die Revision der Ziele, sondern die der Methoden. Die Geschichtsphilosophie, der Glaube an die historische Notwendigkeit des Ziels »Nationalstaat«, das prinzipiell nicht in Frage gestellt werden kann, degradiert die Politik faktisch zu einer bloßen Sache der Metho-

[150] Vgl. Th. Nipperdey, Grundprobleme der deutschen Parteiengeschichte. In: Ders., Gesellschaft, Kultur, Theorie. Göttingen 1976, S. 95f.

[151] Faber, Realpolitik als Ideologie, S. 19ff.

[152] O. Brunner, Das Zeitalter der Ideologien, Anfang und Ende. In: Ders., Neue Wege der Verfassungs- und Sozialgeschichte. 2. verm. Auflage, Göttingen 1968, S. 45ff.

[153] Brief an Treitschke, vom 10. 8. 1866, in: J. Heyderhoff, P. Wenzcke, Deutscher Liberalismus im Zeitalter Bismarcks, Bd. 1, Bonn 1925, S. 341.

denwahl. Die ideologische Gewißheit über das Ziel entleert das politische Alltagshandeln von der »Gesinnung«; diese zeigt sich nicht mehr im *Wie* des Handelns selbst, sondern ist im *Wozu*, im Ziel aufgehoben. Das Handeln wird dementsprechend zu einer bloß technischen Frage, gewinnt aber als solches neue Bedeutung. Daher tritt jetzt die Reflexion auf die Form des Handelns selbst in den Vordergrund: die Theorie der Realpolitik als Theorie der politischen Mittelwahl wird zur Theorie der Politik selbst. Die Wendung zum politischen Realismus im borussianischen Liberalismus setzt das Wissen um die »Notwendigkeit« bestimmter Ziele voraus, die durch geschichtliche Vorgänge selbst nicht mehr in Frage gestellt werden können; sie beruht also auf quasi-metaphysischen geschichtsphilosophischen Konstruktionen des Geschichtsverlaufs im Ganzen. Die borussianische Geschichtsphilosophie brachte in der Tat »eine grundsätzliche Neufassung des Wesens von Politik« hervor, die nicht in der Änderung von Zielen besteht, wohl aber in der Änderung der Mittel und vor allem im veränderten Verhältnis von Zielen und Mitteln[154]. Die Neufassung des Wesens von Politik besteht in der Rechtfertigung »realistischer« und zunehmend naturalistischer, sozialdarwinistischer Praktiken, die erst durch ihren Bezug auf die quasi-metaphysische Gewißheit des richtigen Zieles ermöglicht wurde.

Schließlich förderte die Ausgleichung der Bereiche von Politik und Religion im borussianischen Geschichtsbild, die säkularisierend-politische Deutung der Reformation und die Verbindung des protestantischen Prinzips mit Preußen und den Hohenzollern die direkte Übertragung sakraler Kategorien in das politische Denken. Der liberale Jurist R. von Ihering schwenkte 1866 innerhalb weniger Wochen vom heftigen Bismarck-Kritiker um zu der Meinung, in Bismarck sei ein »politischer Messias« auferstanden[155]. Der neuerstandene Barbarossa Wilhelm I. konnte als »wahrer Heiland und Erlöser« gefeiert werden, der die »moderne und künftige germanische Weltherrschaft« nach den Grundsätzen des Völkerrechts errichten werde[156]. E. L. von Gerlach beschrieb also nicht nur Bismarcks politische Sprache, sondern sprachpolitische und somit ideenpolitische Auswir-

[154] In diesem Sinne erscheint mir die These von Th. Nipperdey, Grundprobleme der deutschen Parteiengeschichte, S. 96, korrekturbedürftig.

[155] Ihering an Bernhard Windscheid am 19. August 1866, zit. in Faber, Realpolitik als Ideologie, S. 16.

[156] Zit. nach Fehrenbach, Wandlungen des Kaisergedankens, S. 26.

kungen des Borussianismus, als er nach 1866 das »beständige im Munde führen des Namens Gottes ... als einen der dunkelsten Züge der Zeit« beklagte und die Unsicherheit in der Bewertung des Geschehens darauf zurückführte, daß die »unverstandenen Worte« Staat, Volk, König, Nationalität in »Natursubstanzen oder Götzen« verwandelt würden, auf die göttliches und menschliches Recht sich nicht anwenden ließen[157].

Will man abschließend versuchen, den politischen Stellenwert des Borussianismus ganz kurz zu umreißen, so kann man ihn wohl darin sehen, daß er Grundüberzeugungen und Merkmale des Liberalismus mit den machtstaatlichen, militärischen und bürokratischen Traditionen Preußens versöhnte und dem neuen deutschen Reich so die Handlungsenergie, das Pflichtbewußtsein, die politische Leidenschaft und den politischen Glauben großer Teile des liberalen Bürgertums zuführte, den notwendigen Konflikt zwischen den politischen Idealen Einheit oder Freiheit abschwächte, oppositionelle Kräfte des Bürgertums in den wilhelminischen Machtstaat integrierte, ohne das notwendige Gegengewicht, die Parlamentarisierung des Reiches, durchzusetzen. Hingegen erhielt das Großmachtstreben ein in sich relativ schlüssiges, plausibles ideologisches Fundament.

[157] Zit. nach Faber, Realpolitik als Ideologie, S. 34.

5. Wissenschaft als Macht oder Askese: Jacob Burckhardt

I. Typen des politischen Professors

Es gehört mit zur Ausstrahlung und zur Wirkungsgeschichte Jacob Burckhardts, daß Leben und Werk, Denken und Auftreten schon zu seinen Lebzeiten, erst recht aber in der Überlieferung, von einer Aura der Reserviertheit und Schwer-Ergründlichkeit, der Inkomparabilität, ja geradezu des Geheimnisvollen umgeben sind. Dazu haben verschiedene Faktoren beigetragen: seine höchst kunstvolle Selbststilisierung, welche die leidenschaftliche Bewegtheit und den rückhaltlosen Erkenntniswillen einer vielseitigen und in sich widersprüchlichen Persönlichkeit zugleich andeuten und verdecken sollte; seine Freundschaften und Bekanntschaften mit sehr verschiedenen, aber originellen Zeitgenossen aus Wissenschaft, Dichtung und Politik, von den Lehrern Ranke, Droysen und Kugler über die Demokraten und 48er-Revolutionäre Ferdinand Freiligrath, Theodor Mundt, Hermann und Eduard Schauenburg, Gottfried Kinkel bis zu den spätklassizistischen Poeten Emanuel Geibel und Paul Heyse, zu Arnold Böcklin und zu seinem Hörer und Kollegen Friedrich Nietzsche. Vor allem war es sein völliger Rückzug auf das Katheder der Universität Basel, der ihm insbesondere bei seinen deutschen Kollegen den Ruf der Sonderbarkeit eintrug. So entstand das vielfach bis heute gepflegte Bild vom weltabgewandten Kontemplator und vom unpolitischen Connaisseur der alteuropäischen Bildungs- und Kunstwelt.

Dieser Eindruck war nicht unberechtigt. Er stützte sich vor allem auf das Erscheinungsbild des alten Burckhardt, der mit der Veröffentlichung der ›Kultur der Renaissance in Italien‹ 1867 auch seine schriftstellerischen Ambitionen endgültig abgearbeitet zu haben schien, der die Universität Basel zur »metaphysischen Notwendigkeit« erklärte und der, wie verschiedentlich überliefert ist, das Selbstverständnis der Universität Basel als einer sich selbst genügenden Geisteswelt bis weit über die Jahrhundertwende hinaus geprägt zu haben schien. Dieser Rückzug von der Teilnahme am literarischen und politischen Leben hat bis heute dazu geführt, daß die Grundlagendiskussion der Geschichtswissenschaft auf Burckhardts Konzeption des historischen Studiums kaum zurückgekommen ist, obgleich auf der anderen Seite der Erkenntnisgewinn seiner Gegenwartskritik, seiner Distanz zum modernen nationalen Machtstaat[1], seines kultur- bzw. gesellschaftsgeschichtlichen Ansatzes[2], seiner typisierenden Betrachtungsweise[3], immer stärker herausgearbeitet wurde. So ergibt sich das paradoxe Erscheinungsbild, daß die analytische Kraft des Burckhardtschen Geschichtsdenkens sich zunehmender Würdigung erfreut, daß zugleich aber Burckhardts Wissenschaftsverständnis unbeachtet blieb oder mit der seit Löwith gängigen Formel von der Wendung zu A-Politie aus der Diskussion ausgeschlossen bleibt[4].

Rein biographisch gesehen endet Burckhardts Teilnahme an der aktiven Politik in der Tat mit der Niederlegung der Redakteurstelle an der konservativen ›Basler Zeitung‹ und mit der Hinwendung zur »Bildung Alteuropas« in der unmittelbaren Vorgeschichte der revolutionären Erschütterung Europas 1848/49. Doch geht die Frage nach dem Verhältnis von Politik und Wissenschaft bei Burckhardt so wenig wie bei anderen Historikern in der biographischen Antwort auf. Auch der biographische Befund selbst ist weniger eindeutig, als es auf den ersten Blick scheinen möchte. Denn Vita und Denken, Lebensführung und historisch-politischer Weltentwurf zeigen bei Burckhardt – wie übrigens bei vom denkerischen Rang her vergleichbaren Gestal-

[1] Vgl. bes. Th. Schieder, Die historischen Krisen im Geschichtsdenken Jacob Burckhardts. In: Schicksalswege deutscher Vergangenheit. Festschrift für S. A. Kaehler. Hg. v. W. Hubatsch. Düsseldorf 1950, S. 421–454; ders., Das Problem der Revolution im 19. Jahrhundert (1950). Zuletzt in: Ders., Staat und Gesellschaft im Wandel unserer Zeit. Studien zur Geschichte des 19. und 20. Jahrhunderts. München 2. Aufl. 1970, S. 11–57, bes. S. 11ff.; E. W. Zeeden, Der Historiker als Kritiker und Prophet. Die Krise des 19. Jahrhunderts im Urteil Jacob Burckhardts. In: Die Welt als Geschichte 11 (1951), S. 154–173; W. Kaegi, Jacob Burckhardt und sein Jahrhundert. Basel 1968.

[2] Vgl. dazu vor allem W. Kaegi, Jacob Burckhardt. Eine Biographie. 6 Bde. Basel 1947–1977; Th. Nipperdey, Die anthropologische Dimension der Geschichtswissenschaft. Zuletzt in: Ders., Gesellschaft, Kultur, Theorie. Göttingen 1966, S. 33–58, bes. S. 38ff.

[3] Vgl. Th. Schieder, Der Typus in der Geschichtswissenschaft (1952). Zuletzt in: Ders., Staat und Gesellschaft, S. 172–189; ders., Strukturen und Persönlichkeiten in der Geschichte (1962). Zuletzt in: ders., Geschichte als Wissenschaft. Eine Einführung, München, Wien 2. Aufl. 1968, S. 157–194; J. Rüsen, Die Uhr, der die Stunde schlägt. Geschichte als Prozeß der Kultur bei Jacob Burckhardt. In: K.-G. Faber, Chr. Meier (Hg.), Historische Prozesse. München 1978, S. 186 bis 217; R. Vierhaus, Zum Problem historischer Krisen. Ebd., S. 313–129, bes. S. 315ff.

[4] K. Löwith, Jacob Burckhardt. Der Mensch inmitten der Geschichte (1936). Stuttgart 2. Aufl. 1966, S. 152–198.

ten wie Ranke, Droysen oder Max Weber – eine bemerkenswerte Koinzidenz. Es drängt sich demnach die Frage auf, was die Entscheidung für die äußerlich bewußt engräumige, zurückgezogene Existenzform eines akademischen Lehrers in Basel mit seiner Konzeption von Wissenschaft bzw. Historie, vor allem aber mit dem Verhältnis von Wissenschaft und Politik *in dieser Konzeption* zu tun hat. Burckhardt ist in keinem Wortsinn als »politischer Professor« zu bezeichnen, selbst wenn man diesen Begriff weit faßt und die verschiedenen Spielarten dieser Existenz- und Denkform berücksichtigt, wie sie die deutsche Gelehrtenwelt seit der Konfrontation der deutschen Staaten mit der Französischen Revolution und der Napoleonischen Hegemonie so zahlreich hervorgebracht hat. Er ist weder – wie etwa Heinrich Luden – zum pädagogischen Präzeptor einer nationaldemokratischen Jugendbewegung geworden, noch wählte er die entgegengesetzte Rolle eines politischen Fürstenberaters wie Ranke, er gehörte schließlich auch nicht zum Typus des »politischen Professors« im engeren Sinn, wie etwa Dahlmann und Waitz, oder wie endlich Droysen, Sybel oder Treitschke, welche die Historie bewußt mehr oder weniger unmittelbar in den Dienst politischer Zielsetzungen stellten und von diesen her die Historie parteiisch schrieben. Ist Burckhardts Existenzform und Denkweise demnach schlicht »unpolitisch«? Will man sie »politisch« nennen, so muß sie es doch in einem ganz anderen Sinne sein als bei seinen Zeitgenossen.

II. Historie als Bewältigung von Ohnmachtserfahrung

Vorweg muß daran erinnert werden, welch zentrale Stellung die Themen »Macht« und »Herrschaft« im Denken Burckhardts einnehmen. Zwar hat er in seinen selbstpublizierten Werken den Gegenstandsbereich der Historie vor allem in Richtung auf Kultur und Kunst hin erweitert. Doch darf nicht übersehen werden, daß er gleichzeitig – neben der Schilderung und Analyse von Machtstrukturen und Formen der Machtausübung in den kulturhistorischen Querschnitten – in seinen Vorlesungen die politische Geschichte in den Mittelpunkt gestellt hat. Die Beschäftigung mit dem Problem des politischen Handelns kulminiert in der Vorlesung ›Über das Studium der Geschichte‹, den sogenannten ›Weltgeschichtlichen Betrachtungen‹. Sie geben in der Untersuchung über die wechselseitige Bedingtheit der Handlungssphären Staat, Religion, Kultur, in der Analyse beschleunigter Prozesse (Krisen) und in der Abhandlung über das Verhältnis von weltgeschichtlichen Individuen und Gesellschaft eine auf empirische Anschauung gestützte systematisierte Analyse politischer Handlungsbedingungen, Handlungsinteressen und Handlungsformen. Dabei hebt der vermeintlich unpolitische Kunst- und Kulturhistoriker die Reflexion auf Bedingungen, Motive und Konsequenzen des politischen Handelns auf ein neues Niveau. Burckhardt hatte die Theodizeegewißheit der Gründerväter des deutschen Historismus verloren. Er mochte sich nicht mehr der Überzeugung überlassen, die bei Ranke oder Droysen – ungeachtet aller Abgrenzung von der Geschichtsphilosophie Hegels – doch die Grundeinstellung gegenüber der Vergangenheit beherrschte: daß das Wirkliche und also auch die reale Macht in ihren verschiedenen Erscheinungsformen vernünftig und daß umgekehrt das Vernünftige wirklich sei oder zumindest werde. Diese Preisgabe der Theodizeegewißheit schärfte den Blick für das Scheitern von Handlungsabsichten, die Heterogonie der Zwecke, das »Böse« als Antriebskraft und Auswirkung des Handelns, die Krise als immer wiederkehrende, auf Dauer nicht auszuschaltende Erschütterung des Lebens. Indem die außerweltlich begründete Sinngewißheit zumindest in der Form, die der frühe Historismus entwickelt hatte, verlorengegangen war, gewannen die empirisch ermittelten Grundannahmen über Motive, Bedürfnisse und Verfahrensweisen des politisch handelnden Menschen ein neues Gewicht[5]. Dieser neuartige Zugang zum Phänomen »Macht« setzt sich bei Burckhardt unmittelbar um in die Konzeption von Wissenschaft. Historie, so lautet meine These, ist bei Burckhardt die Antwort des Menschen auf seine Erfahrung mit der Macht, genauer: auf seine unabweisliche Ohnmachtserfahrung.

Diese Herleitung der Historie aus dem Geiste des Widerstands gegen das Erlebnis der Machtlosigkeit findet sich in den ›Weltgeschichtlichen Betrachtungen‹ an zentraler Stelle. Sie bildet den Inhalt der Einleitung und wird stringent entwickelt aus dem, was Burckhardt das »große durchgehende Hauptphäno-

[5] Vgl. W. Hardtwig, Geschichtsschreibung zwischen Alteuropa und moderner Welt. Jacob Burckhardt in seiner Zeit. Göttingen 1974, bes. S. 96–164; vgl. dort auch die Einzelnachweise zu den im folgenden angeschnittenen Aspekten der Säkularisierung, der Begriffe der »Macht« und des »Bösen« in der Weltgeschichte, und zu Burckhardts Stellung in der Krise seiner Zeit.

men« nennt: »Es entsteht eine geschichtliche Macht von höchster momentaner Berechtigung; irdische Lebensformen aller Art entwickeln sich daraus oder hängen sich daran und halten sich mit der Zeit für Stützen dieser Macht, ja für alleinmögliche Träger der sittlichen Kräfte jener Zeit. Allein der Geist arbeitet weiter; Widerstreben dieser Lebensformen und Bruch, durch Revolution oder allmähliche Verwesung; Sturz von Moralen und Religionen; vermeintlicher Untergang, ja Weltuntergang. Inzwischen baut der Geist etwas Neues, dessen äußeres Gehäuse mit der Zeit dasselbe Schicksal erleiden wird. Gegenüber von solchen geschichtlichen Mächten pflegt sich das zeitgenössische Individuum in völliger Ohnmacht zu fühlen; es fällt der angreifenden oder der widerstrebenden Partei in der Regel zum Dienst anheim, und wenige Zeitgenossen vermögen die Dinge ›geistig zu überwinden‹, und vielleicht ist dabei die Satisfaction nicht groß, weil sie alle Andern in der Dienstbarkeit lassen müssen ... Diesem ganzen Wesen, dem wir als Menschen einer bestimmten Zeit unvermeidlich unsern passiven Tribut bezahlen, müssen wir zugleich *beschauend* gegenübertreten.«[6] Am Anfang aller historischen Reflexion steht das Erlebnis des Hinnehmenmüssens, des Erleidens, der passiven Rolle, also die Ohnmachtserfahrung, nicht die Erfahrung möglichen Machtgenusses. So gesehen ist Macht immer schon etwas Negatives. In erster Linie hindert sie den Menschen daran, nach seinem eigenen Willen zu leben, sie unterwirft, macht abhängig und unfrei; sie nötigt und verfügt über zwingende Gewalt, gleichgültig, in welcher Form sie jeweils auftritt. In der entscheidenden Wendung der Gedankenführung geht Burckhardt von der Beschreibung des geschichtlichen Prozesses über zur Definition der Aufgabe der Historie: sie besteht darin, die Erfahrung des Wandels und der eigenen Abhängigkeit und Unfreiheit nicht einfach nur hinzunehmen, sondern den bewegenden und herrschenden Mächten *»beschauend gegenüberzutreten«*. Historie ist demnach eine Form der Opposition und Auflehnung. Indem Burckhardt im folgenden beschreibt, in welcher Weise dieser Widerstand möglich ist, weist er einen Weg, Ohnmachtserfahrung zu bewältigen. Diese These mag auf den ersten Blick befremden, denn es ist nirgends die Rede von irgendeiner Form

[6] Jacob Burckhardt, Über das Studium der Geschichte. Der Text der ›Weltgeschichtlichen Betrachtungen‹ auf Grund der Vorarbeiten von E. Ziegler nach den Handschriften hg. v. P. Ganz. München 1982, S. 228f.

von Machtaneignung. Vielmehr spricht Burckhardt von der Verpflichtung gegenüber der Vergangenheit als einem »geistigen Continuum«, von der »Reconstruction ganzer vergangener Geisteshorizonte«, von der Notwendigkeit, was »einst Jubel und Jammer war«, in »Erkenntnis« umzuwandeln, von der »Contemplation«[7]. Die Überwindung der Ohnmacht, das ergibt sich daraus, geschieht nicht durch den Erwerb von Macht, sondern auf einer anderen Ebene, der der »geistigen Überwindung«[8].

Burckhardt begegnet also dem Ohnmachtserlebnis mit der Aufforderung, das persönliche Freiheitsbedürfnis zu realisieren. Dies geschieht in der historischen Reflexion, die ihren Antrieb im Leiden daran hat, Macht- und Herrschaftsbeziehungen ausgeliefert zu sein; sie speist sich nicht aus dem Wunsch, ihrerseits Herrschaft auszuüben oder an ihr zu partizipieren. Vielmehr soll die Ohnmachtserfahrung überwunden werden durch die reflexive Distanzierung vom Herrschaftstrieb. Gelingt die »Contemplation«, so hat der Herrschaftstrieb seine alleinige existenzbeherrschende Kraft verloren, zumindest subjektiv, im Bewußtsein des Betroffenen. Das heißt allerdings gerade nicht, daß die Macht und die Formen ihrer Ausübung durch die Resistenz der Betroffenen geändert würden. Der Widerstand, den der einzelne zu leisten hat, besteht nicht im politischen Engagement der historisch Gebildeten, sondern darin, daß er als Objekt des Herrschaftsstrebens eine eigene distanzierte Einstellung zu Macht gewinnt. Historische Reflexion hat laut Burckhardt ihren Ursprung also einerseits immer, unvermeidlich und elementar in der Sphäre des Kampfes um Macht. Sie zielt auf Überwindung der Machtlosigkeit. Sie ist andererseits nicht einfach das Ausweichen aus der Sphäre der politischen Auseinandersetzung und der Macht- und Herrschaftsbeziehungen. Als »Freiheit mitten im Bewußtsein der enormen allgemeinen Gebundenheit und des Stromes der Notwendigkeiten«[9] ist sie eine Form der Auseinandersetzung mit der Macht und bleibt ihr dialektisch verbunden. Sie relativiert die Macht und ihre Ansprüche, indem sie neben und gegenüber dem Machtdrang auf ein anderes »Bedürfnis« rekurriert, das nicht von Machtwünschen beherrscht wird.

[7] Ebd., S. 230.
[8] Ebd., S. 229.
[9] Ebd. S. 230f.

III. Wissenschaft als gesellschaftliche Arbeit

Mit dieser Konzeption der Historie als individueller, innerer Bewältigung von Ohnmachtserfahrung stellt sich Burckhardt außerhalb der Legitimierungsformen geistiger Tätigkeit und des Gelehrtenberufes, wie sie in der zeitgenössischen Reflexion auf die Stellung des Gelehrten seit Beginn des 19. Jahrhunderts zunehmend entwickelt worden waren. Bereits um 1800 verstand man unter »Wissenschaft« allgemein nicht mehr das subjektive, auf die Person des einzelnen Gelehrten bezogene Wissen, sondern ein objektives, sich von der Person des einzelnen Gelehrten ablösendes Tätigkeitsfeld[10]. Parallel zu diesem Bedeutungswandel von »Wissenschaft« ändert sich die Stellung des Gelehrten und seiner Tätigkeit im Rahmen der gesellschaftlichen Funktionsverteilung[11]. Im gesamtgesellschaftlichen System der Berufe bildeten die Gelehrten einen »persönlichen Stand«[12], der im Funktionszusammenhang der entstehenden modernen bürgerlichen Gesellschaft neue Aufgaben übernahm. Sie sollten in neuartiger Weise zur Erhaltung und Weiterentwicklung der Gesellschaft als Ganzes beitragen. Gegenüber den alteuropäischen Formen, Gelehrsamkeit und bürgerliche Gesellschaft zu vermitteln, drang jetzt – geistes- und gesellschaftsgeschichtlich seit dem 17. Jahrhundert schrittweise vorbereitet – die neuzeitliche Konzeption der »Arbeit« durch[13].

Der neue Orientierungsbegriff der »Arbeit«, der das Selbstverständnis der bürgerlichen Gesellschaft im 19. Jahrhundert immer stärker durchformt und schließlich beherrscht, erfaßte jede Form nicht nur der körperlichen, sondern auch der geistigen Tätigkeit und definierte die Leistung des Gelehrten als »geistige Arbeit«[14]. »Wissenschaft haben von einer Sache« wurde demnach immer weniger als persönliche Tugend in der Form individueller Annäherung an eine substantielle Wahrheit aufgefaßt, sondern immer mehr als ein Teil des gesamtgesellschaftli-

[10] Vgl. oben S. 59ff.

[11] Zum Folgenden W. Conze, Art. ›Arbeit‹. In: O. Brunner, W. Conze, R. Koselleck (Hg.), Geschichtliche Grundbegriffe. Historisches Lexikon der politisch-sozialen Sprache in Deutschland. Bd. 1, Stuttgart 1972, S. 154–219.

[12] Vgl. W. Rößler, Die Entstehung des modernen Erziehungswesens in Deutschland. Stuttgart 1961, S. 87ff., S. 85–136, S. 153–159, S. 238–242.

[13] Vgl. Conze, Arbeit, S. 167–188.

[14] Dazu jetzt H. Hardtwig, Geschichtsreligion – Wissenschaft als Arbeit – Objektivität, in: Historische Zeitschrift 251 (1990).

chen Arbeitsprozesses. Die Tätigkeit des Gelehrten gewann jetzt ihre Legitimation daraus, daß sie in besonderem Maße zu dem beitrug, was »Arbeit« in der modernen bürgerlichen Gesellschaft überhaupt leisten sollte und soll: die Befreiung des Menschen von den Naturzwängen, die Entlastung von Not und Plage und damit die Freisetzung zur menschlichen Vervollkommnung. Sie wurde Teil des seinerseits mühevollen, aber auch zielgerichteten Prozesses des zivilisatorischen Wandels, in dem Mühe und Last als freiheitsbeschränkende, die volle Entfaltung der Humanität behindernde Grundbestimmung des Daseins überwunden werden sollen, und sie verstand sich zunehmend als Movens und als Lenkerin dieses Wandels. Damit fügte sie sich an besonders hervorragender Stelle in das arbeitsteilige System der Lebenserhaltung und Lebenssteigerung ein, als das sich die neue bürgerliche Gesellschaft verwirklichte, und sie legitimierte sich aus ihm: »Der Ungelehrte ist bestimmt, das Menschengeschlecht auf dem Standpunkt der Ausbildung, die es erreicht hat, durch sich selbst zu erhalten, der Gelehrte, nach einem klaren Begriffe und mit besonnener Kunst dasselbe weiterzubringen ... Die Arbeit des Gelehrten und das Tagwerk seines Lebens wird eben jenes einsame Nachdenken sein ...«[15] In der neuen bürgerlichen Gesellschaft als einem sozialökonomisch definierten »System der Bedürfnisse« (Hegel)[16] ist die »Arbeit« konstitutiv für alle Beziehungen zwischen den Mitgliedern der Gesellschaft. Dies gilt auch für geistige Arbeit. In den Staats- und Gesellschaftslehren der ersten Jahrhunderthälfte, die diese neue gesellschaftliche Rolle des Gelehrten und die Funktion seiner Arbeit für die Gesellschaft auf den Begriff brachten, blieb die geistige Arbeit allerdings nicht auf den sozialökonomischen Bereich beschränkt. Sie sollte auf dem Weg über die Überwindung der Naturzwänge die Verwirklichung von »Freiheit« ermöglichen[17].

Diese Definition der Wissenschaft als Teil des Systems arbeitsteiliger Produktion zur Ermöglichung von »Freiheit« ist von Johann Gustav Droysen in Anlehnung an Hegel für die

[15] Joh. Gottl. Fichte, Reden an die deutsche Nation (1808). In: J. G. Fichte, Sämtl. Werke. Hg. v. J. H. Fichte. Bd. 7 (1846), S. 426f.; vgl. Conze, Arbeit, S. 185.

[16] Vgl. M. Riedel, Art. ›Gesellschaft, bürgerliche‹. In: Geschichtliche Grundbegriffe, Bd. 2, S. 719–800, bes. S. 779ff.; J. B. Müller, Art. ›Bedürfnis‹. Ebd., S. 440–489, bes. S. 474f.

[17] Conze, Arbeit, S. 187.

Historie übernommen worden[18]. Sie beherrscht seither zunehmend – jenseits der Differenzen darüber, was unter »Freiheit« oder Ermöglichung von Freiheit jeweils verstanden wird – mehr oder weniger klar artikuliert das Bewußtsein der Gelehrten. Bei den Historikern hat sich *diese* Legitimierung ihrer Tätigkeit allerdings sehr spät endgültig durchgesetzt – erst Max Weber hat sie in seinem Vortrag ›Wissenschaft als Beruf‹ mit aller Klarheit formuliert, und dieser Text blieb in der Theoriediskussion der Geschichtswissenschaft bis heute weitgehend unbeachtet. In verschiedenen Varianten vertragen sich dagegen ein älteres Wissenschaftsverständnis und eine ältere Begründung für die Erkenntnissuche mit der neuen Konzeption der Wissenschaft als gesellschaftlicher Arbeit und widerstreben der Festlegung der Historie auf eine Funktion im arbeitsteiligen Produktionsprozeß. Diese andere, ältere Auffassung von der Rolle des Gelehrten in der Gesellschaft und seiner Leistung für die Gesellschaft hat ihre konsequenteste und in sich schlüssige und reflektierte Ausformung bei Jacob Burckhardt erfahren. Seine Legitimierung historischer Studien repräsentiert in weitgehender idealtypischer Reinheit eine Denktradition, die bei den Vertretern des deutschen Historismus bis zu Friedrich Meinecke und zum Teil darüber hinaus noch nachgewirkt hat, wobei allerdings die allgemeingeschichtlichen und ideengeschichtlichen Grundlagen dieser Tradition unaufgedeckt blieben oder vergessen wurden. Sie ruht auf vormodernen Lebensformen und dem alteuropäischen Modell der bürgerlichen Gesellschaft.

Es gibt keinerlei Anhaltspunkte dafür, daß Burckhardt geglaubt hat, die Last der Arbeit, mechanischer wie selbstbestimmter Arbeit, könne jemals gemildert werden. Für ihn blieb Arbeit als *ponos* ganz im Sinne der alten Welt in den Unterbau der Gesellschaft verwiesen[19]. Aus dieser Verwurzelung in der Tradition der herrschaftlich-hierarchisch verfaßten alteuropäischen Gesellschaft[20] erklärt sich die vollkommene Kühle und

[18] Joh. G. Droysen, Historik. Vorlesungen zur Enzyklopädie und Methodologie der Geschichte. 5. Aufl. hg. v. R. Hübner. Darmstadt 1967, S. 188ff.; vgl. J. Rüsen, Begriffene Geschichte. Genesis und Begründung der Geschichtstheorie Johann Gustav Droysens. Paderborn 1969, S. 104–109.

[19] Vgl. Conze, Arbeit, S. 186.

[20] Dazu u.a.: O. Brunner, Die Freiheitsrechte in der altständischen Gesellschaft. In: Ders., Neue Wege der Verfassungs- und Sozialgeschichte. Göttingen 2. Aufl. 1968, S. 187–198, bes. S. 187, sowie W. Conze, Das Spannungsfeld von Staat und Gesellschaft im Vormärz. In: Ders. (Hg.), Staat und Gesellschaft im deutschen Vormärz 1815–1848. Stuttgart 2. Aufl. 1970, S. 207–269, bes. S. 209ff.

Intransigenz, die Burckhardt der wirtschaftlichen und sozialen Not und dem gesellschaftlichen und politischen Emanzipationswillen der handwerklich-industriellen Unterschicht entgegenbrachte. Wissenschaft und Erkenntnissuche stellten sich ihm nicht dar als Tätigkeit zur Überwindung von Naturzwängen, von Not und Plage. Das Ziel gelehrter geistiger Bemühungen im allgemeinen und der Historie im Besonderen ist für ihn allerdings – wie für die idealistischen und die aus ihnen hervorgegangenen materialistischen Geschichtsphilosophien das Ziel der »Arbeit« – die Freiheit, »im vollen Sinne Mensch sein zu können«[21]. Aber diese Möglichkeit des Menschseins schien Burckhardt nicht erreichbar durch die Beseitigung von Mühe und äußerem Zwang; daß sich der Mensch davon jemals befreien könnte, kam ihm nicht in den Sinn. Deshalb stellte Historie für ihn auch keine notwendige Arbeitslast dar, die übernommen werden muß, um sich von ihr, wie von jeder äußeren Abhängigkeit im Zug des »Fortschritts«, allmählich zu befreien. Für ihn verwirklichte sich Freiheit nicht in der Zukunft als gesellschaftlicher Fortschritt, sondern sofort, inmitten des »Stromes der Gebundenheit und der Notwendigkeiten«. Die Grundgegebenheiten des Lebens lassen sich nicht aufheben. Nur *in* ihnen, nicht außerhalb ihrer, ist Freiheit realisierbar. Das bedeutet einerseits, daß Freiheit jederzeit zugänglich ist, schließt aber andererseits ein, daß sie niemals vollkommen sein kann. Sie bleibt mehr Ahnung und Ziel als erreichbares Resultat und kann nur individuell angestrebt, nicht gesellschaftlich verwirklicht werden[22].

Burckhardt hat dieses ältere Verständnis von Gelehrsamkeit keineswegs naiv tradiert. Seine Vorlesung ›Über das Studium der Geschichte‹ läßt sich als bewußte Auseinandersetzung mit der von den Zeitgenossen zunehmend praktizierten arbeitsteiligen Produktion wissenschaftlicher Resultate begreifen. Aus ihr erklärt sich zum Beispiel seine Polemik gegen die Professionalisierung der historischen Studien und gegen die *viri eruditissimi*, gegen positivistische »Schuttschlepperei« und gegen das historische Spezialistentum. Aus ihr erklären sich andererseits seine praktischen Ratschläge für das »Studium«: wie man am besten ein Exzerpt anlegt, was man tun kann, um in der Masse des

[21] Conze, Arbeit, S. 185.

[22] Zur Tradierung des vormodernen Theoria-Gedankens und ihren gesellschaftlichen Grundlagen zusammenfassend Hardtwig, Geschichtsschreibung S. 273–360.

historischen Materials zum Wesentlichen vorzudringen, vor allem auch, wann man ein Konvolut wieder weglegen soll: dann nämlich, wenn der Ertrag der aufgewandten Mühe nicht mehr der persönlichen Bildung dient, sondern sich verselbständigt und den Arbeitenden seinerseits unterwirft[23]. Es geht um denjenigen, der »nur lernen und geistig reich werden will«; es geht um den »Dilettant, ... der die Dinge liebt«. Die »Qual« der Arbeit ist an sich selbst keineswegs ein »verdienstliches opus operatum«[24].

Es handelt sich bei solchen Sentenzen keineswegs um bloße Raisonnements eines rückwärtsorientierten Zeitkritikers oder eines ästhetisierenden Bildungsmenschen. Vielmehr spricht sich in ihnen völlig schlüssig jenes personale Verständnis von Gelehrsamkeit aus, das seit der Mitte des 19. Jahrhunderts im Wissenschaftsbetrieb der »geistigen Arbeit« allmählich unverständlich zu werden begann[25]. Burckhardt war es in der Tat nicht um das Funktionieren eines eigenständigen Handlungssystems »Wissenschaft« zu tun. Historische Studien hatten für ihn nicht den Zweck, sich zu einem Produkt zu verdinglichen, das der historisch Gebildete schafft und außer sich selbst setzt; das er in ein eigenständiges System des Wissens einspeist, das sich von der Person des Arbeitenden ablöst. Vielmehr soll der einzelne die Ergebnisse seiner Mühen für sich selbst gewinnen. Historische Studien sind ein Mittel zur Auseinandersetzung mit sich selbst. Die Erkenntnissuche gegenüber der geschichtlichen Welt wendet sich auf den Erkennenden zurück und versteht sich nicht als Beitrag zur Veränderung der Welt, zur Herrschaft über die äußere Natur oder zum Abbau politischer Herrschaft. Burckhardts Opposition gegen den entstehenden Wissenschaftsbetrieb und gegen die »Großforschung« (Theodor Mommsen) wendet sich gegen das Auseinandertreten von wissenschaftlicher Arbeit und persönlicher Sinnfindung. Auf einem der jetzt neu publizierten Blätter des sogenannten ›Alten Schemas‹ der ›Weltgeschichtlichen Betrachtungen‹ faßt Burckhardt demgegenüber als Motiv und Ziel historischer Erkenntnissuche prägnant zusammen: »Die Grundfarbe des eigenen Wesens, über die keiner hinauskann, erkennt jeder nur spät und

[23] Über das Studium, S. 248–253.

[24] Ebd., S. 122, 124.

[25] Das schließt nicht aus, daß Burckhardt selbst gelegentlich von der »Geistesarbeit« spricht, vgl.: Über das Studium, S. 250, doch fehlt hier völlig der emphatische geschichtsphilosophische Wortsinn.

mit Opfern und Schmerzen. Auf ihr beruhen dann seine einzelnen Voraussetzungen. Je einfacher je besser. Sie sind zuletzt: die Überzeugung von der Wandelbarkeit und Hinfälligkeit alles Menschlichen und der Drang nach Erkenntnis eben dieses Menschlichen ... Der Genuß ist die Freude an den höchsten Äußerungen des Bedingten, wobei man sich bewußt bleibt, daß es ein Bedingtes sei.«[26] Historisches Studium im Sinne Burckhardts soll dem einzelnen helfen, sich selbst zu finden. Der Bildungswillige legt sich auf dem Weg über die Historie Rechenschaft darüber ab, was ihm wichtig ist, wo er sich zuordnet, politisch, sozial, kulturell; historische Studien begründen sein rationales Weltverhältnis. Wissenschaft ermöglicht also persönliche Autonomie durch rationale Einsicht in die eigenen Abhängigkeiten und durch die Umwandlung eines bloß passiven Erleidens dieser Abhängigkeit und Begrenztheit in einen aktiven Weltbezug. Ziel dieses rational geklärten Weltbezuges ist die Anschauung der Wirklichkeit und die Überwindung der eigenen inneren Abhängigkeit von unbegriffenen Mächten.

Der anachronistische Grundzug dieser Konzeption von Wissenschaft ist unübersehbar. Zunächst entbehrt es nicht der Ironie, daß sich Burckhardts Unempfindlichkeit gegenüber den Leiden entfremdeter Handarbeit mit einer aufs höchste gesteigerten Sensibilität gegenüber den Gefahren entfremdeter »geistiger Arbeit« verbindet. Dieses scheinbare Paradox löst sich allerdings auf, wenn man sich erinnert, daß in der vormodernen ständisch-hierarchisch geschichteten Gesellschaft »Arbeit« als physische Existenzerhaltung und »Erkenntnis« als Wesensschau voneinander völlig getrennt geblieben waren und jeweils ihren eigenen, bleibenden und unveränderlichen Ort in der Gesellschaft gefunden hatten. »Interesselose« Anschauung der Wirklichkeit und als Teil davon die »Erkenntnis des eigenen Wesens« war auf diejenigen beschränkt geblieben, die von der Mühe der eigenen materiellen Existenzerhaltung entlastet waren. Mit der Auflösung der ständischen Ordnung entfiel die gesellschaftliche Grundlage einer solchen Existenzform immer mehr. Seit dem 17. Jahrhundert, insbesondere seit der Aufklärung, wurde auch die geistige Tätigkeit als Leistung zur Wohlfahrtssteigerung *aller* ausgelegt[27]. Der »Gelehrtenstand« definierte sich zunehmend funktionsständisch. Auch die – indivi-

[26] Über das Studium, S. 107.
[27] Vgl. dazu Conze, Art. »Arbeit«, S. 167ff.

dualistische – Humboldtsche Bildungsidee ordnete das universell und außerpragmatisch gebildete Individuum als Träger eines nichtutilitären und gerade deshalb besonders leistungsfähigen Könnens und Wissens in den Funktionszusammenhang der liberalisierten bürgerlichen Gesellschaft ein[28]. Burckhardt dagegen wollte sich nicht damit abfinden, daß in der modernen bürgerlichen Gesellschaft als einem »System der Bedürfnisse« die »Arbeit als der einzige Produktionsfaktor und Maßstab der (wirtschaftlichen) Werte konstitutiv wurde für den Zusammenhang der ›Wechselbeziehungen zwischen den Menschen‹« – eine Erkenntnis, die Hegel in seiner Rechtsphilosophie bereits auf den Begriff gebracht hatte[29]. Dies bedeutet aber keineswegs, daß für Burckhardt das Streben nach persönlicher Selbstvervollkommnung durch Anschauung der Wirklichkeit und gesellschaftliche Bedürfnisse auseinandertreten oder einander ausschließen. Für ihn gibt es durchaus eine »gesellschaftliche« bzw. »politische« Legitimierung der individuellen Erkenntnissuche: Die historischen Studien, heißt es in der ersten Fassung der ›Weltgeschichtlichen Betrachtungen‹, seien Bestandteil der »schweren Pflicht: sich auszubilden zum erkennenden Menschen, dem die Wahrheit und die Verwandtschaft mit allem Geistigen über Alles geht und der aus dieser Erkenntnis auch seine wahre Bürgerpflicht würde ermitteln können, wenn sie ihm nicht schon mit seinem Temperament angeboren ist«[30]. Hier hat man die vormoderne Einheit von praktischem Lebenszusammenhang und »interesseloser« Erkenntnis. Erkenntnissuche und bürgerliche Existenz bedingen einander. Die Kontemplation, von der Burckhardt spricht, das heißt die Ausbildung der inneren Freiheit im Bewußtsein unaufhebbarer Zwänge, ist nicht Selbstgenuß des Gebildeten, sondern unerläßlicher Bestandteil des bürgerlichen Lebens. Leben für die reine Erkenntnis und bürgerliche Tugend fallen in eins.

Diese Existenzform wurde allerdings zunehmend prekär auf dem Boden einer Gesellschaft, deren Ziel es war – und ist –, die Welt arbeitend zu verändern und die das »Glück« der einzelnen

[28] Dazu bes. R. Vierhaus, Art. ›Bildung‹. In: Geschichtliche Grundbegriffe Bd. 1, S. 508–551, bes. S. 525ff., S. 528f., sowie F. Schnabel, Das humanistische Bildungsgut im Wandel von Staat und Gesellschaft. München 1956, S. 41ff.; H. Schelsky, Einsamkeit und Freiheit. Idee und Gestalt der deutschen Universität und ihrer Reformen. Hamburg 1963.

[29] Conze, Arbeit, S. 186.

[30] Über das Studium, S. 117.

und der Gesellschaft darin findet, Zwänge, die bis dahin als naturwüchsig und daher unaufhebbar galten, abzuschaffen. Burckhardts Konzeption des »historischen Studiums« verlängert die Tradition des alteuropäischen »Theoria«-Gedankens, für den die geistige Tätigkeit in der *philosophia*, der »Liebe zur Weisheit«, das heißt der sich selbst genügenden Einsicht mündet, in die »neuzeitlich bewegte Geschichte« (Koselleck), in der die Gesellschaft den permanent gewordenen Fortschritt aus sich hervorbringt. Wiederum muß man aber festhalten, daß Burckhardt diesen Theoria-Begriff nicht einfach naiv tradiert, sondern bewußt der Idee der Wissenschaft als Fortschritt entgegenhält. Beiden Modellen, Wissenschaft als Theoria und Wissenschaft als Arbeit oder Fortschritt, geht es um die Möglichkeit des Glücks. Die neuzeitliche bürgerliche und industrielle Gesellschaft findet diese Möglichkeit in der arbeitenden Veränderung der Welt; sie legitimiert daher die Tätigkeit des Gelehrten aus dem Beitrag, den die geistige Arbeit dazu zu leisten vermag. Der traditionalen *societas civilis* hingegen galt die Welt in ihren Grundstrukturen als unveränderlich vorgegeben und vom göttlichen Willen geordnet. Daher hat »von Aristoteles bis Hegel (die) Theorie das Relative, und wäre es auch das Beziehungsreichste gewesen, das Flüchtige, und wäre es das Aktuellste gewesen, das Kontingente, und wäre es das Bedrängendste gewesen, aus ihrem wesentlichen Interesse ausgeschlossen«[31]. Inhalt der Erkenntnis ist für sie folglich das »sich Wiederholende, Constante, Typische« in seiner jeweils zeitbedingten, veränderlichen Gestalt – Burckhardts Definition des Gegenstandsbereichs der Historie[32]. Erkenntnis ist daher die höchste Form der »Praxis« in zweierlei Hinsicht: Sie weist auf, auf welchen Grundlagen das bürgerliche Gemeinwesen ruht und welche Ordnung es daher zu bewahren hat; und sie unterstellt den Erkenntnissuchenden selbst und den, der an ihren Ergebnissen teilhat, der Forderung, in sich die Möglichkeit der Bedürfnislosigkeit zu realisieren. Burckhardts Definition der historischen Erkenntnissuche als innerer Weltüberwindung, nicht äußerer Weltveränderung, ist eine späte Variante des alteuropäischen Theoria-Ideals in der für das 19. Jahrhundert charakteristischen Spielart, daß die höchste Einsicht durch das universell geworde-

[31] J. Habermas, Karl Löwiths stoischer Rückzug vom historischen Bewußtsein. In: Ders., Philosophisch-politische Profile. Frankfurt a.M. 1971, S. 116 bis 140, hier: S. 132f.

[32] Über das Studium, S. 227.

ne *historische* Bewußtsein vermittelt werden soll[33]. Sie ist ideengeschichtlich anachronistisch, seitdem die »letzten Philosophen«, die Hegelschüler, die Notwendigkeit der Erkenntnissuche nicht mehr aus dem Ideal der Bedürfnislosigkeit ableiteten, sondern aus dem »praktischen« Verlangen nach gesellschaftlicher und politischer Veränderung. Sie wird gesellschaftsgeschichtlich in dem Maße anachronistisch, als die ökonomischen und sozialen Voraussetzungen für eine solche Gelehrtenexistenz zerfallen: die in der ständischen Welt unbestrittene Annahme, daß die für die Gesamtgesellschaft unerläßliche Arbeit für die physische Existenzerhaltung von Natur aus auf die handarbeitenden unteren Schichten beschränkt ist und von ihnen allein geleistet werden muß. Diese Annahme wurde um so mehr obsolet, als die Praxis von »Wissenschaft als Arbeit« den gesellschaftlichen »Fortschritt« – Fortschritt hier ganz wertneutral als »Veränderung« verstanden – mit steigender Geschwindigkeit potenzierte.

An dieser Stelle müssen wir allerdings auf die anfangs getroffenen Feststellungen zurückkommen. Der Erkenntnisertrag des Burckhardtschen Denkens deutet darauf hin, daß die Erkenntnisleistung nicht notwendig davon abhängt, ob der Gelehrte seine Tätigkeit zeitgemäß oder unzeitgemäß legitimiert. Daher muß noch genauer geklärt werden, wie Burckhardt seine eigene Rolle in der entstehenden industriellen Gesellschaft aufgefaßt und interpretiert hat.

IV. Wissenschaft als Askese

In der Einleitung der Vorlesung ›Über das Studium der Geschichte‹ entwickelt Burckhardt das historische Interesse anthropologisch aus der unvermeidbaren individuellen Ohnmachtserfahrung. Analog dazu steht am Anfang des Kapitels über ›Glück und Unglück in der Weltgeschichte‹ der Hinweis auf die eigene Endlichkeit und die Frage nach der Möglichkeit, diese Einsicht zu verarbeiten. Auf keinen Fall ließen sich – so Burckhardt – wirklich gültige Aussagen darüber machen, inwiefern das eigene Leben glücklich oder unglücklich verläuft[34].

[33] R. Koselleck, Wozu noch Historie? In: Historische Zeitschrift 212 (1971), S. 1–18, hier S. 2.
[34] Über das Studium, S. 231.

Von der persönlichen Erfahrung lenkt der Gedankengang über zur Kritik der Kategorie »Glück« bei der historischen Urteilsbildung; Burckhardt sieht in ihr ein charakteristisches Merkmal des neueren Wissenschaftsbetriebes und führt sie zurück auf den Fortschrittsglauben – und damit auch auf die Vorstellung von Wissenschaft als Arbeit. Über das Urteilskriterium »Glück«, das, grundsätzlich zu allen Zeiten virulent, in der Gegenwart überhandnehme, verhängt Burckhardt das Verdikt, es sei Ausdruck einer »tiefen und höchst lächerlichen Selbstsucht«. Es mediatisiere »Welt und Weltgeschichte« durch gegenwärtige Wohlfahrtsinteressen und entwerte sie damit[35]. Um zur wahren Einsicht kommen zu können, gelte es diesen »Egoismus« zu überwinden.

Diese Interpretation des Wissenbedürfnisses als einer Möglichkeit der inneren Weltüberwindung richtet ihre Spitze ausdrücklich gegen die Säkularisierung christlicher Eschatologie zu innerweltlicher Heilsverwirklichung, gegen die Vorstellung, der Mensch selbst könne durch Wissenschaft und Arbeit die »Erfüllung der Zeiten« herbeiführen[36]. Burckhardts Polemik speist sich dabei selbst aus dem Werthorizont christlich verstandener Lebensführung und Lebensdeutung. So sieht er etwa die Existenz des »Bösen« in der Welt als vorgegeben und unaufhebbar an: »Der Fürst dieser Welt ist laut christlicher Lehre Satan.« Aufgabe der Historie ist es, diese Einsicht nicht zu verwischen, sondern zu präsentieren: »Es ist gut, daß man sich beim Bilde eines solchen Zerstörers, wie er seinen und seines Volkes Egoismus im Triumph durch die rauchenden Ruinen der Welt spazieren führt, davon Rechenschaft gebe, mit welcher Wucht sich das Böse zu Zeiten vordrängen darf.«[37] Die Welt erscheint als Jammertal, in der die Ausübung von Macht und der Aufbau von Herrschaft mehr oder weniger stark, aber im Grunde unweigerlich verbunden sind mit der »Verzweiflung« der Betroffenen[38]. Trotzdem ist sie nicht einfach ein ethisches Chaos. Jede Herrschaft kann sich auf längere Dauer nur halten, wenn sie sich humanisiert. Das Auftreten der großen Individuen, bei denen laut Burckhardt humane Leistung und Verbrechen schlechterdings nicht zu trennen sind, führt zwar bei denen, die von diesen Großen auf direkte oder indirekte Weise abhängen, da-

[35] Ebd., S. 237.
[36] Ebd., S. 237.
[37] Ebd., S. 240, S. 241.
[38] Ebd., S. 241 u.ö.

zu, daß sie die Maßstäbe moralischer Beurteilung hintanstellen, doch wird das Sittengesetz dabei nicht außer Kraft gesetzt. Der Dispens, den die Betroffenen erteilen, setzt den prinzipiellen Geltungsanspruch ethischer Normen auch bei der historischen Urteilsbildung voraus und bestätigt ihn gerade durch den Hinweis auf die Durchbrechung. Die »Ökonomie der Weltgeschichte«, auf die Burckhardt verweist, ist der seinerseits säkularisierte Ausdruck des Beharrens auf der Vorstellung einer geordneten Schöpfung. Daß diese Ordnung »dunkel« bleibt, ist nichts anderes als ein – säkularisierter – Reflex des christlichen Topos von der Unbegreiflichkeit des göttlichen Willens[39]. In abgeblaßter Form kehrt auch die Theodizee – die christliche Rechtfertigung des Bösen in der Welt – wieder: nur »neben« dem Bösen gibt es laut Burckhardt das »uneigennützige Gute«[40].

Die Motive einer noch christlich geprägten Lebensinterpretation bestimmen nicht nur den Werthorizont historischer Urteilsbildung, sondern auch Burckhardts Auffassung von der Rolle des Gelehrten. Wissenschaft und Gelehrsamkeit sind aus dieser Sicht weniger Teilnahme an arbeitsteiligen Prozessen in einem verselbständigten gesellschaftlichen Teilsystem; sie stellen sich vielmehr vorrangig als spezifisch neuzeitliche und in ihren Inhalten weitgehend säkularisierte Form der Askese dar. Für die Stellung, die Burckhardt der Gelehrsamkeit und dem Gelehrten zuweist, bleibt der »Weltgegensatz des Christentums« ebenso fundamental wie das Bestreben, das nach Ernst Troeltsch das weltkritische Verhalten auszeichnet: diesen »Weltgegensatz in einer methodischen Disziplin und Askese« zum Ausdruck zu bringen[41]. Askese, in welchen Formen sie auch betrieben wird, meint immer die Tendenz zur äußeren Verengung des Lebens zugunsten innerer Lebenssteigerung. Der Ausgangspunkt ist eine pessimistische Beurteilung der Welt[42], die dazu tendiert, innerweltliches Glück für unmöglich

[39] Ebd., S. 242.

[40] Ebd., S. 241.

[41] E. Troeltsch, Die Soziallehren der christlichen Kirchen und Gruppen. Gesammelte Schriften, Bd. 1. Neudruck der Ausgabe von 1922, Aalen 1961, S. 959.

[42] Als Grundlage für die folgenden Überlegungen vgl. vor allem: Troeltsch, Die Soziallehren, S. 549–605; S. 790–794; S. 946–964; Max Weber, Die protestantische Ethik und der Geist des Kapitalismus. Neudruck in: Max Weber, Gesammelte Aufsätze zur Religionssoziologie. Tübingen 6. Aufl. 1972, bes. S. 115–164, S. 183–195; G. Mensching, Soziologie der Religion, Bonn 2. Aufl. 1968, S. 232–250 passim.

zu erklären und das den Menschen überhaupt erreichbare Glück in der Überwindung des innerweltlichen Glücksstrebens zu finden. Genau dies ist der Gedankengang des Kapitels über ›Glück und Unglück in der Weltgeschichte‹; er zielt darauf, von der »Frage des Glückes und Unglückes auf das Fortleben des Menschengeistes« überzugehen. Die Erscheinungsformen dieses Geistes in der Geschichte zu verfolgen, müsse die »Anstrengungen« der »Denkenden« derart in Anspruch nehmen, »daß die Begriffe Glück und Unglück daneben mehr und mehr an Bedeutung verlieren«[43]. Um den Motiven und Zielen dieser umfassenden »Geistes-Geschichte« gerecht zu werden, muß man sich gegenwärtig halten, was dieser »Geist« – heute ein nur schwer verwendbarer, weil abgegriffener, sinnentleerter oder ideologisierter Begriff geworden – im Sprachgebrauch und Denken des frühen 19. Jahrhunderts bedeutete. Er liegt als tragendes Konstrukt dem Geschichtsbild und der Methode des ganzen deutschen Historismus zugrunde und stellte die für das geschichtliche Bewußtsein des 19. Jahrhunderts faßbare Form innerweltlicher Ewigkeit dar[44].

Gelehrsamkeit, der es in dieser Weise um den »Geist« geht, ist demnach eine Form säkularisierter Annäherung an das religiöse Ziel der Gotteserkenntnis. Diese soll um so eher möglich sein, als sich das Individuum aus der Verstrickung in innerweltliche Vorteile löst. Dieser Grundgedanke asketischer Lebenseinstellung macht sich bei Burckhardt auf verschiedenen Ebenen geltend: bei der Definition der Erkenntnisziele, bei der Beschreibung der Erkenntnismethoden und Erkenntnishindernisse und schließlich bei der individuellen Lebensgestaltung. Der Gedankengang des Kapitels über ›Glück und Unglück in der Weltgeschichte‹ vollzieht gleichsam den asketischen Weg der Annäherung an das Substantielle nach. Burckhardt beschreibt und kritisiert zunächst die erkenntnisstörenden »egoistischen« Nebenabsichten historischer Erkenntnissuche und postuliert dann die persönliche Überwindung des persönlichen mehr oder weniger trivialen oder sublimen Wohlfahrtsverlangens, um dadurch zur Anschauung des Wesentlichen vorzudringen. Burckhardts Reflexionen über die Probleme der Ob-

[43] Über das Studium, S. 245.

[44] Vgl. dazu Hardtwig, Geschichtsschreibung, S. 70–95, S. 148–164; umfassendes Material bei R. Hildebrandt, Art. ›Geist‹. In: Deutsches Wörterbuch v. Jacob v. Wilhelm Grimm. Bd. 5 der Taschenbuchausgabe München 1984, Sp. 2623 bis 2741.

jektivität lassen sich in dieser Sicht als Auseinandersetzung mit den Gefahren eines falschen Asketismus lesen, den Verlust von Leidensfähigkeit und Sensibilität infolge unbewußter Abgrenzungs- und Isolationsbedürfnisse. Die Relativierung der Begriffe »Glück« und »Unglück« dürfe nicht zur »Gleichgültigkeit gegen einen Jammer« führen, die sich in »kaltem Objektivthun«[45] äußern würde. Falsche asketische Motive wären auch wirksam in der unbewußten Auslieferung der Erkenntnis an die Macht und die Ziellosigkeit der Wohlfahrtswünsche. Die bewußte oder unbewußte Fixierung auf innerweltliche Vorteile muß im einzelnen Erkenntnisvorgang immer wieder neu überwunden werden; darüber hinaus will Burckhardt profane Interessen überhaupt ausschalten. Daher formuliert Burckhardt auch den Topos der *Historia magistra vitae* als innerweltliche, an der *salus publica* orientierte Handlung; es gelte, »nicht klug (für ein andermal), sondern weise (für immer)« zu werden[46]. Für Burckhardt liegt der Zielpunkt der Erkenntnisanstrengung nicht in der Gestaltung der profanen Welt, sondern in ihrer Distanzierung und Relativierung, er strebt weniger die handlungsorientierte Wirkung nach außen an als die erkenntnisorientierte Wendung nach innen. Diesem kontemplativen Erkenntnisideal entspricht der asketische Gedanke der stetigen Annäherung an das Ziel, christlich gesprochen der *perfectio viae*, der persönlichen, schrittweisen, stufenweisen Vervollkommnung. Burckhardt hat dieses Ideal – »reif sein ist alles« – klar und deutlich ausgesprochen, allerdings wohlweislich in der Form eines Zitates an den Rand notiert, offenbar um der Gefahr platter Erbaulichkeit zu entgehen[47]. Es soll erreicht werden durch die permanente Steigerung der Bewußtheit. Dabei macht sich auch bei Burckhardt die für die spirituelle Heilssuche charakteristische Dialektik von Individualisierung und Entindividualisierung[48] bemerkbar. Der hier eingeschlagene Weg der Lebensbewältigung durch Erkenntnissuche ist hochgradig esoterisch, tendiert aber letztlich gerade zur Überwindung der Individualität und zur Entgrenzung des Individuums. Die im Irrealis ausgedrückte Hoffnung, »völlig auf unsere Individualität verzichten« zu können, soll den höchstmöglichen Grad der Partizipation an der

[45] Über das Studium, S. 245.
[46] Ebd., S. 230.
[47] Ebd., S. 245.
[48] Vgl. dazu bes. Mensching, Soziologie der Religion, S. 249f.

»Geschichte des Geistes«[49] ermöglichen. Daß dabei die oben angedeuteten metaphysischen und religiösen Konnotationen des Wortes »Geist« mitgedacht werden müssen, versteht sich von selbst.

Die Dialektik von extremer Steigerung und damit Entgrenzung und Aufhebung des Individuums durch Teilnahme am »Geistigen« blieb in der Gelehrtengeschichte des 19. Jahrhunderts keine Einzelerscheinung. Sie hat ihre berühmteste und folgenreichste Formulierung in Rankes Diktum gefunden, er wolle durch die Historie sein »Ich auslöschen«. Der Sinn dieser Formulierung ist nur verständlich, wenn man sich die asketischen Komponenten im Weltverhältnis von Gelehrten vor Augen führt, die entsprechend der Säkularisierungsgeschichte des 19. Jahrhunderts das religiöse Bedürfnis individueller Heilssuche auf dem Wege der empirischen Anschauung und Präsentation von Wirklichkeit zu realisieren suchten. Das asketische Weltverhältnis und die ihm entsprechende Konzeption von Wissenschaft oder Historie ist von Burckhardt besonders offen ausgesprochen und mit größter Konsequenz gelebt worden. Bei anderen mischt es sich stärker mit Impulsen der Weltbejahung und der aktiven Weltgestaltung. Leopold von Ranke suchte ein Gleichgewicht zwischen innerer Weltüberwindung und äußerer Weltgestaltung herzustellen. Die historische Übergangssituation wirkte sich bei ihm methodologisch aus. Er setzt die religiös motivierte Einsicht in das »Wesen«, also die überzeitlichen, gleichbleibenden Aufgaben und Leistungen »des« Staates um in die praktisch motivierte Klärung sich wandelnder Handlungsbedingungen[50]. In einer moderneren Variante der neuzeitlichen Säkularisierungsgeschichte begründet Johann Gustav Droysen die Notwendigkeit geschichtlicher »Arbeit« religiös aus dem christlichen Auftrag, Gottes Schöpfung selbständig weiterzuschaffen und auszugestalten[51]. Hier transformiert sich das Motiv der Weltverneinung, das nur mehr in sehr abgeleiteter Form faßbar ist, in den Willen zur Weltveränderung. Die unterschiedlichen Spielarten des Objektivitätsideals im deutschsprachigen

[49] Über das Studium, S. 245f.

[50] Diese Absicht ist bei Ranke ausdrücklich formuliert, vgl. z. B. Leopold von Ranke, Über die Verwandtschaft und den Unterschied der Historie und der Politik (1836). In: Ders., Sämtliche Werke, Bd. 49, Leipzig 2. Aufl. 1877, S. 280–293, hier: S. 292; dort heißt es, die Historie habe viele Aufgaben, die wichtigste sei jedoch, daß sie einer »gesunden Politik den Weg bahnt«.

[51] Vgl. dazu oben S. 126ff.

Historismus lassen sich also auch verstehen als unterschiedliche Formen eines grundsätzlich asketischen Weltverhältnisses. In dem Maße, in dem der Gedanke des Fortschritts als innerweltlicher Heilsverwirklichung an Gewicht gewinnt, tritt das asketische Motiv der Weltverneinung zurück.

Die hier behauptete zentrale Bedeutung asketischer Elemente in Lebensführung und Wissenschaftsverständnis der Gelehrten des 19. Jahrhunderts ist nicht so verwunderlich, wie es auf den ersten Blick scheinen könnte. Sie wirkt weniger befremdlich, wenn man sich vor Augen führt, wie stark asketische Antriebe und Verhaltensformen den Lebensstil etwa der industriellen Führungsschicht bis zum Beginn der Hochindustrialisierung und vielfach noch darüber hinaus geprägt hatten[52]. Beide Gruppen, Gelehrte und Unternehmer, haben aus der asketischen Grundeinstellung, der Unterdrückung des »unbefangenen Genießens des Daseins und dessen, was es an Freuden zu bieten hat«[53], gerade jenes Ethos entwickelt, das paradoxerweise die arbeitende Weltveränderung am stärksten vorantrieb. Damit sind wir bei der Frage, welche beabsichtigten und unbeabsichtigten Auswirkungen das Modell der Wissenschaft als persönlicher Kontemplation und Askese auf Gesellschaft und Politik im 19. Jahrhundert gehabt hat und – speziell für unsere Fragestellung – welche wissenschaftlichen Leistungen durch sie und nur durch sie ermöglicht worden sind.

V. »Kontemplative Historie« und Gesellschaft

Wissenschaft als Askese – dieses Modell gelehrter Lebensführung und Erkenntnissuche ist ohne christliche Ethik nicht denkbar. Die deutschen Historiker des 19. Jahrhunderts setzten sie bei aller Säkularisierung der Glaubensinhalte als selbstverständlich voraus. Das Modell überdauerte bei der Mehrzahl der zünftischen Historiker auch noch die Zäsur, die Max Weber in seinem Vortrag über ›Wissenschaft als Beruf‹ vornahm. Der

[52] Vgl. A. Müller-Armack, Religion und Wirtschaft. Stuttgart 1959, bes. S. 111ff.; Fr. Zunkel, Der rheinisch-westfälische Unternehmer 1834–1879. Ein Beitrag zur Geschichte des deutschen Bürgertums im 19. Jahrhundert. Köln 1962, S. 66ff.; zusammenfassend: J. Kocka, Unternehmer in der deutschen Industrialisierung. Göttingen 1975, S. 36f.

[53] Weber, Die protestantische Ethik, S. 183.

Rahmen christlicher Lebensinterpretation band von Ranke bis Meinecke und darüber hinaus die wissenschaftlichen Urteile vielfach selbstverständlich und unreflektiert an ethische Werturteile zurück, Wissenschaft war damit immer auch christlich geleitete Weltdeutung. Im Rahmen dieser expliziten oder impliziten Orientierung an den ethischen Normen christlicher Lebensführung kommt dem Askesegedanken in der zeitentsprechenden Form wissenschaftlicher Erkenntnissuche eine eminent praktische Bedeutung zu.

Das asketische Lebensideal ist ohne die subjektiv beabsichtigte und objektiv wirksame »Werbekraft«, die ihm laut Max Weber innewohnt, nicht zu denken[54]. Das kontemplative Wissenschafts- und Lebensideal intendiert keineswegs jene echolose Existenz der reinen Wissenschaft[55], in die umgekehrt gerade der Siegeszug der Wissenschaft als Arbeit zumindest vorübergehend geführt zu haben schien. Dies läßt sich schon an dem ins Außerordentliche gesteigerten Amtsethos bei Jacob Burckhardt ablesen, das die höchste Anspannung der Kräfte mit dem Verzicht auf äußeren Ruhm verband[56]. Es läßt sich als eine Ausprägung einer »protestantischen Askese« verstehen, die methodisch gelenkte Anstrengungen »für das Seelenheil ... innerhalb der weltlichen Berufsformen« leistete[57], der es also bewußt und gezielt nicht nur um sich selbst, sondern um das Ganze der Gesellschaft zu tun ist. Am Ende des Kapitels über ›Glück und Unglück in der Weltgeschichte‹ konfrontiert Burckhardt das asketische Lebenskonzept ganz im Sinne spiritueller Weltkritik mit den herrschenden Tendenzen seiner Zeit und leitet daraus die *gesellschaftliche* Notwendigkeit innerer Weltüberwindung ab. Er registriert Friedlosigkeit, Instabilität durch politischen Wandel, zunehmendes Leidensbewußtsein, hervorgerufen durch gesteigerte Bildung und Mobilität, und den Zerfall der sozialen Ordnung. Als Antwort auf diesen Befund postuliert er weltkritisch die regulative Idee, dem »Geist der Menschheit erkennend nachzugehen«[58]. In der vorausgesetzten und beabsichtigten werbenden Außenwirkung richtet sich die asketische Haltung gegen die zeitgenössischen Formen eines, wie es Burckhardt schien, nur noch materiellen Lebensgenusses, gegen

[54] Ebd., S. 186.
[55] Vgl. Koselleck, Wozu noch Historie?, S. 3.
[56] Vgl. Kaegi, Jacob Burckhardt, Bd. 4, S. 4–94.
[57] Troeltsch, Die Soziallehren, S. 959.
[58] Über das Studium, S. 245 f.

die Ausschließlichkeit dieses »verweltlichten« Betriebes und gegen seine lebens- und gesellschaftsverändernde Energie, welche die spirituellen »geistigen« Bedürfnisse in den Hintergrund zu drängen schien. Burckhardts Zeitkritik sieht in der Durchsetzung der kapitalistischen Verkehrswirtschaft und in der Tendenz, den Staat und seine Machtmittel in den Dienst der Gesellschaft zu stellen, vor allem eine Verabsolutierung des Interesses am physischen Wohlbefinden. Daß damit eine grundlegende Umschichtung im gesellschaftlichen Wertgefüge der Zeitgenossen getroffen wurde, dürfte kaum umstritten sein. Für den Zeitraum zwischen 1850 und 1880 ist die Ökonomisierung der Gesellschaft ebenso unübersehbar wie die Krise der schöpferischen Spontaneität in den Künsten und der Geltungsverlust der Kultur im Rahmen des nationalen Lebens vor allem in Deutschland[59]. Burckhardt richtete die »werbende« Absicht seiner individuellen Askese aber nicht nur gegen das, was er als die zeitgenössische »Veräußerlichung« der bürgerlichen Existenz empfand. Wichtiger scheint noch, daß er in seiner öffentlich vorgetragenen und verfochtenen Machtkritik vor allem auch jenen »antiautoritären Zug« zur Geltung bringt, der nach Max Weber ein substantielles Merkmal asketischer Lebensgestaltung darstellt[60].

Fragt man aber nicht nur nach den Intentionen, sondern auch nach den Leistungen dieser kontemplativen Haltung, so bietet es sich an, zwischen dem rein wissenschaftlichen Ertrag und dem gesellschaftlichen »Nutzen« zu unterscheiden. Was den Erkenntnisgewinn angeht, so scheint mir die These gerechtfertigt, daß das asketische Verhältnis zur Welt Möglichkeiten der Ideologiekritik freisetzt, die der Konzeption der Wissenschaft als Arbeit verschlossen blieben. Zumindest an den hier untersuchten Beispielen aus der Historiographiegeschichte ergibt sich, daß die Fähigkeit, die persönlichen Abhängigkeiten und Machtwünsche zu hinterfragen, im Maße kontemplativer Weltdistanzierung zunimmt. Stringent artikuliert sich die zentrale Frage nach ›Glück und Unglück in der Weltgeschichte‹ bei Burckhardt zunächst als methodische Frage nach dem Verhältnis von Erkenntnis und Interesse. Burckhardt untersucht die Vorurteilsstruktur aller historischen Reflexion und Anschau-

[59] Vgl. dazu vor allem Th. Schieder, Das deutsche Kaiserreich von 1871 als Nationalstaat. Köln, Opladen 1961, S. 55–71.

[60] Weber, Die protestantische Ethik, S. 183.

ung und weist facettenreich und konsequent nach, wie das Interesse am eigenen »Glück« die historische Urteilsbildung durchdringt. Er beleuchtet das Spiel der Phantasie und der Wünsche, das unentwegt im Gange ist, wenn wir uns mit der Vergangenheit beschäftigen. Voran steht ein intensives Verklärungsbedürfnis, das Burckhardt an Beispielen aus der Kultur- und Kunstgeschichte belegt, das er aber im Abschnitt über die ›Individuen und das Allgemeine‹ auch gegenüber den »Größen der historischen Weltbewegung« aufzeigt[61]. Als nächstes kritisiert Burckhardt das Bedürfnis, einen einmal erreichten Zustand stillzustellen. Die Annahme, daß das »Verharren« in einem bestimmten Zustand »Glück« bedeuten könne, ist für Burckhardt ein fundamentaler Irrtum, da »alles Verharren ... zu Erstarrung und zum Tode« führe. Umgekehrt wird die historische Urteilsbildung aber auch durch die Ungeduld verzerrt, die sich aus der Verabsolutierung der Gegenwart ergibt: man nehme Stellung für das »interessant Erscheinende als für ein Glück, gegen das Langweilige als gegen ein Unglück«[62]. Die »retrospektive Ungeduld« plädiert für den Kampf, oder, modern ausgedrückt, für den Konflikt gegenüber der uninteressanten, für die Betroffenen aber möglicherweise sehr viel erwünschteren Ruhelage. Daneben unterscheidet Burckhardt Urteile nach der politischen Sympathie, nach der Sekurität und nach der Größe. Hinter allem steht das Glücksbedürfnis, oder auch, in Burckhardts Worten, der »Egoismus« des Historikers[63].

Geistesgeschichtlich gesehen verbindet sich dieser Asketismus mit Aspekten des zeitgenössischen Kulturpessimismus und seiner epochalen Entdeckung, der Vorherrschaft der Triebimpulse gegenüber der als Fiktion entlarvten alteuropäischen Denkfigur von der »Autonomie des Geistes«. »Egoismus«, »Wünschbarkeit«, »Bedürfnis«, »Leben« – das sind die für den alten Burckhardt charakteristischen Stichworte, die sich in dem Begriff zusammenfassen lassen, der durch Schopenhauer und Nietzsche entfaltet worden ist: dem »Willen«. Tatsächlich läßt sich Burckhardts Ideologiekritik der wissenschaftlichen und

[61] Über das Studium, S. 392, S. 404; Burckhardt spricht hier ausdrücklich von der »unbewußten« Verformung der Überlieferung; zu dieser »Gravitation der Wahrnehmung« vgl. auch: Chr. Meier, Über die Schwierigkeiten, ein Leben zu erzählen. Zum Projekt einer Caesar-Biographie. In: J. Kocka, Th. Nipperdey (Hg.), Theorie und Erzählung in der Geschichte. München 1979, S. 229–258, hier: S. 254.

[62] Über das Studium, S. 242, S. 238.

[63] Ebd., S. 233–237 passim.

speziell der historischen Erkenntnis kaum besser zusammenfassen als mit Nietzsches Aphorismus aus den achtziger Jahren: »Der Geist ist nur ein Mittel und Werkzeug im Dienst des höheren Lebens, der Erhöhung des Lebens.«[64]

Burckhardt überläßt allerdings diesen verselbständigten Trieb zum Leben, den bloßen Willen, nicht sich selbst. Zwar finden sich in der Einführungsvorlesung Formulierungen, die in diese Richtung deuten, aber das christlich-asketische Motiv der inneren Weltüberwindung bleibt dominant. Die Begrenztheit des Lebens, die Zeitlichkeit gibt laut Burckhardt die entscheidende Orientierung vor. Die Einsicht in die eigene Endlichkeit prägt jedes individuelle Selbstgefühl, die »Grundfrage des eigenen Wesens, über die keiner hinauskann«. Von der Erfahrung der Endlichkeit her baut sich die Identität des einzelnen auf. Hier liegen dann auch entscheidende Antriebe des Geschichtsinteresses. Die Historie übernimmt die gesellschaftliche Aufgabe, dem modernen Menschen seine eigene Endlichkeit vor Augen zu führen und gegenwärtig zu halten, indem sie die Veränderung, den Wandel präsentiert[65]. Historie ist die Form, in der sich das Individuum seine eigene Endlichkeit bewußt machen und zugleich diese Einsicht bewältigen kann, indem es die begrenzte Einzelexistenz virtuell durch Einfügung in die Generationenfolge der »Weltgeschichte« erweitert und andererseits die vermeintlich absolute Bedeutung der Lebenstriebe spirituell relativiert.

Damit sind wir von der reinen Erkenntnisleistung kontemplativ motivierter Historie hinübergeraten auf das Gebiet der gesellschaftlichen »Funktion«. Es erweist sich allerdings als notwendig, noch einmal zurückzulenken auf die Erkenntnischancen der handlungsfernen Kontemplation. Wie oben gezeigt, begründet Burckhardt das historische Interesse aus der Notwendigkeit des Widerstands gegen die individuelle Ohnmachtserfahrung. Diese Stoßrichtung auf Machtdisziplinierung und Machtüberwindung, wie individualistisch und auf sich selbst zurückbezogen sie auch sein mag, ermöglichte es Burckhardt in einem außergewöhnlichen Maß, vergangene und ge-

[64] Friedrich Nietzsche. Aus dem Nachlaß der Achtzigerjahre. In: Friedrich Nietzsche. Werke in 3 Bänden. Hg. v. Karl Schlechta. Bd. 3, München 1966, S. 895.

[65] Zur Funktion der Historie als »Kontingenzpräsentation« vgl. H. Lübbe, Geschichtsbegriff und Geschichtsinteresse. Analytik und Pragmatik der Historie. Basel 1977, bes. S. 54–68 u.ö.

genwärtige Formen der Machtausübung zu identifizieren, zu benennen und in ihren Ursprüngen, Mechanismen und Konsequenzen zu analysieren. Schon Friedrich Meinecke wies darauf hin, daß der »oft schreckliche und abstoßende Ursprung« der »großen Errungenschaften der Kultur« nirgends so offengelegt worden sei wie bei Burckhardt[66]. Bezogen auf das Wissenschaftskonzept heißt dies, daß der Verzicht auf jene Machtpartizipation und jenen Machtgenuß, den die Wissenschaftspraxis als gesellschaftliche Arbeit ermöglicht, erst die Form rückhaltloser und vorurteilsfreier Diagnose und Analyse von Machtimpulsen und Machtstrukturen freisetzte, die Burckhardt geleistet hat. Der Verzicht auf eine explizite Orientierungsfunktion der Historie in den Handlungsvollzügen der Gegenwart und auf die herausgehobene Stellung der Gelehrtenarbeit bei der Überwindung von Naturzwängen bedeutet, daß der Gelehrte darauf verzichtet, auf die Geschehnisse Einfluß zu nehmen. Der Wissenschaftler verzichtet damit zwar auf Macht, er erschließt aber andererseits neue und nur so zugängliche Erkenntnismöglichkeiten.

Die asketische Überwindung der persönlichen Machtimpulse, des »Willens zur Macht«, der laut Burckhardt in der Moderne vor allem auch die Form wissenschaftlicher Arbeit angenommen hat, ist allerdings nur möglich durch den Rekurs auf ein originäres, anthropologisch vorgegebenes »Bedürfnis«, das neben den Machttrieben selbständig besteht: das Verlangen nach »Erkenntnis«. Dieses ist zwar ständig in der Gefahr, von den Machtimpulsen verfälscht und verdrängt zu werden; es ist mit diesen anderen Bedürfnissen notwendig verflochten und läßt sich nie ganz isolieren. Es trägt seine Begründung aber in sich selbst und kann in letzter Instanz nicht zurückgeführt werden auf andere, ursprünglichere Bedürfnisse[67]: Erkennen zu wollen gehört als eine originäre Form des Freiheitsverlangens zur Natur des Menschen, ebenso wie der Machttrieb, oder die Sehnsucht nach Glück, Freude, Wohlbefinden.

Eine solche Praxis der Erkenntnis führt laut Burckhardt auch keineswegs in die gesellschaftliche Einsamkeit oder in die A-Politie. Wem »die Wahrheit und die Verwandtschaft mit allem Geistigen über Alles geht«, der erfüllt mit seiner Erkennt-

[66] Fr. Meinecke, Kausalitäten und Werte in der Geschichte. In: Historische Zeitschrift 137 (1928), S. 1–27, hier: S. 19.

[67] Über das Studium, S. 230.

nissuche auch seine »wahre Bürgerpflicht«[68]. Das Ausleben des Erkenntnistriebes bleibt, sofern es im Bewußtsein einer »schweren Pflicht« geschieht, in den Zusammenhang der bürgerlichen Tugenden einbezogen. Die Praxis historischer Reflexion, die zugleich immer eine Form der Opposition gegen Machtstrukturen und Abhängigkeiten ist, erweitert das Rationalitätspotential einer Gesellschaft, indem sie die Möglichkeit schafft, Distanz zum Machttrieb zu gewinnen und auf diese Weise zu Beurteilungshorizonten zu kommen, welche die unmittelbaren Zweck-Mittel-Relationen durchbrechen können, an denen sich politische Praxis bevorzugt orientiert.

Abschließend ist noch einmal daran zu erinnern, daß Burckhardts asketisches Erkenntnisideal gegenüber der neuzeitlichen Konzeption von Wissenschaft als Arbeit ein unzeitgemäßes Modell von Wissenschaft darstellt. Es wurde in der Reinheit, mit der er es vertrat, bereits in der Aufklärung und seit der Professionalisierung der historischen Forschung obsolet, lebte aber, seiner selbst kaum bewußt, in der deutschen Historikerschaft in verschiedenen Mischungen bis zum Paradigmawechsel der jüngsten Vergangenheit weiter[69]. Sozial ruht es auf jener gesellschaftlichen Trennung und Verteilung von »Arbeit« und »Erkenntnis«, wie sie die ständisch-hierarchisch gegliederte Gesellschaft festschreibt. Trotzdem kann sich der Historiker mit dem Hinweis auf den Anachronismus einer Lebens- und Denkform nicht begnügen. Gerade die Heterogonie der Zwecke, die am Beitrag des asketischen Weltverhältnisses zur Ausbildung der modernen Welt deutlich geworden ist, verweist auf die An-

[68] Ebd., S. 117.

[69] Zu Grundzügen dieses Paradigmas vgl. oben S. 27ff. Zur historiographiegeschichtlichen und theoretischen Auseinandersetzung mit diesem Paradigma hier nur einige ausgewählte Titel: W. Conze, Die Strukturgeschichte des technisch-industriellen Zeitalters als Aufgabe für Forschung und Unterricht. Köln 1957; F. Wagner, Moderne Geschichtsschreibung. Ausblick auf eine Philosophie der Geschichtswissenschaft. Berlin 1960; Schieder, Geschichte als Wissenschaft; G. G. Iggers, Deutsche Geschichtswissenschaft. Eine Kritik der traditionellen Geschichtsauffassung von Herder bis zur Gegenwart. München 1971; W. J. Mommsen, Geschichtswissenschaft jenseits des Historismus. Düsseldorf 1971; die Beiträge in: H.-U. Wehler (Hg.), Deutsche Historiker. 9 Bde, Göttingen 1973ff.; Koselleck, Wozu noch Historie?; Th. Nipperdey, Historismus und Historismuskritik heute. In: Ders., Gesellschaft, Kultur, Theorie, S. 59–73; J. Rüsen, Für eine erneuerte Historik. Studien zur Theorie der Geschichtswissenschaft. Stuttgart 1976; J. Kocka, Sozialgeschichte. Begriff – Entwicklung – Probleme. Göttingen 1977; Lübbe, Geschichtsbegriff und Geschichtsinteresse; sowie die Bände der Reihe: Theorie der Geschichte, Beiträge zur Historik. 6 Bde München 1977–1990.

tinomie der Geschichte, daß das Vergangene zwar absolut und unwiderruflich vergangen ist, zugleich aber als Vergangenheit gegenwärtig bleibt und Zukunft enthält[70]. Es muß daher auch gegenüber der »zeitgemäßen« Form der Wissenschaft als gesellschaftlicher Arbeit die Frage erlaubt bleiben, ob diese Form der Erkenntnispraxis wirklich mehr Entlastung von Mühe und Plage und mehr Freiheit von begriffenen und unbegriffenen Mächten gebracht hat, wie sie es intendiert. Selbst wenn man auf diese Frage zumindest für die industrialisierten Gesellschaften die positive Antwort gibt, die sich aufdrängt, bleibt die andere Frage noch offen, ob das Individuum in der permanent gewordenen, erfolgreichen Umgestaltung der Welt nicht andere, ebenfalls wichtige Möglichkeiten der Lebensgestaltung, wie etwa den Versuch zur inneren Weltüberwindung, verschüttet. Immerhin hat das System der Wissenschaft als Arbeit in den »entwickelten« Gesellschaften nicht nur tatsächlich die Voraussetzungen für mehr Freiheit geschaffen, sondern durch die Herrschaft über die Natur und ihre Kräfte auch ganz neuartige Möglichkeiten zur universellen Zerstörung in die Hand gegeben.

[70] Vgl. Koselleck, Wozu noch Historie?, S. 13.

6. Jacob Burckhardt und Max Weber
Zur Genese und Pathologie der modernen Welt

I.

Vergleicht man Biographie, Lebensstil, wissenschaftliche Fragestellung und Methode Jacob Burckhardts und Max Webers, so steht man vor zwei Antipoden, sowohl der gelehrten Existenzform wie des geschichtlichen Denkens, die nichts miteinander zu verbinden scheint. Zwar hat sich Weber gelegentlich auf Burckhardts Kritik an bestimmten Formen der deutschen Geschichtsschreibung berufen, doch das blieb eine briefliche Randbemerkung, der keine explizite Auseinandersetzung mit dem Werk folgte[1]. Es verwundert daher auch nicht, daß in der deutschen Forschung die beiden originellsten Geschichtsdenker nach der Gründerära des deutschen Historismus nirgends ausdrücklich in Beziehung zueinander gesetzt worden sind[2]. Gemeinsam scheint ihnen nur die exzentrische, vom *main stream* jeweils gleich weit entfernte Stellung im Verhältnis zur zeitgenössischen Geschichtsschreibung gewesen zu sein. Gleichwohl – so die These der folgenden Untersuchung – gibt es sehr weitgehende Übereinstimmungen im Geschichtsdenken Jacob Burckhardts und Max Webers, insbesondere in der Konzeption von »Kultur« und in den Annahmen über die Entstehung »kulturbedeutsamer Phänomene« (Weber). Diese Gemeinsamkeiten treten in einer gemeinsamen Fragerichtung zutage, die zu höchst aufschlußreichen Ergebnissen bei einer Strukturanalyse der modernen Welt führt.

Schon daß sowohl Burckhardt als auch Weber diesem Thema – Strukturen und Entstehung der modernen Welt – einen Großteil ihrer Arbeit gewidmet haben, provoziert den Vergleich. Bei Weber muß nicht mehr eigens erläutert werden, daß hinter dem

[1] In einem Brief an Willy Hellpach heißt es anläßlich einer scharfen Polemik gegen Karl Lamprecht, die »begriffsmäßige Methode im Gebiet der Geschichte« sei »seit Jacob Burckhardt überholt«. Zit. nach W. J. Mommsen, Universalgeschichtliches und politisches Denken bei Max Weber. In: Historische Zeitschrift 201 (1965), S. 557ff., hier S. 167, Anm. 25.

[2] Einen Vergleich hat erstmals Reinhard Bendix durchgeführt – allerdings unter einer anderen Fragestellung; vgl. R. Bendix, G. Roth, Max Weber. Scholarship and partisanship. Essays on Max Weber. Berkeley 1971, S. 266ff.

zentralen Themenkomplex des okzidentalen Rationalisierungsprozesses ein universalgeschichtlicher Erklärungsanspruch steht, der allerdings nur in fragmentierter Form faßbar ist[3]. Bei Jacob Burckhardt steht die »Signatur des gegenwärtigen Zeitalters« (Friedrich Schlegel) weniger explizit im Vordergrund. Doch geht auch sein geschichtliches Denken bewußt von einer intensiv erlebten und distanzierend verarbeiteten Gegenwartserfahrung aus[4], die sich ausdrücklich niederschlägt in den ›Vorlesungen über die Geschichte des Revolutionszeitalters‹ und in kurzen Passagen der Einführungsvorlesung ›Über das Studium der Geschichte‹. Zudem lesen sich seine Briefe als fortlaufender, wenn auch aphoristischer Kommentar zu wesentlichen Zeitereignissen[5]. Den wichtigsten Beitrag zu einer Strukturanalyse der Moderne ist aber sein historiographisches Meisterwerk, die ›Kultur der Renaissance in Italien‹. Hier ging es Burckhardt nach seiner eigenen Aussage darum, »eine Reihe von Phänomenen des modernen Geistes« zu erfassen und darzustellen[6] – wobei »Geist« hier verkürzend für den komplexen Wirkungszusammenhang von »Kultur« steht. Auf allen Gebieten erscheint Italien als die »entwickeltste Nation Europas«[7], die nicht nur ein Bewußtsein ihrer eigenen Fortgeschrittenheit gegenüber

[3] So v.a. Mommsen, Universalgeschichtliches Denken. Zur Rezeptions- und Interpretationsgeschichte Max Webers sei hier nur verwiesen auf A. Zingerle, Max Webers historische Soziologie. Darmstadt 1981; D.J. Peukert, Die Rezeption Max Webers in der Geschichtswissenschaft der Bundesrepublik. In: J. Kokka (Hg.), Max Weber, der Historiker. Göttingen 1986, S. 264, sowie: D. Käsler (Hg.), Max Weber, sein Werk und seine Wirkung. München 1972; W.J. Mommsen, W. Schwentker (Hg.), Max Weber und seine Zeitgenossen. Göttingen 1988; Chr. Gneuss, J. Kocka (Hg.), Max Weber. Ein Symposion. München 1988; zur Rationalisierung zuletzt: D.J. Peuckert, Max Webers Diagnose der Moderne. Göttingen 1989.

[4] Vgl. W. Hardtwig, Geschichtsschreibung zwischen Alteuropa und moderner Welt. Jacob Burckhardt in seiner Zeit. Göttingen 1972, S. 25f.

[5] E. Ziegler, Jacob Burckhardts Vorlesung über die Geschichte des Revolutionszeitalters in den Nachschriften seiner Zuhörer. Rekonstruktion des gesprochenen Wortlautes. Basel, Stuttgart 1974. Jacob Burckhardt, Über das Studium der Geschichte. Der Text der ›Weltgeschichtlichen Betrachtungen‹ nach den Handschriften hg. v. P. Ganz. München 1982; Jacob Burckhardt, Briefe. Hg. v. M. Burckhardt. 10 Bde, Basel, Stuttgart 1949–1986.

[6] An Paul Heyse, 16. 9. 1860. In: Briefe, Bd. 4, S. 59ff.; zur Werkgeschichte der ›Kultur der Renaissance‹ vgl. abschließend: W. Kaegi, Jacob Burckhardt. Eine Biographie. Bd. 3, Basel, Stuttgart 1956, S. 647ff.

[7] Jacob Burckhardt, Die Kultur der Renaissance in Italien. Ein Versuch. Jacob Burckhardt-Gesamtausgabe, Bd. 5. Hg. v. W. Kaegi. Berlin, Leipzig 1930, S. 227.

dem sonstigen Europa entwickelt, sondern in der sich laut Burckhardt die spezifischen Merkmale moderner Existenzweise erstmals ausprägen. Auf die ›Kultur der Renaissance‹ konzentrieren sich daher auch die folgenden Überlegungen. Hier legt Burckhardt seiner Geschichtserzählung eine in sich stimmige, wenn auch nicht begrifflich explizierte Konzeption von Kultur zugrunde, und hier hat Burckhardt in der Spiegelung durch die Renaissance – oder auch in der Projektion auf die Renaissance – seine Gegenwartsdiagnose in die scharfsinnigste und geschlossenste Form gebracht. Die Ergebnisse der Interpretation sollen dann mit Max Webers Thesen über die protestantische Ethik verglichen werden. Dabei wird als selbstverständlich vorausgesetzt, daß der Übergang zur okzidentalen Moderne in Webers Sicht nicht allein durch den asketischen Protestantismus bewirkt wurde. Eine Reihe anderer Faktoren hat dazu ebenfalls beigetragen, so die Rationalisierung des Rechts und die durch die okzidentale Stadt vorangetriebenen Marktbeziehungen[8]. Aber auch wenn der asketische Protestantismus nur einen unter mehreren Kausalfaktoren darstellt, bietet er sich für einen Vergleich mit der ›Kultur der Renaissance‹ doch besonders an.

Gerade in der Konfrontation dieser Werke scheinen die Positionen Burckhardts und Webers auf den ersten Blick völlig unvereinbar. Das liegt nicht nur an den höchst unterschiedlichen Wirkungs- und Rezeptionsgeschichten, die nichts Gemeinsames zu haben scheinen; auch nicht an der unterschiedlichen disziplinären Zuordnung – zu Nationalökonomie und Soziologie bei Weber, zu Geschichtswissenschaft und Kunstgeschichte bei Burckhardt – oder an den verschiedenen Darstellungsweisen: erzählerisch-schildernd bei Burckhardt, diskursiv-analytisch bei Weber. Unüberbrückbar scheint der Gegensatz vor allem deshalb, weil im einen Fall der asketische Protestantismus, im andern aber der spätmittelalterlich-renaissancehafte Katholizismus als Kausalfaktoren für den Durchbruch zur Moderne in Anspruch genommen werden. Um so aufschlußreicher dürfte es sein, wenn die von den unterschiedlichen Prämissen abgeleiteten gesellschaftlich-mentalen Veränderungen wesentlich religionsgeschichtlich erklärt werden und wenn diese Pro-

[8] Dazu grundlegend: G. Abramowski, Das Geschichtsbild Max Webers. Universalgeschichte am Leitfaden des okzidentalen Rationalisierungsprozesses. Stuttgart 1966, bes. S. 20ff.; W. Schluchter, Die Entwicklung des okzidentalen Rationalismus. Eine Analyse von Webers Gesellschaftsgeschichte. Tübingen 1979, bes. S. 204ff.

zesse in den Analysen Burckhardts und Webers zu ganz ähnlichen Ergebnissen führen.

Mit den folgenden Überlegungen soll nicht die im Anschluß an die Protestantismusthese Webers vieldiskutierte Frage nach den innerkatholischen Ursprüngen des Kapitalismus wieder aufgegriffen werden[9]. Vielmehr geht es darum, Burckhardts Kulturkonzept zu analysieren, so, wie es der ›Kultur der Renaissance‹ zugrunde liegt, und damit die Bedingungen für die Produktion »kulturbedeutsamer Phänomene« in der Neuzeit zu erfassen. Dabei formt sich – so die These – derselbe neuzeitlich-profane Weltzugang der Weltbeherrschung und dieselbe Weltherrschaft der Unbrüderlichkeit heraus, die sich in der Sicht Max Webers als Erbe des asketischen Protestantismus darstellen[10]. Diese Gemeinsamkeit soll an einem Ergebnisvergleich der primär religionsgeschichtlich induzierten Wandlungsprozesse in der italienischen Renaissance und im England des 17. Jahrhunderts herausgearbeitet werden. Die Fragestellung zielt zum einen darauf, Aspekte der Genese der okzidentalen Moderne in der Perspektive Burckhardts und Webers zu vergleichen, darüber hinaus aber die Ergiebigkeit des Burckhardtschen Kulturmodells gerade im Vergleich mit Webers religionssoziologischem Ansatz zu prüfen[11].

Friedrich Meinecke hat in der beginnenden Revision fester Traditionen der deutschen Geschichtswissenschaft nach 1945 darauf hingewiesen, daß Burckhardt tiefer in die Nachtseite der Geschichte hineingeleuchtet habe als Ranke und seine Zeitgenossen[12]. Noch immer weiß man allerdings wenig Genaues darüber, worin diese Nachtseite eigentlich besteht und worin ein bisher ungenutztes Rationalitäts- und Erklärungspotential einer solchen Beleuchtung der »Nachtseite« eigentlich zu finden sein

[9] Vgl. den v. J. Winckelmann hg. Sammelband: Max Weber, Die protestantische Ethik II. Kritiken und Antikritiken. 4. Aufl. Gütersloh 1982.

[10] Schluchter, Entwicklung, S. 255.

[11] Friedrich Meinecke an Eduard Spranger, 19. 3. 1947. In: Fr. Meinecke, Werke. Hg. v. H. Herzfeld, C. Hinrichs, W. Hofer. Bd. 4, Stuttgart 1962, S. 604; vgl. auch Fr. Meinecke, Ranke und Burckhardt. In: Werke, Bd. 7, S. 92–121.

[12] Es ist hier nicht daran gedacht, die Burckhardtschen Hypothesen anhand der seitherigen Forschung zur Geschichte der Renaissance zu überprüfen; vgl. dazu P. O. Kristeller, Changing views of the intellectual history of the Renaissance since Jacob Burckhardt. In: T. Helton (Hg.), A reconsideration of the theories and the interpretations of the age. Madison 1961, sowie jetzt die Beiträge in: A. Buck, C. Vasoli (Hg.), Il Rinascimento nell'ottocento in Italia e Germania – Die Renaissance im 19. Jahrhundert in Italien und Deutschland. Bologna, Berlin 1989.

soll. Burckhardt hat von seiner Methode gesagt, daß sie »gewissermaßen pathologisch« sein solle[13]. Das gilt für seine Geschichtssicht überhaupt, nicht nur für die ›Kultur der Renaissance‹. Im zeitgenössischen Sprachgebrauch bezeichnet das Adjektiv »pathologisch ... entweder einen Gegenstand, der seinem Wesen nach krankhaft, d.h. normwidrig und lebensstörend ist, oder eine Beschäftigung mit derartigen Gegenständen. Im ersten Sinne nennt man *solche* Zustände, Erscheinungen, Zeichen usw. pathologisch, welche nicht in der normalen Beschaffenheit eines Organismus, sondern in dessen Abweichung von derselben begriffen sind.«[14] Wenn Burckhardt die Beschäftigung mit dem »einzigen bleibenden und für uns möglichen Centrum«, dem »duldenden, strebenden und handelnden Menschen wie er immer war und sein wird ...«, »pathologisch« nennt, so heißt dies, daß der Zustand, aus dem heraus Kultur entsteht, immer »normwidrige« und »lebensstörende« Elemente in sich hat. In der ›Kultur der Renaissance‹ bemüht Burckhardt mehrfach ausdrücklich den Zusammenhang von Krankheit und Kultur, so wenn er referiert, daß Dante das permanent an seiner Verfassung bessernde Florenz »mit einer Kranken« verglichen habe, der »beständig seine Lage wechselt, um seinen Schmerzen zu entrinnen«[15]. Im Einleitungsabschnitt zum Kapitel über Sitte und Religion beklagt Burckhardt, daß man das »unendlich reiche und feine Geäder« nicht beurteilen könne, durch welches »Geist und Sittlichkeit unaufhörlich ineinander überströmen« und schließt einen Satz weiter: »Das scheinbar kränkste Volk kann der Gesundheit nahe sein und ein scheinbar gesundes kann einen mächtig entwickelten Todeskeim in sich bergen.«[16] Dieser Satz verweist mit bemerkenswerter Präzision auf die nach 1945 und zuletzt im Gefolge des sogenannten Historikerstreits immer wieder bemühte Feststellung, es werde ewig unbegreiflich bleiben, wie gerade ein so kultiviertes Volk wie das

[13] Burckhardt, Über das Studium, S. 226.

[14] Brockhaus. Allgemeine Encyklopädie für die gebildeten Stände. 11. Aufl. Leipzig 1867, Bd. 11, S. 446f.

[15] Kultur der Renaissance, S. 61; dieses Zitat ist zu konfrontieren mit dem Urteil Burckhardts, daß Florenz »wohl den Namen des ersten modernen Staats der Welt verdient«; hier habe die »höchste politische Bewußtheit,« der »höchste politische Reichtum« geherrscht: »Der wunderbare florentinische Geist, scharf raisonnierend und künstlerisch schaffend zugleich, gestaltet den politischen und sozialen Zustand unaufhörlich um und beschreibt und richtet ihn ebenso unaufhörlich.« Ebd., S. 53.

[16] Kultur der Renaissance, S. 309.

deutsche solcher Verbrechen fähig sein konnte, wie sie der Nationalsozialismus begangen hat. In dieser scheinbaren Unvereinbarkeit liegt ein dringliches Erkenntnispostulat. Sie fordert dazu auf, Kulturbegriffe zu revidieren, welche die Vorstellungen einer solchen Unvereinbarkeit festschreiben, und den Entstehungszusammenhang von kulturbedeutsamer Leistung und menschlichem Zerstörungspotential neu zu überdenken. Einen ersten methodischen Schritt dazu bietet die Überprüfung und Revision des Theorie- und Begriffsangebots der geschichtswissenschaftlichen Überlieferung.

II.

Als das eigentliche Thema der ›Kultur der Renaissance‹ galt den zeitgenössischen und späteren Lesern die Entfaltung eines neuartigen Individualismus in Italien seit dem 13. Jahrhundert. Um so mehr verdient es Beachtung, daß Burckhardt nicht mit der Schilderung dieses neuen Typs von Persönlichkeit beginnt, sondern mit dem Staat – unter dem merkwürdigen Titel ›Der Staat als Kunstwerk‹. Im einzelnen beschreibt Burckhardt nach dem Einleitungsabschnitt über den Normannenstaat Friedrichs II. die Tyranneien der Klein- und Mittelstaaten im 14. und 15. Jahrhundert, verfolgt dann ausführlich Herrschaftspraxis und Schicksale der neuen Dynastien wie der Visconti, Sforza, Gonzaga, Este und schließt dieses Thema ab mit den Gegnern der Tyrannen, ihren Verschwörungen, Mordtaten, ideologischen Rechtfertigungen. Daran schließt sich die Beschreibung von Staatsverfassung, Verwaltungspraxis, Regierungsmaximen und Selbstdarstellung der Republiken Florenz und Venedig an, ein Kapitel über die auswärtige Politik, über die Formen der Kriegführung zwischen den italienischen Staaten und abschließend ein Kapitel über den Kirchenstaat, das den Zustand des Papsttums beschreibt: das Finanzwesen, den Nepotismus, den Ämterschacher und die Verflechtung in die dynastische Politik der italienischen Fürstenhäuser[17].

Scharf herausgearbeitet wird die Permanenz der Veränderung, die grundsätzliche Halt- und Garantielosigkeit eines einmal erreichten Zustands; sie gilt für die Republik Florenz eben-

[17] Ebd., S. 1–94.

so wie für die Tyranneien – mit der einen Ausnahme des aristokratisch-statischen Venedig[18]. Die Illegitimität und die durch sie bedingte Unsicherheit der Herrschaft erzeugt »Furcht« als lebensbeherrschende Formungs- und Verformungskraft; alle Mittel und Zwecke des Staates dienen letztlich nur dem einen Zweck, die Person des Herrschers zu sichern. In ganz neuer Weise sehen sich die Untertanen zur Identifikation mit den Herrschern gezwungen; es entsteht die erste »absolute« Herrschaftsform der europäischen Geschichte. Die Rechtlosigkeit im Inneren setzt sich um in einen bedingungslosen Machtkampf nach außen, in erbarmungslose Handelskonkurrenz der Städte untereinander, welche aber auch den Siegern keineswegs mehr Rechtlichkeit oder Sekurität beschert[19].

Man kann die Burckhardtsche Schilderung der grenzenlosen Rechtlosigkeit und Unsicherheit dieser Staaten, den Allmachtsanspruch und die Rücksichtslosigkeit ihrer Herrscher nicht dramatisch genug paraphrasieren. Burckhardt stimmt das ganze Buch durch das erste Kapitel auf den Grundton einer unglücklichen Existenz ein, bei der die »Schattenseiten« durchaus im Vordergrund stehen. Denn was sich laut Burckhardts Darstellung in dieser Staatlichkeit vollzieht, ist die Entfesselung einer unerhörten und bislang nicht dagewesenen Amoralität, die Freisetzung des Bösen in der menschlichen Natur. Es entsteht das Bild eines staatlichen Lebens im Banne von Gewalt und Verbrechen, von Grausamkeit und Willkür, von Rechtlosigkeit und Instabilität. Als Maßstab des Handelns behauptet sich überall allein die Zweckmäßigkeit und das rationale Kalkül der Herrschaftsaneignung und Herrschaftserhaltung, nur in seltenen Ausnahmefällen berührt von sittlichen Normen oder Motiven wie etwa Verantwortungsbewußtsein, Fürsorgebedürfnis oder christlichem Amtsethos. Bei aller durchaus vorhandenen sachlichen Herrschaftsarbeit bleibt der Staat vor allem Ausbeutungsobjekt der herrschenden Fürsten oder Parteien. Eins der Hauptmotive für die endlosen Greuel der inneren und äußeren Politik ist der allgemein verbreitete Neid. Überall kommt der Wille zum unumschränkten Machtgenuß, ein unersättliches Bedürfnis nach permanenter Ausdehnung und Vergrößerung zum Durchbruch[20]. Die äußerste Steigerung dieser Präsenz und

[18] Ebd., S. 18.
[19] Ebd., S. 27, 36f., 39.
[20] Ebd., S. 60, 65.

Macht des Bösen findet sich schließlich in der Herrschaft des Papsttums. Daß Burckhardt das Kapitel über den Staat als Gewaltherrschaft im Höhepunkt der Borgia-Herrschaft kulminieren läßt, ergibt sich keineswegs aus einem besonderen antikatholischen oder antiklerikalen Affekt. Vielmehr liegt die Pointe bei dieser äußersten Zuspitzung gerade im Machtmißbrauch einer weltlichen Herrschaft mit ursprünglich geistlich-religiöser Legitimität. Der dunkle Grundzug der Epoche wird damit aufs schärfste unterstrichen.

Dieses schrankenlose Ausleben böser Impulse bleibt nicht auf die politischen Machthaber beschränkt. Es erfaßt das Lebensgefühl aller Gebildeten, insbesondere der Humanisten. Die neuartige »Entwicklung des Individuums« beschreibt Burckhardt vor allem an Hand zweier Verhaltensweisen, die gegenüber der mittelalterlichen Gesellschaft in den Vordergrund treten: der Ruhmsucht und der Spottlust. Burckhardts Wortwahl ist hier ebenso prägnant und eindeutig wie bei der Schilderung der Tyrannen; in den Quellen offenbare sich »der kolossalste Ehrgeiz und Durst nach Größe, unabhängig von Gegenstand und Erfolg, in erschreckend wahrem Ausdruck«[21]. Die Formulierung vom »Durst« macht das Elementare an diesem Bedürfnis deutlich, das sich geltend macht gleichgültig gegenüber seiner sozialen Erträglichkeit oder Unerträglichkeit, gleichgültig auch gegenüber dem humanen Wert der erstrebten Anerkennung, moralisch indifferent und mit der Tendenz, sich absolut zu setzen. Der Ruhmsucht korrespondieren der Witz und die Spottlust. In ihnen dokumentiert sich ein hochentwickeltes Abgrenzungs- und Isolationsverlangen, der Wunsch, persönliche Überlegenheit zu beweisen und über andere zu triumphieren. Daher können ihre Äußerungsformen zum »Rohesten und Bösesten« zählen, was sich Menschen gegenseitig antun. Aus der persönlichen Ruhmsucht entspringt der »Geist des Verneinens« gegenüber den anderen[22]. Ein neuartiger Hang zur Wertnegation setzt sich durch. Burckhardt arbeitet heraus, daß auch der Lebensstil und die Arbeit der Humanisten beherrscht sind vom Streben nach Macht. Die Leistungen der Poeten-Philologen, die der neuen individualistischen Kultur das Gepräge geben, sind die Produkte eines »furchtbaren Geschlechts von geistreichen Ohnmächtigen«, die ihre Ohnmacht überwinden wollen[23]. Burckhardt

[21] Ebd., S. 110.
[22] Ebd., S. 112, 115.
[23] Ebd., S. 117.

sieht in ihnen nur die »auffallendsten Beispiele und Opfer der entfesselten Subjektivität«[24]. Mit ihren Eigenschaften repräsentieren sie die Motivstruktur und die Psyche der kulturprägenden Oberschicht insgesamt.

Die Signatur der Epoche, so kann man zusammenfassen, ist die Entfesselung der Triebtrias Habensdrang, Machtgier, Sinnlichkeit – der üblichen »irdischen Zwecke«, wie Burckhardt unterstellt. Herrscher, Bildungsschicht und teilweise auch das »Volk« haben diese neue Disposition gemeinsam. Auch das abschließende Kapitel über »Sitte und Religion«, das vor allem die Frömmigkeitsformen *der* Schichten beschreibt, die nicht so stark von der antikisierenden Bildung erfaßt wurden, handelt im Wesentlichen von Unsitte und Areligiosität, von Räuberei, Mord, Ehebruch und Vendetta[25]. Burckhardt faßt seine Schilderung zusammen in der Hypothese, daß im Italien der Renaissance auch in gewöhnlichen Verhältnissen die großen Verbrechen sich stärker gehäuft hätten als in anderen Ländern[26]. Die Priorität, die Burckhardt den Italienern des 13. bis 16. Jahrhunderts für die Entwicklung der europäischen Kultur zuspricht, ist zunächst einmal die Priorität der moralischen Verworfenheit: »Wenn die Selbstsucht in weitem wie im engsten Sinne Wurzel und Hauptstamm alles Bösen ist, so wäre schon deshalb der entwickelte Italiener damals dem Bösen näher gewesen als andere Völker.«[27] In den hartnäckig wiederholten Hinweis Burckhardts auf das »Böse« fließt natürlich immer schon eine strikte moralische Bewertung ein. Sieht man von ihr ab und fragt rein sachlich danach, worin dieses Böse eigentlich besteht, so ist es die Schrankenlosigkeit und Ungehemmtheit im Ausleben allgemeinmenschlicher Impulse wie Habensdrang, Machtdrang, Sinnlichkeit und die elementare Wucht, mit der sich diese Impulse vordrängen und den Lebensstil einer ganzen Gesellschaft beherrschen.

Burckhardt rechnet die neue Valenz des Bösen im politisch-gesellschaftlichen und kulturellen Leben der Epoche nicht einzelnen Personen moralisierend zu, wenngleich er die Urteilskategorie der »Schuld« keineswegs tilgt. Im Ganzen stellt er die Entfesselung der Individualität und der moralisch fragwürdigen Antriebe als »welthistorische Fügung« dar, die über den Willen

[24] Ebd., S. 194–197.
[25] Ebd., S. 308–406.
[26] Ebd., S. 323.
[27] Ebd., S. 328.

des einzelnen hinausgeht und ihm sein geschichtliches Schicksal in den Grundzügen von außen her aufprägt[28]. Diese Fügung, ihre Bedingungen und Voraussetzungen, sind für Burckhardt historisch genau rekonstruierbar. Daß sich die illegitime Herrschaft und damit die Rechtlosigkeit und Unsicherheit des Lebens ausbreiten konnten, ist die Folge des Kampfes von Imperium und Sacerdotium und des daraus resultierenden inneren Zerfalls beider Mächte. Indem sie sich gegenseitig in jahrhundertelangem Kampf schwächen, büßen sie ihre ordnungserhaltende und disziplinierende Kraft ein und eröffnen dem einzelnen den Raum für die Erweiterung seiner Ansprüche.

Die wichtigere Rolle fällt dabei der Kirche zu. Denn für Burckhardt steht die Moralität eines Volkes bzw. einer Gesellschaft im engsten Zusammenhang mit der Religiosität, das heißt mit dem »größeren oder geringeren Glauben an eine göttliche Leitung der Welt«. Das christliche Lebensideal der Heiligkeit sei – so Burckhardt – zerfallen und zwar vor aller Antikenrezeption bereits durch die Profanierung der Kirche selbst. Sie zuerst habe ihre geistliche Aufgabe verkannt und sich dem Streben nach innerweltlicher »Allmacht« überlassen[29]. Burckhardt rückt auch hier, bei der Beschreibung der Säkularisierung des Denkens und Empfindens das Machtstreben in den Mittelpunkt des Gedankengangs. Der Klerus unterliegt demselben Prozeß der Entfesselung des Bösen wie nach ihm die weltlichen Gewaltherrscher und die Bildungsschicht überhaupt.

Es ist im übrigen ein populäres Mißverständnis, daß Burckhardt schlechtweg die These von der Profanierung des Lebens vertreten habe. Was er beschreibt, ist nicht schlechthin Glaubenslosigkeit, sondern der Verlust der Bereitschaft, »irdische« Bedürfnisse der geschilderten Art durch ein religiös-spirituell geprägtes Weltverhältnis zu relativieren, ist der Zerfall einer schlüssigen und glaubwürdigen christlichen Weltauslegung und ist das Auftreten von Ersatz-, Kümmer- oder Kompensationsformen des Glaubens: der Astrologie und der Gewalt, die sie über die Menschen gewinnt, des Glaubens an Vorzeichen, Formen des Aberglaubens, magischer Religiosität und des Dämonenglaubens. Allerdings schildert Burckhardt insofern detailliert die Psychologie der Profanierung, als er den außerweltlichen Bezug des einzelnen zurückgehen und dem Wunsch Platz

[28] Ebd., S. 312.
[29] Ebd., S. 329.

machen sieht, sich ungehemmt der Welt zu bemächtigen. Neben der Preisgabe der spirituellen Orientierung und der Selbstauslieferung der Kirche an den Machthunger ihrer Repräsentanten ist es der spätmittelalterliche Strukturwandel der weltlichen Herrschaft, der dem Bösen in der menschlichen Natur einen neuen Spielraum einräumt. Der Kampf von Imperium und Sacerdotium führt dazu, daß der Kaiser in Italien seine reale Macht und sein Ansehen einbüßt. Weder die Gewaltherrscher selbst noch ihre Untertanen hätten laut Burckhardt seine Autorität noch anerkannt. In dieser Situation des Autoritäts- und Legitimitätsvakuums sei für jedermann der Zugang zu allen Ämtern und Machtpositionen denkbar geworden. Vor der Tyrannis oder der Demokratie sind alle gleich[30]. Der illegitime Herrscher, der seine Stellung allein aufgrund seines persönlichen Anspruchs und seiner Fähigkeit errungen hat, umgibt sich nur mit solchen Condottieri, Geheimschreibern, Beamten, Dichtern und Gesellschaftern, die gleich ihm alles ihrem persönlichen Talent verdanken und gerade deshalb genötigt sind, sich allein auf ihre »inneren Hilfsquellen« zu stützen[31]. Dem häufigen Herrscherwechsel in den Tyranneien korrespondiert der häufige Parteiwechsel in den Republiken, speziell in Florenz. Er treibt Gelehrte und Amtsinhaber in die Emigration, steigert aber andererseits die Erwartung, in die erstrebten Stellungen zurückzukehren oder sie neu, in einer veränderten politischen Konstellation zu erkämpfen[32].

Das moderne Individuum, so läßt sich resümieren, ist entstanden aufgrund eines tiefgreifenden Strukturwandels in Kirche und Staat, der vor allem von einer Antriebskraft vorangetrieben wird: dem innerweltlichen Machtstreben, das die alten Institutionen und Autoritäten seinerseits wiederum so durchsetzt, daß sie ihre herkömmliche Sozialisationskraft verlieren[33]. *Daß* dieser Machthunger überhaupt freigesetzt werden konnte, entspringt einer einmaligen historischen Konstellation am Ausgang des Mittelalters. Der dadurch in Gang gesetzte Entwicklungsprozeß aber ist für Burckhardt irreversibel.

[30] Ebd., S. 103.
[31] Ebd., S. 96.
[32] Ebd., S. 97f.
[33] Ebd., S. 97.

III.

Auf dem düsteren Untergrund der Gewaltherrschaft und Rechtlosigkeit, des Normenchaos, der Preisgabe einer festen Beziehung auf außerweltliche Heilsgewißheit und – als Konsequenz aus alledem – einer bisher nicht dagewesenen Entfesselung des »Bösen« in der menschlichen Natur entfaltet sich nun die kulturelle Blüte der Epoche. An ihr sollen zwei Merkmale herausgehoben werden: die Individualität und die Rationalisierung.

Das neue, teils durch die spezifischen Anforderungen der gesellschaftlichen Existenz, teils durch persönliche Willensimpulse geförderte Ideal, unter das sich die Gebildeten stellen, ist das der *Allseitigkeit.* Jeder einzelne kultiviert neben seiner eigentlichen Profession Nebenbeschäftigungen, zum Teil mit einer Intensität und Leidenschaft, die über bloßen Dilettantismus weit hinausführen[34]. Seine kunstvollste Ausformung erhält dieses Lebensideal im Typus des vollkommenen Hofmannes, des Cortegiano. Hier entsteht das »absolute Individuum«, in dem keine einzelne Eigenschaft aufdringlich vorherrscht, weil sich die vielen Fertigkeiten gegenseitig neutralisieren, dem es aber auch »mit nichts gründlicher Ernst«[35] sei. Die höchste Ausprägung findet das Individuum daher für Burckhardt erst in dem neuen Typus des vielseitigen, wenn nicht allseitigen Künstlers, der wie Alberti oder Leonardo alle Möglichkeiten nützt und ausformt, die in einer überreich begabten Persönlichkeit angelegt sind, der sich in allen künstlerischen Gattungen gleich sicher bewegt, der die Grenzen zwischen intellektueller, wissenschaftlicher Spekulation und künstlerischer Imagination überspringt[36].

Den Kern dieser neuen Individualität sieht Burckhardt zunächst in einer neuen Gewichtung des Gefühlslebens – zuerst repräsentiert im Werk Dantes: er habe die subjektiven, persönlichen Regungen in neuer Weise ernstgenommen: »rücksichtslos gegen die Seele selbst konstatiert er alle Schattierungen ihrer Wonnen und ihres Leidens«[37]. Der Ursprung der Renaissancekultur liegt so gesehen in der Vertiefung der Subjektivität, in der Heftigkeit und Vielfalt der psychischen Vorgänge. Die Vertiefung des Gefühlslebens mit dem dazugehörigen erhöhten In-

[34] Ebd., S. 100.
[35] Ebd., S. 278.
[36] Ebd., S. 99ff.
[37] Ebd., S. 223.

dividualitätsanspruch und die Rationalisierung des Verhältnisses zur Welt aber sind für Burckhardt zwei Seiten ein und desselben Vorganges. Burckhardt hat ihn daher auch in den berühmten Einleitungsformulierungen zum zweiten Kapitel über die ›Entwicklung des Individuums‹ zusammenfassend beschrieben: »Im Mittelalter lagen die beiden Seiten des Bewußtseins – nach der Welt hin und nach dem Innern des Menschen selbst – wie unter einem gemeinsamen Schleier träumend oder halbwach. Der Schleier war gewoben aus Glauben, Kindesbefangenheit und Wahn; durch ihn hindurchgesehen erschienen Welt und Geschichte wundersam gefärbt, der Mensch aber erkannte sich nur als Rasse, Volk, Partei, Korporation, Familie oder sonst in irgendeiner Form des Allgemeinen. In Italien zuerst verwehte dieser Schleier in die Lüfte; es erwachte eine *objektive* Betrachtung und Behandlung des Staates und sämtlicher Dinge der Welt überhaupt; daneben aber erhebt sich mit voller Macht das *Subjektive;* der Mensch wird geistiges *Individuum* und erkennt sich als solches.«[38] Merkmal der Renaissancekultur ist also das Zurückdrängen des unbewußten Verhaltens in allen Beziehungen und die Steigerung der eigenständigen Reflexion. Alles wird zum Gegenstand eines Nachdenkens, das auf Tradition, Dogma und Verbot der Anstalten Staat und Kirche keine Rücksicht mehr nimmt. Der einzelne nimmt in jeder Hinsicht das Recht zu persönlicher Wahrnehmung, Beurteilung und Stellungnahme in Anspruch und unterwirft sich selbst und seine natürliche und kultürliche Umwelt dem Zugriff seines Raisonnements. Er eröffnet sich einen eigenständigen, denkenden Zugang zum bislang fraglos Hingenommenen, Tabuisierten, Unbeachteten oder Ausgegrenzten. Dies gilt sowohl gegenüber der Herrschaftsordnung, dem Staat, wie gegenüber der gesellschaftlichen Machtverteilung. Es gilt für das Verhältnis des einzelnen zu sich selbst, für die Erforschung der eigenen Seelenregungen und Leidenschaften, wie für das Verhältnis zur äußeren Natur. Die neue Macht der Subjektivität verharrt nicht einfach bei sich selbst, im gedankenlosen Empfinden und Ausleben, vielmehr drängt sie nach intellektueller Verarbeitung. Es pendelt sich ein neues Gleichgewicht ein zwischen dem vertieften und differenzierten Gefühl und dem kontrollierten, bewußten Verhalten auf der Grundlage dieses Gefühls[39].

[38] Ebd., S. 95.
[39] Ebd., S. 233.

Dieses Gleichgewicht auf der Basis vertiefter Subjektivität und gesteigerter Rationalität und dieses Aufdecken nachvollziehbarer Ursache-Wirkung-Zusammenhänge in allen Bereichen von Natur und Kultur findet überall Burckhardts ausdrücklichen Beifall. So sarkastisch und eindeutig er Amoralität und Lebensunsicherheit in der italienischen Staatenwelt brandmarkt, so sehr bejaht er das neue rationale Weltverhältnis als eine Form der Unabhängigkeit von unbegriffenen Mächten und als Schritt zur Möglichkeit freier Lebensgestaltung. Zwar gehe – so Burckhardt – diese Ablösung von der Gebundenheit einer magischen oder sonstigen unfreien Beziehung zur Welt keineswegs durch alle Schichten. Sie habe nur die Oberschicht erfaßt und auch sie keineswegs ein für alle Mal. Aber entscheidend bleibt für Burckhardt doch, daß zumindest für die Gebildeten die Natur »entsündigt« und von jeder dämonischen Einwirkung befreit worden sei[40]. Das Medium, durch das sich der Mensch von jetzt ab grundsätzlich in Beziehung zur Natur und zum Menschen setzt, ist die Vernunft und Erklärungsfähigkeit. Das Individuum nähert sich damit den persönlichen Möglichkeiten in einer bisher nicht dagewesenen Weise an: es bejaht die eigene Person in Aspekten des Gefühlslebens, die bisher unterdrückt oder tabuisiert waren, in der Sinnlichkeit, im Macht- und Geltungsanspruch und wird dadurch aktiver, lebensfreudiger, vielseitiger; es gewinnt eine neuartige physische und geistige Mobilität, vor allem eine neue Freiheit im Verhältnis zu sich selbst und zur äußeren Welt. Es entsteht die Idealform des Menschen, »der alles kann, alles wagt und sein Maß in sich selber trägt«[41]. Diese Verabsolutierung seiner selbst bedingt allerdings auch eine neue Form der Begrenzung und Disziplinierung, wenn ein solches freies Leben gelingen soll: der Mensch muß sein »eigener freier Bildner und Überwinder« sein[42]. Die Verantwortung für den Ausgleich und die Balance zwischen Anspruch und Realisierung, Möglichkeit und Wirklichkeit liegt jetzt allein bei ihm selbst. Die Handlungsorientierung und -rechtfertigung verschiebt sich von den äußeren Zwängen durch staatliche Rechtsordnung, gesellschaftliche Norm und kirchliches Gebot in die Entscheidungsfähigkeit der Persönlichkeit selbst. Der Mensch wird Herr seiner selbst und seines Schicksals.

[40] Ebd., S. 212.
[41] Ebd., S. 241.
[42] Ebd., S. 255.

IV.

Zur Bezeichnung für alle Formen solcher neuen, bewußten Lebensführung wählt Burckhardt den Begriff des »Kunstwerks«. Die Semantik des Begriffes ist dabei in einem höchst eigenständigen und konsequenten Sprachgebrauch beherrscht von der Bedeutungskomponente des bewußten Verhaltens. Dem Staat als Kunstwerk liegt die objektivierte Analyse der Gesetze von Machterwerb und Machterhaltung zugrunde, den auswärtigen Beziehungen und dem Kriegswesen die »rationelle Behandlung«[43]; das »Hauswesen« wird »mit Bewußtsein als ein geordnetes, als ein Kunstwerk« aufgebaut[44], das Auftreten des einzelnen und die Geselligkeit der Oberschicht ist als ein freies, bewußtes Kunstwerk konzipiert[45]. Diese Lebensgestaltung auf der Grundlage rationaler Erkenntnis, des Abbaus jeglicher nicht vernünftig begründbarer Autorität, eines ichbewußten, objektiveren Zugangs zur Welt überhaupt entfaltet sich aber – wie gezeigt – auf der Grundlage von Antriebskräften des Handelns, die alles andere sind als rational – auf der Triebtrias von Machthunger, Besitzhunger und Sinnlichkeit. Das Aufreißen dieser Spannung, die Herleitung der Kultur aus diesen Kräften macht die Besonderheit von Burckhardts Konzeption von Kultur aus.

Kultur heißt bei Burckhardt in einem weiteren Verständnis die Gesamtheit der menschlichen Lebensgestaltung. Dieser umfassende Kulturbegriff enthält in sich sowohl den Staat wie auch die Religion – jene beiden Größen, die Burckhardt in seiner ›Einleitung in das Studium der Geschichte‹ als eigenständige »Potenzen« von der »Kultur« im engeren Sinn, als der Fähigkeit zu Spontaneität und Kritik abgegrenzt hat. Seine kulturgeschichtlichen Querschnitte, also seine historiographischen Werke, bauen auf diesem umfassenden Begriff der Kultur auf – sowohl der ›Constantin‹ wie die ›Kultur der Renaissance‹, wie endlich die ›Griechische Kulturgeschichte‹. Die Pointe dieses doppelten Kulturbegriffes besteht darin, daß die Leistungen der höheren Bildung, also der Kultur im Wortsinn des Neuhumanismus, in der Art ihrer Entstehung nicht grundsätzlich unterschieden sind von den Leistungen der Staatsbildung und der Religiosität. Alle diese Leistungen wurzeln in der Triebnatur

[43] Ebd., S. 30.
[44] Ebd., S. 287.
[45] Ebd., S. 269, 274, 279, 284.

des Menschen und sind das Ergebnis eines inneren Sublimierungs- und Zivilisierungsprozesses.

Diese These läßt sich zunächst belegen am Auftauchen und an der zentralen Stellung einer Begrifflichkeit, die gegenüber dem zeitgenössischen deutschen Historismus ganz neu ist. Burckhardt geht in der ›Kultur der Renaissance‹ und auch schon vorher im ›Constantin‹ nicht aus von den »Ideen«, wie Humboldt, und, in Aufnahme und Weiterführung dieses Konzepts, sowohl Ranke wie auch Droysen und in der folgenden Generation ihre Schüler. Nicht das »Real-Geistige« setzt das historische Geschehen und die Ausbildung einer Kultur in Gang, auch nicht die »Freiheit« oder das Verlangen nach Verwirklichung von Freiheit, wie bei Droysen, sondern das »Bedürfnis« oder, noch deutlicher, der »Trieb«. Selbst Bildung und Kunst verankert Burckhardt in dem »Bedürfnis nach Bildung« und dem »Bedürfnis des Darstellens und Bildens in allen Fächern«[46]. Der Ursprung aller Geschichte, das Movens, die treibende Kraft, ist der »Trieb«. Triebhaft sind nicht nur der Machthunger der Gewaltherrscher und die Geltungssucht der Humanisten, triebhaft ist auch das »Allmacht«streben der Kirche, die sich »aller Mittel der Gewalt« bedient[47]. Der »angeborene Trieb« liegt nach Burckhardt der »echten Religiosität« zugrunde[48], ebenso wie die Leistungen in Literatur und Wissenschaft, Geselligkeit und Bildung, Malerei, Plastik und Architektur auf den »Kulturtrieb« und den »Kunsttrieb« zurückgehen[49].

Burckhardt hat diese Umkehrung der Perspektive, die man wohl als »Paradigmawechsel« bezeichnen kann, nicht völlig konsequent durchgeführt. Die Vorstellung von der Autonomie des Geistes verschwindet nicht einfach, sondern wirkt verhalten nach. In der ›Kultur der Renaissance‹ läßt sie sich vor allem fassen an der Stellung der bildenden Kunst[50]. Die bildende Kunst, tendenziell die Kunst überhaupt, ist für Burckhardt die innerweltliche Erscheinungsweise des ganz Anderen, der Transzendenz. Die große Kunst apostrophiert er daher auch mit vereinzelten Hinweisen in der ›Kultur der Renaissance‹ in

[46] Ebd., S. 127, 400.
[47] Ebd., S. 330.
[48] Ebd., S. 372.
[49] Ebd., S. 378, 400.
[50] Zu Burckhardts Ästhetik vgl. Hardtwig, Geschichtsschreibung, S. 157ff., 182ff., sowie N. Huse, Anmerkungen zu Burckhardts ›Kunstgeschichte nach Aufgaben‹. In: Festschrift für W. Braunfels. Hg. v. F. Piel u. J. Träger. Tübingen 1977, S. 157.

einer sakralen Sprache. Werke wie die Shakespeares sind »ein seltenes Geschenk des Himmels«. Raffael gibt einem bereits »ausgelebten« Gedankenkreis eine neue und »letzte Weihe« und schafft auf Erden ein »Reich der Unvergänglichkeit«[51]. An der Kunst zeigen sich jene Attribute, die im Rahmen eines noch metaphysisch geprägten Denkens allein dem Göttlichen zukommen: die Notwendigkeit seiner Existenz, die Allgemeinheit und die Überzeitlichkeit seiner Geltung.

Genau hier liegt nun aber auch der Grund, warum Burckhardt mit seinem ursprünglichen Vorhaben, »Kultur und Kunst« der Renaissance im Zusammenhang darzustellen, gescheitert ist. Denn wenn der Ursprung aller Kultur, wie in der ›Kultur der Renaissance‹, in der Triebnatur des Menschen verankert wird, läßt sich die Kunst als Reflex des Göttlichen, als Äußerungsform des Transzendenten aus dem Kontinuum dieser ganz anders begründeten Kulturleistung nicht herleiten. Es entsteht ein unüberbrückbarer Hiatus, der es nur noch erlaubt, an einigen Stellen auf die Existenz dieses ganz anderen hinzuweisen, nicht das eine aus dem anderen zu begründen. Burckhardt hat daher die Behandlung der »Kunst als Renaissance« von der »Kultur« abgetrennt. Aber auch damit war das Problem nicht gelöst. Er gelangte dahin, auch die Kunst aus der Bedürfnisstruktur des Menschen herauszuentwickeln. Von daher kommt er zur neuen Konzeption der Kunstgeschichte nach Aufgaben, in der der toskanische Dombau als Ergebnis des Ruhmsinns der toskanischen Städte, die verschiedenen Typen des Profanbaus als Ausdruck spezifischer Wohnbedürfnisse, und die Dekoration als Antwort auf das spezifische Schmuckverlangen der Renaissance-Menschen erklärt werden[52]. Der sakrale Glanz der Kunst geht dabei verloren. Die ästhetische Sprache wird nüchtern, die Kunst insgesamt erscheint nicht mehr als Reflex des Göttlichen in der Welt, sondern als das Resultat des menschlichen Verlangens, die Lebensumwelt durch schöne Formen auszugestalten. In der ›Einleitung in das Studium der Geschichte‹ definiert Burckhardt die Kunst dann als das Produkt eines Überschusses an Phantasie, die in ihrem Ursprung immer an ein konkretes Lebensbedürfnis gebunden ist[53]. Kunst ist jetzt gegenüber der übrigen Kultur nicht mehr

[51] Kultur der Renaissance, S. 226, 198.

[52] Die Kunst der Renaissance in Italien. Jacob Burckhardt-Gesamtausgabe, Bd. 6. Hg. v. H. Wölfflin. Berlin, Leipzig 1932.

[53] Über das Studium, S. 277f.

isoliert durch ihren anderen Ursprung und ihre andere Qualität, sondern steht als eine, wenn auch die höchste Äußerungsform neben den anderen Formen der Kultur, der Reflexion, der Schaffung von Werkzeugen und Artefakten für das tägliche Leben.

Erst die Herleitung der Kultur aus der Triebnatur des Menschen macht verständlich, warum der Hinweis auf die *bewußte* Lebensgestaltung einen solchen Stellenwert gewinnt. Denn das bewußte Handeln und Produzieren erscheint dann nicht mehr als das Selbstverständliche und Anfängliche, sondern als etwas Abgeleitetes, Späteres, eine Besonderheit und eine Leistung. Daher nimmt es auch nicht wunder, daß Burckhardt mehrfach von »unbewußten« Verhaltensweisen spricht. Im letzten Kapitel über ›Sitte und Religion‹ behandelt er vor allem die starken Relikte magischer Religiosität, den Aberglauben und die archaischen Ängste und Befangenheiten beim einfachen Volk, aber auch bei der Elite. Diese »volkstümlichen religiösen Bräuche« sind für Burckhardt »unbewußte Reste der verschiedenen alten Heidentümer Europas«[54]. »Unbewußt« bleibt ein Verhalten dann, wenn sich ein ausdrückliches Wissen über Herkunft und Geltungsgrund von Normen nicht entwickelt. Dieses unbewußte Verhalten ist für Burckhardts letzten Endes doch fortschrittsbezogenes Geschichtsbild sinnvoll vor allem als Vorstufe eines Höheren, der bewußten Stellungnahme. Unbewußtes und bewußtes Verhalten sind in die Beziehung eines Entwicklungs- und Steigerungsmodells gebracht. Wo unbewußtes Verhalten war, muß – so Burckhardts ausdrückliches oder implizites Postulat – bewußtes Handeln oder Produzieren werden. Das Unbewußte ist die Vorstufe zum Bewußten. Dieses Entwicklungsmodell gilt anthropologisch für die innere Regulierung von Antriebskräften und tatsächlich durchgeführten Handlungen: die vorbewußte Unruhe von Machttrieb, Geltungstrieb und Sinnlichkeit setzt sich um in rationales Kalkül von Handlungszielen, Einsatz der Mittel und intellektuellen Genuß an den eigenen Handlungsmöglichkeiten. Dieses Entwicklungsmodell gilt aber auch historisch für den Übergang von der mittelalterlichen zur Renaissancekultur. Auf allen Gebieten des Lebens wird der »Schleier von Glauben, Kindesbefangenheit und Wahn« zerrissen[55]. Überall setzt sich laut

[54] Kultur der Renaissance, S. 349.
[55] Ebd., S. 95.

Burckhardt anstelle der auf sich selbst noch nicht hinreichend reflektierenden heidnisch-antiken und mittelalterlichen Handlungs- und Verhaltensmuster die rationale Stellungnahme durch. Der Rang der Kultur bemißt sich nach dem Maß der Transformation des elementaren Triebes in reflektierte und ichgerechte Steuerung der Aktion.

Andererseits bildet gerade die Entfesselung der Triebwünsche anthropologisch die Voraussetzung für die gesteigerte Kulturleistung. Denn der Umfang und die Intensität der schöpferischen Phantasie sind offensichtlich abhängig von der Energie der ursprünglichen Triebe. Expliziert man den bei Burckhardt selbst nicht ausformulierten Gedankengang, der Burckhardts Entwicklungsmodell von Mittelalter und Renaissance zugrunde liegt, so ist das Volumen dieser ursprünglichen Energie an sich zu allen Zeiten gleich. Aber durch den Normen- und Autoritätsverfall des Spätmittelalters erhalten Machttrieb, Geltungstrieb, Sinnlichkeit einen bisher nicht dagewesenen Spielraum im psychisch-moralischen Haushalt des Menschen. Die Schranken einer moralischen Einhegung oder Disziplinierung fallen oder werden niedriger, weil kirchlich-religiöses und staatliches Gebot und Verbot ihre Überzeugungskraft und Durchsetzungsmacht eingebüßt haben. Der Verlust an Sündenbewußtsein und Reue, überhaupt an außerweltlicher Orientierung erleichtert die Möglichkeit, Triebwünsche zuzulassen und auszuleben, die bis dahin durch Lehre, Sitte und die Strafandrohung des Gnadenverlustes in engen Grenzen gehalten worden waren. Die Freisetzung und Entfesselung dieser Triebe qualifiziert Burckhardt in moralischer Hinsicht unmißverständlich und wörtlich als »böse«. Zugleich bildet sie aber die entscheidende Voraussetzung für eine historisch unvergleichliche Steigerung des Daseins in einer hochdifferenzierten und durchgeformten Kultur, die den Menschen bisher nicht dagewesene Chancen eröffnet, die in ihnen angelegten Möglichkeiten humaner Existenz zu verwirklichen.

Die Frage ist freilich, wie der Hiatus zwischen unbewußtem Movens und rationaler Lebensgestaltung, zwischen dem »Bösen« des unbegrenzten Triebes und dem »Guten« der Kulturleistung überbrückt wird. Entscheidend für diese Transformationsleistung ist die Einschaltung einer Zwischeninstanz, welche diese Vermittlung leistet. Sie sorgt dafür, daß im Ergebnis etwas anderes und mehr entsteht als die unmittelbare Triebbefriedigung im Macht-, Besitz-, Geltungs- oder Sinnengenuß.

Über die psychischen Prozesse, die hier ablaufen, macht Burckhardt im einzelnen keine Aussagen. Sie lagen zu seiner Zeit noch weitgehend im dunkeln und sind erst nach Burckhardt im fortschreitenden Verwissenschaftlichungsprozeß von der Psychologie thematisiert worden. Er faßt ihre Leistung daher eher summarisch unter dem alten Leitbegriff des »Geistes« zusammen, der damit einen neuen Sinn erhält. Denn »Geist« meint jetzt nicht mehr die ursprüngliche Quelle allen Handelns, sondern die Kraft zur Umwandlung der elementaren Triebe in schöpferische Produktivität; er wird zur abhängigen Größe und gewinnt seine eigentliche Funktion daraus, die in ihrer Ungehemmtheit immer potentiell übersteigerten und also »bösen« Triebkräfte umzuformen in rationales Denken und Produzieren, also in eine objektivierte Leistung[56]. Der »Geist« ist somit das Medium der Distanzierung oder Sublimierung des elementaren Willens nach Ausdehnung, Vergrößerung und unmittelbarem Genuß, den jeder einzelne in sich trägt. Was dabei entsteht, sind die vielgestaltigen Formen einer Kultur, die sich in ihrem Wert und in ihrer Bedeutung für den Menschen ablösen von ihrem »bösen« Ursprung und für sich selbst Bestand gewinnen.

Die Ergebnisse dieser schöpferischen Akte kennzeichnet Burckhardt durchgehend mit dem Attribut der »Höhe«. So entsteht die »höhere Erziehung«, die »ungemeine Höhe der Bildung in der Art, wie die Gefühle verfeinert und analysiert auftreten«, so formen sich die »höheren Formen des Umgangs« mit der »höheren Geselligkeit als Kunstwerk, als eine höchste und bewußte Schöpfung des Volkslebens« heraus, so können die »höchsten Probleme des Daseins« zum Gegenstand des Gesprächs und der »höhere Genuß« des Lebens zur allgemeinen Norm erhoben werden[57]. In diese Unterscheidung von niedrig und hoch fließt die ganze emphatisch-wertende Bejahung des Humanisierungs- und Zivilisierungsprozesses ein, der mit der Brechung und Verfeinerung der unmittelbaren Triebregungen geleistet wird. Sie erlaubt Burckhardt auch, nachdem der Ursprung der Kultur aus den elementaren Regungen mit allem Nachdruck einmal freigelegt ist, die relative Selbständigkeit der Kultur festzuhalten.

Zwar bleibt alle kulturelle Leistung in ihrer Genesis mit dem

[56] Zur Verwendung des Terminus »Geist« ebd., S. 174, 181, 202.
[57] Ebd., S. 269, 274, 275, 279.

Machttrieb verflochten. In der ›Kultur der Renaissance‹ ist dieser Gedanke vor allem faßbar an der Darstellung der Antikenrezeption. Die Neubewertung der Antike hat ihren ursprünglichen Grund im Wunsch nach »Größe«: daß die antike Überlieferung ihren normativen Geltungsanspruch durchsetzen konnte, begründet Burckhardt damit, daß sie die »Erinnerung an die eigene alte Größe« vermittelt habe[58]. Die für die neue Bildung und Kunst unerläßliche Antikenrezeption ist also bedingt durch einen außergewöhnlichen kollektiven Geltungsanspruch der ganzen Nation. Größe ist auch für Burckhardt primär eine Kategorie der Macht. Der Machtwille aber wird in der Sphäre der Kultur gebrochen durch die Möglichkeit der Versöhnung. Kultur hat grundsätzlich den Charakter der Synthese – über die auch ihr inhärente Eigenschaft hinaus, eine Form der Machtausübung zu sein. Im Falle der Renaissance ist es die Synthese zwischen dem durch das christliche Mittelalter geprägten italienischen »Volksgeist« und der heidnisch-antiken Überlieferung, sowie die Fähigkeit zur Integration des Fremden. Der »anders gewordene« italienische Nationalcharakter verwandelt sich germanisch-langobardische Staatseinrichtungen, die gemeineuropäische, aber primär außeritalienische Kultur des Rittertums, die sonstigen Kultureinflüsse aus dem Norden und die Leistungen der Religion und Kirche an. Zwar bezeichnet Burckhardt diese Einflüsse ausdrücklich als »Gegenwirkung«, die Kultur bleibt einbezogen in die agonale Grundstruktur des Lebens. Aber aus diesen Gegenwirkungen »erwächst dann das neue Ganze: der moderne italienische Geist«[59]. In der Sphäre der Kultur ist die *Coincidentia oppositorum,* die Verschmelzung des Gegensätzlichen, möglich, und sie erst gibt ihr ihren eigentümlichen Rang.

Je mehr die Sublimierung der unmittelbaren Triebregungen zu eigenständiger geistiger Tätigkeit, zu Reflexion und künstlerischer Produktion gelingt, desto mehr verblaßt konsequenterweise der Ursprung der Kultur aus der Wildheit und Ungehemmtheit der kreatürlichen Existenz. Dies zeigt sich in der ›Kultur der Renaissance‹ besonders deutlich am Perspektivenwechsel, den Burckhardt bei der Beschreibung der Republik Florenz vornimmt. Auch hier gilt die Garantie- und Rechtlosigkeit des staatlichen Lebens. Aber in einer auffälligen Gewichts-

[58] Ebd., S. 125.
[59] Ebd., S. 125.

verlagerung verzichtet Burckhardt hier auf die ausführliche Beschreibung des Machttriebs und konzentriert sich ganz auf die Darstellung der geistigen Leistungen in Geschichtsschreibung, Poesie und Statistik[60]. Die Kultur setzt über der Sphäre des Machtdranges mit ihrer unvermeidlichen Inklination zur Übersteigerung der Ansprüche, also zum »Bösen«, die Möglichkeit des spirituellen Weltgenusses frei[61]. Er entspringt der Sublimierungsleistung des Geistes und gewährt die Chance eines »erhöhten Daseins«[62].

V.

Burckhardts neuer Begriff der Kultur bezieht seine wissenschaftliche Stoßkraft, seine historische und methodologische Bedeutung für eine moderne Geschichtswissenschaft nicht so sehr aus seiner Wirkungsgeschichte. Diese blieb für die Geschichtswissenschaft eher bescheiden. Er entfaltet aber in zweifacher Hinsicht ein Erkenntnisangebot, das bisher nicht genutzt wurde. Zum einen stellt er ein Konzept von »Kultur« vor, das, theoretisch geklärt und präzisiert, zur Erklärung von Lebensformen in verschiedenen Gesellschaften herangezogen werden kann; Burckhardt hat es, wenn auch nicht so artikuliert und eindeutig, in seiner ›Griechischen Kulturgeschichte‹ und im ›Constantin‹ auf die griechische und die christlich-römische Antike angewandt. Zum anderen aber erhebt dieses Konzept den Anspruch, mit der historischen Analyse der italienischen Renaissance und ihrer unwiederholbaren Entstehungsbedingungen die Genese und wesentliche Strukturmerkmale der Neuzeit überhaupt zu erfassen.

Das Fundament dieser Deutung von Neuzeit ist, der Strukturanalyse der Renaissance-Kultur zufolge, der rationale Staat und seine »Gewaltherrschaft«. Ausdrücklich benennt Burckhardt zwei Elemente des staatlichen Daseins als »modern«: die »Fiktion der Staatsallmacht« und die »Untertanenmentalität«[63]. Beide gehen zurück auf den Verlust traditionaler und außerweltlich begründeter Legitimität. Sie bilden die zwei Seiten des

[60] Ebd., S. 53 ff.
[61] Vgl. dazu oben S. 177 ff.
[62] Kultur der Renaissance, S. 164.
[63] Ebd., S. 24, 36.

einen Vorganges, daß der einzelne dem Staat und seiner Macht unvermittelt und ohne die ausgleichende und freiheitssichernde Macht intermediärer Gewalten gegenübersteht, daß der Staat die individuelle Existenz völlig umfaßt und das Leben in einer neuen Weise beherrscht. Gesellschaftsgeschichtlich identifiziert Burckhardt diesen Vorgang mit dem Beginn der neuzeitlichen Sozialegalisierung. Der Adel verliert seine privilegierte Stellung, die »Verschmelzung der Stände im Sinn der neuen Welt« ermöglicht als neues und ausschlaggebendes Kriterium der gesellschaftlich-sozialen Stellung die persönliche Leistung[64]. Es entsteht ein »gebildeter Stand im modernen Sinne«[65] mit denselben Merkmalen wie der »persönliche Stand« des späten 18. Jahrhunderts und ausgezeichnet durch seine Indifferenz gegenüber der Geburt, durch Leistungsbewußtsein und durch seine Ansprüche auf die Machtpositionen in Staat und Gesellschaft. Mit der Schilderung von Mentalität und Lebensweise der Humanisten gibt Burckhardt eine Beschreibung der bürgerlichen Intelligenzschicht des 19. Jahrhunderts, wobei sich seine Analyse mehr der Spielart der kritischen, »freischwebenden« Intelligenz annähert als der der beamteten oder verstaatlichten Intelligenz[66]. Er rückt ihre Ferne von den wirklichen politischen Entscheidungen in den Vordergrund, ihren umfassenden gesellschaftlich-politischen und kulturellen Kompetenzanspruch, ihre seelische Labilität, bedingt durch das Heraustreten aus allen korporativen, ständischen, kirchlich-religiösen Bindungen, ihre halb strukturell, halb persönlich bedingte Unfähigkeit zu stetiger Lebensführung, ihren Autonomieanspruch[67]. Diese bindungslose Intelligenzschicht entwickelt laut Burckhardt eine außerordentliche historische Wirkung. Gemeinsam mit dem ihr wesensverwandten Gewaltherrscher ist sie veranwortlich für die neuartige permanente Reversibilität aller Zustände – für Burckhardt ein beherrschendes Strukturmerkmal der modernen Welt.

[64] Ebd., S. 257, 260.

[65] Ebd., S. 257.

[66] Vgl. u.a. R. Vierhaus, Artikel ›Bildung‹. In: O. Brunner, W. Conze, R. Koselleck, Geschichtliche Grundbegriffe. Historisches Lexikon zur politisch-sozialen Sprache in Deutschland. Bd. 1, Stuttgart 1972, S. 508ff., bes. S. 512ff.; H. H. Gerth, Bürgerliche Intelligenz um 1800. Zur Soziologie des deutschen Frühliberalismus. Göttingen 1976; W. Conze. J. Kocka (Hg.), Bildungsbürgertum im 19. Jahrhundert I. Stuttgart 1985.

[67] Kultur der Renaissance, S. 198, vgl. auch S. 15, 27.

Bis dahin ist in der ›Kultur der Renaissance‹ unschwer jenes Bild der Moderne wiederzuerkennen, das man aus Burckhardts zeitkritischen Bemerkungen in der ›Geschichte des Revolutionszeitalters‹ und in der ›Einleitung in das Studium der Geschichte‹ kennt – allerdings so systematisiert, daß im Rahmen der erzählenden Darstellung eine Gesamterklärung für die Entstehung der modernen Welt versucht wird. Sie läßt sich schlagworthaft in den Begriffen »Säkularisierung« und »Rationalisierung« zusammenfassen. Dabei tritt ein Gesichtspunkt deutlicher hervor, dem, obgleich eher verdeckt formuliert, für Burckhardts Diagnose der »Pathologie« der Moderne offenbar zentrale Bedeutung zukommt: die Ausbildung und Demokratisierung des individuellen Größenanspruchs. Burckhardt erfaßt diesen Vorgang als religionsgeschichtlichen Prozeß. An die Stelle des »christlichen Lebensideals, der Heiligkeit« tritt das der »historischen Größe« – und zwar »vermutlich ... fast unbewußt«[68]. Dieses neue Leitbild geht aus von den Humanisten. Sie schildern ein »verklärtes Jenseits für die großen Männer, durchtönt von der Harmonie der Sphären. Dieser Heidenhimmel ... vertrat allmählich in demselben Maß den christlichen Himmel, in welchem das Ideal der historischen Größe und des Ruhmes die Ideale des christlichen Lebens in den Schatten stellte«[69]. Wenn Burckhardt davon spricht, daß Philosophie und Dichtung die »neuen liberalen Ideen vom Jenseits« ausgearbeitet hätten, spielt er damit auch auf die liberal-bürgerliche Bildungs- und Geschichtsreligion des 19. Jahrhunderts an. Diese setzt sich zu den Großen der Vergangenheit, Herrschern, Feldherren, Denkern, Künstlern, Dichtern in ein innerweltlich bezogenes religiöses Verehrungsverhältnis und stattet sie mit der Aura weltlich-kultureller Heiligengestalten aus[70]. Burckhardt betont ausdrücklich, daß es sich bei der Wendung zu einem profanierten Ideal der Unsterblichkeit um einen generellen Wertwandel handelt, in dem die historische Größe ebenso allgemeine Geltung für die ganze Gesellschaft beansprucht wie vorher das Leitbild der Heiligkeit. An die Stelle der jenseitsorientierten, auf innere Weltüberwindung zielenden »Heiligkeit« tritt dabei die innerweltliche Tüchtigkeit mit der Heiligung von Energie und reueloser Tat. Burckhardt verweist dabei auf Coluccio Sa-

[68] Ebd., S. 68.
[69] Ebd., S. 402.
[70] Vgl. dazu unten S. 302ff.

lutatis ›Arbeiten des Herkules‹, wo »am Schluß bewiesen wird, daß den energischen Menschen, welche die ungeheuren Mühen der Erde überstanden haben, der Wohnsitz auf den Sternen von rechts wegen gehöre«[71]. Die Begriffe von »Sünde und Erlösung« – so Burckhardt – seien fast völlig verschwunden. Selbst bei den großen Religiosen der Epoche, den Bußpredigern, sieht er kein originäres Erlösungsbedürfnis mehr am Werk; in der außergewöhnlichen Resonanz von Bußpredigern und in den »Bußepidemien« findet er mehr die »Losspannung heftiger Gemüter, das Entsetzen über ein großes Landesunglück, den Schrei zum Himmel um Hilfe« wirksam, das heißt ein diesseitsbezogenes Wohlfahrtsverlangen. An die Stelle der Reue tritt das »allgemeine, nämlich das individuelle Kraftgefühl« – »Passivität« und »kontemplative« Christlichkeit mit ihrer »beständigen Beziehung auf eine jenseitige höhere Welt«[72] treten zurück zugunsten der allgemein aufgewerteten *vita activa,* welche die christlich-spirituelle Erlösungssehnsucht in profane Tüchtigkeit und Aktivität umlenkt.

In der Ausbildung und sozialen Entgrenzung des individuellen Größenanspruchs aus dem Geiste von Profanierung und Rationalisierung erschließt sich somit ein wesentliches Strukturmerkmal der modernen Welt. Burckhardt konkretisiert die mentalitätsprägende und handlungsleitende Kraft des Größenverlangens dann noch ausdrücklich mit Blick auf die Gegenwart, indem er den neuen Orientierungswert des spezifisch modernen »Ehrgefühls« dem Größenverlangen korreliert: »Beginnen wir damit, die dem Bösen aufs stärkste entgegenwirkende sittliche Kraft namhaft zu machen. Jene hochbegabten Menschen glaubten sie zu erkennen in Gestalt des Ehrgefühls. Es ist die rätselhafte Mischung aus Gewissen und Selbstsucht, welche dem modernen Menschen noch übrigbleibt, auch wenn er durch oder ohne seine Schuld alles übrige, Glauben, Liebe, Hoffnung, eingebüßt hat. Dieses Ehrgefühl verträgt sich mit vielem Egoismus und großen Lastern und ist ungeheurer Täuschung fähig; aber auch alles Edle, das in einer Persönlichkeit übriggeblieben, kann sich daran anschließen und aus diesem Quell neue Kräfte schöpfen. In viel weiterem Sinn, als man gewöhnlich denkt, ist es für den heutigen individuell entwickelten Europäer eine entscheidende Richtschnur des Handelns ge-

[71] Kultur der Renaissance, S. 402.
[72] Ebd., S. 403.

worden; auch viele von denjenigen, welche noch außerdem Religion und Sitte treulich festhalten, fällen doch die wichtigsten Entschlüsse unbewußt nach jenem Gefühl.«[73] Dieser Ehrbegriff ist moralisch ambivalent, offen einerseits zur ungehemmten und also zerstörerischen Realisierung, andererseits zur Steigerung der humanen Leistung. Er kann sich gegen die Gesellschaft richten, aber er kann die Triebkräfte des Macht- und Besitzdranges auch einhegen und sozial steuern. Er ist nicht vorgegeben als traditional oder spirituell-außerweltlich begründeter Wert, vielmehr baut er sich in der Subjektivität des einzelnen selbständig auf. Hochgradig individuell gefärbt reproduziert er den Autonomieanspruch des modernen Menschen. Gleichwohl gilt er überindividuell und wirkt als kulturbestimmendes Verhaltensregulativ auf alle Mitglieder der Gesellschaft. Seine Wirksamkeit stellt sich als ein historisches Schicksal dar, dem der einzelne nicht entkommt, dessen Entstehung sich aber historisch erklären läßt. Burckhardt bezeichnet somit, historisch genau lokalisiert und ableitbar, als Besonderheit der Moderne den übergroßen Macht- und Geltungsanspruch des Individuums. Seine Wertung bleibt ambivalent: Gegenüber der gebundenen Welt des Mittelalters verwandelt dieser Anspruch Politik und Öffentlichkeit in einen Raum permanenter Bedrohung durch Gewalt und Willkür; er zersetzt im Autoritätsverfall der christlichen Lehre religiöse Heilsgewißheit und außerweltlich orientierte Heilssuche; er treibt die permanente Rivalität aller Individuen um den höchstmöglichen Anteil an Macht, Ruhm und Genuß an, er vereinsamt den einzelnen auf seinem Weg innerweltlicher Heilssuche grenzenlos – aber er ermöglicht andererseits auch die allgemeine Steigerung des Lebens durch Reflexion, künstlerische Produktion und geselligen Umgang, er befreit vom magischen Weltbild und ermöglicht so ein genußvolles Verhältnis zur Natur, er schafft jedem einzelnen die Chance, seine persönlichen Fähigkeiten und Neigungen zu kultivieren und bringt auf diese Weise den Menschen erst auf die volle Höhe seiner Möglichkeiten.

[73] Ebd., S. 310.

VI.

Dieselbe tiefe Ambivalenz, die Burckhardts Bewertung neuzeitlicher Individualität und Rationalität kennzeichnet, durchzieht auch Max Webers Urteil über das vom asketischen Protestantismus geprägte Persönlichkeitsprofil, das seine letzte Ausformung im modernen Menschentyp des »Fachmenschen ohne Geist« und des »Genußmenschen ohne Herz« findet[74]. Dessen Genese allerdings leitet Weber aus völlig anderen allgemeinhistorischen Vorbedingungen und einer mit dem Renaissancemenschen Burckhardts inkomparablen Motivationsstruktur des asketischen Protestanten her. In beiden Fällen geht es zwar darum, zu zeigen, wie ein bestimmter Lebensführungsstil und ein bestimmter Menschentypus zur charakteristischen und prägenden Gestalt einer Gesellschaft aufsteigt. Aber die Haltung der puritanischen innerweltlichen Askese scheint in allem das genaue Gegenteil des renaissancehaften Weltzugangs zu sein: »Verpönt ist jeder Überschwang des Gefühls für Menschen als Ausdruck einer... Vergötterung des Kreatürlichen – ›Beruf‹ aber die rational nüchterne Mitarbeit an den durch Gottes Schöpfung gesetzten Zwecken der *rationalen Zweckverbände* der Welt. Verpönt ist die kreaturvergötternde Erotik – gottgewollter Beruf ›eine nüchterne Kindererzeugung‹ (wie die Puritaner es ausdrücken) innerhalb der Ehe. Verpönt ist Gewalt des einzelnen gegen Menschen, aus Leidenschaft oder Rachsucht, überhaupt aus persönlichen Motiven – gottgewollt aber die rationale Niederhaltung und Züchtigung der Sünde und Widerspenstigkeit im zweckvoll geordneten Staate. Verpönt ist persönlicher weltlicher Machtgenuß als Kreaturvergötterung – gottgewollt die Herrschaft der rationalen Ordnung des Geset-

[74] Zum folgenden vgl. außer den oben Anm. 8 genannten Arbeiten: C. Seyfarth, W. M. Sprondel (Hg.), Seminar: Religion und gesellschaftliche Entwicklung. Studien zur Protestantismus-Kapitalismus-These Max Webers. Frankfurt a. M. 1973; W. Schluchter, Die Paradoxie der Rationalisierung. Zum Verhältnis von »Ethik« und »Welt« bei Max Weber. In: Ders., Rationalismus der Weltbeherrschung. Studien zu Max Weber. Frankfurt a. M. 1980, S. 9ff., bes. S. 22ff.; G. Küenzlen, Die Religionssoziologie Max Webers. Eine Darstellung ihrer Entwicklung. Berlin 1980, bes. S. 9ff.; G. Marshall, In search of the spirit of capitalism. An essay on Max Weber's protestant ethic thesis. London 1982; Heinrich Lutz, Reformation und Gegenreformation. München 1982, S. 157ff.; P. Münch, Welcher Zusammenhang besteht zwischen Konfession und ökonomischem Verhalten? Max Webers These im Lichte der historischen Forschung. In: Konfession – eine Nebensache? Stuttgart 1984, S. 58ff.

zes.«[75] Der Unterschied geht jenseits aller Divergenzen im einzelnen darauf zurück, daß im asketischen Protestantismus die religiöse Ethik die wichtigste Lebensordnung darstellt, die alle anderen letztlich unterwirft. Die innerweltliche Lebensgestaltung ist Mittel zum religiösen Zweck. Da in Webers Sicht das sittliche Handeln »vielleicht nie« eine solche Hochschätzung erfahren hat wie im Calvinismus[76], steht für den Puritaner die ethische Rechtfertigung im Zentrum jener außerordentlichen Energie, die der Prädestinationsglaube vom primären Ziel der außerweltlichen Erlösung umlenkt zur innerweltlichen Askese. Im diametralen Gegensatz zum Welt- und Selbstgenuß des katholisch-heidnischen Renaissancemenschen verwirklicht sich daher in der methodisch-rationalen Berufsarbeit des asketischen Puritaners der beherrschende Gedanke der Pflichterfüllung. Anders als beim Renaissancemenschen, der das Sündenbewußtsein preisgibt, ist es beim Puritaner gerade das Bewußtsein der unaufhebbaren kreatürlichen Sündhaftigkeit, das ihm die endlose Arbeit an der »ethisch rationalen Bewältigung und Beherrschung der gegebenen Welt« in der Sachlichkeit des Fortschritts auferlegt[77]. Die Beziehungen des Puritaners zum Mitmenschen und zur Gesellschaft regeln sich so auf der Grundlage von Unpersönlichkeit, Nüchternheit und Zweckhaftigkeit. Daraus leitet Weber dann auch den demokratischen Freiheitssinn und die Immunität der puritanisch beeinflußten Völker gegenüber dem »Caesarismus« ab[78].

Hier, bei der Betonung von Distanziertheit und Rationalität des Weltverhältnisses, setzt dann auch die Serie der Gemeinsamkeiten im Typus des Renaissancemenschen und des asketischen Puritaners ein. Sie läßt sich nicht als bloß zufällige Analogie beim projizierenden Rückblick aus einer Gegenwart bereits weithin realisierter oder in Realisierung begriffener Weltbeherrschung in die höchst unterschiedlichen Vergangenheiten Italiens in der Renaissance und Englands im 17. Jahrhundert abtun. Festzuhalten bleibt, daß beide, Burckhardt und Weber, die neuzeitliche Umformung der Religiosität für einen zentralen Vorgang halten, der die Stellung des Menschen in der Welt auf allen Gebieten, dem der Politik, der Wirtschaft, der Kultur,

[75] Max Weber, Wirtschaft und Gesellschaft. 4., neu hg. Aufl. v. J. Winckelmann. Tübingen 1956, Bd. 1, S. 329.

[76] Ebd., S. 112f.

[77] Ebd., S. 527; vgl. auch S. 263f.

[78] Ebd., S. 95f., 99 Anm. 154.

grundlegend beeinflußt. Beide lenken ihre Aufmerksamkeit auf denselben Aspekt in diesem Umformungsprozeß, nämlich die »Ermittlung derjenigen durch den religiösen Glauben und die Praxis des religiösen Lebens geschaffenen psychologischen Antriebe, welche der Lebensführung die Richtung wiesen und das Individuum in ihr festhielten«[79]. Beide gehen von einer identischen religionsgeschichtlichen Voraussetzung aus, nämlich dem ursprünglich beherrschenden Gedanken an das Jenseits[80] – wenn auch in jeweils unterschiedlichen historischen Konstellationen, Burckhardt vom Autoritätsverfall der mittelalterlichen Papstkirche her, Weber von den Glaubensformen, die sich aus dem lutherischen Protestantismus entwickelt haben. Beide finden in der Frage des freien Willens den archimedischen Punkt, von dem aus sich die spezifisch neuzeitliche Stellung des Menschen in der Welt erschließt[81]. Was dabei am Ende für beide entsteht, ist die freie Entscheidung des Individuums, ohne das Bewußtsein, im Einklang mit Gottes Willen zu stehen, unabhängig von allgemeingültigen, religiös sanktionierten sittlichen Normen, ja im Bewußtsein, daß es solche allgemeingültigen, religiös begründeten Normen nicht gibt, oder daß sie zumindest für das betreffende Individuum keine zwingende Geltung beanspruchen können. Für beide verflicht sich die Frage der Willensfreiheit schließlich mit der nach der Stellung des »Bösen« in der Welt. Bei Weber klingt sie indirekt an im Zitat aus der ›Westminster Confession‹ von 1647: »Was die bösen und gottlosen Menschen betrifft, welche Gott als ein gerechter Richter um früherer Sünden willen verblendet und verhärtet, so entzieht er ihnen nicht allein seine Gnade«, zuweilen bringt er sie »mit solchen Gegenständen in Beziehung, aus welchen ihre Verderbnis eine Gelegenheit zur Sünde macht, und übergibt sie außerdem ihren eigenen Lüsten, der Versuchungen der Welt und der Macht Satans ...«[82] Die Stellung des Bösen in der Welt wird demnach in der calvinistischen Prädestinationslehre und im Profanierungsvorgang der Renaissance ganz unterschiedlich begründet. Dort bleibt es dogmatisch einbezogen in die Glaubenslehre, hier ergibt es sich aus dem Zerfall des Dogmas und

[79] Max Weber, Die protestantische Ethik und der Geist des Kapitalismus. In: M. Weber, Die protestantische Ethik I. Eine Aufsatzsammlung. Hg. v. J. Winckelmann. 6. Aufl. Tübingen 1981, S. 27ff., hier: S. 117.
[80] Ebd., S. 117.
[81] Ebd., S. 119.
[82] Ebd., S. 119f.

seiner Geltungskraft. Starke Parallelen zeigen sich aber in der Definition dessen, was eigentlich »böse« sein soll: nämlich das Ausgeliefertsein an weltliche Interessen und die Enthemmung von Triebimpulsen, die hier wie dort »satanische« Wirkungen hervorbringen.

Als den grundlegenden religionsgeschichtlichen Vorgang, in dem die spezifische Geistigkeit der Moderne entsteht, beschreiben Burckhardt und Max Weber gleichermaßen für die so unterschiedlichen Kulturbereiche des calvinistischen Protestantismus und des säkularisierten Katholizismus die Rationalisierung des Bezuges zur Welt. Der große religionsgeschichtliche Wandel, den die Renaissance herbeiführt, ist die Überwindung magischer Glaubensformen; sie gelingt zwar nur in der Bildungsschicht, und auch da nicht vollständig, aber sie setzt grundsätzlich die Möglichkeit eines neuen Verständnisses von der Stellung des Menschen in der Welt frei: die Überwindung der Abhängigkeit von den Gnadenmitteln der Anstaltskirche, die Freiheit der Entscheidung darüber, was richtig oder falsch, gut oder böse sein soll, die Unabhängigkeit von der Wirksamkeit äußerer, in ihrer Funktionsweise nicht durchschauter Zwänge. Damit ist auch in Burckhardts Interpretation der Renaissance der Weg zur »Entzauberung der Welt« eingeschlagen, auf dem »alle magischen Mittel der Heilssuche als Aberglaube und Frevel« verworfen werden und den Weber mit dem Puritanismus abgeschlossen sieht[83]. Dementsprechend ist für Burckhardt wie Weber die Überwindung der Superstition die Bedingung für einen neuartigen »Individualismus«; er ist laut Weber bei den puritanisch geprägten Völkern »illusionslos und pessimistisch« gefärbt[84], während er laut Burckhardt bei den katholischen Italienern einen optimistischen Grundzug hat; hier wie dort aber konstituiert er die moderne Welt. Burckhardt arbeitet für den Typus des Renaissancemenschen die Überzeugung heraus, daß er nicht irgendwelchen Mächten außerhalb seiner selbst, aber alles seinem eigenen Willen und seiner Energie zu verdanken habe – im Ergebnis dieselbe Verabsolutierung des Individuums und seiner Leistung, welche als ungewollte Folge der Prädestinationslehre in der rational-disziplinierten Berufsarbeit als puritanischer Heilssuche entsteht. Das »Phänomen des religiösen Erlösungsgefühls« kommt hier wie dort abhanden, der einzelne

[83] Ebd., S. 123.
[84] Ebd.

findet den Maßstab seines Handelns schließlich nur noch in sich selbst[85].

Hier wie dort führt dies zu dem Bemühen, die affektiven Wünsche in neuartiger Weise zu disziplinieren und zu außerordentlichen Kulturleistungen zu sublimieren, *hier* mehr in der Sphäre der ökonomischen Produktion, *dort* mehr im Bereich von Wissenschaft, Philosophie und Kunst sowie in einem gesteigerten Daseinsgenuß durch verfeinerte Formen der Geselligkeit. Beide Kulturkreise, hier der weltgenießende Subjektivismus, dort der asketische Protestantismus, trieben dieselben psychischen Folgen des Individualismus hervor: die »unerhörte Vereinsamung des einzelnen Individuums«. Der einzelne ist darauf »verwiesen, seine Straße einsam zu ziehen«[86], im Protestantismus einem »von Ewigkeit her feststehenden Schicksal entgegen«, im Renaissancekatholizismus der Willkür der Fortuna ausgeliefert. In beiden Fällen ergibt sich die tiefe religiöse Verlassenheit daraus, daß die Sakramente der Kirche nicht mehr als Heilsmittel anerkannt werden, »Gottes Gnade zu erlangen«[87]. In der Renaissance ermöglicht der Autoritätsverfall der Anstaltskirche das Einströmen der antiken Philosophien, die schließlich die Vertreter der Kirche selbst ergreifen, zumindest die besseren unter ihnen. Keine dieser Philosophien ist stark genug, allgemeine Geltung und Verbindlichkeit zu beanspruchen, eine Vielzahl von Lehren steht nebeneinander, in einzelnen Fällen vermischen sie sich mit den Inhalten des katholischen Dogmas, in anderen werden sie synkretistisch miteinander verbunden. Dem einzelnen steht die Wahl zwischen den nacheinander auftauchenden Lehren und ihren modernen Adaptionen frei. Niemand verfügt noch über die Autorität, christliche Glaubenswahrheit oder antike Lehrinhalte allgemeinverbindlich soweit durchzusetzen, daß die Einsamkeit in der Gemeinsamkeit der Glaubensüberzeugung aufgehoben werden könnte – selbst in Zeiten nicht, in denen die Inquisition ihre äußeren Zwangsmittel noch einzusetzen wagte. Daß der Satz *extra ecclesia nulla salus* von niemandem mehr anerkannt wurde, ergibt sich für Burckhardt schon aus der ausführlich geschilderten »Entartung« der Papstkirche, die den Umkehrsatz, daß *in* der Kirche das Heil sei, von sich aus ad absurdum führt.

[85] Ebd., S. 120.
[86] Ebd., S. 122.
[87] Ebd.

Schließlich folgt aus dem gesteigerten Individualismus in beiden Fällen die Konsequenz eines neuartigen persönlichen Größenanspruchs. Diesen Gesichtspunkt hat Weber nicht so deutlich herausgearbeitet wie Burckhardt, er ist aber in seiner Interpretation des Individualisierungsprozesses unleugbar angelegt und muß nur freigelegt werden. Kennzeichnend für das neue Gewicht des Individuums und für die Ansprüche, die es damit verbindet, ist beim Renaissancemenschen wie beim asketischen Protestanten calvinistischer Prägung der Wunsch nach öffentlicher Herausgehobenheit, nach Sichtbarkeit des Besonderen. Weber beschreibt in diesem Zusammenhang die Entstehung einer »geistlichen Aristokratie«, der »durch Gott von Ewigkeit her prädestinierten Heiligen *in* der Welt«. Wenn sie auch ursprünglich das Bewußtsein ihrer Besonderheit, ja »Heiligkeit« aus einer göttlichen Prädestination »von Ewigkeit her« bezieht, so fügt doch der Calvinismus im Laufe seiner Entwicklung »den Gedanken der Bewährung des Glaubens im weltlichen Berufsleben« hinzu[88]. Die Legitimierung des Anspruchs auf Besonderheit verschiebt sich auf diese Weise von der außerweltlichen Schickung zur innerweltlichen Tüchtigkeit, mit dem Ergebnis, daß diese schließlich auch sichtbar sein muß. Auch bei Burckhardt hat der Anspruch auf Besonderheit seinen historischen Ursprung in geistlichen Motiven. Burckhardt hebt ausdrücklich hervor, daß das profane Ideal der historischen Größe *an die Stelle* des Leitbilds der »Heiligkeit« tritt. Stärker als Weber arbeitet Burckhardt heraus, wie diese geistige, nicht mehr geistliche »Aristokratie« das Bewußtsein abschüttelt, im Namen und Auftrag, in der Berufung durch eine jenseitige Instanz zu handeln. So gibt sie die ethische Bindung an eine außerweltliche Leitung rascher und sichtbarer auf als die geistliche Aristokratie der prädestinierten Asketen und setzt sich selbst und ihre Ansprüche offener absolut. In der Wirkung unterscheidet sich freilich die geistliche innerweltliche Auserwähltheit des Puritaners nicht fundamental von der geistig-irdischen Besonderheit des Renaissancemenschen. Beide begründen ihre Stellung in der Welt auf die Bewährung, beide isolieren sich selbst zunehmend innerhalb der Sozietät und bauen von sich selbst her neue Schranken gegenüber ihren Mitmenschen auf. Die »nachsichtige Hilfsbereitschaft im Bewußtsein der eigenen Schwäche«, ein zutiefst geistliches Motiv, das im eigenen Sün-

[88] Ebd., S. 137.

denbewußtsein wurzelt, tritt zurück. Der Puritaner entwickelt »Haß und Verachtung« gegen den Nächsten als einen »Feind Gottes«[89], der Renaissancemensch sucht diesen Nächsten zugunsten seines eigenen Ruhmes durch Spott und Hohn zu vernichten. In beiden Fällen hebt sich der einzelne in der Gesellschaft gegenüber den anderen heraus und beansprucht für sich den Status der Außergewöhnlichkeit.

Wenn Burckhardt von der Bildungsschicht und Weber von der geistlichen Aristokratie als den Trägern der religiös-kulturellen Entwicklung sprechen, so bedarf dies noch einer kurzen Erläuterung. Denn beide diagnostizieren, selbst wenn dies nicht explizit erläutert wird, die Freisetzung des innerweltlichen Größenanspruches letztlich als ein Massenphänomen. Im Puritanismus ist die Hoffnung auf Auserwähltheit jedermann zugänglich, jedermann steht daher unter dem Druck, die »religiösen Angstaffekte« in der weltlichen Berufsarbeit »abzureagieren«[90]. Die motivierende Hoffnung, in besonderer Weise berufen zu sein und diese Berufung durch Leistung unter Beweis zu stellen, erfaßt daher ausdrücklich »breitere Schichten«[91]. Ebenso wird in der Renaissancekultur die gesamte Bildungsschicht von der um den neuen Ehrbegriff und seine Anforderungen zentrierten Mentalität ergriffen. Als Strukturmerkmal der modernen Welt zeigt sich also die Demokratisierung und Massenhaftigkeit des neuen Besonderheitsanspruchs. Und endlich ist für die modernen Gesellschaften entscheidend wichtig, daß sich dieser Auserwähltheitsanspruch vor allem auf das Bedürfnis nach *Machtausübung* bezieht. Für Burckhardt ist dies ausführlich belegt worden.

Bei Weber bleibt dieser Gesichtspunkt verdeckter, doch ist er gleichwohl vorhanden. Denn wenn Weber vom »Gottesgnadentum der Erwählten und deshalb Heiligen« spricht, dann bringt er damit einen Begriff ins Spiel, der für das historische Bewußtsein des 19. Jahrhunderts mit dem singulären Recht auf Herrschaftsausübung verbunden ist. Der Begriff läßt sich von den Konnotationen der Königsherrschaft nicht lösen. Die Demokratisierung des spirituellen Gottesgnadentums in der Massenwirksamkeit der religiösen Auserwähltheitslehre schließt die Demokratisierung eines herausragenden, ursprünglich auf eine

[89] Ebd.
[90] Ebd., S. 129.
[91] Ebd., S. 137.

Person beschränkten politischen Herrschaftsanspruches ein. Ein Recht, das in den vormodernen Gesellschaften auf der Grundlage traditionaler Legitimität nur *einem* zukam und eine schlechthin außeralltägliche Machtfülle einschloß, wird in der modernen Gesellschaft auf der Grundlage rationaler Legitimität grundsätzlich für alle disponibel. Damit gewinnt das politisch-gesellschaftliche Leben in der modernen Welt eine nie dagewesene und unerhörte Dynamik. Burckhardt hat diesen Gesichtspunkt in den Kapiteln über Staat und Gewaltherrschaft sowie über das Individuum ausdrücklich zur Sprache gebracht, bei Weber ist es angelegt, wenn auch nicht ausgeführt.

Schließlich sei zuletzt noch auf eine wesentliche Gemeinsamkeit im Verständnis von »Kultur«, besonders der modernen Kultur hingewiesen. Weber geht wie Burckhardt anthropologisch von der Triebnatur des Menschen aus. Er führt seine grundlegenden Prämissen in dieser Richtung nicht weiter aus. Sie werden wie bei Burckhardt genannt und angedeutet, ohne daß der Wirkungsmechanismus der elementaren Bedürfnisse und die psychischen Vorgänge im einzelnen beschrieben werden. Burckhardt stellt den Aktionsspielraum, den die Triebnatur unter den strukturellen Bedingungen der Renaissance erhält, stärker in den Vordergrund, geht dann aber vor allem den Resultaten ihrer Verarbeitung zu rationalem Verhalten und künstlerischen Leistungen nach. Ähnlich verfährt Weber. Die Wurzeln des rationalen Zugangs zur Welt liegen für ihn in der Sphäre des Vorbewußten, der Gefühle. Angetrieben von Affekten unternimmt der Mensch den Versuch, durch »rationale Lebensführung« den *status naturae* zu überwinden, sich »der Macht der irrationalen Triebe zu entziehen«, die Triebhaftigkeit der »Suprematie des planvollen Wollens zu unterwerfen« und »seine Handlungen beständiger Selbstkontrolle und der Erwägung ihrer ethischen Tragweite zu unterstellen«[92]. Anders als Burckhardt in der ›Kultur der Renaissance‹ setzt er den Ursprung dieser neuen und spezifisch modernen inneren Regulierung von Affekthaftigkeit und vernunftgesteuertem Tun bereits im okzidentalen Mönchtum an. Die Auffassung aber der modernen Kultur als einer singulären Sublimierungsform mächtiger Triebe ist dieselbe. Zugrunde liegt dieselbe Abkehr vom metaphysischen Topos eines autonomen und aus sich selbst heraus schaffenden Geistes.

[92] Ebd., S. 135.

Beide schließlich – auch dies soll nicht vergessen werden – stimmen in der Bewertung dieses universalgeschichtlichen Zivilisationsprozesses überein. Bei allen psychischen Kosten, die er dem vereinsamten und allein auf seine Leistung gestellten modernen Individuum auflädt, handelt es sich um einen Fortschritt, auf dem der Mensch seinem Ziel, die in ihm angelegten Möglichkeiten, so weit es irgend geht, zu verwirklichen, immer näher kommt. Allerdings hat selbst diese Fortschrittsfreude – auch bei dem scheinbar so rückwärts gewandten Burckhardt – ihrerseits noch einmal den Charakter einer Leistung und bewußten Entscheidung. Sie wird der Trauer um den Verlust universaler Sinngewißheit, den Leiden an den Folgen der Rationalisierung, bei Burckhardt auch der Angst vor den politisch-gesellschaftlichen Konsequenzen des entfesselten und demokratisierten Größenanspruchs abgerungen. Trauer, Leiden und Angst bilden die dunkle Folie für die von Burckhardt und Weber gleichermaßen empfundene Freude, ein »waches, bewußtes, helles Leben führen zu können«[93].

[93] Ebd.

7. Erinnerung, Wissenschaft, Mythos
Nationale Geschichtsbilder und politische Symbole in der Reichsgründungsära und im Kaiserreich

I.

Fragt man nach der politisch-kulturellen Wirksamkeit geschichtlicher Erinnerung oder historisch-politischer Vorstellungen innerhalb einer Gesellschaft, so bietet es sich an, die Motive zu klären, die zur Beschäftigung mit Geschichte führen – zunächst einmal ganz unabhängig von der wissenschaftlichen Seriosität, die solche Geschichtsbilder erlangen. Wissenschaftliche Haltbarkeit und politisch-kulturelle Wirksamkeit bedingen sich nicht notwendig, im Gegenteil, die Rezeption und Umsetzung historischer Erzählungen und Theorien innerhalb einer Gesellschaft ist vielfach von ganz anderen Bedürfnissen und Interessen abhängig als von ihrem wissenschaftlichen Erklärungs- oder Wahrheitsgehalt[1]: Sie geht unter dem Vorzeichen der modernen Nationalstaatsbildung durchweg von dem Bedürfnis aus, die eigene nationale Identität zu klären, also eine Antwort zu finden auf die Frage, woher »wir kommen und wohin wir gehen«[2]. Diese allgemeine Frage nach der nationalen Identität enthält in sich viele spezielle Fragen. Fragen, die nicht nur unter dem theoretischen Gesichtspunkt des Interesses an der Wahrheit, sondern auch unter dem praktischen Gesichtspunkt des Interesses an der zukünftigen Stellung der Nation beantwortet werden: Fragen nach der Herrschaftsordnung, die eine Nation sich gibt oder die sie als angemessen erachtet für ihre besondere Eigenart oder ihren »Geist«, wie es in der politischen Sprache der Romantik hieß; nach dem Verhältnis, in dem Stände bzw. Klassen zueinander stehen; nach dem Verhältnis der Kulturnation oder des Nationalstaats zu den anderen Nationen bzw. Nationalstaaten der europäischen Staatenordnung usw.

[1] Vgl. dazu H. Gollwitzer, Zur Auffassung der mittelalterlichen Kaiserpolitik im 19. Jahrhundert. Eine ideologie- und wissenschaftsgeschichtliche Nachlese. In: Dauer und Wandel der Geschichte. Festgabe für Kurt von Raumer. Münster 1966, S. 512.

[2] H. Lübbe, Wer kann sich historische Aufklärung leisten? In: W. Oelmüller (Hg.), Wozu noch Geschichte? München 1977, S. 315.

Die Motive dieses historisch-politischen Interesses an der Geschichte sind deutlich greifbar in der Themenwahl und in den bevorzugten Gegenständen der historischen Forschung und Darstellung. Die Arbeiten über Epochen und Probleme der Neuzeit gingen zunächst zu Beginn des 19. Jahrhunderts vor allem von einem pragmatischen Interesse aus. Die noch von der Aufklärung her beeinflußten Historiker der ersten Jahrhunderthälfte, wie Heinrich Luden, Friedrich Christoph Schlosser, Carl von Rotteck, sahen ihre Arbeit vielfach noch im Zusammenhang aufklärerisch-rationaler Suche nach der besten Verfassung. Schlosser und Rotteck konzipierten »Weltgeschichten«, die vor allem praktisch-politisch wirken sollten. Aufklärerischer Geschichtspragmatismus und frühliberaler Fortschrittsglaube verbanden sich in einer Geschichtsauffassung, die auf die unmittelbare Anwendung ihrer Erkenntnisse in den politischen Gegenwartskämpfen drängte[3]. Die allgemeine Verfassungsfrage konnte dabei noch getrennt von der nationalen Lösung erörtert werden. Die ältere Lehrtradition, die »Politik« und »Geschichte« verband, wirkte bis zum Ende des Jahrhunderts nach und geriet dabei immer stärker in den Sog des Bemühens, die der deutschen Nationalindividualität angemessene Verfassung zu finden[4]. Die Reihe der Publikationen und Vorlesungen von Heinrich Ludens ›Handbuch der Staatsweisheit oder der Politik‹ (1811), über Dahlmanns ›Politik auf den Grund und das Maß der gegebenen Zustände zurückgeführt‹ (1835, 2. Aufl. 1847) bis zu den Politik-Vorlesungen von Gervinus (erstmals 1835), Droysen (erstmals 1855), Sybel (erstmals 1847/48), Roscher und Treitschke (erstmals 1863/64, seit 1874/75 regelmäßig in Berlin jeden Winter) kennzeichnet diese Entwicklung. Ge-

[3] Vgl. Fr. Chr. Schlosser, Weltgeschichte für das deutsche Volk. 1. Aufl. 1844 bis 1856; 26. (!) Gesamtauflage 1904 und die unvollendete Weltgeschichte (1816 bis 1824), laut H. von Srbik, Geist und Geschichte vom deutschen Humanismus bis zur Gegenwart. 2 Bde, 3. Aufl., München 1964, Bd. 1, S. 160, eines der Hausbücher des deutschen liberalen Bürgertums; K. von Rotteck, Allgemeine Geschichte vom Anfang der historischen Kenntniß bis auf unsere Zeiten. Für denkende Geschichtsfreunde bearbeitet von ... 8 Bde, 8. verm. u. neu durchges. Aufl., Freiburg i. Br. 1832/1833; vgl. dazu zusammenfassend F. Schnabel, Deutsche Geschichte im 19. Jahrhundert. Bd. 3, 3. Aufl. Freiburg i. Br. 1954, S. 105 bis 109.

[4] Vgl. dazu: M. Riedel, Der Staatsbegriff der deutschen Geschichtsschreibung des 19. Jahrhunderts in seinem Verhältnis zur klassisch-politischen Philosophie. In: Der Staat 2 (1963), S. 41 ff.; H. Maier, Die Lehre der Politik an den deutschen Universitäten, vornehmlich vom 16.–18. Jahrhundert. In: Wissenschaftliche Politik. Festschrift für Arnold Bergstraesser. Freiburg i. Br. 1962, S. 59 ff.

meinsam ist allen der unmittelbare Gegenwartsbezug, der, auf die Geschichte zurückgewendet, die Neuzeit als die am stärksten mit der Gegenwart verbundene geschichtliche Epoche als historisches Forschungsobjekt bevorzugte. Carl von Rotteck stellte ebenso wie Dahlmann die Geschichte der englischen und der französischen Revolution dar im Hinblick auf eine politische Nutzanwendung der Resultate. Bei Rottecks wie bei Dahlmanns Werken, nach Treitschkes Ausdruck den »Sturmvögeln der Revolution« von 1848, ist an der tatsächlichen aktuellen Wirkung nicht zu zweifeln.

Dieser rationalistischen, liberalen und nationalen Richtung in der Neuzeit-Forschung steht das Werk des Mannes gegenüber, der innerwissenschaftlich und methodisch das Geschichtsdenken im 19. Jahrhundert zunächst am intensivsten prägte: Leopold von Ranke. Das Hauptgewicht seines Interesses lag auf der Epoche, in der die neuzeitliche Staatenwelt ihre vermeintlich endgültige Ordnung gefunden hatte: dem 16. und 17. Jahrhundert. Die Ouvertüre zu seinem Lebenswerk, die ›Kritik neuerer Geschichtsschreiber‹ (1824) schlug im Methodischen den Ton an, der sein schriftstellerisches Lebenswerk durchzieht: die Kritik an den darstellenden Quellen verweist den Historiker auf die Überreste des neuzeitlichen Staatsbildungsprozesses selbst, die Akten der Staatsarchive. Die breite Darstellung seiner Nationalgeschichten setzt jeweils dort an, wo die von ihm als spezifisch neuzeitlich-europäisch gedeutete Entfaltung und Verwicklung der Potenzen Staat und Kirche einsetzt; eine knappe Schilderung der früheren geschichtlichen Entwicklung, die ihm zum Verständnis des folgenden und zur Akzentuierung seiner Problemstellung erforderlich schien, greift dabei zurück ins Mittelalter. Früh- und Hochmittelalter werden in seiner universalhistorischen Perspektive insofern bedeutsam, als am Gegensatz von Kaisertum und Papsttum der »europäische Geist gereift« sei[5].

[5] Zit. nach: H. Gollwitzer, Europabild und Europagedanke. Beiträge zur deutschen Geistesgeschichte des 18. und 19. Jahrhunderts. 2. Aufl. München 1964, S. 223; zum Ganzen ebd., S. 220–226; zu Rankes Geschichtsbild seien hier nur die zusammenfassenden Studien zitiert: Th. Schieder, Das historische Weltbild Leopold von Rankes. In: Geschichte in Wissenschaft und Unterricht 1 (1950), S. 138ff.; K. von Raumer, Ranke als Spiegel deutscher Geschichtsschreibung im 19. Jahrhundert. In: Die Welt als Geschichte 12 (1952), S. 242ff.; E. Kessel, Rankes Idee der Universalhistorie. In: Historische Zeitschrift 178 (1954), S. 269–308, bes. S. 56–60; K. Berding, Leopold von Ranke. In: H.-U. Wehler (Hg.), Deutsche Historiker, Bd. 1. Göttingen 1971, S. 7ff.

Es ist altbekannt und soll nur kurz in Erinnerung gerufen werden, daß die spezifisch historistische Geschichtsschreibung zu Beginn des 19. Jahrhunderts ihre Aufmerksamkeit vorzugsweise dem Früh- und Hochmittelalter zuwandte. Zwei Impulse gelten dabei als maßgeblich: zum einen die romantische Mittelalterverehrung, die, nach der Formulierung Rudolf Stadelmanns, als »antirationalistisches, antiabsolutistisches und antirevolutionäres Reflexbild in das europäische Geschichtsbewußtsein eintrat«[6]; zum zweiten die aus dem Zusammenbruch des Reiches in den napoleonischen Kriegen entstandene Rückbesinnung auf die Zeit vermeintlich starker nationaler Einheit und nationaler Machtentfaltung. Freiherr vom Stein hatte mit der Gründung der Monumenta Germaniae Historica das Ziel verfolgt, die Erinnerung an die Zeit nationaler und universaler Bedeutung des deutschen Reiches wieder zu beleben. Diese Zielsetzung verleugneten die Monumenta auch nicht, als der politische Zweck hinter der wissenschaftlichen Bedeutung des Unternehmens allmählich zurücktrat. Entstehung und Blüte der universalen Macht des Kaisertums lockten die Forscher, nicht der Zerfall. Nicht zufällig war der erste Leiter der Monumenta, Pertz, auch der Biograph Steins und Gneisenaus. Nationale Einheits- und Erweckungsbewegung der Reformzeit und ihr Reflex im Geschichtsbewußtsein vereinigten sich in seinem wissenschaftlichen Lebenswerk[7]. Die zweite große editorische Unternehmung der ersten Jahrhunderthälfte, die ›Regesta Imperii‹, wurden von einem Mann in Angriff genommen, der sich, in der reichsstädtischen Tradition Frankfurts beheimatet, vor allem mit der Zeit der größten Entfaltung der universalen Mächte Sacerdotium und Imperium, dem 13. Jahrhundert, beschäftigte. Auch bei ihm verbanden sich politische Anschauung und historisches Weltbild, allerdings von anderen Voraussetzungen aus: für ihn verkörperte sich die Reichsidee in Österreich[8].

Neben den editorischen Leistungen stehen die darstellerischen: auch sie konzentrieren sich auf das Früh- und Hochmittelalter. G. A. H. Stenzel nahm 1810 in der Absicht, »dem un-

[6] R. Stadelmann, zit. nach Srbik, Geist und Geschichte, Bd. 1, S. 175.

[7] Die einschlägigen Informationen dazu noch immer bei Srbik, ebd., S. 234f., sowie bei G. P. Gooch, Geschichte und Geschichtsschreibung im 19. Jahrhundert. Frankfurt a.M. 1964, hier S. 77f.

[8] Vgl. Srbik, Geist und Geschichte, Bd. 1, S. 236f.; Gooch, Geschichtsschreibung, S. 79–82.

terjochten Volke zu sagen, wie treu und tapfer die Väter waren«[9], eine Darstellung von Karl dem Großen bis Rudolf von Habsburg in Angriff, nach Sybels Ansicht »ein Spiegel patriotischer und doch unbefangener Gesinnung«[10]. 1823 bis 1825 legte Friedrich von Raumer eine ›Geschichte der Hohenstaufen und ihrer Zeit‹ vor, die populär wurde und die Friedrich Barbarossa und Friedrich II. zum festen Bestandteil des *mémoire collective* des deutschen Bildungsbürgertums machte[11].

Damit soll nicht gesagt werden, daß es eine Forschung über das Spätmittelalter nicht gegeben habe. Aber sie setzte später ein und beschränkte sich zunächst vor allem auf lokal- und landesgeschichtliche Arbeiten. Franz Palacky, politisch und historiographisch der Promotor des böhmischen Nationalbewußtseins, erklärte 1857 den 1. Band von Johann Gustav Droysens ›Geschichte der preußischen Politik‹ für die bisher bedeutendste Darstellung des 15. Jahrhunderts überhaupt, und hielt dies im übrigen für ein schwaches Lob angesichts der »allgemeinen Ignoranz über diesen Zeitraum in der Historie«[12]. Die Entstehung dieser ersten historischen Gesamtdarstellung der spätmittelalterlichen Reichsgeschichte (nicht nur des 15. Jahrhunderts) aus dem Geist nationalpolitischer Interessen in der nachrevolutionären Krise des bürgerlich-liberalen Nationalgedankens ist aus der Korrespondenz der nationalliberalen Politiker-Historiker unschwer nachzuweisen. Heinrich von Sybel, nach Droysen der bedeutendste Verfechter der borussianischen Geschichtsschreibung, fand das 15. Jahrhundert durch die Historiker »auf unverantwortliche Weise vernachlässigt« – unverantwortlich vor allem deshalb, weil es »überall das Hereinbrechen der neuen Zeit« angekündigt habe[13]. Daß mit der neuen Zeit vor

[9] Zit. nach Heinrich von Sybel, Über die neueren Darstellungen der deutschen Kaiserzeit. Abgedruckt in: Universalstaat und Nationalstaat. Macht und Ende des ersten deutschen Reiches. Die Streitschriften von H. von Sybel und J. Ficker zur deutschen Kaiserpolitik des Mittelalters. Hg. u. eingel. v. F. Schneider. Innsbruck 1941, S. 5.

[10] Gustav Adolf Harald Stenzel, Geschichte Deutschlands unter den fränkischen Kaisern. Leipzig 1827/28; Sybel, Über die neueren Darstellungen, S. 5; vgl. Srbik, Geist und Geschichte, Bd. 1, S. 227f.; Gooch, Geschichtsschreibung, S. 85f.

[11] Sybel tadelte: »Von patriotischer Anregung oder politisch-kirchlicher Parteinahme ist nicht die mindeste Spur zu entdecken«; Sybel, Über die neueren Darstellungen, S. 5.

[12] Joh. G. Droysen, Briefwechsel, 2 Bde. Hg. v. R. Hübner. Stuttgart 1929, Bd. 2, S. 4, 5, 6.

[13] Droysen, Briefwechsel Bd. 2, S. 310.

allem die neueste Zeit, nämlich die Gegenwart der Reaktionsjahre gemeint war, hat Droysen in der Konzeptionsphase seines Werkes unmißverständlich ausgesprochen: »Ja, wer einmal dem 15. Jahrhundert, dem so kläglich vernachlässigten, auf den Leib gehen könnte! Es ist eine wundervolle Zeit. Der Anfang oder Wiederanfang der verwünschten Habsburger, der Kampf des deutschen Adels gegen die Städte im Grunde nach der Theorie des Poliorceten Bismarck-Schönhausen, die Kirche wieder siegreich wie in unseren Tagen, das erste Aufleuchten nationalen Geistes ...«[14] Die Faszination der Epoche ging aus von der Analogie zu aktuellen Problemen der Nationalstaatsbildung. Die politische Stoßrichtung zielte auf die Überwindung der »unglückseligen Territorialpolitik« und deren Reflex im Geschichtsbewußtsein, der es »bisher schwer oder fast unmöglich gemacht« habe, »die Dinge gründlich zu erforschen und wahr darzustellen. Jede dieser großen und kleinen Dynastien fordert, gepriesen, bewundert und weißgebrannt zu werden, und es ist nicht jedermanns Sache, sich über dergleichen hinwegzusetzen.«[15]

Vereinfacht lassen sich in der Geschichtsschreibung des 19. Jahrhunderts vier Grundformen unterscheiden, in denen über die subjektive Motivation des Historikers der Zusammenhang zwischen aktuellen politisch-kulturellen Interessen und der Geschichte hergestellt wurde: die aufklärerisch-pragmatische, die vor allem an rationalen bürgerlichen Verfassungsvorstellungen interessiert war; die objektivistische Richtung Rankes, dem es um die Kontinuität des frühneuzeitlichen Staatsbildungsprozesses ging; die romantisch-nationale, die die Erinnerung an das universale Reich des Mittelalters mit kultur- und staatsnationalen Erneuerungsimpulsen verband; und die liberal-borussianische, die in der ganzen deutschen Geschichte seit dem Spätmittelalter Preußen die neue deutsche Reichseinheit vorbereiten sah. Natürlich lassen sich diese Grundformen nur idealtypisch gegeneinander abgrenzen. In ihnen artikuliert sich jeweils mehr als nur ein unreflektiertes Vorverständnis. Sie wurden durchaus bewußt entwickelt aus Grundannahmen über die Funktion des Historikers in seiner Gesellschaft und aus mehr oder weniger expliziten Perspektiven über die erwartete oder erhoffte politische und gesellschaftliche Entwicklung[16].

[14] Droysen, Briefwechsel Bd. 2, S. 197.

[15] Droysen, Briefwechsel Bd. 2, S. 552.

[16] Vgl. auch oben, S. 31 ff.

II.

Alle historistischen Geschichtsschreiber gingen – unabhängig von ihrem jeweiligen Objektivitätsverständnis – von der selbstverständlichen Annahme aus, daß die Ergebnisse der Geschichtswissenschaft nicht nur ihr eigenes Erkenntnisinteresse und das ihrer Fachkollegen befriedigen sollten, sondern in die politischen Handlungsvollzüge der Zeitgenossen hineinwirken konnten und mußten. Alle teilten die Meinung Rankes, daß Historie »bilden« solle[17], bilden nicht nur zur Fähigkeit, wahre wissenschaftliche Aussagen zu machen, sondern bilden auch zur Fähigkeit richtigen Handelns. Doch war Bildung nicht nur die Absicht, sondern auch die Voraussetzung einer solchen praktischen Wirksamkeit historischer Erkenntnis. Auch die sogenannte kontemplative Historie Rankes verließ sich auf die Vermittlung ihres Wissens in das gesellschaftliche und politische Handeln durch die historische Bildung. Sie legte dabei eine Vorstellung von Öffentlichkeit zugrunde, in der öffentliche Meinung selbst nach dem Modell wissenschaftlicher Wahrheitssuche gedacht wurde[18]. Für den liberal-konservativen Staatsrechtler und Historiker Bluntschli galt noch in der Reaktionsära nach 1849, daß sich »der Sinn für Wahrheit ... und die Fähigkeit des Urteils in einer Nation« in dem Maße verstärken werde, »je besser für die Schulen und Bildungsmittel der Jugend gesorgt ist, und je offener und volkstümlicher sich das politische Leben entwickelt«[19]– eine Entwicklungserwartung, an der für Bluntschli kein Zweifel bestand. Auch für Droysen war klar, daß die Ergebnisse der Forschung in der Öffentlichkeit zur »Gemeinüberzeugung« werden sollten[20]. Zwar zeigte er gelegentlich skeptische Distanz zum »sogen. gebildeten Publikum«[21]: auch war er nicht mehr der Meinung Rankes, daß historische Forschung von jedem Gebildeten betrieben werden

[17] L. von Ranke, Aus Werk und Nachlaß. Hg. v. W. P. Fuchs, Th. Schieder. Bd. 1: Tagebücher. Hg. v. W. P. Fuchs. München 1964, S. 233.

[18] Vgl. dazu Bluntschli, Art. ›Öffentlichkeit‹. In: Bluntschlis Staatswörterbuch in 3 Bdn. Bearb. u. hg. v. Löning. Bd. 2, Stuttgart, Leipzig 1876, S. 746; zum Begriff der Öffentlichkeit und der öffentlichen Meinung im Liberalismus vgl. J. Habermas, Strukturwandel der Öffentlichkeit. 4. Aufl. Neuwied 1969, S. 102ff.

[19] Bluntschli, Öffentlichkeit, S. 746f.

[20] J. G. Droysen, Historik. Vorlesungen über Enzyklopädie und Methodologie der Geschichte. Hg. v. R. Hübner. 5. Aufl., Darmstadt 1967, S. 275.

[21] Ebd., S. 272.

könne, und betonte den Unterschied zwischen Forschern und interessierten Laien[22]. Doch übergreift auch bei Droysen die Struktur der Bildung die Diskrepanz zwischen wissenschaftlicher Erkenntnis und dem Common-sense-Wissen der politisch bewußten Zeitgenossen[23]. Diesem Bildungsverständnis und dieser Bildungsvoraussetzung entspricht die Tatsache, daß die historistischen Historiker ihre Tätigkeit keineswegs nur unter das Vorzeichen zweckfreier Wahrheitserkenntnis stellten; sie verankerten das Bedürfnis nach historischem Wissen in den spezifischen Bedürfnissen von Staat und Gesellschaft in der Phase beschleunigten politischen und gesellschaftlichen Wandels im »Revolutionszeitalter«[24] und beanspruchten mehr oder weniger direkt, in politische und gesellschaftliche Entscheidungsprozesse hineinzuwirken.

Es kennzeichnet zwar den fortschreitenden Verwissenschaftlichungsprozeß der Historie im 19. Jahrhundert, daß zwischen den Geltungskriterien wissenschaftlicher Forschung und den Motiven und Interessen des Historikers durchaus unterschieden wurde – am wenigsten freilich bei der explizit politisch engagierten Historie der borussianischen Geschichtsschreibung[25]. Doch unbeschadet dieser Tatsache verstand sich die historische Geschichtsschreibung als maßgebliches und richtungsweisendes Element des gesellschaftlichen Meinungsbildungsprozesses in der politischen Öffentlichkeit[26]. Der Begriff »Historismus« und sein Bedeutungsfeld belegt diese These. Er tritt seit der Mitte des 19. Jahrhunderts zunehmend dort auf, wo die Wissenschaft theoretisch ihren Anspruch formuliert, Erkenntnissen, die nach den speziellen Methoden wissenschaftlicher Wahrheitsfindung gewonnen worden sind, normativen Charakter auch für die praktischen Handlungsvollzüge zuzu-

[22] Vgl. dazu Hardtwig, Konzeption und Begriff, oben, S. 24, Anm. 17.

[23] Droysen, Historik, S. 275.

[24] Zum Begriff »Revolutionszeitalter« vgl. W. Hardtwig, Geschichtsschreibung zwischen Alteuropa und moderner Welt. Jacob Burckhardt in seiner Zeit. Göttingen 1974, S. 25–50.

[25] Zu dieser Unterscheidung in systematischer und theoretischer Sicht vgl. Th. Nipperdey, Über Relevanz. In: Ders., Gesellschaft, Kultur, Theorie. Göttingen 1976, S. 12–32; H. Lübbe, Geschichtsbegriff und Geschichtsinteresse. Analytik und Pragmatik der Historie. Basel 1977, bes. S. 155ff., 225ff.

[26] Diese Intentionen machen auch die spezifische Eigenart der historistischen Kunst aus; vgl. dazu W. Hardtwig, Kunst im Revolutionszeitalter. Historismus in der Kunst und der Historismusbegriff der Kunstwissenschaft. In: Archiv für Kulturgeschichte 61 (1979), S. 154–190.

weisen[27]. Die für die Historiker charakteristische Verbindung von Wissenschaft und Leben liegt in der selbstverständlichen Unterstellung, daß Tradition, die wissenschaftlich rational erarbeitet und bewußt gemacht wurde, innerhalb des Kommunikations- und Handlungszusammenhangs der Gesellschaft handlungsleitende Funktion übernimmt. Noch Max Webers Kritik an der historischen Schule der Nationalökonomie, welche die Wirtschafts- und Sozialwissenschaften in der zweiten Jahrhunderthälfte beherrscht hatte, polemisiert zwar gegen deren Anspruch, eine ethische Wissenschaft zu sein, also »Werturteile zu produzieren«[28]; aber zugleich definiert er als Zweck des ›Archivs für Sozialwissenschaft und Sozialpolitik‹ neben der Erweiterung der Tatsachenkenntnis die »Schulung des Urteils über praktische Probleme«[29].

Beides, vor allem die Verbindung beider, hatte Droysen in den fünfziger Jahren zum Programm der Geschichtswissenschaft erhoben – und gerade mit dieser Verbindung allerdings die Grenzen zwischen Geltungskriterien der Wahrheit und politisch-sozialen Interessen verwischt[30]. Die Kenntnis der »richtigen«, wissenschaftlich ermittelten Tradition wurde zum maßgeblichen Kriterium für die Entscheidung in allen Bereichen des politischen Handelns erhoben. Als Heinrich von Sybel 1871 zur Frage der Parlamentarisierung der Reichsverfassung Stellung nahm – ein für die politische Struktur des Kaiserreichs und damit für seine Geschichte zentrales Thema – schloß er die Möglichkeit eines parlamentarischen Systems mit dem Hinweis auf die historische Entwicklung des deutschen Parteiensystems aus; die parlamentarischen Institutionen seien zu neu, in Süddeutschland erst fünfzig, in Preußen erst zwanzig Jahre alt; die Vielgliedrigkeit des deutschen Parteiensystems ermögliche eine parlamentarische Regierung nur durch Koalitionsbildung, die Regierung sei daher notwendig instabil[31]. Die Argumente –

[27] Vgl. dazu auch: H. Schnädelbach, Geschichtsphilosophie nach Hegel. Die Probleme des Historismus. Freiburg i. Br. 1974, S. 20; Th. Nipperdey, Historismus und Historismuskritik heute. In: Ders., Gesellschaft, Kultur, Theorie, S. 79ff.; J. Rüsen, Problem und Funktion der Historik. In: Oelmüller (Hg.), Wozu noch Geschichte? S. 128.

[28] Max Weber, Die Objektivität sozialwissenschaftlicher und sozialpolitischer Erkenntnis. In: Max Weber, Methodologische Schriften. Studienausgabe. Hg. v. J. Winckelmann. Frankfurt a. M. 1968, S. 4.

[29] Ebd., S. 2.

[30] Vgl. oben S. 103ff.

[31] Zit. nach G. A. Ritter (Hg.), Das deutsche Kaiserreich 1871–1914. Ein historisches Lesebuch. 2. Aufl., Göttingen 1975, S. 35ff.

mangelnde Einübung in die Praxis des Parlamentarismus, Gewöhntheit an das konstitutionelle System, die Notwendigkeit einer starken Regierung bei der Mittellage des Deutschen Reiches – dokumentieren, daß hier die geschichtliche Tradition zum ausschlaggebenden Kriterium politischer Entscheidungen erhoben werden sollte, oder, kritisch ausgedrückt, die Politik sollte sich der Macht der Geschichte unterwerfen.

Die Publikation dieser Äußerung Sybels in der ›Fortnightly Review‹ deutet darauf hin, daß der politische Bildungs- und Gestaltungsanspruch der Geschichtswissenschaft nicht nur theoretisch begründet bzw. vorausgesetzt wurde. Er bediente sich auch konkret zweckdienlicher Kommunikations- und Publikationsformen. Fast alle bedeutenden Historiker des 19. Jahrhunderts, von Niebuhr[32] über Ranke[33] und Burckhardt[34] zu Th. Mommsen[35], Droysen[36], Sybel[37], Häusser, Treitschke[38] und vielen anderen, waren vorübergehend oder dauernd auch publizistisch tätig, in einer Form der Publizistik, die bestrebt war, aktuelle politische und gesellschaftliche Probleme aus der Perspektive historischen Wissens und historisch-politischer Erfahrung zu diskutieren und zu entscheiden. Ranke und Burckhardt beschränkten sich zwar nach kurzen vormärzlichen Intermezzi in der Publizistik später im wesentlichen auf ihren universitären Arbeitsbereich in Forschung und Lehre. Doch verdankt man Rankes Herausgebertätigkeit und Autorschaft an der ›Historisch-politischen Zeitschrift‹, die, als Antwort auf die Juli-Revolution in Frankreich gemeint, bis 1836 in zwei Bänden

[32] Vgl. S. Rytkönen, Barthold Georg Niebuhr als Politiker und Historiker. Zeitgeschehen und Zeitgeist in den geschichtlichen Beurteilungen von B. G. Niebuhr. Helsinki 1968.

[33] Zu Rankes Verhältnis zur Gegenwart und zu seinen politischen Aktivitäten vgl. u.a. R. Vierhaus, Ranke und die soziale Welt. Münster 1957; ders., Rankes Verständnis der »neuesten Geschichte«, untersucht auf Grund neuer Quellen. In: Archiv für Kulturgeschichte 39 (1957), S. 81 ff.; H. Herzfeld, Politik und Geschichte bei Leopold von Ranke im Zeitraum von 1848 bis 1871. Zuletzt in: Ders., Ausgewählte Aufsätze. Berlin 1962, S. 3 ff.

[34] Zu Burckhardt vgl. W. Kaegi, Jacob Burckhardt. Eine Biographie. Bd. 2, Basel 1950, S. 401–460.

[35] Vgl. A. Wucher, Theodor Mommsen. Geschichtsschreibung und Politik. 2. Aufl., Göttingen 1968.

[36] Vgl. dazu Anm. 50.

[37] Vgl. V. Dotterweich, Heinrich von Sybel. Geschichtswissenschaft in politischer Absicht (1817–1861). Göttingen 1978.

[38] Vgl. W. Bußmann, Heinrich von Treitschke. Sein Welt- und Geschichtsbild. Göttingen 1952.

erschien, einige seiner prägnantesten und wirkungsreichsten Aufsätze; auch später blieb er durch historisch-politische Gutachten und durch seine Tätigkeit als Fürstenberater zumindest peripher an der Politik beteiligt[39]. Burckhardt betrachtete es bis in sein höchstes Alter als seine selbstverständlichste Pflicht, durch Vorträge in der »Historischen und Antiquarischen Gesellschaft« ein breites gebildetes Publikum der Basler Stadtgesellschaft anzusprechen[40]. Bei Droysen, Sybel und Treitschke ergab sich die Publizistik z.T. aus ihrem aktiven politischen Engagement in der Frankfurter Nationalversammlung, in der preußischen Abgeordnetenkammer, im Norddeutschen Reichstag und im Deutschen Reichstag, doch blieb ihre Motivation, wie Treitschkes Herausgebertätigkeit für die ›Preußischen Jahrbücher‹ zeigt, nicht auf diese Anlässe beschränkt. Seit Droysen und Treitschke, vor allem aber mit der seit der Jahrhundertwende maßgeblichen Historikergeneration entwickelte sich erstmals in Deutschland eine Kultur des historisch-politischen Essays, die in den Aufsatzsammlungen von H. Delbrück, J. Haller, Th. von Heigl, O. Hintze, H. Oncken, M. Lenz, M. Lehmann und Fr. Meinecke meßbar erfaßt werden kann. Sie sprachen bewußt nicht nur die Gelehrten, sondern ein breites gebildetes Publikum an und fanden allgemeinen Eingang in den bürgerlichen Bücherschrank.

Eine wesentliche Voraussetzung für diese Einbeziehung historischen Wissens in den Kommunikationszusammenhang der Gesellschaft stellte der bewußte und bejahte Verzicht auf eine wissenschaftliche Theorie- und Spezialsprache dar, der Rekurs auf die gepflegte allgemeine Hochsprache als der Sprache der gesellschaftlichen Selbstverständigung[41]. Die Integration des historischen Fachwissens in das kulturelle und politische Bewußt-

[39] Vgl. z.B. die Vorträge, die Ranke unter dem Titel ›Epochen der neueren Geschichte‹ vor König Maximilian II. von Bayern gehalten hat; Edition und Darstellung der Entstehungsgeschichte in: Th. Schieder, H. Berding (Hg.), Leopold von Ranke. Über die Epochen der neueren Geschichte. Historisch-kritische Ausgabe. München 1971.

[40] Vgl. dazu: Jacob-Burckhardt-Gesamtausgabe. 14 Bde. Hg. v. E. Dürr u.a. Stuttgart 1929–1933, Bd. 14, dazu das Vorwort zur 1. Aufl. von E. Dürr.

[41] Zu den Kommunikationsproblemen, die sich aus einer spezialisierten Wissenschaftssprache ergeben, vgl. J. Kocka, Th. Nipperdey (Hg.), Theorie und Erzählung in der Geschichte. München 1979, hier v.a.: J. Kocka, Th. Nipperdey, Einleitung, S. 8f.; H.-U. Wehler, Anwendung von Theorien in der Geschichtswissenschaft. Ebd., S. 17ff. und G. Mann, Plädoyer für die historische Erzählung. Ebd., S. 40ff.

sein einer breiten Bildungsschicht schlug sich auch in der Verbindung von Fachhistorikern und interessierten Laien – nicht zuletzt auch der Staatsbeamtenschaft – in den Geschichtsvereinen nieder. Die Zusammenarbeit von professionellen Historikern und Laien wurde dabei im Lauf des Jahrhunderts zwar immer problematischer, riß aber doch niemals ab[42]. Diese auf verschiedenen Wegen vermittelte prägende Kraft der Historie für die Ausbildung politischer Zielvorstellungen[43] im Kaiserreich und zugleich den Wandel der Wertorientierungen und Ziele im Kaiserreich hat Heinrich Claß, seit 1908 Vorsitzender des AlldeutschenVerbandes, in einer persönlichen Erinnerung anschaulich beschrieben: »Ein Schatten fiel für beide Eltern auf mein Berliner (Studien-)Erlebnis: meine Ablehnung des Judentums. Man muß bedenken, daß drei Worte über dem Denken und Trachten von Häusern wie dem unsrigen standen – drei Fremdworte: Patriotismus, Toleranz, Humanität. Das waren die politischen und menschlichen Ideale jener beiden Geschlechterfolgen, die ganz unter liberalen Einflüssen standen und auf die Gleichberechtigung aller Staatsangehörigen schworen. Wir Jungen waren fortgeschritten: Wir waren national schlechthin; wir wollten von Toleranz nichts wissen, wenn sie Volks- und Staatsfeinde schonte; die Humanität im Sinne jener liberalen Auffassung verwarfen wir, weil das eigene Volk dabei zu kurz kommen mußte. Das trug ich den Eltern vor, und meinem gütigen Vater sagte ich: er habe mich zu Treitschke geschickt und nun habe ich von dem großen Manne gelernt, was dieser sich erst unter schweren Kämpfen habe erarbeiten müssen. Da sei nichts zu machen, er müsse sich damit abfinden, daß ich auf Treitschkes Erkenntnisse schwöre.«[44]

Wie Claß hier die Abkehr der Vorkriegsgeneration von den frühliberalen Wertvorstellungen und Idealen und den Anstoß, der dazu von den »politischen« Historikern des Kaiserreichs ausging, schildert, so konnte sich eine Generation vorher Jo-

[42] Vgl. dazu H. Heimpel, Geschichtsvereine einst und jetzt. In: H. Boockmann u.a., Geschichtswissenschaft und Vereinswesen im 19. Jahrhundert. Beiträge zur Geschichte historischer Forschung in Deutschland. Göttingen 1972, S. 45ff.

[43] Allgemein zum Verhältnis von Geschichtsdenken und politischem Klima in der Reaktionsära nach 1849: A. Lees, Revolution and reflection. Intellectual change in Germany during the 1850ies. Den Haag 1974.

[44] H. Claß, Wider den Strom. Vom Werden und Wachsen der nationalen Opposition im alten Reich. Leipzig 1932, S. 17f., zit. nach G. A. Ritter (Hg.), Das deutsche Kaiserreich. S. 129f.

hann Gustav Droysen als Verfechter der preußisch-deutschen Reichseinigung in seiner Wirksamkeit bestätigt fühlen, als 1871 mit der Reichsgründung die borussianische Entwicklungserwartung und die borussianische Reichsidee Realität wurden[45]. Die zuvor bedingungslose Bismarckablehnung schlug 1866 sehr rasch in eine ebenso bedingungslose Bismarckverehrung um, weil Bismarck als der Staatsmann erschien, der die politischen Schlußfolgerungen aus der borussianischen Konstruktion der preußisch-deutschen Geschichte in die Wirklichkeit umgesetzt hatte. Die breite, plötzliche und nahezu vorbehaltlose Zustimmung des nationalliberalen Bürgertums zu Bismarck und seiner Politik, welche die Zusammenarbeit Bismarcks mit den Nationalliberalen von 1867 bis 1878 ermöglichte, ist ohne die Wirksamkeit des borussianischen Geschichtsbildes nicht zu denken[46]. Wie Bismarck für den Borussianismus vereinnahmt werden konnte und vereinnahmt wurde, so konnte sich umgekehrt das borussianische Geschichtsbild als offiziöse Ideologie des neuen deutschen Kaiserreiches etablieren.

Dieser Vorgang läßt sich auch an der Programmatik und in der Ikonographie der politischen Symbole ablesen. Wenn Heinrich von Treitschke 1888 in die von der Regierung eingesetzte Beratungskommission für die Planung des Kaiser-Wilhelm-Nationaldenkmals berufen wurde, so war das eine offizielle Anerkennung der borussianischen Historie durch die Regierung – einer Historie, die bis 1866 auf vielen Gebieten in erbitterter Opposition zur preußischen Politik gestanden hatte. Das Programm für die Ausmalung des Kaisersaales in der zum Nationaldenkmal umgestalteten Goslarer Kaiserpfalz (1878–1897) beruht bis ins Detail nachweisbar auf den Interpretationen borussianischer Historiker, vor allem Heinrich von Sybels[47]. Da es vom Staat in Auftrag gegeben und teilweise korrigierend mitgestaltet worden war, kann es tatsächlich als eine Form der Selbstdarstellung, aber auch als der Ausdruck des politisch-historischen Erziehungswillens des preußischen Staates angesehen werden – eines staatlich-offiziellen Erziehungswillens, der in seinen historisch-politischen Vorstellungen und in seinen politischen Absichten mit dem nationalliberal-borussianischen Geschichtsbild nahezu deckungsgleich geworden war.

[45] Vgl. z.B. Briefwechsel 2, S. 904.

[46] Vgl. oben S. 146ff.

[47] M. Arndt, Die Goslarer Kaiserpfalz als Nationaldenkmal. Eine ikonographische Untersuchung. Hildesheim 1976, S. 26–65.

III.

Rankes Geschichtsbild – vor der revolutionären Erschütterung der bestehenden Sozial- und Herrschaftsordnung 1848/49 konzipiert – ging von der Vorstellung aus, daß die europäische Staatenwelt in der frühneuzeitlichen Herausbildung des Mächtesystems, in der allmählichen Befriedung der konfessionellen Konflikte, in der Stabilisierung der konstitutionellen bzw. quasi-konstitutionellen Monarchien als eines funktionsfähigen Kompromisses zwischen monarchischer Autokratie und Volkssouveränität ihre endgültige Ordnung gefunden habe. Die Kontinuität der Pentarchie Englands, Frankreichs, Rußlands, Österreichs und Preußens über die Ära der Französischen Revolution hinweg bestätigte ihn in dieser Meinung. So stand sein Geschichtsbild nicht im Zeichen der Forderung nach einem einheitlichen deutschen Nationalstaat; seine Deutung der europäischen Geschichte mündet nicht in das Postulat grundlegender Änderungen. In der 2. Auflage seiner ›Preußischen Geschichte‹ nach der Reichsgründung 1878 erweiterte er zwar die Darstellung beträchtlich, um nachzuweisen, wie der »brandenburgische Staat ... von Anfang an ... auf den Standpunkt gekommen ist, der es ihm möglich machte, sich in die Reihe der europäischen Mächte zu erheben«[48]. Unter dem Eindruck der gelungenen Reichseinigung nahm Ranke also eine gewichtige Korrektur im Aufbau seines Werkes vor, doch hielt er sich auch jetzt frei von der Konstruktion eines »deutschen Berufes« Preußens.

Diese Konstruktion, der sogenannte »Borussianismus«, oder, in weniger zugespitzter Fassung, das kleindeutsche Geschichtsbild, ist in verschiedenen Variationen und mit unterschiedlicher wissenschaftlicher Konsistenz zum einflußreichsten und historisch wirkmächtigsten Geschichtsbild der Reichsgründungsära und des Kaiserreiches geworden[49]. Die wissenschaftlich geschlossenste Ausformulierung dieses Geschichtsbilds stellt Droysens ›Geschichte der preußischen Politik‹ dar. Droysen

[48] Vorrede 1878; vgl. dazu die Einleitung von G. Küntzel zu Rankes ›Zwölf Bücher preußischer Geschichte‹ mit einem Vergleich der Darstellungen Rankes und Droysens. In: L. von Ranke, Zwölf Bücher preußischer Geschichte. Bd. 1, München 1930, S. XLIII–CLII.

[49] Vgl. zusammenfassend v.a. E. Fehrenbach, Die Reichsgründung in der deutschen Geschichtsschreibung. In: Th. Schieder, E. Deuerlein, Reichsgründung 1870/71. Tatsachen, Kontroversen, Interpretationen. Stuttgart 1970, S. 259ff., bes. S. 262–265.

schloß an Motive der vormärzlichen Hochmittelalterforschung an und verband sie unmittelbar mit den »Interessen der Gegenwart«. Das Ziel seiner politischen Arbeit und damit letztlich auch seiner Historiographie, die innere Reform und Einheit Deutschlands[50], bestimmte dabei auch seine Darstellung der Geschichte der preußischen Politik.

So wie Droysens Konzeption des Borussianismus in den fünfziger Jahren die Erfahrung der Revolution von 1848/49 zu verarbeiten suchte, so entstand die wirkungsreichste geschichtswissenschaftliche Kontroverse der Reichsgründungsära, der Sybel-Ficker-Streit, auf dem Boden der preußisch-österreichischen Rivalität um die Vorherrschaft in Deutschland. Aktuell wurde diese Frage 1859 auch für eine breite politische Öffentlichkeit durch den Krieg Österreichs gegen das Königreich Sardinien und den mit ihm verbündeten französischen Kaiser Napoleon III. um den Besitz der Lombardei. Angeregt durch die Rückwirkung dieses österreichisch-italienisch-französischen Konflikts auf die Stellung Preußens im Deutschen Bund, die Frage nämlich, ob Preußen auf seiten Österreichs intervenieren und damit die Stellung Österreichs in Italien stützen sollte, entwickelte sich zwischen Heinrich von Sybel und Julius Ficker als Repräsentanten des klein- bzw. großdeutschen historisch-politischen Denkens zwischen 1859 und 1862 eine polemische Auseinandersetzung über die Tradition der deutschen Italienpolitik, oder, allgemeiner, die universale Stellung des deutschen Kaisertums im Mittelalter[51]. Anders als Droysen, der die Stauferzeit als historisches Leitbild für die Herrschaftsform und die europäische Stellung des erstrebten deutschen Reiches seiner Geschichte von Preußens deutscher Politik vorangestellt hatte, verwarf Sybel in toto die Italien- und Kirchenpolitik der mittelalterlichen Kaiser. Leitende Gesichtspunkte seiner Argumentation sind dabei die Forderung nach »Realpolitik«, die Trennung von kirchlichen und staatlichen Interessen, die nationale Geschlossenheit des Staates und der Ausbau des modern verwalteten und zentralisierten territorialen Flächenstaates. Diese Gesichtspunkte lassen hinter der historischen Beweisführung un-

[50] Vgl. dazu oben S. 113ff.

[51] Die Kontroverse zusammengefaßt publiziert in: H. Schneider (Hg.), Universalstaat oder Nationalstaat. Macht und Ende des ersten deutschen Reiches. Die Streitschriften von H. v. Sybel und J. Ficker zur deutschen Kaiserpolitik des deutschen Mittelalters. Innsbruck 1941; vgl. auch V. Dotterweich, Heinrich v. Sybel. Geschichtswissenschaft in politischer Absicht. S. 364–366.

schwer die politische Stoßrichtung gegen Österreich erkennen. Die Forderung nach dessen Verzicht auf eine quasi-universale Stellung innerhalb Europas, der Antikatholizismus oder Antiultramontanismus, die Kritik am Vielvölkerstaat und die Kritik an den föderalistischen und z.T. veralteten Verwaltungsstrukturen des Habsburgerreiches – das alles sind Argumente, die als Begründung dafür dienten, warum Österreich für eine Führungsrolle innerhalb Deutschlands nicht geeignet sei. Aus dem Interesse am nationalen Machtstaat und mit Stoßrichtung gegen den von Österreich gestützten Partikularismus übte Sybel auch ätzende Kritik an Friedrich Barbarossa und degradierte ihn nach Fickers Meinung zu einer für seine – politische, nicht historische – Beweisführung notwendigen »Jammergestalt«[52]: »Friedrich ... war nur noch dem Namen nach ein deutscher König, in Wahrheit aber nichts weiter als der Führer einer möglichst starken Fürstenpartei.«[53] Der Zeitgenosse Ottokar Lorenz diagnostizierte eine breite Wirkung der Thesen Sybels in der liberal-protestantischen Öffentlichkeit: »Von diesem Augenblick an, wo in der Literatur, selbst in der populären, das deutsche Kaisertum von den preußisch gerichteten Politikern als etwas Abgetanes, Fremdes, Antinationales, in vielem Betracht höchst Schädliches erkannt war, gab es kaum einen Schüler oder Schulmeister, der nicht mündlich und schriftlich versicherte, daß es kaum etwas Unglücklicheres und Widerwärtigeres in unserer deutschen Vergangenheit gegeben habe als das Kaisertum von Karl d. Gr. bis Otto, Heinrich, Friedrich und bis an das glückliche Ende derselben unter Franz II.«[54]

Auch innerhalb der nationalliberalen Fraktion im Norddeutschen Reichstag und im ersten Reichstag des Deutschen Reiches artikulierte und prägte Sybel die Vorbehalte des protestantischen National-Liberalismus gegen den Gedanken eines neuen deutschen Kaisertums[55]. Wenn dieses schließlich trotzdem ver-

[52] Zit. nach Schneider, Universalstaat, S. XXI.

[53] H. von Sybel, Die deutsche Nation und das Kaiserreich (1862). In: Schneider, Universalstaat S. 216.

[54] O. Lorenz, Kaiser Wilhelm und die Begründung des Reiches 1866–1871. Ort 1902, S. 32f.

[55] Vgl. dazu H. Gollwitzer, Zur Auffassung der mittelalterlichen Kaiserpolitik im 19. Jahrhundert. In: Dauer und Wandel der Geschichte. Festgabe für Kurt von Raumer. Münster 1966, S. 483ff.; E. Fehrenbach, Wandlungen des deutschen Kaisergedankens 1871–1918. München 1969, S. 27ff.; zur Frage der Kontinuität vom alten zum neuen Reich bes. Th. Schieder, Das deutsche Kaiserreich von 1871 als Nationalstaat. Köln 1961, insbes. S. 72ff.

wirklicht wurde, so ist der Grund dafür vor allem in dem Wunsch zu suchen, für den preußischen König einen politisch-symbolischen Titel zu finden, der ihn aus der Reihe der deutschen Fürsten zugleich heraushob und die Möglichkeit einer spannungsfreien Integration aller deutschen Landesherrn im Bundesrat als dem Träger der Souveränität des Reiches unter dem Präsidium Preußens schuf[56]. Zwei Aspekte des neuen nationalen Kaisergedankens sind im liberal-protestantischen Geschichtsdenken zunächst allerdings nicht bedacht worden: *Erstens* der Sog, der vom Kaisernamen seit der Reichsgründung auf die nationalpolitisch-ideologische Vorstellungswelt ausging, gerade aus dem Bedürfnis nach einer emotionalen Kompensation für die trockenen verfassungsrechtlichen Bestimmungen über das Kaisertum. Er hat zweifellos dazu beigetragen, daß die neue kleindeutsche Reichskonstruktion so rasch und in solcher Breite auch vom katholisch-großdeutsch gesinnten Bürgertum akzeptiert wurde. Der Zentrumsführer Windthorst hat aus der katholisch-universalistischen Tradition des alten Kaisertums heraus im März 1871 auf die Möglichkeit einer solchen emotionalen Identifikation und damit indirekt auch einer Steigerung und Umkleidung des modernen Nationalstaats durch historische Konnotationen mit dem Kaisernamen hingewiesen: »Nichtsdestoweniger bin ich aber der Meinung, wenn die Herstellung von ›Kaiser und Reich‹ in der Bevölkerung einen Anklang fand, die Erinnerungen an jene Zeit, Erinnerungen, die im Volk nicht untergehen, es waren, welche das bewirkten, denn aus dem modernen Staate – er entsteht ja erst heute – konnte der Enthusiasmus noch nicht entstehen, besonders dann nicht, wenn er sich so nüchtern ankündigt, wie es in der Verfassung des deutschen Reiches der Fall ist.«[57] Anders als Sybel hatte von protestantisch-liberaler Seite Droysen bereits in den fünfziger Jahren mit seiner Anknüpfung an das Kaisertum Emotionen geweckt, mit dem Hinweis auf die Staufer, allerdings auch (ganz anders als Windthorst) Assoziationen zu nationaler Macht und universalen Geltungsansprüchen nahegelegt, wobei diese auf der Grundlage protestantischer Ethik und Staatsgesinnung be-

[56] Zur staatsrechtlichen Stellung des Kaisers vgl. E. R. Huber, Deutsche Verfassungsgeschichte seit 1789. Bd. 3: Bismarck und das Reich. Stuttgart 1963, S. 809–815.

[57] Stenogr. Berichte über die Reichstagsverhandlungen vom 31. 3. 1871, S. 70; vgl. Fehrenbach, Wandlungen, S. 30.

ruhen sollten[58]. *Zweitens* blieb die Möglichkeit einer zukünftigen Umdeutung des Kaisergedankens außer Betracht. Gerade solche Neuinterpretationen nahm dann, vermischt mit Phantasterei und Größenambitionen, beim endgültigen Eintritt Deutschlands in das Weltstaatensystem seit dem Beginn der neunziger Jahre Wilhelm II. vor, und zahlreiche national gesinnte Politiker, Gelehrte und Publizisten seiner Generation folgten ihm darin.

Für Wilhelm II. ebenso wie für die bürgerlichen Politiker und Gelehrten seiner Generation war die Reichsgründung nicht mehr das für die Zukunft erstrebte oder durch eigene Arbeit realisierte Ziel. Die Reichsgründung war ihnen selbst schon historisch geworden. Sie waren einerseits dem Erlebnis der scheinbar abgeschlossenen »Vollendung« der deutschen Geschichte, andererseits der Frage nach der Zukunftsorientierung der deutschen Politik konfrontiert. Dieses zugleich historische und politische Problem hat niemand so prägnant formuliert wie Max Weber: »... nachdem ... die Einheit der Nation errungen war und ihre politische ›Sättigung‹ feststand, kam über das aufwachsende erfolgstrunkene und friedensdurstige Geschlecht des deutschen Bürgertums ein eigenartig ›unhistorischer‹ und unpolitischer Geist. Die deutsche Geschichte schien zu Ende. Die Gegenwart war die volle Erfüllung der vergangenen Jahrtausende – wer wollte fragen, ob die Zukunft anders urteilen möchte? ... An unserer Wiege stand der schwerste Fluch, den die Geschichte einem Geschlecht als Angebinde mit auf den Weg zu geben vermag: das harte Schicksal des politischen Epigonentums ... Wir müssen begreifen, daß die Einigung Deutschlands ein Jugendstreich war, den die Nation auf ihre alten Tage beging und seiner Kostspieligkeit halber besser unterlassen hätte, wenn sie der Abschluß und nicht der Ausgangspunkt einer deutschen Weltmachtpolitik sein sollte.«[59]

Max Webers Forderung nach einer imperialistischen deutschen Machtpolitik beruht dabei auf seiner kritischen Haltung

[58] Den mythischen Glanz, der das Zeitalter bei Kantorowicz, Naumann oder Pinder noch umgeben habe, betont W. Sauerländer, Intentio vera nostro est manifestare ... ea, quae sunt, sicut sunt. Bildtradition und Wirklichkeitserfahrung im Spannungsfeld der staufischen Kunst. In: R. Krohn, B. Thum, P. Wapnewski, Stauferzeit. Geschichte, Literatur, Kunst. Stuttgart 1979, S. 119.

[59] Max Weber, Der Nationalstaat und die Volkswirtschaftspolitik (1895). In: Gesammelte politische Schriften. 2., erw. Aufl. Hg. v. J. Winckelmann. Tübingen 1958, S. 21, 23; vgl. dazu W. Mommsen, Max Weber und die deutsche Politik 1890–1920. 2. überarb. u. erw. Aufl., Tübingen 1974, S. 90ff.

gegenüber Bismarck und den Folgen seiner Politik für das politische Selbstbewußtsein des deutschen Bürgertums und für das Einheitsbewußtsein der deutschen Nation. Jeder wisse, daß Bismarcks Lebenswerk nach der äußeren auch zur inneren Einigung der Nation hätte führen sollen und daß dies »mit seinen Mitteln« nicht erreicht werden konnte[60]. Weber zielt hier vor allem auf die im politischen System des Kaiserreiches unaufgelöste Spannung zwischen ökonomischer Macht und politischer Ohnmacht des Bürgertums[61]. Seine Forderung nach deutscher Weltmachtpolitik geht aus von der Kritik an der bürokratisch-sozialkonservativen Staatstradition Preußens – vor allem seit der Revolution von 1848/49 –, in der, zuletzt verkörpert in der Persönlichkeit Bismarcks, die politische Erziehungsarbeit eines ganzen Jahrhunderts vernachlässigt worden sei. Max Weber hoffte daher auf die »Resonanz der Weltmachtstellung, welche den Staat stetig vor große machtpolitische Aufgaben stellt und den einzelnen in eine chronische politische Schulung nimmt, die er bei uns nur, wenn die Grenzen bedroht sind, akut empfängt.«[62]

Diese Kombination – die Forderung nach imperialistischer Machtpolitik zugleich mit der Kritik an der Verfassungsstruktur und der Innenpolitik des neuen deutschen Kaiserreiches – blieb aber der dominierenden Richtung der Geschichtswissenschaft gegenüber marginal. Die Neorankeaner wie Max Lenz und Erich Marcks verbanden in eigentümlicher Weise die Kritik am explizit politischen Charakter der nationalliberal-borussianischen Geschichtsschreibung mit der Bejahung ihrer Wendung zur »Realpolitik« und zum Machtstaatsgedanken[63]. Die Kombi-

[60] Ebd., S. 20.

[61] Vgl. Th. Schieder über die entscheidenden »institutionellen Mängel der politischen Ordnung nach 1871 ... die fehlende parlamentarische Verantwortung der Reichsregierung und ... das Dreiklassenwahlrecht in Preußen. Beides diente auf die Dauer der Versteinerung überalteter gesellschaftspolitischer Machtverhältnisse, die den vollen Durchbruch der Industriegesellschaft und ihrer Klassen in der Reichspolitik verhinderte und unerträgliche Spannungen im Staats- und Gesellschaftsgefüge herbeiführte«. Th. Schieder, Grundfragen der neueren deutschen Geschichte. In: H. Böhme (Hg.), Probleme der Reichsgründungszeit. Köln 1968, S. 28; vgl. auch D. Langewiesche, Das Deutsche Kaiserreich – Bemerkungen zur Diskussion über Parlamentarisierung und Demokratisierung Deutschlands. In: Archiv für Sozialgeschichte 19 (1979), S. 628 ff.

[62] M. Weber, Der Nationalstaat und die Volkswirtschaftspolitik, S. 23.

[63] Vgl. dazu K.-H. Krill, Die Rankerenaissance. Max Lenz und Erich Marcks. Ein Beitrag zum historisch-politischen Denken in Deutschland 1880–1935. Berlin 1962, sowie E. Fehrenbach, Rankerenaissance und Imperialismus in Wilhel-

nation einer scheinbar vorurteilslosen und nicht parteiergreifenden Schau, wie sie psychologisch durch das Bewußtsein der erreichten Reichseinheit möglich geworden war, mit der nahezu vorbehaltlosen faktischen politischen Bejahung des Zustands des Reiches führte innerhalb des neorankeanischen Geschichtsbildes zur Preisgabe des liberalen Anteils an der Reichsgründungspolitik. Hatten Droysen und Sybel Bismarcks deutsche Politik im wesentlichen als Einschwenken in die nationalpolitische Einigungsbewegung des Liberalismus gedeutet, der Bismarck die Machtpolitik des preußischen Staates und seine politische Kunst hinzugefügt habe, so wurde Bismarck nunmehr endgültig unter Preisgabe der altliberalen Werte wie Freiheit und Weltbürgertum als ausschließlicher Repräsentant des preußischen bürokratisch-militärischen Machtstaates gedeutet und gefeiert. Als letzter, die historisch-politischen Urteile prägender Wert steht hinter diesem Geschichtsbild nicht mehr die für das frühliberale Denken maßgebliche Spannung zwischen Weltbürgertum und Nationalstaat, steht nicht einmal mehr die Nation selbst als kulturelle und politische Größe, sondern der Wille zur Macht an sich. Bismarcks entscheidende Leistung wurde jetzt darin gesehen, daß er den Machtwillen Preußens mit dem Machtwillen der deutschen Nation zusammengeführt habe. Dabei entstand seit 1890 und besonders seit Bismarcks Tod 1898 in der Geschichtswissenschaft wie in der Öffentlichkeit ein kritikloser Bismarck-Mythos.

Die Gestalt Bismarcks wächst dabei ins Überdimensionale – ideologisch überhöht ganz offenkundig vor allem aus einer innenpolitischen Kampfposition, in der vor allem das Bürgertum Bismarck als Leitbild anrief. Max Lenz nahm den Zusammenfall von Bismarcks Todesjahr mit dem Jubiläum der Revolution von 1848 zum Anlaß, die kämpferische Auseinandersetzung zu betonen, in der Bismarck gegen die demokratischen und liberalen Verfassungsideale der Paulskirche die Verfassung des neuen deutschen Reiches auf dem Boden der Fürstensouveränität konzipiert habe. Er machte sich dabei auch Bismarcks Strategie der inneren Integration durch die Dämonisierung von »Reichsfeinden« zu eigen. Das friderizianische *toujours en vendette*, das Bismarck der folgenden Generation über das Grab hinaus zugerufen habe, gelte nicht den äußeren Feinden – »denn wer unter

minischer Zeit. In: B. Faulenbach (Hg.), Geschichtswissenschaft in Deutschland. München 1974, S. 54ff.; Fehrenbach, Die Reichsgründung, S. 268ff.

uns würde diese fürchten« –, als vielmehr den »inneren, die nicht bloß an den Grundmauern rütteln, sondern in allen Stockwerken hausen«[64]. Wiederum hat Max Weber eine ideologische Wurzel dieses Bismarck-Mythos freigelegt: »Nur allzu offenkundig sehnt sich ein Teil des Großbürgertums nach dem Erscheinen eines neuen Cäsar, der sie schirme; nach unten gegen aufsteigende Volksmassen, nach oben gegen sozialpolitische Anwandlungen, deren ihnen die deutschen Dynastien verdächtig sind.«[65] Dieser neue Cäsar konnte weder in einem der parlamentarischen Parteiführer des Reichstags, noch in den Nachfolgern Bismarcks, noch schließlich in der Person Wilhelms II. gefunden werden. Daher wurde Bismarck zur überhistorisch großen, überzeitlich-exemplarischen Leitgestalt gesteigert – in dieser Form außerhistorisch, also mythisch. Noch einmal soll Max Weber zitiert werden, als Kronzeuge einerseits für das tiefe Unsicherheitsgefühl und das Krisenbewußtsein dieser Generation nach Bismarcks Abschied, andererseits als Kronzeuge für das – im Bürgertum vereinzelt bleibende – Unbehagen an den irrealen Beruhigungsversuchen für diese Unsicherheit: »Und als er (Bismarck) im Winter des letzten Jahres (1895), umstrickt von der Huld seines Monarchen, in die geschmückte Reichshauptstadt einzog, da – ich weiß es wohl – gab es viele, welche so empfanden, als öffne der Sachsenwald wie ein moderner Kyffhäuser seine Tiefen. Allein nicht alle haben diese Empfindung geteilt. Denn es schien, als sei in der Luft des Januartages der kalte Hauch geschichtlicher Vergänglichkeit zu spüren. Uns überkam ein eigenartig beklemmendes Gefühl – als ob ein Geist herniedersteige aus einer großen Vergangenheit und wandelte unter einer neuen Generation durch eine ihm fremd gewordene Welt.«[66] Diese Unsicherheit oder umgekehrt die Sehnsucht nach einer klaren und unerschütterlichen nationalen Identität steht dann hinter der Flut von Denkmälern, die Deutschland seit 1871, verstärkt noch seit 1888/90, überschwemmte.

[64] M. Lenz, Kleine historische Schriften. München, Berlin 1920, Bd. 2, S. 356, vgl. dazu Krill, Rankerenaissance, S. 110f.

[65] M. Weber, Der Nationalstaat und die Volkswirtschaftspolitik, 21.

[66] Ebd., S. 20. Das »Geschichtsbild des rassistisch werdenden politischen Germanismus« – vgl. dazu H. Gollwitzer, Zum politischen Germanismus des 19. Jahrhunderts. In: Festschrift für H. Heimpel, Bd. 1, Göttingen 1971, S. 282ff. – bleibt hier ausgespart.

IV.

Fragt man nun nach den sozialen Gruppen, von denen die Programmatik, Organisation und Finanzierung der Nationaldenkmäler[67] als politischer Symbole[68] des Kaiserreichs getragen wurden, so zeigt sich, daß dabei vor allem die traditionale Elite von Verwaltungsbeamten bzw. das überwiegend nationalliberale Besitz- und Bildungsbürgertum am Werke waren. Diese soziale Gruppierung verstand sich als die eigentlich staatstragende Schicht und wurde umgekehrt vom Staat als solche anerkannt und ausgezeichnet. Sie ist im wesentlichen deckungsgleich mit dem Personenkreis, mit dem ein preußischer Landrat gesellschaftlich umzugehen hatte[69].

Es ist nicht ganz klar, wer den ersten Anstoß zum Bau eines Friedens- bzw. Siegesdenkmals auf dem Niederwald bei Rüdesheim gegeben hat: der Wiesbadener Kurdirektor Ferdinand Heyl mit einem Artikel im ›Rheinischen Kurier‹ vom 13. 4. 1871 oder Offiziere im Casino der Garnison von Münster. Jedenfalls ergriff der Landrat Fonck aus Rüdesheim die Initiative und veranlaßte im Rathaus von Rüdesheim einen entsprechenden Beschluß von Feldgericht, Gemeinderat und Verschönerungsverein. Entscheidend für die Realisierung der Idee wurde der Wiesbadener Regierungspräsident Botho Graf zu Eulenburg. Eulenburg stellte sich dem Projekt zur Verfügung unter der Bedingung, daß »die Idee in allen Theilen Deutschlands und auch an allerhöchster Stelle Anklang finde und ... allerwärts auf die Mitwirkung hervorragender Persönlichkeiten zu rechnen

[67] Zum deutschen Nationaldenkmal vgl. Th. Nipperdey, Nationalidee und Nationaldenkmal in Deutschland im 19. Jahrhundert. In: Ders., Gesellschaft, Kultur, Theorie. Göttingen 1976, S. 133ff.; dort Anm. 3 die ältere Literatur zum Thema; zum Verhältnis von Nationalbewußtsein und Religiosität vgl.: Th. Nipperdey, Kirchen als Nationaldenkmal. Die Pläne von 1815. In: L. Grisebach, K. Renger (Hg.), Festschrift für O. Simson. Frankfurt a. M. 1977, S. 422ff.; zur Bedeutung des Mittelalters im deutschen Nationaldenkmal als zusammenfassende Darstellung: L. Kerssen, Das Interesse am Mittelalter im deutschen Nationaldenkmal. Berlin 1975.

[68] Vgl. E. Fehrenbach, Über die Bedeutung der politischen Symbole im Nationalstaat. In: Historische Zeitschrift 213 (1971), S. 296ff.; zur politischen Symbolik im Kaiserreich: Schieder, Das deutsche Kaiserreich, S. 72ff., sowie jetzt: W. Hardtwig, Bürgertum, Staatssymbolik und Staatsbewußtsein im Deutschen Kaiserreich 1871–1914, in: Geschichte und Gesellschaft 16 (1990), S. 269–295.

[69] Vgl. W. Pauly, Als Landrat in Ostpreußen, Ragnit-Allenstein. Würzburg 1957, S. 2–5, 36–38; zit. nach Ritter (Hg.), Das deutsche Kaiserreich, S. 75f.; der Bericht läßt sich zweifellos verallgemeinern.

Abb. 1: Niederwalddenkmal, von Johannes Schilling, eingeweiht 1883. Seitenrelief: Abschied der Krieger.

sei«[70]. Diese Mitwirkung hervorragender Persönlichkeiten organisierte Eulenburg zunächst im Herbst 1871 durch Einladung von 35 Honoratioren seines Regierungsbezirkes zu einem vorbereitenden Komitee. Hier stellten bereits die Verwaltungsbeamten mit 15 Personen das Hauptkontingent. An der konstituierenden Sitzung des »großen« Komitees im Reichstag im November 1871 nahmen dann 35 Reichsabgeordnete teil, überwiegend Konservative und Nationalliberale, aber auch zwei Abgeordnete aus dem Zentrum und drei Linksliberale. Hinter dem Denkmalsgedanken stand also vorrangig die »borussianische« Verbindung von nationalliberalem Bürgertum und Repräsentanten des traditionellen preußischen Staatsgedankens – wobei in den entscheidenden Sitzungen des großen Komitees die Konservativen immer in solcher Stärke vertreten waren, daß sie nicht überstimmt werden konnten[71]. Im weiteren Verlauf der Planungs- und Baugeschichte nahm die Repräsentanz der konservativen Vertreter prozentual immer mehr zu. Vollends dominierten die Verwaltungsbeamten im geschäftsführenden Ausschuß (unter dem Vorsitz von Eulenburg), der die eigentliche organisatorische Arbeit leistete[72]. Inwiefern den Sammellisten

[70] Zit. nach L. Tittel, Das Niederwalddenkmal 1871 bis 1883. Hildesheim 1979, S. 7; zur Entstehungsgeschichte des Denkmals vgl. ebd., S. 3–40.

[71] Ebd., S. 43–46.

[72] Ebd., S. 47.

für die lokal direkt betroffenen Gemeinden Rüdesheim und Geisenheim ein gewisser repräsentativer Wert zukommt, zeigt sich auch, daß die erhoffte Finanzierung durch die gesamte deutsche Nation nicht gelang. Zwei Drittel der Gesamtsumme wurden von 10 Prozent der Gemeindemitglieder aufgebracht – der Klientel der konservativen und nationalliberalen Parteien[73].

Ein höchst aufschlußreiches Beispiel für die Annäherung von bürgerlicher Geschichtsauffassung und preußisch-regierungsamtlichem Selbstverständnis unter dem Vorzeichen des Borussianismus stellt die Restaurierung und Ausgestaltung der Goslarer Kaiserpfalz zum Nationaldenkmal dar. Um die Wiederaufnahme der seit Juni 1870 eingestellten Restaurierungsarbeiten zu erreichen, schickte die Stadt Goslar nach der Sedan-Schlacht eine von mehreren hundert Bürgern unterzeichnete Adresse an König Wilhelm ins Hauptquartier in Versailles. Tatsächlich wurde das Vorhaben auch durch den Kaiser wesentlich gefördert. Er übernahm einen Teil der Kosten für die Bauarbeiten auf seinen persönlichen Dispositionsfonds, der restliche Anteil wurde aus dem Staatshaushalt bestritten[74]. Die Idee, das Gebäude mit einem Zyklus von Historienbildern auszumalen, kam von der Landdrostei Hildesheim in einem Gesuch an den zuständigen Oberpräsidenten in Hannover. Der Düsseldorfer Historienmaler Hermann Wislicenus legte dann 1877 das ikonographische Programm vor, das die Geschichte der mittelalterlichen Kaiser mit der Reichsgründung direkt zusammenband[75].

Anders als das Niederwalddenkmal ist das Kaiser-Wilhelm-Nationaldenkmal am Kyffhäuser nicht direkt das Produkt des Zusammenwirkens von konservativer Bürokratie und nationalliberalem Bürgertum, doch dokumentiert es auf andere Weise die Preisgabe altnationalliberaler und nationaldemokratischer Tradition. Es ist die Schöpfung des »Deutschen Kriegerbundes« und repräsentiert damit eine Massenorganisation, die ihre Mitglieder weithin außerhalb der Anhängerschaft des National- und Linksliberalismus rekrutierte[76]. Der Vorschlag kam im

[73] Ebd., S. 50f.

[74] Vgl. Arndt, Die Goslarer Kaiserpfalz, S. 5, 7.

[75] Vgl. ebd., S. 7–13.

[76] Vgl. dazu: K. Saul, Der »Deutsche Kriegerbund«. Zur innenpolitischen Funktion eines »nationalen« Verbandes im kaiserlichen Deutschland. In: Militärgeschichtliche Mitteilungen 2 (1969), S. 159; M. Messerschmidt, Die Armee in Staat und Gesellschaft. Die Bismarckzeit. In: M. Stürmer u.a. (Hg.), Das kaiserliche Deutschland. Politik und Gesellschaft. Düsseldorf 1970, S. 89ff.; H.-U. Wehler, Das Deutsche Kaiserreich, 1871–1918. Göttingen 1973, S. 164f.

Abb. 2: Kaiser Wilhelm I. Denkmal auf dem Kyffhäuser von Bruno Schmitz, eingeweiht 1896.

März 1888 von Alfred Westphal, dem damaligen Schriftführer und späteren Vorsitzenden des Bundes, der in der Planungs- und Baugeschichte auch später die entscheidende Rolle spielte und die Einweihungsrede hielt[77]. Der Deutsche Kriegerbund bejahte die militärmonarchischen Züge der Reichsverfassung. Straff antisozialdemokratisch, z. T. auch antisemitisch gesinnt, war er bereits von Bismarck als Kampfinstrument gegen den inneren Feind genutzt worden.

Das offizielle Kaiser-Wilhelm-Nationaldenkmal in Berlin, sofort nach dem Tod des Kaisers vom Reichstag beschlossen und in Planung gegeben[78], wurde dagegen aus Staatsmitteln »vom deutschen Volk« finanziert. Die wesentlichen Planungsentscheidungen zog Wilhelm II. an sich, so daß die Konzeption des Denkmals in der Planungs- und Baugeschichte von 1889 bis 1897 vollständig seinen persönlichen Vorstellungen entspricht. Die Situierung des Denkmals vor dem alten Schloß – also die

[77] Vgl. M. Arndt, Das Kyffhäuser-Denkmal – Ein Beitrag zur politischen Ikonographie des Zweiten Kaiserreiches. In: Wallraf-Richartz-Jahrbuch 11 (1978), S. 79; bzw. S. 121 f.

[78] Stenographische Berichte über die Verhandlungen des Reichstages 1888, Bd. 2, S. 1396.

Betonung des preußisch-dynastischen Standorts – und die neubarocke Konzeption blieben in der Öffentlichkeit nicht unumstritten, doch fand das »persönliche Regiment« des Kaisers in dieser nationalen Angelegenheit, die ja immerhin vom »deutschen Volk« durch seine Repräsentanten im Reichstag beschlossen und finanziert worden war, auch in der populären Kunstliteratur durchaus Zustimmung[79].

Das Kaiser-Wilhelm-Denkmal auf der Porta Westfalica ging dagegen aus stadtbürgerlicher Initiative hervor[80]. Am 16. April 1888 beschäftigte sich die Stadtverordnetenversammlung von Dortmund mit der Errichtung von Kaiser-Wilhelm-Denkmälern. Um dem Denkmal die gewünschte Monumentalität zu sichern, schlug der Stadtverordnete Hösch den Zusammenschluß der größeren westfälischen Städte bzw. die Trägerschaft der ganzen Provinz Westfalen für die Errichtung eines kolossalen Reiterstandbilds vor. Nachdem Vorschläge, an dem Denkmalprojekt nicht nur die Provinz Westfalen, sondern ganz Nordwestdeutschland zu beteiligen abgelehnt worden waren, ging die Federführung mit Zustimmung des Oberpräsidenten der Provinz Westfalen, von Hagemeister, auf den westfälischen Provinziallandtag, das Organ der provinzialen Selbstverwaltung, über. Das Hausbesitzerprivileg – die Hälfte der Stadtverordneten stellten die Hausbesitzer –, verschärft durch den sehr hohen Zensus bzw. durch das Dreiklassenwahlrecht, bevorzugte in den Organen der Selbstverwaltung dieselben Gruppen, die auch den Bau des Niederwalddenkmals trugen.

Schließlich ist noch auf die Bismarck-Denkmals-Bewegung hinzuweisen, die sich seit 1890, verstärkt seit Bismarcks Tod 1898, ausbreitete und bis 1914 etwa 700 Bismarck-Monumente hervorbrachte[81]. Dabei fällt dreierlei auf: *erstens* die verstärkte Beteiligung des Kleinbürgertums: mittlere Angestellte und Beamte, Einzelhändler und Handwerker neben dem höheren Bürgertum: Akademikern, höheren Verwaltungsbeamten, Unternehmern und Kaufleuten, während Arbeiter und Bauern – wie auch bei den anderen Denkmalstypen – gänzlich fehlen; *zwei-*

[79] A. G. Meyer, Reinhold Begas. Verm. Ausg. Bielefeld, Leipzig 1901, S. 103.

[80] Vgl. dazu G. Engelbert, Die Errichtung des Kaiser-Wilhelm-Denkmals auf der Porta Westfalica. In: Westfalen 51 (1973), S. 322–325.

[81] Vgl. H-W. Hedinger, Der Bismarckkult. In: Der Religionswandel unserer Zeit im Spiegel der Religionswissenschaft. Darmstadt 1976, bes. S. 202; sowie V. Plagemann, Bismarck-Denkmäler. In: H. E. Mittig, V. Plagemann (Hg.), Denkmäler im 19. Jahrhundert. Deutung und Kritik. München 1972, bes. S. 244.

Abb. 3: Bismarck-Denkmal des Vereins deutscher Reichsangehöriger in Moskau, von Harro Magnussen, 1895: der »Alte im Sachsenwald«.

tens der offenbar weniger preußisch-etatistische Charakter der Bewegung, die »volkstümliche« Grundlage und der geringere Anteil offizieller bzw. – über das hohe Verwaltungsbeamtentum – offiziöser Förderung; mag diese Tatsache auch mit dem stärker lokalen Charakter dieser Denkmäler gegenüber den großen überlokalen oder zumindest regionalen Kaiser-Wilhelm-Nationaldenkmälern und dem Niederwalddenkmal zusammenhängen, so erklärt sie sich doch nicht allein daraus; *drittens* das neuartige Element einer eigenständigen Jugend-Bewegung innerhalb der deutschen Akademiker. Sie artikuliert sich in dem Aufruf der deutschen Studentenschaften vom Dezember 1898 zur Errichtung von Bismarck-Säulen und -Türmen[82].

Abschließend sei noch das einzige gesamtnationale Denkmalsvorhaben erwähnt, das zwischen 1900 und 1914 verwirklicht wurde: das Völkerschlachtdenkmal bei Leipzig. Es ist organisatorisch und teilweise auch künstlerisch das Werk *eines* Mannes, des Architekten Clemens Thieme[83]. Er organisierte die Interessenten mit der 1894 erfolgten Gründung des »Deutschen Patriotenbundes«. Thiemes Programm stand von Anfang an unter dem Vorzeichen der Sammlung besonders des preußisch-deutschen staatsloyalen Bürgertums gegen die vermeintlichen Zerstörer der Reichseinheit. Die Frontstellungen, die das borussianische und neorankeanische historisch-politische Denken kennzeichnen – gegen Katholizismus bzw. Ultramontanismus und gegen die Sozialdemokraten –, werden hier ausdrücklich zur Grundlage für die Programmatik des bürgerlich-nationalliberalen Nationaldenkmalsprojekts erklärt: »Das neue Reich hat außer mit den deutschfeindlichen, durch die soziale Frage irregeführten Massen aber noch mit einem anderen, zwar alten, doch noch immer sehr gefährlichen Feind zu rechnen: mit dem aus religiösem Absolutismus entspringenden Geist kirchlicher Unduldsamkeit, der im Volke eine tiefe Kluft aufreißt und der die Aufgabe einer weltumfassenden internationalen Organisation im bewußten historischen Gegensatz zu der nationalen Neugestaltung Deutschlands unter Preußens Führung verfolgt.«[84] Hier bildete sich aus der Umdeutung nationaler Einheitssymbolik im Denkmal zum Symbol des innenpolitischen Kampfes eine Konfrontation heraus, in deren Verlauf die sozialdemokratische Arbeiterschaft nicht nur als reichsfeindlich, sondern auch als *deutsch*feindlich denunziert wurde[85].

82 Vgl. Nipperdey, Nationalidee und Nationaldenkmal, S. 166f.; zum Problemzusammenhang vgl. auch ders., Jugend und Politik um 1900. In: Ders., Gesellschaft, Kultur, Theorie, S. 338ff.

83 Die nötigsten Informationen bei E. Bachmann, Das Völkerschlachtdenkmal und sein Erbauer. Leipzig 1938; als wissenschaftliche Darstellung ist das Buch unbrauchbar.

84 Aus einer Denkschrift des Patriotenbundes, zit. bei Bachmann, Das Völkerschlachtdenkmal, S. 86.

85 Ebd., S. 87; zu diesem Denkmalstyp der »nationalen Sammlung« vgl. Nipperdey, Nationalidee und Nationaldenkmal, S. 163–170.

V.

Die seit 1898 sich über das ganze Reich verbreitenden Bismarck-Denkmäler dokumentieren, ebenso wie das Völkerschlachtdenkmal, in ihrer anschaulichen Form wie in ihrer Ikonographie ein zunehmendes Heraustreten aus der geschichtlichen Überlieferung. Sie veranschaulichen damit die »Krise des Historismus« mit ihren psychologisch-politischen Folgen und die Entfesselung eines ungehemmten Willens zur Macht. Da sich beide – Bismarckdenkmäler wie Völkerschlachtdenkmal – auf historische Personen bzw. Ereignisse beziehen, mag diese These zunächst als paradox erscheinen und bedarf der genaueren Begründung.

Innerhalb der Geschichtswissenschaft führte der beschleunigte ökonomische und soziale Strukturwandel der industriellen Gesellschaft seit Beginn der neunziger Jahre mit dem Methodenstreit um die »Kulturgeschichtsschreibung« von Eberhard Gothein und Karl Lamprecht zum Zerbrechen der bisherigen relativen Einheit innerhalb der Gegenstandswahl und der ihr entsprechenden Methodik, die auch im Sybel-Ficker-Streit jenseits der politisch-historischen Meinungsverschiedenheiten bestanden hatte[86]. Neben dieser Oppositionswissenschaft innerhalb der universitären Geschichtswissenschaft entstand in der sozialistischen bzw. sozialdemokratischen Historiographie ein Typus historisch-politischen Denkens, der zumindest teilweise jenseits der Methoden und der Wertvorstellungen des historistischen Geschichtsdenkens überhaupt stand[87]. Damit reagierte das Geschichtsdenken auf den zunehmenden Zerfall einheitlicher Bildungsvoraussetzungen und der gesellschaftlich-politischen Erfahrungswelt der politischen Öffentlichkeit im Übergang von der »bürgerlichen« zur »industriellen« Gesellschaft.

Der beschleunigte Wandel Deutschlands vom Agrar- zum Industriestaat verschärfte einerseits die Klassengegensätze, andererseits die Spannung zwischen dem politischen System und

[86] Zur Auflösung der ursprünglich konstitutiven Verbindung von deutschem Nationalgedanken und deutscher Kulturbewegung, in welcher »die Nation der bürgerlichen Bildungsschicht ... der ersten Phase der modernen deutschen Nationalgeschichte das Gesicht« gegeben habe, vgl. Schieder, Nationalstaat, S. 55ff. u.ö.

[87] Vgl. Th. Nipperdey, Sozialdemokratie und Geschichte. In: H. Horn, A. Schwan, Th. Weingartner, Sozialismus in Theorie und Praxis. Festschrift für R. Löwenthal. Berlin 1978, S. 493ff.; bes. S. 493–499.

der ökonomischen und sozialen Wirklichkeit. Gleichzeitig vollzog sich eine durchgreifende Ökonomisierung des politischen Lebens. In ihr zerfiel der Realitätsgehalt der politischen Ideenwelt des Frühliberalismus, ein Vorgang, der sich in der Ökonomisierung der politischen Parteien und in der Entstehung und der zunehmenden politischen Macht wirtschaftlicher Interessenverbände manifestierte[88]. Während faktisch die ökonomischen Gruppeninteressen ihre rücksichtslose Vertretung suchten, entwickelte sich gleichzeitig, in ursächlichem Zusammenhang damit, eine gesteigerte Ideologie nationaler Gemeinsamkeit: das Postulat bedingungsloser Einheit der »Volksgemeinschaft«[89]; zugleich erhob die neorankeanische Historie ebenso wie die Propaganda für das Völkerschlachtdenkmal die Forderung, daß die Nation oder die Volksgemeinschaft »Ideen« zu vertreten habe. Diese Forderung, Ideen zu vertreten, hatte erstmals 1850 Johann Gustav Droysen in einen direkten Zusammenhang zu dem sozialen Wandel zur Industriegesellschaft und ihren politischen Folgen gebracht. Der »Beruf, Ideen zu vertreten«, sollte »über die Angst des Augenblicks«, welche durch den Eintritt der »Massen« in die Politik ausgelöst war, »rettend und tröstend emporragen«[90]. Damit wurde der Anspruch, »Ideen« zu vertreten, zum psychologisch-ideologischen Mittel, soziale und politische Angst zu bewältigen; damit tat

[88] G. Schulz, Über Entstehung und Formen von Interessengruppen in Deutschland seit Beginn der Industrialisierung. In: Ders., Das Zeitalter der Gesellschaft. München 1969, S. 222ff. und Th. Nipperdey, Interessenverbände und Parteien in Deutschland vor dem Ersten Weltkrieg. Jetzt in: Ders., Gesellschaft, Kultur, Theorie, S. 319ff.; wesentliche Beiträge zum Problem zusammengefaßt in dem Sammelband von H. J. Varein (Hg.), Interessenverbände in Deutschland. Köln 1973.

[89] Festrede zur Einweihung des Völkerschlachtdenkmals von Clemens Thieme: »In blinder Selbstsucht denkt jeder nur an sich selbst und nicht an das Wohl der Gesamtheit. Parteigeist, Glaubenshaß und Klassenhaß verzehren die besten Kräfte des Volkes. Unbekümmert um den Sturz des Ganzen, rüttelt man von allen Seiten an den Säulen des Reiches, dabei nicht bedenkend, daß man selbst unter den Trümmern begraben werden wird. Und ist es nicht schon soweit gekommen, daß Patriotismus und Vaterlandsliebe in weiten Kreisen des Volkes geächtete und entweihte Begriffe sind! In internationaler Schwärmerei wird der Feind geliebt, damit man das Recht hat, die deutschen Brüder zu hassen. Wieder wie vor 100 Jahren kämpfen Deutsche gegen Deutsche. Von neuem unterjocht uns der alte Erbfeind der Zwietracht. Deutsches Volk, erwache! Blicke auf das Vorbild deiner Heldenväter, und du wirst den richtigen Weg finden, auch die sozialen Kämpfe siegreich durchkämpfen, damit ein neuer Völkerfrühling dir erstehe! ...« Zit. nach Bachmann, Das Völkerschlachtdenkmal, S. 102.

[90] Briefwechsel 2, S. 35; vgl. oben S. 145.

sich aber auch die Kluft auf, die seit der Reichsgründung, verstärkt seit den neunziger Jahren, in die eigentliche Krise des Historismus führte: die Kluft zwischen historischer Bildung und ihrem Anspruch, das Gegenwartshandeln zu orientieren auf der einen Seite, und den wirklich handlungsleitenden Interessen auf der anderen Seite. Genau diese Kluft hat Nietzsche in seiner Kritik des Historismus 1874 beschrieben. Zwar nicht mit Blick auf den sozialen Wandel, sondern mehr aus der Perspektive einer kulturkritischen Zeitdiagnose, analysiert er das Auseinandertreten von historischem Wissen und aktuellem Handeln als das Auseinanderfallen von Innen und Außen. Das historische Wissen bleibt »innen« – unvermittelt und gleichgültig für das tatsächliche Handeln; dieses wird, indem es die Kultur der geschichtlichen Welt zwar ästhetisch evoziert, sich aber im Handeln nicht darum kümmert, barbarisch: »Unsere moderne Bildung ist eben deshalb nichts Lebendiges, weil sie ohne jenen Gegensatz (zwischen Innen und Außen) sich gar nicht begreifen läßt, das heißt, sie ist gar keine wirkliche Bildung, es bleibt in ihr bei den Bildungs-Gedanken, bei dem Bildungsgefühl, es wird kein Bildungs-Entschluß daraus. Das dagegen, was wirklich Motiv ist und was als Tat sichtbar nach außen tritt, bedeutet dann oft nicht viel mehr als eine gleichgültige Konvention, eine klägliche Nachahmung oder selbst eine rohe Fratze.«[91] Die latente Krise des Historismus wurde seit den 1890er Jahren mit der Diskussion des Problems auch in der Schulphilosophie zur manifesten Krise. Heinrich Rickert kritisierte ähnlich wie Georg Simmel den »Historismus« als wertrelativierende Weltanschauung. Als nur theoretisch wertbeziehende Betrachtungsweise liefere der Historismus das praktische Handlungsinteres-

[91] Fr. Nietzsche, Vom Nutzen und Nachteil der Historie für das Leben. Unzeitgemäße Betrachtungen. Zweites Stück. In: Fr. Nietzsche, Werke. Hg. v. R. Schlechta. Bd. 1, S. 232f.; Nietzsche hat dieses Auseinanderfallen von innen und außen ausdrücklich auch auf den Sieg über Frankreich und die gelungene Reichsgründung zurückgeführt. Es ist eine Kritik an der in der öffentlichen Meinung herrschenden Deutung des preußischen Sieges über Österreich und des deutschen Sieges über Frankreich als Siegen der preußisch-protestantisch geprägten deutschen *Kultur*nation, wenn Nietzsche schreibt: »Von allen schlimmen Folgen aber, die der letzte, mit Frankreich geführte Krieg hinter sich dreinzieht, ist vielleicht die schlimmste, ein weitverbreiteter Irrtum: der Irrtum der öffentlichen Meinung und der öffentlich Meinenden, daß auch die deutsche Kultur in jenem Kampfe gesiegt habe. – Dieser Wahn ist höchst verderblich ... weil er imstande ist, unseren Sieg in eine völlige Niederlage zu verwandeln: in die Niederlage, ja die Exstirpation des deutschen Geistes zugunsten des deutschen Reiches.« Ebd., S. 137.

se der Beliebigkeit der »Kulturwerte« aus, die er aus der Vergangenheit anbiete. Indem er damit auf die unerläßliche Kategorie des Fortschritts verzichte, überlasse er das gegenwärtige Handeln dem »Relativismus, Skeptizismus, Nihilismus«. Rikkert forderte daher die Trennung von kritischer Geschichtswissenschaft, die »wertneutral« sei und sein dürfe, von der Geschichtsphilosophie, die als stellungnehmende und bewertende Beurteilung der Vergangenheit den bloß kontemplativen und ästhetischen Bezug zu der Vergangenheit zu überwinden habe[92]. In dieser Historismuskritik kommt die tiefe Skepsis über die zukunftsorientierende Kraft der historisch vermittelten politischen, sozialen und kulturellen Wertvorstellungen zum Ausdruck und das Bedürfnis, das gegenwärtige Handeln von der vermeintlichen Macht der historischen Bildung zu befreien. Nietzsche und Rickert formulierten mit verschiedener Akzentuierung dasselbe Problem: was Rickert noch fordert, hat Nietzsche bereits 1874 als Realität diagnostiziert – das Unverbindlichwerden der Überlieferung gegenüber den aktuellen Problemen.

Bei dem letzten der historistischen Monumentaldenkmäler von gesamtnationaler Dimension war bereits den Zeitgenossen fraglich, ob eine historistische Konzeption noch über die notwendige Ausdrucksfähigkeit für die geforderte politische Identifikations- und Repräsentationsfunktion verfüge. Man stritt über die Frage, ob das neubarocke Kaiser-Wilhelm-Nationaldenkmal von Reinhold Begas in Berlin überhaupt den Bedürfnissen des zeitgenössischen Nationalbewußtseins genügen könne. Selbst dem begeisterten Monographen von Begas war bewußt, daß die Figur Wilhelms I. einen »gleichsam dekorativen Zug« annehmen mußte, wenn der Kopf fast dreiviertel Meter Durchmesser maß. Andererseits mußte man sich bei dem Verlangen, in der Reiterstatue und der dazugehörigen Anlage nicht nur den Kaiser als Person, sondern Kaiser und Reich symbolisch zu repräsentieren, damit begnügen, die neubarocken Formen ins Überdimensionale und Kolossale zu steigern: »Dieses Monument gleicht einem Nationalhymnus, für einen solchen aber ist ein majestätischer Chor, eine volle Instrumentierung

[92] Vgl. H. Rickert, Probleme der Geschichtsphilosophie. Zit. nach der 3. Aufl., Heidelberg 1924, S. 129ff.; ähnlich Georg Simmel, Die Probleme der Geschichtsphilosophie. Eine erkenntnistheoretische Studie. 2., völlig veränd. Aufl., Leipzig 1905, S. VIf.; zum Problem vgl. Hardtwig, Kunst und Geschichte im Revolutionszeitalter, S. 157–162.

mit Orgelklang und Posaunenschall gerade das Rechte. So hatte Begas die Aufgabe erfaßt. Was er bot, konnte nicht mehr nur als ein reiches Standbild Wilhelms I. gelten: schon der äußere Aufwand machte es vielmehr zu einem Nationaldenkmal des neuen deutschen Kaiserreichs.«[93]

Demgegenüber löste sich das Kaiser-Wilhelm-Nationaldenkmal des Deutschen Kriegerbundes, der »Kyffhäuser«, aus der historistischen Formensprache, hielt aber gleichzeitig den Realitätsanspruch inhaltlicher historischer Konnotationen aufrecht (vgl. Abb. 2, S. 248). Der »Kyffhäuser«- oder »Barbarossa«-Mythos spiegelt in seinem Bezug zur historischen und zur aktuell-politischen Realität seit dem Vormärz sehr genau das jeweilige nationale Identitätsbewußtsein. Daß Barbarossa nicht aufwachen werde, war bei der vormärzlichen Aufarbeitung der Überlieferung im beginnenden Historismus auch den Schwärmern klar gewesen[94]. Stand der Barbarossa-Mythos hier für die »Identität in der Bewegung«, so charakterisierte er nach 1848/49 die »Identität in der Vorwegnahme«[95]. In diesem Sinne ist – ohne Anspielung auf die Sage selbst – in Droysens ›Geschichte der preußischen Politik‹ die Erinnerung an die Ära der Hohenstaufen zu verstehen. In Anlehnung an diese Periodisierung könnte man beim Bildprogramm und bei den Reiterstandbildern (Barbarossas und Wilhelms I.) am Goslarer Kaiserhaus von der Identität in der Bestätigung[96] und beim Kyffhäuser-Denkmal von der Identität in der Gefährdung sprechen. Laut Urkunde der Grundsteinlegung vom zuständigen Landesfürsten Günther von Schwarzburg-Rudolstadt am 10. Mai 1892 sollte das Denkmal »eine Mahnung sein für die kommenden Geschlechter, festzuhalten an der Treue zu Kaiser und Reich, an der Vaterlandsliebe und an Einrichtungen des monarchischen Staates, dessen Segnungen die neue Größe des Reiches zu verdanken ist.«[97] Der Ton der Sorge um Kaiser und Reich ist nicht zu überhören. Er stellt jedoch keinen Gegensatz dar zu dem in den monumentalen und archaisierenden Formen vorgetragenen Machtanspruch, eher läßt sich vermuten, daß

[93] Meyer, Reinhold Begas, S. 120, 105.

[94] A. Borst, Barbarossas Erwachen – Zur Geschichte der deutschen Identität. In: O. Marquard, K. H. Stierle (Hg), Identität. München 1979, S. 33.

[95] Vgl. ebd., S. 36.

[96] Zu den ikonographischen Bezügen vgl. Arndt, Die Goslarer Kaiserpfalz, bes. S. 26–69.

[97] Zit. nach Borst, Barbarossas Erwachen, S. 54.

beides im Zusammenhang steht. Der Initiator des Denkmals, Westphal, stellte in seiner Einweihungsrede vom 18. Juni 1896 der Angst um den Bestand des Reichs dessen historisch begründeten universalen Geltungsanspruch gegenüber: »Noch heute wird das deutsche Gemüt mächtig ergriffen von der glanzvollen Herrlichkeit des Hohenstauferreiches. Über die ganze abendländische Christenheit waltete das kaiserliche Ansehen.«[98] Die offizielle Interpretation des Denkmals appellierte noch einmal historistisch an die Orientierungsleistung der Historie und an die Motivation durch historische Überlieferung – auch einem Monument gegenüber, das in seiner künstlerischen Formensprache teilweise bereits jenseits des Historismus steht.

Doch bahnte sich in der vereinzelten liberalen Kritik an der politischen Ikonographie des Denkmals auch schon die bewußte voluntaristische Trennung der Gegenwart von der Vergangenheit und das Ausspielen einer ganz neuen Zukunft gegen die jetzt als »tot« empfundene Vergangenheit an. Maximilian Harden griff dabei wie ein Jahr zuvor Max Weber das Thema des politischen Epigonentums auf: er forderte das Heraustreten aus der »ruhmsüchtig kränkelnden Epigonie« seiner Zeit, die sich »mit dem hohlen Pathos lärmender Rabenprologe« an »Barbarossas verschlissenen Purpurmantel« klammere[99]. Zum Teil knüpfte Harden bei der Polemik gegen den Barbarossa-Mythos noch einmal an die alten kleindeutschen bzw. Sybelschen Argumente an, doch dann tritt er aus der historistischen Denkweise ganz heraus. An die Stelle des kämpferisch ablehnenden oder kämpferisch bejahenden Wertbezugs zur Vergangenheit[100] tritt die Gegenüberstellung von »tot« und »lebendig«: »Das Heilige Römische Reich Deutscher Nation ist tot und ein neues Geschlecht kann mit einer Leiche auf dem Rücken nicht leben ...

[98] Abgedruckt bei Arndt, Das Kyffhäuser-Denkmal, S. 121 f.; zur Barbarossa-Barbablanca-Typologie vgl. ebd., S. 92–97; vgl. zum Machtanspruch, ebd. S. 119: »... der auftrumpfende Charakter der Anlage war offenbar auf Überwältigung hin konzipiert. Der ›trotzige‹ Turm und die ›felsenfest‹ erscheinenden Formen sprechen offenbar von einem forcierten Selbstbewußtsein – wobei man sich fragen muß, ob hinter der demonstrativen Machtgebärde nicht eine tiefe Unsicherheit angesichts der immer deutlicher werdenden sozialen Spannungen zu vermuten ist.«

[99] M. Harden, Barbarossa. In: Zukunft 15 (1896), S. 529, 531.

[100] Den ursprünglichen, außerästhetischen, moralischen und politisch-gesellschaftlichen Verbindlichkeitsanspruch historischer Formenwahl betonen H. Gollwitzer, Zum Fragenkreis Architekturhistorismus und politische Ideologie. In: Zeitschrift für Kunstgeschichte 42 (1979), bes. S. 13 f. sowie W. Hardtwig, Kunst im Revolutionszeitalter, passim.

kein noch so feiner Faden verbindet uns mit dem Leintuch, in dessen Falten das schlotternde Gespenst hustend einherkeucht und Barbarossas Raben sind nur mehr die krächzende Erinnerung an ein Kinderstubenmärchen.«[101] Dieser Auszug aus der Geschichte führt jedoch nicht zu einer nüchternen Rationalität des politischen Bewußtseins, sondern zur Hinwendung zum Mythos. Auch zuvor hatte die emotionale Anziehungskraft der Barbarossalegende nicht zuletzt auf ihren mythischen Elementen beruht, doch blieb die Gestalt Barbarossas und die Stauferära, wie etwa bei Westphal in seiner Einweihungsrede, historisch identifizierbar und an historisch rekonstruierbare geschichtliche Ereignisse und Zustände gebunden. Nunmehr trat das neue deutsche Reich aus historisch orientierenden Zusammenhängen heraus und orientierte sich statt dessen an außer- und überhistorischen Größen, wie einem enthistorisierten Germanismus: »Der junge Riese mag sich nicht in das Leichenlinnen der verplunderten Reichsherrlichkeit hüllen, doch auch die dicke wollene Preußenjacke ist ihm zu eng ... Das deutsche Reich, das die große Aufgabe hat, bescheiden und fest, stark und gesittet, dem Germanenstamm auf der bewohnbaren Erde Raum zu sichern, muß deutsch werden, deutsch sein und deutsch bleiben und von allem Trödelkram einer toten Vergangenheit sich entschlossen scheiden.«[102]

Hinter diesem Verlust der Orientierungs- und Stabilisierungsfunktion der Historie steht auch der Zweifel an den bisher historisch beglaubigten politischen Werten und Institutionen. Auch Hardens Kampf gegen die identitätsstabilisierenden historisch-politischen Vorstellungen der Ära Wilhelms I. sollte dem Versuche einer Neudefinition des Kaiseramtes dienen, das vielfältiger Kritik und Zweifeln ausgesetzt war, seit es nicht mehr, wie von Wilhelm I., nüchtern-geschäftsmäßig und zurückhaltend verwaltet wurde. Daß die Krise um das persönliche Regiment Wilhelms II. solche Ausmaße annehmen konnte, zeigt – jenseits der kaum erschütterlichen konstitutionellen und nicht-parlamentarischen Gesinnung der Liberalen –, welche latente Unsicherheit sich mit den Zukunftsvorstellungen verband. Die durch aktuelle politische Krisen genährte Unsicherheit über die Haltbarkeit des politischen Systems und der Schwund seiner Legitimität aus historischer Beglaubigung er-

[101] M. Harden, Das Deutsche Reich. In: Zukunft 14 (1896), S. 106f.
[102] Harden, Das Deutsche Reich, S. 108; zit. nach Fehrenbach, Wandlungen, S. 113ff.

gänzten einander. Sie erzeugten eine Zukunftsangst, die nicht mehr, wie im Historismus, durch den Versuch rationaler Rekonstruktion historisch-politischer Entwicklungsperspektiven aufgefangen wurde, sondern durch Rückzug in mythisch-irrationale Vorstellungswelten. In diesem Zusammenhang steht auch die Bismarck-Denkmals-Bewegung, vor allem der Typus der Bismarck-Säulen und Bismarck-Türme.

Am Ende der neunziger Jahre herrschte im deutschen Kaiserreich allgemein Zukunftsangst. Diese »Krankheit« ergriff nach der Aussage des nationalliberalen Abgeordneten Friedrich Hammacher nicht nur die Arbeiterschaft, sondern auch das Besitz- und Bildungsbürgertum in einem Maße, daß der »Halt und die Festigkeit der Grundlagen unseres Gemeinwesens erschüttert« schienen. Den Hauptgrund sah er darin, daß »das Vertrauen zu einer zielbewußten entschlossenen und staatsmännischen Leitung der Staatsgeschäfte« fehlte, das Vertrauen zu den Zielen und zu den Methoden der Staatsleitung[103]. Genau in diese Situation des Vertrauensschwundes und der Unsicherheit traf nach dem Tod Bismarcks der Aufruf der deutschen Studentenschaften an das deutsche Volk vom 3. Dezember 1898: »Wie vor Zeiten die alten Sachsen und Normannen über den Leibern ihrer gefallenen Recken schmucklose Feuersäulen auftürmten, deren Spitzen Feuerfanale trugen, so wollen wir Bismarck zu Ehren auf allen Höhen unserer Heimat, von wo der Blick über die herrlichen deutschen Lande schweift, gewaltige granitene Feuerträger errichten. Überall soll, ein Sinnbild der Einheit, das gleiche Zeichen entstehen, von ragender Größe, aber einfach und prunklos, in schlichter Form auf massivem Unterbau, nur mit dem Wappen oder Wahlspruch des Eisernen Kanzlers geschmückt. Keinen Namen soll der gewaltige Stein tragen, aber jedes Kind wird ihn deuten können.«[104]

Diese Denkmalskonzeption löst Bismarck aus der konkreten historischen Situation, aus den Bedingungen, unter denen die Reichseinheit entstanden war, heraus. Er wird zum Objekt bedingungsloser, irrationaler, weil vorkommunikativer Identifikation. Interpretierende, erklärende, erläuternde Attribute, Charakteristika des historischen Bismarck, wie Uniform, Ur-

[103] Fr. Hammacher, Brief vom 8. Juni 1897. In: G. A. Ritter (Hg.), Das Deutsche Kaiserreich, S. 289f.

[104] Zit. nach Nipperdey, Nationalidee und Nationaldenkmal, S. 106f.; »Von 150 geplanten Bismarck-Säulen ... waren bis Oktober 1902 91 vollendet und eingeweiht, 24 im Bau begriffen.« V. Plagemann, Bismarck-Denkmäler, S. 219.

Abb. 4: Bismarck-Denkmal vor dem Reichstag in Berlin, von Reinhold Begas, Einweihungsfeier am 16. Juni 1901.

kunde oder Körperhaltung, welche die größeren historistischen Bismarckdenkmäler, so auch noch das offizielle Bismarckdenkmal von Begas vor dem Reichstag, gekennzeichnet hatten, fehlen[105]. Der in der Feuersäule symbolisch präsente Bismarck ist über jede historische Erläuterung und Präzisierung hinaus, damit aber auch über jede Begrenzung. Die im Wettbewerb prämierte und dann vielfach kopierte und variierte Bauidee von Wilhelm Kreis führte aus der historistischen Denkmalstradition heraus in eine »martialische« Architektur. Sie sah einen gedrungenen, blockartigen, rustizierten und unverzierten Turmbau vor, dessen Kanten von vier enggestellten Säulen betont werden und auf dem ein altarähnliches Flammenbecken aufruhen sollte. Entsprechend der Idee der Feuersäule verzichtete diese Architektur auf alle kulturell-historischen Konnotationen und ersetzte sie durch die scheinbare Unerschütterlichkeit und Überzeitlichkeit quasi-natürlicher Formen.

Der Formtypus der Bismarck-Türme und Bismarck-Säulen, der schon im »Kyffhäuser« anklingt und sich nach 1898 weit verbreitet, kann als Versuch gedeutet werden, die Konsens-Krise, als die sich die Krise des Historismus auch darstellt, durch Rückgriff auf eine dieser Krise entzogene neue, vermeintlich oder tatsächlich allgemein zustimmungsfähige symbolische Form zu lösen. In den Bismarck-Türmen und -Säulen verflüchtigt sich die Idee und wird durch eine Person ersetzt, eine Person, die ihrerseits zudem noch, aus den historischen Bezügen herausgelöst, zum überzeitlichen Mythos stilisiert wird. Die Krise des Historismus als die Emanzipation von den Wertvorgaben und Entwicklungsperspektiven aus der Vergangenheit und das gleichzeitige intensive Bedürfnis nach seinem Leitbild in der Vertrauenskrise des Reichs erzeugten ein Bismarckbild, dem gerade in seiner Irrationalität die Möglichkeit zur konkreten historisch-politischen Orientierung genommen war. Nicht zufällig fällt die Ära dieser Bismarckverehrung faktisch zusammen mit einer Ära der Außenpolitik, in der einerseits Bismarcks durchaus auch in der veränderten weltpolitischen Situation anwendbare außenpolitischen Prinzipien preisgegeben, andererseits jedoch die innenpolitischen Prinzipien der Sammlungspolitik gegen die Reichsfeinde beibehalten wurden: So etwa die generelle Maxime, daß Deutschland machtpolitisch saturiert sei, der Vorrang der Politik vor militärischen Interessen, die Diplo-

[105] Vgl. dazu ebd., S. 234.

Abb. 5: Bismarck-Säule der Freiburger Studentenschaft, von Oskar Geiges, 1899.

Abb. 6: Entwurf für ein Bismarck-Nationaldenkmal auf der Elisenhöhe bei Bingerbrück, von Wilhelm Kreis, 1911.

matie der Rückversicherung, um die drohende Einkreisung Deutschlands zu verhindern. Die Bismarck-Türme erscheinen somit als Monumente eines aus Unsicherheit und Angst geborenen Willens zur Macht, der die Fesseln der historischen Reflexion auf die Bedingungen und notwendigen Grenzen der Macht abgestreift hat und sich zugleich in der sozial, politisch und intellektuell bedingten Orientierungskrise der Jahrhundertwende aus der Realität unabweisbarer innerer und äußerer Konflikte auf die Scheinlegitimation durch unpolitische, weil irreale mythische Vorstellungen zurückzog.

8. Nationsbildung und politische Mentalität
Denkmal und Fest im Kaiserreich

I.

Zu den bemerkenswertesten Revisionen der deutschen Geschichtswissenschaft heute gehört die Neigung, eine Revision zu revidieren: Das deutsche Kaiserreich, in den sechziger und siebziger Jahren vielfältig untersucht, verlor damals seinen Glanz als Epoche verwirklichter deutscher Einheit und dynamischer, wenn auch in der Katastrophe endender Machtpolitik. Die Ambivalenz von Bismarcks Sonderstellung und seinen Herrschaftstechniken, der Immobilismus des politischen Systems, die Unterdrückung der Arbeiterbewegung, die Beharrungskraft der alten Eliten mitten im industrialisierungsbedingten sozialen Wandel rückten in den Vordergrund[1]. Die letzten Jahre brachten demgegenüber eine Trendumkehr. Die Sonderwegthese wird sehr viel differenzierter diskutiert als zuvor[2], das vergleichsweise statische und geschlossene Bild des Kaiserreichs wich der Betonung von Reformansätzen und Entwicklungsmöglichkeiten[3]. Damit rückt ein altes Thema wieder nach vorn, dessen methodische und systematische Bearbeitung allerdings von jeher besondere Schwierigkeiten aufgeworfen hat: die Frage nach der möglichen obrigkeitsstaatlichen Prägung des deutschen Bürgertums – ein stereotypes Muster in der Fremdein-

[1] Exemplarisch dafür: H.-U. Wehler, Das Deutsche Kaiserreich 1871–1918. Göttingen 1973, 6., bibliographisch erneuerte Aufl. Göttingen 1988, sowie die Kritik: Thomas Nipperdey, Wehlers ›Kaiserreich‹ – Eine kritische Auseinandersetzung. In: Ders., Gesellschaft, Kultur, Theorie. Göttingen 1976, S. 360ff.; vgl. auch B. Faulenbach, Ideologie des deutschen Weges. Die deutsche Geschichte in der Historiographie zwischen Kaiserreich und Nationalsozialismus. München 1980.

[2] Vgl. D. Blackbourne, G. Eley, Mythen deutscher Geschichtsschreibung. Die gescheiterte Revolution von 1848. Berlin 1980; Th. Nipperdey, 1933 und die Kontinuität der deutschen Geschichte. In: Historische Zeitschrift 227 (1978), S. 86ff.; Deutscher Sonderweg – Mythos oder Realität? Kolloquium des Instituts für Zeitgeschichte. München 1982; L. Gall, Europa auf dem Weg in die Moderne 1850–1890. München 1984, S. 135ff.; J. Kocka, Geschichte und Aufklärung. Aufsätze. Göttingen 1989, S. 101ff.; H. Grebing, Der deutsche Sonderweg in Europa 1806–1945. Eine Kritik. Stuttgart 1986.

[3] Vgl. bes.: Th. Nipperdey, War die Wilhelminische Gesellschaft eine Untertanen-Gesellschaft? In: Ders., Nachdenken über die deutsche Geschichte. 2. Aufl. München 1986, S. 172ff.

schätzung der Deutschen von außen und in der kritischen Selbsteinschätzung vieler Deutscher besonders seit 1945. Es verbindet sich mit der Frage nach dem inneren Zusammenhalt der deutschen Gesellschaft im Kaiserreich, nach dem Ausmaß der Identifikation seiner Gruppen mit dem monarchischen kleindeutschen Staat und nach dessen Integrationskraft. Inwieweit kamen nach den Einheitsschüben von 1866 und 1870/71 Staat und Nation wirklich zur Deckung?

Es bietet sich an, zur Beantwortung dieser Fragen das »Staatsbewußtsein« in Deutschland genauer zu untersuchen. Dabei treten allerdings erhebliche methodische Probleme auf. Denn mit ›Bewußtsein‹ assoziieren wir ein rationales, durch diskursive Vernunftakte gefiltertes Verhältnis zur Wirklichkeit. Damit erfaßt man nicht alle Bedeutungsinhalte, die der Terminus »Staatsbewußtsein« evoziert. Das Vernunfturteil über staatliche und gesellschaftliche Zusammenhänge macht nur *einen Teil* der Beziehungen aus, in denen der einzelne zu ihnen steht und die sich in Wertungen und Motivationen, in persönlichen und kollektiven Orientierungen, in Identifikationen und Abgrenzungen niederschlagen. Zu fragen ist also auch nach den mentalen vor- oder irrationalen Prägungen und Einstellungen, die das Tun und Verhalten mindestens ebenso stark bestimmen und lenken wie die argumentierend und abwägend gewonnene Einsicht und der ihr folgende bewußte Entschluß.

Um für das scheinbar so ungreifbare Thema der politischen Mentalität[4] empirischen Boden unter den Füßen zu gewinnen, sollen zwei Aspekte der politischen Symbolik untersucht werden, nämlich das Fest und die politische Ikonographie: Denkmal, Rathaus, öffentliche Bauten. Im Fest erfährt sich die Versammelte Menge als Einheit und artikuliert ihren Traum von einer neuen und besseren Gesellschaft, das Denkmal präsentiert historisch-politische Denkschemata, die – vielfach fragmentiert und variiert – doch im Ganzen mehr oder weniger automatisch abgerufen werden können. Beide – Denkmal und Fest – appellieren an die sinnliche Wahrnehmung. Sie mobilisieren Hoff-

[4] Einführung in die Diskussion um Begriff und Methoden der Mentalitätsforschung: V. Sellin, Mentalität und Mentalitätsgeschichte. In: Historische Zeitschrift 241 (1985), S. 555ff.; W. K. Blessing, Zur Analyse politischer Mentalität und Ideologie der Unterschichten im 19. Jahrhundert. Aspekte, Methoden und Quellen am bayerischen Beispiel. In: Zeitschrift für Bayerische Landesgeschichte 34 (1971), S. 768ff., sowie jetzt die Sammelbände: U. Raulff (Hg.), Mentalitäten-Geschichte. Berlin 1987; ders. (Hg.), Vom Umschreiben der Geschichte. Neue historische Perspektiven. Berlin 1986.

nungen, Sehnsüchte, Ängste und Aggressionen. Sie provozieren Gefühle der Gemeinsamkeit und der Abgrenzung. Sie bekräftigen und bestärken den politischen Glauben in einer heute kaum mehr vorstellbaren Weise. Eine methodische Einschränkung ist allerdings auch bei dieser präzisierten Fragestellung noch vorauszuschicken: die expliziten Aussagen vor allem am Denkmal repräsentieren vorrangig die bildungsbürgerliche politische Mentalität. Bildungsbürger entwarfen die ikonographischen Programme, Bildungsbürger hielten in den allermeisten Fällen die Reden[5]. Selbst wenn sie Stereotypen formulieren, handelt es sich um die Aussage einer schmalen funktionalen Elite. Aber schon wenn man die Reaktion der öffentlichen Meinung aufarbeitet, kommen typische Meinungen der politischen Lager und ihrer jeweiligen sozialmoralischen Milieus zur Sprache. Zweifellos artikulierte das Bildungsbürgertum politische Ideen im oben beschriebenen Sinn und Stimmungen über den eigenen Kreis hinaus. Dafür spricht jedenfalls die massenhafte Resonanz – ebenso wie, etwa beim Sedansfest, die *fehlende* Resonanz. Das sogenannte »Kyffhäuser«-Denkmal auf dem gleichnamigen Hügelzug in Thüringen (vgl. Abb. 2, S. 248), 1892–1896 von Bruno Schmitz errichtet, war die Schöpfung des Deutschen Kriegerbundes; 1873 mit 214 Vereinen und 27500 Mitgliedern gegründet, zählte er um 1900 eine Million und 1907 1,7 Millionen Mitglieder[6]. An den »Eilbotenläufen« zur Einweihung des Völkerschlachtdenkmals in Leipzig am 18. Oktober 1913 beteiligten sich 43000 aktive Turner. Das 12. Deutsche Turnfest im Juli 1913 in Leipzig, das die Erziehung der deutschen Turner zu deutschen Kriegern feierte, versammelte 72000 offizielle Festteilnehmer und zog fast 200000 Zuschauer an[7]. Zweifellos deuten diese Zahlen auf Übereinstimmung in der politischen Ein-

[5] Vgl. dazu V. Plagemann, Bismarck-Denkmäler. In: H-E. Mittig, V. Plagemann (Hg.), Denkmäler im 19. Jahrhundert. München 1972, S. 217ff., bes. S. 221; H.-W. Hedinger, Der Bismarckkult. In: G. Stephenson (Hg.), Der Religionswandel unserer Zeit im Spiegel der Religionswissenschaft. Darmstadt 1976, S. 305ff.; ders., Bismarck-Denkmäler und Bismarck-Verehrung. In: E. Mai, St. Waetzold (Hg.), Kunstverwaltung. Bau- und Denkmal-Politik im Kaiserreich. Berlin 1981, S. 277ff., bes. S. 281ff.

[6] K. Saul, Der »Deutsche Kriegerbund«. Zur innenpolitischen Funktion eines »nationalen« Verbandes im kaiserlichen Deutschland. In: Militärgeschichtliche Mitteilungen 2 (1969), S. 85ff.

[7] W. Siemann, Krieg und Frieden in historischen Gedenkfeiern des Jahres 1913. In: D. Düding, P. Friedemann, P. Münch (Hg.), Öffentliche Festkultur. Politische Feste in Deutschland von der Aufklärung bis zum Ersten Weltkrieg. Reinbek 1988, S. 298ff., bes. S. 306.

stellung zwischen *opinion leaders* und Rezipienten hin; trotzdem bleibt es ein methodisches Desiderat, diese Übereinstimmung nach Inhalt und Ausmaß noch präziser zu bestimmen.

II.

Rasch und zielstrebig nutzten Monarchen und Regierungen der deutschen Staaten die Euphorie nach der Reichsgründung, um auf dem Weg über die Staatssymbolik ihre monarchisch-dynastische Staats- und Herrschaftsauffassung optisch zu vergegenwärtigen. Dabei stand zunächst der einzelstaatliche dynastische Kult durchaus im Vordergrund. In Berlin z. B. regte Wilhelm I. im Juni 1874 den Ausbau des Zeughauses zu einem Denkmal, speziell zu einer Ruhmeshalle für die preußische Armee an, die von 1877 bis 1883 auch gebaut wurde[8]. Damit fand der monarchische Machtstaat Preußen eine Möglichkeit, an zentraler Stelle schräg gegenüber dem Berliner Schloß seine Geschichte unter dem Vorzeichen militärischer Großtaten monumental zu symbolisieren.

Es entstand ein Monument, das in der politischen Topographie der Reichshauptstadt einen neuen Akzent setzte und ältere, sehr viel weiter reichende Planungen, die in den folgenden Jahrzehnten das Gesicht Berlins veränderten, ergänzte. 1864 bereits, nach dem Ende des Deutsch-Dänischen Krieges, hatte man mit der Planung der Siegessäule begonnen; infolge der Ereignisse verwandelte sie sich bis zur Einweihung am Sedanstag 1873 zu einem Denkmal für alle drei Einigungskriege und des preußisch-deutschen Reiches. Das Gelände am Königsplatz begann sich zu einem »neuen Areal staatlicher Selbstdarstellung« zu entfalten, mit Bismarckstraße, Moltkestraße und Roonstraße und dem neuen Generalstabsgebäude am Nord-

[8] Vgl. M. Arndt, Die Ruhmeshalle im Berliner Zeughaus. Eine Selbstdarstellung Preußens nach der Reichsgründung. Berlin 1985; den Anstoß zu dem Projekt gab vermutlich ein Besuch Wilhelms I. in Wien im Oktober 1873 aus Anlaß der dortigen Weltausstellung. Wahrscheinlich besuchte Wilhelm dabei das 1849 bis 1856 errichtete Artilleriearsenal, das die Funktionen eines Nutzbaues mit der aufwendigen Ausstattung zu einem Denkmal verband. Möglicherweise ließ sich Wilhelm auch durch das Versailler Schloß inspirieren, in dem Louis Philippe zwischen 1833 und 1837 ein Musée Historique eingerichtet hatte, das Größe und Macht der französischen Nation darstellen sollte.

Abb. 7: Innenhof des Berliner Zeughauses nach der Ausgestaltung zur Ruhmeshalle, Beginn des Umbaues 1877.

westrand[9]. Eine weitere Phase hohenzollernscher Denkmalspolitik in Berlin begann dann mit Wilhelm II. Sehr viel mehr als seine beiden Vorgänger beanspruchte er persönliche Kompetenz in allen künstlerischen Fragen und zog kunstpolitische und künstlerische Entscheidungen zum Teil bis in kleinste Einzelheiten an sich[10]. Seine Initiative – und auch sein persönlicher Geschmack – bestimmten die Ausgestaltung der Siegeshalle zu einer Kette von Denkmälern und Denkmalsbänken 1895 bis 1901; 1900–1903 wurde der Platz westlich des Brandenburger Tors mit Denkmälern für Kaiser Friedrich III. und die Kaiserin Victoria im Sinne eines geschlossenen dynastisch-hohenzollerschen Denkmalsprogramms umgestaltet. Gekrönt worden war dieses Programm bildlich-monumentaler Darstellung von Hohenzollernherrschaft bereits 1892–1897 mit dem »National-

[9] Vgl. dazu den Aufriß der politischen Topographie Berlins bei M. Arndt, Denkmaltopographie als Programm und Politik. Skizze einer Forschungsaufgabe. In: Mai, Waetzold (Hg.), Kunstverwaltung, S. 165ff., bes. S. 180.

[10] Vgl. bes. P. Paret, Die Berliner Secession. Moderne Kunst und ihre Feinde im Kaiserlichen Deutschland. Frankfurt a.M. 1983, S. 17ff.

denkmal« Kaiser Wilhelms I. von Reinhold Begas auf der Schloßfreiheit[11]. Die offenbar geplante Verbindung der beiden großen Denkmalbezirke Berlins, der Siegesallee und der sie kreuzenden Charlottenburger Chaussee, die Unter den Linden mündete und damit zu Schloß, Ruhmeshalle und in den Museumsbezirk führte, kam allerdings nicht mehr zustande. Berlin steht damit, was die symbolische Vergegenwärtigung monarchischer Herrschaft angeht, im neuen Reich ganz unangefochten an der Spitze. Die Selbstdarstellung der Wittelsbacher in München etwa läßt sich mit der Berliner Denkmalstopographie nicht von ferne vergleichen. Eine historisch nicht weiter ableitbare Ursache dafür ist allerdings auch in der physischen Krise des Königtums in Bayern seit Maximilian II. zu suchen. Ludwig I. hatte in der ersten Jahrhunderthälfte noch seine Haupt- und Residenzstadt durch ein ausgreifendes urbanistisches und Denkmalprogramm von Grund auf umgestaltet[12]. Grundsätzlich aber stand ein Mittelstaat wie Bayern dem Großstaat Preußen nicht nach bei dem Versuch, über anschauliche Symbole das Bewußtsein einer unauflöslichen Zusammengehörigkeit von Staat und Dynastie bei seinen Bürgern und Bewohnern zu verankern. Die Möglichkeiten reichten hier vom herrscherlichen Reiterstandbild über die Büste bis zur Erinnerungstafel und zur passenden Benennung von Bäumen und markanten Geländepunkten[13].

Besondere Aufmerksamkeit genoß darüber hinaus die Ausstattung von Rathäusern und sonstigen wichtigen öffentlichen Gebäuden. Die Kultusminister in Bayern wie in Preußen hatten

[11] Zum deutschen Nationaldenkmal vgl. oben S. 245 ff., sowie Th. Nipperdey, Nationaldenkmal und Nationalidee in Deutschland im 19. Jahrhundert. In: Ders. Gesellschaft, Kultur, Theorie, S. 133 ff.; vgl. dort Anm. 3 die ältere Literatur; zur politischen Symbolik allgemein: E. Fehrenbach, Über die Bedeutung politischer Symbole im Nationalstaat. In: Historische Zeitschrift 213 (1971), S. 296 ff.; zum Kaiser-Wilhelm-Nationaldenkmal vgl. oben S. 245 f., sowie Nipperdey, Nationaldenkmal, S. 142 f.

[12] Vgl. O. Hederer, Leo von Klenze, München, 2. Aufl. 1981; M. Bringmann, Das Siegestor als Ruhmesmal der Ludwigstraße – Versuch einer Deutung. In: H.-E. Mittig, V. Plagemann, Denkmäler im 19. Jahrhundert. Deutung und Kritik. München 1972, S. 69–106; H. Lehmbruch, Seit Nero keiner mehr – Die Ludwigstraße und die Stadtplanung Ludwigs I. für München. In: W. Nerdinger, A. Gruhn-Zimmermann (Hrsg.), Romantik und Restauration. Architektur in Bayern zur Zeit Ludwigs I. 1825–1848. München 1987, S. 17–34.

[13] Vgl. W. Blessing, Der monarchische Kult, politische Loyalität und die Arbeiterbewegung im deutschen Kaiserreich. In: G. A. Ritter (Hg.), Arbeiterkultur. Meisenheim, Königstein 1979, S. 185–208, bes. S. 186 ff.

Abb. 8: Denkmal Herzog Ottos I. von Wittelsbach vor dem Bayerischen Armeemuseum in München, von Ferdinand von Miller, 1911.

diese Frage 1872/73 und 1874 durch Erlasse geregelt und schufen sich damit ein sehr wirkungsvolles Instrumentarium, mit dem sie auf die politische Ikonographie auch der kommunalen Amts- und Repräsentationsbauten Einfluß nehmen konnten[14]. Fest im Auge hatten die Staatsbehörden dabei die Breitenwirksamkeit der von ihnen geförderten Kunst[15]. Die Staatsbehörde machte ihren Zuschuß davon abhängig, daß die Gemeinden einen Plan zur Gesamtausschmückung vorlegten und griff gelegentlich auch mit Änderungsvorschlägen ein oder verweigerte den Zuschuß; allerdings kam es auf dieser Ebene offenbar kaum zu Kontroversen. Anders lag der Fall, wenn das persönliche Regiment des Kaisers in Kunstsachen mit dem Sachverstand und der Unabhängigkeit eines bedeutenden kommunalen Beamten kollidierte. So plädierte Wilhelm II. 1894 bei der Renovierung des Frankfurter Römer für einen prunkvollen Entwurf, der das alte »Bürgerhaus«, das als Rathaus und Beratungsstätte bei der Kaiserwahl fungiert hatte, mit auftrumpfendem plastischen Schmuck entstellt hätte. Frankfurts Oberbürgermeister Franz Adickes dagegen entschied sich mit einer souveränen Begründung für einen sehr viel bescheideneren, dem Ort und seiner Bürgerlichkeit angemesseneren Plan: »Für den Umbau des Römers ist ein neues Programm aufgestellt auf der Grundlage eines Programmes, das ich in historischem Sinn entworfen und das dem Bestehenden mehr Rechnung trägt als das früher vom Kaiser schon gebilligte Umbauprojekt. Ich denke, er weiß es nicht mehr.«[16]

Trotz des persönlichen Interesses der Monarchen und trotz der beträchtlichen staatsbürokratischen Förderung und Steuerung wäre es ganz verfehlt, den Denkmalskult des Kaiserreichs nur auf die Zielstrebigkeit monarchischer Denkmalspolitik zu-

[14] W. Lübbeke, Das kleine bayerische Rathaus. In: E. Mai, J. Paul, St. Waetzold (Hg.), Das Rathaus im Kaiserreich. Kunstpolitische Aspekte einer Bauaufgabe des 19. Jahrhunderts. Berlin 1982, S. 301 ff., bes. S. 305 ff.

[15] Der preußische Erlaß zur Förderung der Monumentalmalerei betont eigens das öffentliche Interesse, »... hierfür namentlich solche Gebäude ins Auge zu fassen, welche dem öffentlichen Verkehr möglichst frei stehen und die Augen der Gesamtbevölkerung auf sich zu ziehen im Stande sind, und vor allem auch der kirchlichen Kunst die Aufmerksamkeit zuzuwenden, die sie verdient.« Zit. nach D. Bieber, Peter Janssens Wandgemälde für Erfurt. Monumentalmalerei und ihre politische Bedeutung. In: Mai, Waetzold (Hg.), Kunstverwaltung, S. 341 ff., hier S. 349.

[16] Zit. nach W. Stubenvoll, Das Frankfurter Rathaus 1896–1901. In: Mai, Paul, Waetzold (Hg.), Das Rathaus, S. 415 ff., hier S. 426.

Abb. 9: Hermannsdenkmal im Teutoburger Wald von Ernst Bandel. Die Planungs- und Baugeschichte zog sich von 1819 bis 1875 hin. Sie spiegelt damit auch Wandlungen der Geschichtsauffassung und des Nationalismus in dieser Zeit wider. Das erhobene Schwert, 1839 noch als Sinnbild einer »geistig und frey vereinten Menschheit« verstanden, wurde später als Drohgebärde gegen Frankreich interpretiert.

rückzuführen. In der Regel wird man zwar sagen können, daß die malerische Ausgestaltung von kleineren Rathäusern ebenso wie zahlreicher Denkmäler ohne staatliche Zuschüsse nicht entstanden wären. Die Initiative aber ging in sehr vielen Fällen vom »Volk« aus – wobei eben von Fall zu Fall genau zu unterscheiden ist, welcher Teil des Volkes nun wirklich in Aktion trat. Ganz unten in der Hierarchie der Denkmalsträger, auf der Ebene der Gemeinden, und zwar gleichermaßen der Stadt- und Landgemeinden, organisatorisch gestützt auf das populäre und verbreitete Kriegervereinswesen, engagierte sich nun wirklich das »Volk«, kleinbürgerliche Schichten und anfangs – bevor sie systematisch hinausgedrängt wurden – auch die Arbeiter. Auf dieser Basis entstand – mit einer kräftigen Tradition seit 1813 im Rücken – fast in jedem größeren Ort ein Kriegerdenkmal[17].

[17] Dazu v. a. R. Koselleck, Kriegerdenkmale als Identitätsstiftungen der Überlebenden. In: O. Marquard, K. H. Stierle (Hg.), Identität. München 1979, S. 255ff.

Diese oft ganz anspruchslosen Erinnerungszeichen sind keineswegs politisch indifferent und enthalten immer auch eine Aussage zum Staatsbewußtsein. Häufig, wenn auch mit leichten Variationen, erscheint dort der Satz, den der Altertumswissenschaftler August Böckh nach den Befreiungskriegen für Friedrich Wilhelm III. von Preußen geprägt hatte: »Den Gefallenen zum Gedächtnis, den Lebenden zur Anerkennung, den künftigen Geschlechtern zur Nacheiferung.«[18] Indem der Spruch die Todesbereitschaft künftiger Geschlechter einfordert, zielt er darauf, die Zukunft des jeweiligen Volkes – und das heißt vor allem nach 1871 auch des Staates – zu sichern – ein Symbol breiter Zustimmung gerade der Kriegsteilnehmer und später der in den Kriegervereinen organisierten Veteranen und Aktiven zu dem aus den Kriegen hervorgegangenen Reich[19]. Der Satz selbst schien gleichsam in den Besitz des Volkes übergegangen zu sein, seine Herkunft aus einer Proklamation des Königs an das Volk geriet in Vergessenheit.

Bei der Ausschmückung der Rathäuser mit Wandbildern und Fresken dagegen trat die in der politischen Gemeinde verfaßte Bürgerschaft als Auftraggeber auf. Hier allerdings, wie auch bei den großen Nationaldenkmälern seit den 1880er Jahren, übernahm die höhere Beamtenschaft anregend, organisierend und das Netz der nötigen Verbindungen knüpfend eine ganz maßgebliche Rolle. So spielte bei der Ausstattung des Rathauses in Passau seit 1884 ein kgl. Amtsrichter eine besondere Rolle[20]. Daß die Goslarer Kaiserpfalz zum Nationaldenkmal umgewandelt wurde, geht auf einen Einfall der Landdrostei Hildesheim in Erwartung eines Besuchs von Kaiser und Kronprinz in Goslar zurück[21]. Als das Projekt eines deutsch-bayerischen Sieges- und Friedensdenkmals in Edenkoben in der Pfalz an der Finanzierung zu scheitern drohte, ergriff ein Oberlandesgerichtsrat aus der örtlichen Honoratiorenschaft erfolgreich die Initiative[22].

[18] Vgl. ebd., S. 262.

[19] Zur Organisationsfreude der Veteranen und zur zunehmenden Instrumentalisierung des Kriegervereinswesens durch die preußischen Behörden für den Kampf gegen die Sozialdemokraten vgl. Saul, Der »Deutsche Kriegerbund«, S. 85ff.

[20] Lübbeke, Das kleine Rathaus, S. 314.

[21] M. Arndt, Die Goslarer Kaiserpfalz als Nationaldenkmal. Eine ikonographische Untersuchung. Hildesheim 1976, S. 7ff.

[22] L. Tittel, Monumentaldenkmäler von 1871 bis 1918 in Deutschland. Ein Beitrag zum Thema Denkmal und Landschaft. In: Mai, Waetzold (Hg.), Kunstverwaltung, S. 215ff., hier S. 225.

Exemplarisch läßt sich der Beamtenanteil an der Denkmalsbewegung vor allem in den ersten Jahrzehnten nach 1871 an der Entstehungsgeschichte des Niederwalddenkmals über Rüdesheim ablesen, das im Kaiserreich eine Sonderstellung als *das* eigentliche Nationaldenkmal des neuen Reichs gewann. Hier war es der zuständige Landrat, der eine zuvor bereits mehrfach geäußerte Idee aufgriff und im Rathaus von Rüdesheim einen entsprechenden Beschluß von Feldgericht, Gemeinderat und Verschönerungsverein veranlaßte[23].

Kaiser Wilhelm I. hatte sich zu seinen Lebzeiten Denkmälern zu seinen Ehren widersetzt. Sein Tod 1888 löste eine Flut von Denkmalsgründungen aus, insgesamt 300 bis 400. Einige erreichten überregionale und gesamtnationale Ausstrahlung, besonders die drei von Bruno Schmitz entworfenen Monumente auf dem Kyffhäuser (vgl. Abb. 2, S. 248)[24], die »Porta Westfalica« bei Minden (beide 1896 eingeweiht)[25] und das »Deutsche Eck« bei Koblenz (1897 eingeweiht). Die Zugkraft der Idee erwies sich als außerordentlich. Städte, Kreise, Gemeinden, Vereine, Provinzial- und Landschaftsverbände, aber auch nationale Verbände wie der Deutsche Kriegerbund organisierten und finanzierten die Durchdringung des Landes mit Denkmälern für den allgemein respektierten Monarchen[26]. Es ist eine Bewegung aus dem Wirtschafts- und Bildungsbürgertum heraus, die aber bei dem oft hohen finanziellen Aufwand Unterstützung durch größere Verwaltungskörperschaften benötigte und auch erhielt. Zusätzlich fördernd und teilweise auch lenkend griffen vor allem die preußischen Behörden ein. Das Verehrungsbedürfnis der Deutschen gegenüber den Reichsgründern hatte sich damit aber noch keineswegs erschöpft. Seit Bismarcks 80. Geburtstag 1895 und vor allem seit seinem Tod 1896 schossen über 300 Bismarck-Vereine aus dem Boden, die insgesamt über 700 Bismarck-Denkmäler errichteten (vgl. Abb. 3, 4, 5, 6, S. 250, 260, 262, 263). Auch hier gewährten öffentliche Instanzen Unterstützung, indem sie Zuschüsse gaben, den Bauplatz bereitstellten, Restschulden tilgten u. ä. – im Osten des Reichs

[23] L. Tittel, Das Niederwalddenkmal 1871–1883. Hildesheim 1979, S. 42ff.

[24] Vgl. M. Arndt, Das Kyffhäuser-Denkmal. Ein Beitrag zur politischen Ikonographie des Zweiten Kaiserreichs. In: Wallraf-Richartz-Jahrbuch 40 (1978), S. 75ff.

[25] Vgl. G. Engelbert, Die Errichtung des Kaiser-Wilhelm-Denkmals auf der Porta Westfalica. In: Westfalen 51 (1973), S. 322ff.

[26] Tittel, Monumentaldenkmäler, S. 233f.

häufiger als im Westen und Süden[27]. Gegenüber den Kaiser-Wilhelm-Denkmälern fällt trotzdem der weniger preußisch-etatistische Charakter dieser Bewegung auf, die volkstümlichere Grundlage und der geringere Anteil offizieller bzw. – über das Verwaltungsbeamtentum – offiziöser Förderung; mag diese Tatsache auch mit dem stärker lokalen Charakter dieser Monumente gegenüber den großen nationalen oder zumindest regionalen Kaiser-Wilhelm-Nationaldenkmälern zusammenhängen, so erklärt sie sich doch nicht allein daraus. Das Kleinbürgertum beteiligte sich hier stärker, nämlich mittlere Angestellte und Beamte, Einzelhändler und Handwerker, neben dem höheren Bürgertum: Akademikern, höheren Verwaltungsbeamten, Unternehmern und Kaufleuten, während Arbeiter und Bauern wie bei den anderen Denkmalstypen – die Kriegerdenkmäler ausgenommen – vollständig fehlten[28]. Neu ist auch die Verbindung der Bismarckverehrung mit einer neuen akademischen Jugendbewegung (vgl. Abb. 5, S. 262)[29].

Reichhaltig und nicht ohne Widersprüche entfaltete sich nach 1870 auch das politische Fest. Es griff auf ältere Formen des monarchischen Kults und auf Traditionen bürgerlich-politischer Festgestaltung zurück und paßte beide Überlieferungen den Erfordernissen der entstehenden politischen Massenkultur an. Neben dem neu aufblühenden Reichs- und Kaiserkult bestanden selbstverständlich die Traditionen des einzelstaatlichen regionalen monarchischen Kultes. So hatte z. B. gerade Bayern aus dem Bedürfnis heraus, die umfangreichen Gebietszuwächse aus der napoleonischen Territorialrevolution in ein gesamtbayerisches Staatsbewußtsein zu integrieren, den Königskult perfektioniert und dabei – wie die übrigen deutschen Dynastien auch – geschickt modernisiert. In den Kirchen betete die Bevölkerung an allen Sonn- und Feiertagen für das Herrscherhaus. Geburtstag und Namenstag des Königs bzw. Regenten beging das ganze Land mit Festgottesdiensten, Paraden und Festessen, Umzügen und Gesängen in geschmückten Straßen unter Glokkenschall und Böllerschüssen, mit Liedern und patriotischen Reden. Auch auf die Geburtstage der Königin, der Prinzen und

[27] Vgl. Hedinger, Bismarck-Denkmäler und Bismarck-Verehrung, S. 281 ff.
[28] Ebd., S. 282 f.
[29] Vgl. Nipperdey, Nationaldenkmal, S. 166 f.; E. Mai, Vom Bismarck-Turm zum Ehrenmal. Denkmalformen bei Wilhelm Kreis. In: E. Mai, G. Schmirber (Hg.), Denkmal – Zeichen – Monument. Skulptur und öffentlicher Raum heute. München 1989, S. 50 ff.

Prinzessinnen wurde deutlich hingewiesen. Besonders festlich gestalteten sich die Feiern zu runden Geburtstagen des Herrschers. Geburten im Königshaus wurden durch wochenlanges Kirchengebet um glückliche Entbindung vorbereitet und schließlich mit Dankgottesdiensten gefeiert. Hochzeiten im Herrscherhaus bedeuteten auch heitere Festlichkeiten bis ins letzte Dorf[30]. Offizielle Reisen festigten systematisch die »Nationaltugend der Bayerntreue« – so wie in Preußen die Treue der Untertanen zum Haus Hohenzollern. Immer rückte über das Spalier und den festlichen Empfang beim Einzug des Monarchen ein möglichst großer Teil der jeweiligen Bevölkerung wohlgeordnet nach Schuljugend, Militär, Vereinen, Innungen oder Korporationen unter die Augen des Monarchen[31]. Festmähler und Empfänge, Orden und Treue-Auszeichnungen für alte Dienstboten und Arbeiter gehörten ebenso zum Festritual wie die Illumination und das abendliche Feuerwerk. Volkstümlich wurden die Zeremonien des monarchischen Kults nicht zuletzt deshalb, weil sich ihnen die Vergnügungen des normalen bäuerlichen und bürgerlichen Festes anschlossen: Schmausereien, Spiele, Musik und Tanz.

Der Sieg über Frankreich und die Gründung des neuen Reiches verliehen dem politischen Festwesen nun ganz neue Impulse, die das überlieferte Szenarium der politischen Symbole veränderten. Neben den herkömmlichen dynastischen Festrhythmus traten jetzt die Dankgottesdienste nach deutschen Siegen und die Friedensfeiern, vor allem aber die triumphalen Einzüge der heimkehrenden Truppen – in Berlin mit dem siegreich zurückkehrenden Kaiser Wilhelm I. an der Spitze zu einem gewaltigen Höhepunkt des politischen Festwesens überhaupt gesteigert[32]. Ein neuer Kaiser- und Reichskult entfaltete sich neben dem traditionellen Kult des angestammten Herrscherhauses und schob ihn allmählich in den Hintergrund. Ur-

[30] Grundlegend: Blessing, Monarchischer Kult, S. 186ff.

[31] Vgl. z.B. W. Hardtwig, Soziale Räume und politische Herrschaft. Leistungsverwaltung, Stadterweiterung und Architektur in München 1870–1914. In: W. Hardtwig, K. Tenfelde (Hg.), Soziale Räume in der Urbanisierung. Studien zur Geschichte Münchens im Vergleich 1850 bis 1933. München 1990, S. 59ff., hier S. 130ff.

[32] Vgl. v.a. K. Tenfelde, Adventus. Zur historischen Ikonologie des Festzugs. In: Historische Zeitschrift 235 (1982), S. 45ff., bes. S. 64ff.; P.-Chr. Witt, Die Gründung des Deutschen Reiches von 1871 oder dreimal Kaiserfest. In: U. Schultz (Hg.), Das Fest. Eine Kulturgeschichte von der Antike bis zur Gegenwart. München 1988, S. 306ff.; Blessing, Monarchischer Kult, S. 16.

alte, aber geschickt den neuen technischen Möglichkeiten angepaßte Festüberlieferung, höfische Inszenierungskunst und ein exzessives Festbedürfnis des national gesinnten Bürgertums verschmolzen in den prunkvollen, sorgfältig geplanten Feierlichkeiten, wie sie dann den Regierungs- und Repräsentationsstil Wilhelms II. kennzeichnen. Das patriotische, in der örtlichen Gemeinschaft verwurzelte und gleichwohl neuerdings auf die ganze Nation zielende bürgerliche Fest wurde dabei in den Hintergrund gedrängt durch die von vornherein auf gesamtnationale Ausstrahlung zielende Inszenierung hohenzollernscher Herrschaft bei Kaiserbegräbnissen (Wilhelm I., Friedrich III.), Kaisergeburtstagen, Regierungsjubiläen oder der Einweihung der Kaiser-Wilhelm-Denkmäler. Bei allen diesen Gelegenheiten gerieten Massen in Bewegung – eingestimmt von der breiten und enthusiastischen Berichterstattung der bürgerlichen Presse, in Erregung versetzt durch den gekonnten Appell an die sinnliche Wahrnehmung mit glänzenden Uniformen und Fahnen, kunstvollen Kulissen und Ehrenpforten und der Erwartung, den Kaiser, sein Gefolge und alle möglichen Zelebritäten aus Politik und Militär sehen zu können und bei alledem – besonders bei der Vorführung von Paraden und Manövern – an der Ausstrahlung von Macht zu partizipieren. Dieser Gesichtspunkt, die Darstellung und Vergewisserung der Macht des Reiches – und damit auch seiner Bürger –, tritt in der zeitgenössischen Berichterstattung vor allem der bürgerlich-liberalen Blätter besonders deutlich und durch keine Bedenken gefiltert hervor.

Allerdings ist diesen Schilderungen gegenüber auch Vorsicht geboten. So sehr der Verlauf und die Resonanz einzelner Festtage allgemeine und ungetrübte Begeisterung suggerierten, so sehr überdeckten sie auch mit ihren leuchtenden Farben den eher grauen Alltag des regelmäßigen, periodisch reproduzierten Reichs- und Kaiserkults. Die ganze Zwiespältigkeit des offiziellen politischen Fests im Kaiserreich läßt sich an den Sedansfeiern ablesen[33]. Der Gedanke, den Sieg über Frankreich zusammen mit der neugewonnenen nationalen Einheit reichsweit und alle Jahre wieder an einem Entscheidungstag aus der Geschichte des Krieges zu feiern, stammt ursprünglich aus dem Protestan-

[33] Dazu zuerst: Th. Schieder, Das deutsche Kaiserreich als Nationalstaat. Köln 1961, S. 226ff.; H. Lehmann, Friedrich von Bodelschwingh und das Sedansfest. Ein Beitrag zum nationalen Denken der politisch aktiven Richtung im deutschen Pietismus des 19. Jahrhunderts. In: Historische Zeitschrift 202 (1966), S. 543.

tismus. Die erste Adresse kam vom Vorstand des liberalen deutschen Protestantenvereins; seine Initiative wurde dann, mit deutlich veränderter Zielsetzung, von Pastor Friedrich von Bodelschwingh, einem Vorkämpfer christlicher, vor allem karitativ ausgerichteter sozialer Fürsorge aufgegriffen und erfolgreich propagiert. Wilhelm I. reagierte zwar ablehnend auf die Idee, offiziell einen solchen »Stiftungstag des Reiches« einzuführen, daher stieg der Sedanstag auch nicht zum offiziellen Nationalfeiertag auf. Aber nach zögerndem Beginn setzte sich der Gedanke bis 1873 doch durch, allerdings nur, weil sich nun doch die Behörden, vor allem die Gemeindeverwaltungen, der Sache annahmen. Bodelschwinghs eigentliche Absicht, eine christlich-volkstümliche Festkultur zu schaffen, ohne Alkohol und Tanz, aber mit Kuchen, Posaunenchören, Gebeten und Ansprachen für die ganze christliche Familie, scheiterte am elementaren Vergnügungswillen der anfangs vor allem beteiligten Veteranen. Seine aus den Traditionen des Pietismus geborene Hoffnung, moralische und soziale Wiedergeburt, religiöse Erneuerung und nationales Gefühl mit der Perspektive auf ein Reich Gottes in Deutschland zu verschmelzen, ging ins Leere[34]. Das Sedansfest überlebte zwar als patriotische Veranstaltung vor allem der Kriegervereine, verlor aber bald an Sinn und Zugkraft. Das politische Fest – darüber können auch die großen Massenveranstaltungen vor allem nach 1890 nicht hinwegtäuschen – geriet von Anfang an in den Streit der Parteien – ebenso wie das Denkmal.

War aber die offizielle Staatssymbolik kontrovers, so fragt sich, ob das Staatsvolk des deutschen Kaiserreiches überhaupt ein Staatsbewußtsein oder – weniger anspruchsvoll – ein Staatsgefühl mit wesentlichen gemeinsamen, alle Gruppen und Klassen übergreifenden Elementen entwickeln konnte, inwieweit also an der politischen Symbolik integrierende oder desintegrierende Kräfte zum Tragen kamen. Noch einmal muß vorweg der abbreviative Charakter des Begriffs »Staatsbewußtsein« betont werden. Denn im politischen Bewußtsein des einzelnen können sich Impulse der Identifikation mit dem konkreten Staat des deutschen Kaiserreichs sehr wohl verbinden mit Impulsen der Ablehnung. Die Positionen im Streit um die Staatssymbolik und damit um Grundformen des Staatsbewußtseins im Kaiser-

[34] Lehmann, Friedrich von Bodelschwingh, S. 560ff.; zur nachlassenden Resonanz des Festes vgl. auch G. L. Mosse, Die Nationalisierung der Massen. Von den Befreiungskriegen bis zum Dritten Reich. Frankfurt a.M. 1976, S. 113ff.

reich ergeben sich aus der Segmentierung der deutschen Gesellschaft. Diese ist geprägt durch den Gegensatz der drei großen sozialmoralischen Milieus des protestantisch-liberalen Bürgertums, des politischen Katholizismus und der sozialistischen Arbeiterbewegung[35]. Wie weit konnte die Kluft zwischen diesen Milieus überwunden oder zumindest überbrückt werden? Welche Normvorstellungen und politischen Ideen, Hoffnungen, Wünsche, Ängste oder Allergien verbanden sich bei den Staatsbürgern mit dem konkreten Staat des deutschen Kaiserreichs? Inwieweit stimmten sie überein oder widersprachen sich, welche Divergenzen und Spannungen artikulierten sich in und an der Staatssymbolik?

III.

Quer zur Einheit der Nation und zu einem einheitlichen Staatsbewußtsein stand zunächst die Spaltung Deutschlands in die konfessionellen Lager. Sie stellte der Reichseinigung von 1870/71 keine unüberwindlichen Hindernisse entgegen, aber sie hatte untergründig die politische Vorstellungswelt sehr weitgehend durchdrungen und hemmte auch nach 1871 noch das Zusammenwachsen zur Staatsnation. Dabei kennzeichnet es gerade das deutsche nationale Bewußtsein seit den Befreiungskriegen, daß es stärker als die Nationalismen der westlichen Nachbarstaaten die Verschmelzung von Christlichkeit und Nationalität anstrebte. Diese Besonderheit erklärt sich aus der vergleichsweise starken christlichen Prägung der deutschen Aufklärung und aus der Geburt des nationalstaatlichen Einheitsgedankens in der Konfrontation mit dem zugleich hegemonial und kirchen- bzw. glaubensfeindlich auftretenden revolutionären und napoleonischen Frankreich. Staatssymbolisch kommt dieses Erbe in den Projekten für Denkmalskirchen, für ein deutsches Westminster oder ein christlich-deutsches Pantheon für die Großen der Nation zum Ausdruck, die von der Befreiungsära bis in die 1890er Jahre immer wieder entworfen und erörtert wurden, zuletzt als Pläne für eine Grab- und Gedächt-

[35] Vgl. R. M. Lepsius, Parteisystem und Sozialstruktur. Zum Problem der Demokratisierung der deutschen Gesellschaft. In: G. A. Ritter (Hg.), Die deutschen Parteien vor 1918. Köln 1973, S. 56ff.

niskirche für Wilhelm I.[36]. Alle diese Pläne, seien sie als Grablege für die Hohenzollern, als Pantheon für deutsche Geistesgrößen oder als Synthese von beidem konzipiert, mußten scheitern. Denn die zwischen- und innerkonfessionellen Spannungen in Preußen wie in der ganzen kleindeutschen Staatsnation ließen sich nicht überbrücken. Zum Ende des Jahrhunderts hin verlor auch der Gedanke, die Nation wesentlich durch ihre Christlichkeit zu definieren, an Zugkraft. Die Nationalstaatsidee speiste sich in Deutschland vor allem aus dem Protestantismus, und dieser nahm nach 1866 und auch noch nach 1870/71 seine Vorkämpfer- und Gründerrolle in einer Weise in Anspruch, die im Staatsbewußtsein der Gesamtnation tiefe Verwerfungen hinterließ[37]. Dabei traten die Katholiken Kleindeutschlands dem neuen Reich zunächst sehr viel loyaler entgegen, als es vor allem die protestantischen Liberalen wahrhaben wollten[38].

So zeigt auch die Staatssymbolik des Kaiserreichs vor allem anfangs kräftige Spuren eines exklusiv protestantischen Reichsbewußtseins. Im borussianischen, aber auch im neorankeanischen Geschichtsbild zogen Johann Gustav Droysen, Heinrich von Treitschke, Max Lenz, Erich Marcks und die Vielzahl der nicht so prominenten Festredner die Linien mehr oder weniger aufdringlich von Luther über Friedrich den Großen bis zu den protestantischen Reichsgründern aus der Hohenzollerndynastie und zu Bismarck, Roon und Moltke durch[39]. Zwar vermieden es Wilhelm I. und auch sein Enkel bewußt, den protestantischen Ursprung des neuen Kaisertums hervorzuheben und die konfessionelle Lesart vom protestantischen Kaisertum zu übernehmen. Wilhelm II. demonstrierte in symbolischen Akten sogar eine gewisse Annäherung an den Katholizismus, so daß schließlich die Protestanten unruhig wurden. Aber er sprach doch wiederholt vom protestantischen Kaisertum und unter-

[36] Vgl. dazu Th. Nipperdey, Kirchen als Nationaldenkmal. Die Pläne von 1815. In: L. Grisebach, K. Renger (Hg.), Festschrift für Otto von Simson. Frankfurt 1977; ders., Der Kölner Dom als Nationaldenkmal. In: Ders. Nachdenken, S. 156ff.

[37] Vgl. dazu oben S. 251.

[38] Vgl. z.B. E. Weymar, Das Selbstverständnis der Deutschen. Ein Bericht über den Geist des Geschichtsunterrichts der höheren Schulen im 19. Jahrhundert. Stuttgart 1961, S. 187ff.; als Beispiel auch: W. Real (Hg.), Katholizismus und Reichsgründung. Aus dem Nachlaß Karl Friedrich von Savignys. Paderborn 1988.

[39] Vgl. oben S. 146ff., sowie K.-H. Krill, Die Rankerenaissance. Max Lenz und Erich Marcks. Ein Beitrag zum historisch-politischen Denken in Deutschland 1880 bis 1935. Berlin 1962.

strich dann auch wieder den Vorrang des Protestantismus in der borussianisch konstruierten Herkunftsgeschichte und Gegenwart des Reiches[40]. In den 1880er Jahren ließ Wilhelm I. die 1813 in den Befreiungskriegen durch preußischen Beschuß zerstörte Wittenberger Schloßkirche wiederherstellen und zu einem nationalen Denkmal des neuen Reiches ausbauen. Kronprinz Friedrich brachte dabei den Pantheongedanken zum Tragen – in kleinem Format und vor allem auf bedeutende Gestalten der Reformation beschränkt: lebensgroße Standbilder von Luther, Melanchthon, Bugenhagen, Spalatin, Urbanus Rhegius, Amsdorf und Caspar Cruciger verkörperten den Geist der protestantischen Bewegung[41]. Wilhelm II. aktualisierte den historischen Bezug, indem er im Chor Stühle für die 22 souveränen Fürsten Deutschlands aufstellen ließ – finanziert durch Spenden der protestantischen Herrscher. Zur feierlichen Einweihung am 31. Oktober 1892, dem Jahrestag des Thesenanschlags, versammelten sich außer Wilhelm selbst und Vertretern Englands, Schwedens, Hollands und Dänemarks fast alle protestantischen deutschen Fürsten, nicht aber die katholischen. Daß noch *vor* dem Kaiser-Wilhelm-Reiterdenkmal in Berlin ein »Gedächtnismal« für den ersten Kaiser in der Form eines »stolzen Gotteshauses« – der Kaiser-Wilhelm-Gedächtniskirche – eingeweiht wurde, deutet in dieselbe Richtung[42].

Nicht nur die offizielle monarchische Staats- und Kaisersymbolik läßt auf diese Weise anklingen, daß der Protestantismus ungeachtet der rechtlichen Parität als die eigentliche Reichskonfession anzusehen sei, legitimiert durch seine geschichtliche Leistung und durch die Verbindung mit dem Haus Hohenzollern wie mit der preußisch-machtstaatlichen Herrschaftselite – bei Friedrich III. immerhin auch mit dem kulturtragenden Bürgertum. Diese Sicht entspricht vielmehr ganz der vor allem bei den Nationalliberalen verbreiteten borussianischen Geschichtslegende, wie sie sich in der Ikonographie norddeutscher Rathäuser vielfach der Anschauung präsentierte. Bei der Ausgestaltung der Goslarer Kaiserpfalz zum Nationaldenkmal belegt das Programm mit den Wandbildern von Hermann Wislicenus die Vorstellung einer Herrscherkontinuität von den deutschen Kai-

[40] E. Fehrenbach, Wandlungen des deutschen Kaisergedankens 1871–1918. München, Wien 1969, S. 109f.

[41] Arndt, Die Goslarer Kaiserpfalz, S. 74ff.

[42] Berliner Neubauten. Die Kaiser-Wilhelm-Gedächtniskirche. In: Deutsche Bauzeitung 1895, Nr. 70, S. 433f. Arndt, Die Goslarer Kaiserpfalz, S. 78.

sern und Königen des Mittelalters zu den Hohenzollernkaisern; die Reihe der mittelalterlichen Vorläufer beginnt bei Karl dem Großen und endet mit Maximilian I., dem »letzten Ritter« und zugleich letzten vorreformatorischen Kaiser[43].

Protestantisch eingefärbt ist auch, wie schon erwähnt, der Ursprung der Sedansfeier: protestantisches Verbandswesen und Kirchenvertreter gleichermaßen ergriffen die Initiative. Bodelschwingh knüpfte an die Verflechtung von pietistischer Erneuerung und nationaler Erhebung in den Befreiungskriegen an; daraus leitet sich auch seine Ideologie des Krieges als religiöser Erweckung – als »Gottes hoher Zeit« – her, ebenso wie seine Sorge, die religiöse Ergriffenheit und der sittliche Wille könnten nach dem Ende des Krieges wieder verlorengehen[44]. Bodelschwinghs religiös-politische Hochstimmung des Jahres 1871 ließ sich tatsächlich nicht ins Ritual des Reichsfests perpetuieren. Aber im protestantisch-liberalen Milieu rückten Thron und Altar doch so nahe zusammen, daß gerade bei bedeutsamen symbolischen Akten die Ideologie geheiligter Obrigkeit offen verkündet werden konnte. Als Theodor Fischer, seit 1893 Leiter des Münchener Stadterweiterungsbüros und Entwerfer gewaltiger Denkmalskomplexe für Wilhelm I., 1901 zur Einweihung der von ihm errichteten evangelischen Erlöserkirche in München das Wort ergriff, drückte er die Hoffnung aus, hier werde ein Geschlecht herangezogen, das »Gott fürchtet, den Kaiser ehrt und der Obrigkeit gehorsam ist«[45]. Die religiöse Absegnung des Gehorsams gegenüber der weltlichen Obrigkeit ist also keineswegs eine Spezialität preußischer Konservativer. Fischer war als Architekt und Stadtplaner ein urbaner und fortschrittlicher Mann; aber die religiöse Sanktionierung politischer Autorität überdauerte und überlagerte auch das aktivistische Fortschrittsbewußtsein in den weiten Kreisen eines zunehmend entkirchlichten protestantischen Bürgertums[46].

Es gilt als ausgemacht, daß das katholische Milieu Autorität und die Hinnahme einer gottgewollten gesellschaftlichen Hierarchie mindestens ebenso stark, wenn nicht noch stärker sank-

[43] Arndt, Die Goslarer Kaiserpfalz, S. 62ff.

[44] Lehmann, Friedrich von Bodelschwingh, S. 560f.

[45] Ansprache von Theodor Fischer. In: Evangelisches Gemeindeblatt für den Dekanatsbezirk München 10 (1901), S. 82ff.

[46] Der Unterschied zwischen »alten Gesellschaftselementen, die der Obrigkeitsparole von Thron und Altar anhingen«, und modernem Bürgertum, das sich zunehmend »entkirchlichte« ist in dieser Sicht etwas überzeichnet bei Nipperdey, Wilhelminische Gesellschaft, S.177.

tioniert habe als das protestantische[47]. Allerdings zogen die zugleich machtstaatlich-preußische und liberal-protestantische Reichseinigung und der anschließende Kulturkampf die Katholiken in Loyalitätskonflikte, welche die Frage nach ihrem Staatsbewußtsein und damit auch nach ihrem »Untertanenbewußtsein« komplizieren. Deutlicher als früher betont die Forschung jetzt, daß ungeachtet aller Polemik etwa in den ›Historisch-Politischen Blättern‹ in den fünfziger und sechziger Jahren gegen die »Nationalleidenschaft« als ein »neuaufgelegtes Heidentum« die Ablehnung des Liberalismus nicht notwendig auch die Ablehnung eines preußisch geführten Nationalstaats bedeuten mußte[48]. Aber zu den Unterlegenen von 1866 zählten nun einmal auch die Katholiken. Und mit der Entfesselung des Kulturkampfes durch Bismarck und die Liberalen – möglicherweise auch in umgekehrter Reihenfolge – wurde die grundsätzliche Loyalitätserklärung der Katholiken gegenüber dem preußisch-deutschen Nationalstaat auf eine harte Probe gestellt. Das Sedansfest jedenfalls stieß erst auf Zurückhaltung, dann auf energischen Widerstand. Katholische Geistliche begannen vom »Satansfest« statt vom »Sedansfest«[49] zu reden, und im August 1874, auf dem Höhepunkt des Kulturkampfes, verbot Bischof

[47] Sehr betont bei Wehler, Das Deutsche Kaiserreich, S. 122, die allgemeine These, daß der Katholik »ein ebenso gefügiger, vorsichtiger Untertan der monarchischen Staatsgewalt« geworden sei wie sein lutherischer Nachbar und daß ein »forcierter Reichspatriotismus« die von den Protestanten behauptete staatsbürgerliche Inferiorität kompensieren sollte; gegen ein solch allgemeines Urteil spricht die enge Verflechtung des politischen Katholizismus mit zahlreichen Gruppen, die sich auch nach dem Kulturkampf noch »unterdrückt, diskriminiert und von einer fernen Staatsgewalt gedemütigt« fühlten; vgl. D. Blackbourne, Die Zentrumspartei und die deutschen Katholiken während des Kulturkampfs und danach. In: O. Pflanze (Hg.), Innenpolitische Probleme des Bismarck-Reiches. München, Wien 1983, S. 73 ff., Zitat S. 93; die demokratisierende Wirkung des Kulturkampfs und seine Bedeutung für die Entklerikalisierung des politischen Katholizismus jetzt sehr betont bei M. L. Anderson, The Kulturkampf and the course of German history. In: Central European History 19 (1986), S. 82 ff.; in dieselbe Richtung weist die Argumentation bei L. Gall, Die partei- und sozialgeschichtliche Problematik des badischen Kulturkampfes. In: Zeitschrift für die Geschichte des Oberrheins 113 (1965) S. 151 ff.; ders., Der Liberalismus als regierende Partei. Das Großherzogtum Baden zwischen Restauration und Reichsgründung. Wiesbaden 1968; K. Möckl, Die Prinzregentenzeit. München, Wien 1972; J. Becker, Liberaler Staat und Kirche in der Ära von Reichsgründung und Kulturkampf. Geschichte und Strukturen ihres Verhältnisses in Baden 1806–1876. Mainz 1973.

[48] Vgl. Weymar, Das Selbstverständnis, S. 187.

[49] Vgl. Schieder, Das deutsche Kaiserreich, S. 129.

Ketteler seinen Pfarrern jede Teilnahme. Seine Formulierungen spiegeln die Verbitterung der Kulturkampfsituation wider, doch legte Ketteler gerade bei dieser Gelegenheit Wert darauf, die deutsche Gesinnung des katholischen Glaubensvolkes zu unterstreichen; er beendete den Erlaß mit der Erlaubnis für die Pfarrer, in Gebet oder Bittamt »Gottes Gnade über Deutschland zu erflehen und namentlich ... Gott zu bitten, daß er uns die innere Einheit wiedergebe, ohne welche die äußere Einheit nur ein leerer Schein ist«[50]. Tatsächlich weckte diese Verweigerung der Katholiken erst endgültig die Begeisterung der Liberalen für den Sedanstag. 1872 hatten die ›Preußischen Jahrbücher‹ noch höchst aufschlußreiche Bedenken geltend gemacht. Die Liberalen – durch das allgemeine Wahlrecht ohnehin in der Defensive – reagierten mit »Mißtrauen auf Versammlungen ... die mit der Prätention auftreten, die politische Stimmung der Nation zum Ausdruck zu bringen ... Nachdem die nationale Partei in allen ihren Nuancen zur herrschenden geworden ist, kann sie von diesen Festen als politischen Agitationsmitteln abstrahieren ...«[51] *Massen*veranstaltungen waren den politischen Honoratioren suspekt und gewannen ihre Anziehungskraft erst, als sie Erfolge im Kampf mit dem politischen Katholizismus versprachen.

Außerhalb Preußens, etwa in katholischen Kleinstädten Bayerns, stand hinter der Ablehnung der Sedansfeier naturgemäß auch der herkömmliche Regionalismus mit seiner Bindung an das angestammte Herrscherhaus und seinem für Reichsangelegenheiten noch wenig geöffneten Horizont. Überhaupt drang der Reichskult in den neubayerischen und zugleich protestantischen Gebieten schneller vor als im katholischen Altbayern[52]. Durchaus vergleichbar traf im Ruhrgebiet während des Kulturkampfes die Geburtstagsfeier für den Kaiser auf Ablehnung[53]. Heftig bekämpfte das Zentrum in der preußischen Kammer auch den Bau der Ruhmeshalle im Berliner Zeughaus – Denkmal vor allem für die Hohenzollern als Monarchen des Militär- und Machtstaats Preußen. In einer paradoxen Verschiebung der

[50] Abgedruckt in: E. Heinen, Staatliche Macht und politischer Katholizismus in Deutschland. Bd. 2: Dokumente des politischen Katholizismus von 1867 bis 1914. Paderborn 1979, S. 68f.

[51] Zit. nach Schieder, Das deutsche Kaiserreich, S. 129.

[52] Vgl. Blessing, Der monarchische Kult, S. 190ff.

[53] K. Tenfelde, Das Fest der Bergleute. Studien zur Geselligkeit der Arbeiterschaft während der Industrialisierung am Beispiel der deutschen Bergbauer. In: G. A. Ritter (Hg.), Arbeiterkultur. Meisenheim 1979, S. 209ff., S. 224.

Fronten argumentierte der altpreußische Hochkonservative und Zentrumshospitant E. L. von Gerlach, das Land befinde sich »mitten in einer Religionsverfolgung ..., die einen schlimmen Riß durch das ganze Vaterland, durch das Preußische sowohl wie durch das Deutsche Vaterland« gezogen habe; statt einer »Stimmung nationalen Rühmens« sei diejenige »nationaler Trauer und nationaler Buße« angezeigt; Ludwig Windthorst brachte zudem zwei für die Stellung des Zentrums in der Reichspolitik sehr bezeichnende Argumente vor: das Zentrum sei Anwalt des Föderalismus und regionaler Interessen gegenüber der Berliner Zentrale, und es sei eine schichtenübergreifende Partei, verwurzelt im Kleinbürgertum wie in der Arbeiterschaft; er – Windthorst – sei nicht in der Lage, »für eine Siegessäule zu stimmen über Siege, die über uns erfochten worden sind«, und für einen »Ruhmestempel ... für Trophäen, die man uns (Hannoveranern) abgenommen hat«; zudem seien bessere Zeiten abzuwarten: »so lange noch ein Arbeiter hungert – und es hungern jetzt viele –«, werde man »keinen Groschen zu Luxusausgaben verwenden, und eine Luxusausgabe ist die hier von uns verlangte«[54].

Windthorst sprach hier die zweite große Gruppe an, die im Kaiserreich über weite Strecken als »Reichsfeind« apostrophiert wurde: die Arbeiterschaft. Die offizielle Staatssymbolik im Kaiserreich proklamierte zwar die Versöhnung und Einheit aller Stände und Klassen, tatsächlich aber ebnete sie die Gräben zwischen den sozialmoralischen Milieus nicht ein, sondern vertiefte sie eher. »Lassen wir für heute alle uns trennenden politischen, kirchlichen, sozialen Unterschiede und Differenzen« hinweg – so die verhaltene Formulierung des späteren preußischen Innenministers von Puttkamer 1882 bei der Eröffnungsfeier des neu ausgestatteten Rathaussaales in Erfurt[55]. Sehr viel direkter forderte der bayerische Kronprinz Ludwig 1913 bei der Hundertjahrfeier der Befreiungskriege an der Kelheimer Befreiungshalle, auf den »Hader der Klassengegensätze« zu verzichten[56]. Die bürgerlich-nationale Publizistik wies der Kunst dabei vielfach die Funktion zu, die »arbeitenden Stände« zu veredeln und an die Größe der nationalen Kultur heranzuführen. Die späthistoristischen Kirchenbauten in den Stadterweiterungsgebieten

[54] Zit. nach Arndt, Die Ruhmeshalle, S. 35.
[55] Zit. bei Bieber, Peter Janssens Wandgemälde, S. 351.
[56] Vgl. Siemann, Krieg und Frieden, S. 303f., S. 312; Mosse, Die Nationalisierung, S. 116.

der industrialisierten und urbanisierten Großstädte sollten diese Aufgabe ebenso leisten wie das nationale Denkmal und die bildende Kunst überhaupt[57]. Der Tenor der Kaiserrede bei der Eröffnung der Siegesallee 1895 findet sich in zahlreichen Reden zur Grundsteinlegung und Einweihung von Kirche und Denkmälern wieder: »Die Kunst soll mithelfen, erzieherisch auf das Volk einzuwirken ... Sie soll auch den unteren Ständen nach harter Mühe und Arbeit die Möglichkeit geben, sich an den Idealen wieder aufzurichten. Uns, dem deutschen Volke, sind die großen Ideale zu dauernden Gütern geworden, während sie anderen Völkern mehr oder weniger verlorengegangen sind. Es bleibt nur das deutsche Volk übrig, das an erster Stelle berufen ist, die großen Ideen zu hüten, zu pflegen, fortzusetzen, und zu diesen Idealen gehört, daß wir den arbeitenden, sich abmühenden Klassen die Möglichkeit geben, sich an dem Schönen zu erheben und sich aus seinen sonstigen Gedankenkreisen heraus- und emporzuarbeiten.«[58] Das ist sicherlich nicht die Sicht jener künstlerisch, intellektuell und politisch progressiv-kritischen Minderheit, der sich Wilhelm II., aber auch das nationale Kulturestablishment wie etwa Anton von Werner zunehmend entfremdete. Kritischere Köpfe wie Wilhelm von Bode oder Alfred Lichtwark wandten sich zunehmend gegen die Denkmalsflut dieser Jahre überhaupt – aus künstlerischen, aber auch intellektuellen und politischen Gründen[59].

Wie sehr die Inszenierung der Staatssymbolik dazu tendierte, ungeliebte Realitäten auszublenden und die Perspektive zu verzerren, wie sehr zugleich die Denkmalsetzer und Finanziers auf eine überredende und überwältigende Wirkung symbolischer Vergegenwärtigung von Größe und Macht des Kaiserstaates setzten, läßt sich am Kaiser-Wilhelm-Denkmal auf der Hohensyburg bei Dortmund ablesen. Die Spenden aus der Industrie, vor allem von seiten der rheinisch-westfälischen Kohleindustriellen flossen reichlich, in der sonderbar naiven Erwartung, daß den Arbeitern und ihren Familien, die sonst nur unter großen Opfern das Provinzialdenkmal an der Porta Westfalica besuchen könnten, Gelegenheit gegeben werden müsse, ein

[57] Zum planmäßigen katholischen Kirchenbauprogramm unter dem Druck der Urbanisierungsprobleme vgl. das Beispiel München bei Hardtwig, Soziale Räume, S. 135ff.

[58] Die Reden Kaiser Wilhelms II. Hg. v. J. Penzler. Leipzig 1907, Bd. 2, S. 61f.

[59] Vgl. dazu H.-E. Mittig, Über Denkmalskritik. In: Mittig, Plagemann (Hg.), Denkmäler im 19. Jahrhundert, S. 383ff.; vgl. unten S. 310f.

»Wahrzeichen der Vaterlandsliebe« und einen Festplatz für patriotische Feste ganz in ihrer Nähe zu finden. Die besorgte Erinnerung an den großen Bergarbeiterstreik vom Mai 1889 haftete noch im Gedächtnis – gerade deshalb wurde rasch der Bogen geschlagen zu der These, »der Arbeiter« wolle »einen Ort besitzen, wo er des Tages Last und Arbeit vergessend, in weihevoller Stimmung sich bewußt werden darf, daß es kein größeres Glück für ihn auf Erden gibt, als ein Deutscher zu sein«[60]. Andererseits bestritten die Förderer des Reichs- und Kaiserkults den sozialdemokratischen Arbeitern – wie den Katholiken – die Fähigkeit, deutsch zu fühlen, so daß nationale Monumente förmlich als Symbole des Kampfes gegen die inneren Reichsfeinde konzipiert worden sind: Der Architekt Clemens Thieme, Initiator, Organisator und Erbauer des Völkerschlachtdenkmals in Leipzig, begründete 1894 in einer Denkschrift des Patriotenbundes, den er als Organisationsbasis für das Denkmalsprojekt geschaffen hatte, die Notwendigkeit des Monuments mit dem Kampf gegen zwei Feinde: den Katholizismus, der sich in bewußten historischen Gegensatz zur nationalen Neugestaltung Deutschlands unter Preußens Führung stelle, und die »deutschfeindlichen, durch die soziale Frage irrgeführten Massen«[61].

In der Tat setzten die Sozialdemokraten allen Hoffnungen auf die gemeinschaftstiftende Wirkung von staatsoffiziellem Denkmal und Fest über die Kluft der Klassengegensätze hinweg praktisch vom Tag der Reichsgründung an leidenschaftlichen Widerstand entgegen[62]. Am 1. September 1871 bereits fand in Braunschweig die erste Protestversammlung gegen die geplante Sedansfeier statt. Der Allgemeine Deutsche Arbeiter-Verein und die Eisenacher bewerteten die nationale Siegesfeier zunächst unterschiedlich, doch setzte sich die Eisenacher Richtung mit ihrer rigorosen Ablehnungspolitik durch, so daß das Zentralorgan des ADAV, der ›Neue Social-Demokrat‹, und die ADAV-Führung Anfang September 1873 mit Leitartikeln und

[60] E. J. Broicher, Das Kaiser-Wilhelm-Denkmal auf Hohen-Syburg. Essen 1901, S. 27f., zit. nach Tittel, Monumentaldenkmäler, S. 238f.

[61] Aus einer Denkschrift des Patriotenbundes, zit. bei E. Bachmann, Das Völkerschlachtdenkmal. Leipzig 1938, S. 86.

[62] H. Müller, Die deutsche Arbeiterklasse und die Sedansfeiern. Zum antimilitaristischen Kampf der sozialdemokratischen Arbeiterpartei in den ersten Jahren nach der Reichsgründung. In: Zeitschrift für Geschichtswissenschaft 27 (1969), S. 1559.

großer Volksversammlung gegen das Sedansfest zu Feld zogen[63]. Eine ganze Palette von Protestformen entstand, vor allem in den seit 1866 Preußen einverleibten Gebieten, in Braunschweig und im sächsischen Industriegebiet, vom Hissen der roten Fahne auf dem festtäglich geschmückten Marktplatz über das Heraushängen schwarzer Fahnen zur Erinnerung an die Gefallenen des Deutsch-Französischen Krieges bis zur formellen Gegendemonstration. Im Sommer 1895 startete die SDAP eine breite Kampagne gegen die 25-Jahrfeier der Sedansschlacht am 2. September und provozierte damit einen der spektakulären rhetorischen Mißgriffe Wilhelms II. Freudig registrierte die sozialdemokratische Presse die nachlassende Sedansbegeisterung im Bürgertum und versäumte z. B. nicht, publik zu machen, daß Krupp in Essen nach dem Jubiläum zum Sedanstag seinen Arbeitern nicht mehr freigab und seine Gebäude nicht mehr beflaggte[64].

Andererseits war die Haltung der Sozialdemokraten zumindest in den ersten beiden Jahrzehnten nach der Reichsgründung durchaus ambivalent. Denn das Sedansfest bot eine geradezu ideale Gelegenheit, am Anhaltspunkt der nationalen Staatssymbolik ihr eigenes, vom nationalen Bürgertum abweichendes Staatsbewußtsein zu artikulieren und zu propagieren. Bei den Anti-Sedans-Kundgebungen ließ man anstelle der militärisch-nationalen Heroen die Helden der Pariser Kommune und die Anführer der deutschen Arbeiterbewegung als die eigenen Leitbilder hochleben. Hauptsächlich aber zielte man beim Kampf um die Staatssymbolik auf die militärstaatlichen Züge des neuen Reichs – das Vordringen des Militärischen im öffentlichen Leben und die politischen und sozialen Folgelasten der Militarisierung. Ähnliches gilt für den Kampf um die Denkmäler und für die Polemik um die Inszenierungen des Kaiser- und Reichskults. Die Partei lehnte jeglichen »patriotischen Mummenschanz« und den »Denkmalsunfug« – wie es in der Parteipresse häufig hieß – ab[65]. 1894 verweigerte sie als einzige Fraktion im

[63] Ebd., S. 1555.

[64] Ebd., S. 1562; gegen die Denkweise und Sprache des protestantischen Patriotismus wurde heftig polemisiert, so gegen das Schlagwort vom neu entstandenen Reich der Gottesfurcht und der frommen Sitte; dazu gehört auch die Kritik an der religiösen Glorifizierung des Krieges von 1870/71 als Blasphemie. Vgl. dazu H. Grote, Sozialdemokratie und Religion. Eine Dokumentation für die Jahre 1863 bis 1875. Tübingen 1968, S. 78ff., bes. S. 81.

[65] Münchner Post, 6./7. 9. 1896; Münchner Post, 27. 8. 1913; vgl. Hardtwig, Soziale Räume, S. 132f.

Reichstag die Bewilligung der 4 Millionen Reichsmark für das Berliner Kaiser-Wilhelm-Denkmal[66]. Gegen die Sammlungen für das Völkerschlachtdenkmal in Leipzig agitierten die Sozialdemokraten mit der Parole: »Augen auf, Taschen zu.«[67] Denkmalseinweihungen durch den Monarchen gaben Anlaß zu beißendem Spott auf die Titel- und Ordenssucht der um das jeweilige Denkmal verdienten Honoratioren. Dem nationalliberalen und konservativen Bild der Zeitgeschichte und ihrer Gestalten, besonders Bismarck, trat man mit dem eigenen Bismarckbild gegenüber – dem Porträt eines bedenken- und rücksichtslosen Gewalttäters. Doch ging es dabei letzten Endes nicht um Personen, weder um Wilhelm I. oder Wilhelm II., um Bismarck oder König Ludwig III. von Bayern, sondern um Herrschaftsform und Staatsverfassung überhaupt. Selbst die sehr gemäßigten bayerischen Sozialdemokraten polemisierten gegen die Feier des Königs-Geburtstags als »anbefohlenes« Fest, ironisierten die Königsloyalität als Byzantinismus, zogen die Volkstümlichkeit der Monarchie in Zweifel und entlarvten sie zuletzt als bloße Kulisse der eigentlich regierenden Macht des Kapitals. Regelmäßig wiederkehrende Feiern im Festrhythmus des Königs- wie des Kaiserkults ebenso wie besondere Anlässe – etwa die Kommentierung von Kaiser-Auftritten bei Denkmalseinweihungen – dienten dazu, die »Volksentrechtung durch das Fürstentum« anzuklagen und – eher unausdrücklich allerdings – das Ende der »alten und innerlich morschen Herrlichkeit« anzukündigen[68]. Doch blieb es – wie schon angedeutet – nicht bei der Kritik der offiziellen Staatssymbolik und der Skizzierung eines alternativen Staatsbewußtseins auf dem Boden der bürgerlichen Öffentlichkeit. Es dürfte nicht zu weit gegriffen sein, wenn man hier von erfolgreichen Versuchen spricht, eine proletarische Gegenöffentlichkeit aufzubauen, und zwar schon in der Frühzeit, unmittelbar nach der Reichsgründung, wenn auch natürlich im beschränkten Rahmen der damals noch kleinen, anfangs auch gespaltenen und dann durch die Sozialisten-

[66] Zur Kampagne der Sozialdemokraten gegen die 25-Jahrfeier der Sedansschlacht am 2. 9. 1895 vgl. A. Hall, Scandal, sensation and Social Democracy. The SPD Press and Wilhelmine Germany 1890–1914. Cambridge 1977, S. 57ff.; zur Polemik der SPD gegen den zeitgenössischen Heldenbegriff vgl. K. Eisner, Feste der Festlosen. Handbuch weltlicher Predigtschwänke. Dresden o.J., S. 282ff.

[67] Vgl. oben S. 251.

[68] Münchner Post, 9. 1. 1914; Fränkische Tagespost, 13. 11. 1905; Fränkische Tagespost, 25. 8. 1913.

gesetze schwer behinderten Arbeiterbewegung. Das Sedansfest diente als einer der Kristallisationskerne für das politische Arbeiterfest. Bewußt setzte der ADAV in den siebziger Jahren seinen Lassalle-Kult gegen das monarchische Kriegs- und Staatsfest und noch um 1890 wurden Gewerkschaftsfeste gegen die Sedansfeier konzipiert[69]. Damit taucht allerdings die Frage auf, inwieweit diese oppositionelle proletarische Festkultur nicht doch, trotz aller Ablehnung, den Strukturen des bürgerlich-monarchischen Fests verbunden blieb und damit auch – willentlich oder unwillentlich – Elemente des bekämpften Staatsbewußtseins in sich aufnahm.

IV.

Die staatliche Einigung der deutschen Nation im kleindeutschen Reich war möglich geworden, weil die Verfassung des neuen Reichs auf die Empfindlichkeiten und Souveränitätswünsche der Einzelstaaten sehr weitgehend Rücksicht nahm. Sie betonte den bundesstaatlichen Charakter, räumte der Reichsexekutive eine bemerkenswert schwache Stellung ein, verknüpfte sie aber aufs engste mit der Führungsmacht Preußen und sicherte somit rechtlich den Vorrang Preußens im Reich[70]. Föderativer Reichsaufbau und Nationalstaatlichkeit standen unzweifelhaft in einem Spannungsverhältnis, das in der Staatssymbolik und im Staatsbewußtsein seinen Ausdruck finden mußte. Der Kaiserkult sollte die Trennlinien zwischen Nord und Süd, zwischen den tief verwurzelten einzelstaatlichen Überlieferungen Preußens, seiner süd- und norddeutschen Rivalen und den alten Freien Städten überwölben und so eine integrative Klammer zwischen den unterschiedlichen politischen Kulturen und Überlieferungen der vielgestaltigen deutschen Staatenlandschaft

[69] Vgl. unten Anm. 92.

[70] Resümee des neueren Forschungsstandes bei W. J. Mommsen, Die Verfassung des Deutschen Reiches von 1871 als dilatorischer Herrschaftskompromiß. In: O. Pflanze (Hg.), Innenpolitische Probleme des Bismarck-Reiches. München, Wien 1983, S. 195f; vgl. auch M. Stürmer, Eine politische Kultur – oder zwei? Betrachtungen zur Regierungsweise des Kaiserreichs. Ebd., S. 143ff.; ders., Das ruhelose Reich. Deutschland 1866–1918. 2. Aufl. Berlin 1983, S. 102ff.; zur »latenten Dauerkrise« der Verfassungsordnung des Reichs vgl. bereits W. Sauer, Das Problem des deutschen Nationalstaats. In: H. Böhme (Hg.), Probleme der Reichsgründungszeit 1848–1879. Berlin 1968, S. 468ff.

Abb. 10: Maschpark in Hannover mit dem Neuen Rathaus und dem Denkmal Rudolf von Bennigsens, von Karl Gundelach und Otto Lüder, 1907. Von Bennigsen war Hannoveraner, führender Politiker der Nationalliberalen Partei, Anhänger der kleindeutschen Lösung und 1888–1897 Oberpräsident von Hannover. Das Denkmal bildet ein Gegengewicht zu der 1904 eingeweihten, ebenfalls auf dem Rathaus-Forum plazierten, heftig umstrittenen Bismarcksäule von Alfred Sasse.

bilden. Er wuchs, allerdings nur langsam, vor allem nach dem Tod Wilhelms I., zu seiner vollen Wirkung heran und mußte sich auch erst allmählich von seiner Bindung an alles lösen, was speziell preußisch war oder als preußisch galt. Die gesamtnationale Ausstrahlung von Kaiser und Reich mußte auf der einen Seite erst gefunden und bewußt verstärkt, auf der anderen Seite erst allgemein angenommen und bejaht werden. Wenn sich in der Staatssymbolik der Kaiserkult bis 1914 auch vollständig durchgesetzt hatte, so legt der fast reibungslose Sturz des Kaisertums in der Revolution 1918 doch den Schluß nahe, daß zwischen Kaiser und Reich deutlicher differenziert werden muß. Zudem dürfen die zentrifugalen Kräfte im Kaiserreich selbst nicht zu leicht gewichtet werden, schon deshalb, um nicht den außerordentlichen Sog der integrativen Kräfte zu unterschätzen.

Für die Entwicklung des nationalen Einheitsbewußtseins im deutschen Kaiserreich warf die Sonderstellung Preußens im

Reichsverband neben der Segmentierung in die sozialmoralischen Milieus die größten Probleme auf[71]. Die Hohenzollerndynastie hatte das erbliche Monarchenamt des deutschen Kaisers übernommen, die Stimmverteilung im Bundesrat sicherte Preußen den beherrschenden Einfluß in der Reichspolitik, die preußischen Verwaltungsjuristen stellten gegenüber einer schwachen Reichsbürokratie den größten und effizientesten Verwaltungsapparat im Reich, komplizierte verfassungsrechtliche Regelungen sicherten dem preußischen König und deutschen Kaiser weitgehend die Verfügungsgewalt über das Militär[72]. Wie vertrug sich diese Dominanz Preußens mit einem nationalen Staatsbewußtsein der Bürger im ganzen Land? Die Staatssymbolik gibt Hinweise darauf, daß vor allem bis in die neunziger Jahre starke antipreußische Reserven bestanden. Auch von preußischer Seite aus, selbst bei den preußischen Liberalen, dauerte es offenbar eine gewisse Zeit, bis sie sich vom spezifisch preußischen Staatsbewußtsein auf ein selbstverständliches deutsches Reichsbewußtsein umstellten. Die Grußadresse der städtischen Behörden Berlins zur Rückkehr des Kaisers vom Frankreichfeldzug (20. 3. 1871) rückte Preußen, nicht Deutschland, in den Vordergrund: »Deutschlands Wiedergeburt durch Preußens Größe« – das war nicht der Tonfall, mit dem Hannoveraner, Hamburger oder Bayern für das Reich eingenommen worden wären[73]. Ohne großes Nachdenken betrieben Wilhelm I. und die preußische Regierung seit 1874 das Projekt der preußischen Ruhmeshalle – allerdings nun auch mit dem Ergebnis, daß sie in der preußischen Kammer zunächst keine Mehrheit fanden. Die Fortschrittsvertreter nämlich erklärten den Plan 1876 in seiner ursprünglichen Begründung für

[71] Zu der Potenzierung der Probleme des Regierungssystems durch den Dualismus Preußen – Reich seit Beginn der 1890er Jahre vgl. W. J. Mommsen, Die latente Krise des Wilhelminischen Reiches. Staat und Gesellschaft in Deutschland 1890–1914. In: Militärgeschichtliche Mitteilungen 15 (1974), S. 7 ff., bes. S. 13 ff.; allgemein wird die Zäsur im Reichs- und Staatsbewußtsein zu Beginn der 90er Jahre betont, vgl. dazu schon M. Messerschmidt, Reich und Nation im Bewußtsein der Wilhelminischen Gesellschaft. In: H. Schottelius, W. Deist (Hg.), Marine und Marinepolitik im kaiserlichen Deutschland 1871–1914. Düsseldorf 1972, S. 11 ff., bes. S. 22 f.; zu den veränderten Bedingungen, unter denen in Deutschland seit den letzten beiden Jahrzehnten des 19. Jahrhunderts Politik gemacht wurde und die das in der Verfassung angelegte Konfliktpotential verstärkten, auch D. Langewiesche, Liberalismus in Deutschland. Frankfurt a. M. 1988, S. 211 ff.

[72] Besonders pointiert: Stürmer, Eine politische Kultur, S. 144 f.

[73] Zit. nach Arndt, Goslarer Kaiserpfalz, S. 64.

zu partikularistisch: »Was soll man aber dazu sagen, wenn jetzt uns eine Vorlage gebracht wird, die fünf Jahre nach der Errichtung des Deutschen Kaiserreichs, fünf Jahre, nachdem die Deutsche Nation zum ersten mal sich wieder zusammengefaßt hat, sich ihrer Größe wieder bewußt geworden ist, von einer *Preußischen Nation* spricht, die, wenn sie jemals existiert hätte, jetzt jedenfalls verschwunden sein würde ...«[74] Das zuständige Innenministerium gab dem Projekt dann eine stärker nationale Begründung und daraufhin ging es anstandslos über die parlamentarische Hürde.

Im Ganzen wird man sagen können, daß sich das Problem der Sonderstellung Preußens in Staatssymbolik und Staatsbewußtsein abschwächte, so wie es auch in der Reichsgesetzgebung an Bedeutung verlor. Preußen ging immer mehr im Reich und im Nationalstaat auf. Umgekehrt bereitete offenbar die Abgrenzung gegenüber großdeutschen Überlieferungen kaum Schwierigkeiten. Dort, wo wirklich enge Beziehungen zu Österreich bestanden hatten, wie zum Beispiel in der bayerischen Grenz- und Bischofsstadt Passau, bekannte man in der heraldischen Ausschmückung des Rathauses die Zugehörigkeit zum Reich und wies im übrigen auf die gutnachbarlichen Beziehungen zu Österreich hin[75]. Der Nationalstaat begann sich gegenüber seiner unmittelbaren Entstehungsgeschichte zu verselbständigen und die Loyalität zu den alten partikularen Autoritäten aufzusaugen. Das gilt der Tendenz nach auch für die Spaltung der Nation in die konfessionellen Lager. Seit Bismarcks Kurswechsel von 1878 wuchs das Zentrum immer stärker in die Reichspolitik hinein. Zwar verwahrte sich die katholische Kirche auch weiterhin gegen die Aufnahme von Kaiser und Reich in ihren Ritus – anders als die protestantische Kirche mit ihrer sonntäglichen Fürbitte; auch bauten die Katholiken tatsächlich keine Kaiser-Wilhelm-Denkmäler. Aber daß ihre Stimmung »dem Staat, dem Deutschen Reich, dem protestantisch-preußisch – bürokratisch-militärischen Establishment gegenüber ... vor allem oppositionell« gewesen sei[76], dagegen spricht ihr Verhältnis zur Staatssymbolik, wie es sich vor allem seit den 1890er Jahren entwickelte. Zwischen Kaiser und Reich einerseits, dem genannten Establishment andererseits müßte jedenfalls deutlicher

[74] Zit. nach Arndt, Die Ruhmeshalle, S. 30.
[75] Vgl. Lübbeke, Das kleine Rathaus, S. 319ff.
[76] Nipperdey, Wilhelminische Gesellschaft, S. 177.

unterschieden werden. Die bayerischen Offiziere z. B., gleichgültig ob protestantisch oder katholisch, ergriffen von der Reichsgründung an die Partei des Reichs und traten den katholischen, aber unmilitärischen Wittelsbachern zunehmend skeptisch gegenüber. Das bayerische Heer kann als zuverlässige Schule des Reichsbewußtseins betrachtet werden und es trat in Bayern beim politischen Fest nicht minder deutlich in Erscheinung als das preußische in Preußen[77]. Der Kaiser war als Reichsspitze bis 1914 unzweifelhaft akzeptiert. Bereits bei Wilhelms II. erstem, überaus prächtig und aufwendig inszenierten Besuch in München im September 1891 gab es jubelnde Mengen und keine katholischen Proteste. Bei den Begräbnisfeierlichkeiten für Prinzregent Luitpold 1912, als Wilhelm II. die Trauerprominenz im Leichenzug anführte, konnte jedermann sehen, daß der Kaiserkult den katholisch-regionalen Königskult überlagerte[78]. Die Veränderungen gingen hier in nachvollziehbaren Schritten vor sich. Während einer Veteranenwallfahrt in Amberg 1901 huldigten die Teilnehmer dem Prinzregenten und dem Papst – zehn Jahre später, 1911, gedachten die 10000 Wallfahrer auch des Kaisers[79]. Bei der Grundsteinlegung des Münchner Friedensengels 1896 bemängelte die liberale Presse zwar, daß vom Kaiser und von Bismarck nicht die Rede gewesen sei; das trifft zu, aber die Festansprache des zentrumsnahen Ersten Bürgermeisters von Borscht bewegt sich doch mit kräftigen Worten in den Topoi eines ausgeprägten Reichs-Nationalismus[80]. Unzweifelhaft bildete sich ein reichisch orientiertes Staatsbewußtsein heraus – zumindest nach Aussage der Staatssymbolik.

Noch brisanter als die Frage, ob und wieweit sich die von ihren Gegnern für »reichsfeindlich« erklärten Katholiken in ein gesamtnationales Staatsbewußtsein hineinfanden, war für den Bestand des nationalen Staates bzw. des monarchischen Reiches die Haltung der sozialdemokratischen Arbeiterschaft. Immerhin gewannen die Sozialdemokraten bei den Reichstagswahlen von 1912 mit 110 Sitzen die meisten Mandate, vor dem Zentrum mit 93, den Nationalliberalen mit 44, dem Fortschritt mit 41

[77] Vgl. dazu H. Rumschöttel, Das bayerische Offizierskorps 1866–1914. Berlin 1973, S. 221 ff.

[78] Vgl. Münchner Neueste Nachrichten, 8. u. 9. 9. 1891; Blessing, Der monarchische Kult, S. 189 f.

[79] Blessing, Der monarchische Kult, S. 205.

[80] Hardtwig, Soziale Räume, S. 130.

und den beiden konservativen Parteien mit zusammen 58 Sitzen. Die Frontstellung dieser immer klarer zur Mehrheit strebenden gewaltigen Minderheit gegen die Verfassungs-, Herrschafts- und Besitzstrukturen des Kaiserreichs unterlag keinem Zweifel. Trotz des allgemeinen Wahlrechts blieb sie in ihren demokratischen Partizipationschancen beschnitten und im gesellschaftlichen Schichtengefüge weitgehend isoliert. In ihrer politischen Symbolik vollzog sie diese Isolation unübersehbar nach, verstärkte sie teilweise bewußt und dramatisierte sie zusätzlich über ihr tatsächliches Ausmaß hinaus. In den späten sechziger und frühen siebziger Jahren grenzte sie sich im Zug ihrer Ablösung von der demokratischen Nationalbewegung auch von der politischen Festkultur der Fortschrittspartei ab[81]. Sehr viel länger dauerte es, bis katholisches Arbeitermilieu und Sozialdemokratie einander feindlich gegenübertraten. Diese Entwicklung überschnitt sich mit der allmählichen Herauslösung der sozialdemokratisch-atheistischen Arbeiterbewegungskultur aus der traditionellen, stark christlich geprägten Arbeiterkultur, die eine erhebliche Beharrungskraft bewies. In den Jahren nach der Reichsgründung förderten vergleichbare Unterdrückungserlebnisse zunächst noch den Zusammenhalt[82]. Grundsätzlich traten in der politischen Festkultur die Milieus seit dem Ende der 1860er Jahre auseinander, aber die scharfen Töne waren auf beiden Seiten doch erst später zu hören. Auch danach hat das sozialdemokratische politische Fest die christliche Überlieferung nicht restlos abgestoßen. Eduard Bernstein suchte für die Maifeier ausdrücklich die Nähe zum religiösen Volksfest – allerdings jetzt rein strategisch in der Absicht, ihr größeren emotionalen Gehalt zu verleihen[83].

[81] Vgl. A. Herzig, Die Lassalle-Feiern in der politischen Festkultur der frühen deutschen Arbeiterbewegung. In: Düding, Friedemann, Münch (Hg.), Öffentliche Festkultur. S. 321 ff.

[82] Tenfelde, Fest der Bergleute. Studien zur Geselligkeit der Arbeiterschaft während der Industrialisierung am Beispiel des deutschen Bergbaus. In: G. A. Ritter (Hg.), Arbeiterkultur Meisenheim 1979, S. 230 ff.; zur grundsätzlich kritischen Position der Sozialdemokratie gegenüber der katholischen Kirche vgl. H. Grote, Sozialdemokratie und Religion. Eine Dokumentation für die Jahre 1863 bis 1875. Tübingen 1968, S. 164 f., 174, 230; hin- und hergerissen zwischen der Kritik an der Kirche und am neuen Staat tendierten die Sozialdemokraten im Kulturkampf zwar zur staatlichen anstelle der kirchlichen Schulaufsicht, verteidigten aber auch wieder den Katholizismus gegen liberale Angriffe. Ebd., S. 64 ff.

[83] Vgl. Fr. Giovanoli, Die Maifeierbewegung. Ihre wirtschaftlichen und sozialen Ursprünge und Wirkungen. Karlsruhe 1925, S. 114 ff.; vgl. ebd. auch zur religiösen Metaphorik in der Sprache Ferdinand Lassalles; zur Benutzung des

Sehr viel rascher und deutlicher grenzte sich die entstehende Arbeiterbewegung vom Staatsverständnis der protestantisch-nationalliberal-konservativen Reichsgründungskoalition ab; der Kampf gegen das Sedansfest ab 1871 ließ hier keine Mißverständnisse zu. Gerade deshalb bedarf es aber auch auf der Ebene der politischen Symbolik der Begründung, warum am Ende, 1914, der monarchische Nationalstaat auch in der sozialdemokratischen Arbeiterschaft auf so breite Zustimmung stieß.

Einer Erklärung kommt man näher, wenn man zwischen Staats- und Verfassungsform auf der einen und dem nationalstaatlichen Charakter des Kaiserreichs auf der anderen Seite deutlich unterscheidet. Bei aller Frontstellung gegen die Macht- und Herrschaftsstrukturen des Kaiserreichs blieb doch auch die sozialdemokratische Arbeiterschaft einbezogen in den wirtschaftlichen und soziokulturellen Integrationsprozeß der Nationsbildung[84]. Diese in gewissem Umfang zumindest zwangsläufige Einbindung auch der Arbeiterschaft in das Gefüge der nationalstaatlichen Gesellschaft und ihrer Kultur ist ein vielschichtiger Vorgang. Unzweifelhaft war die Gesellschaft des Kaiserreichs eine Gesellschaft in raschem Wandel mit der Tendenz zu einer zügigen Demokratisierung in allen Bereichen – trotz des Fortbestandes obrigkeitlicher Strukturen, aber auch in wachsender Spannung zu ihnen[85]. Diese Demokratisierung der Lebenschancen durch steigenden Lebensstandard, wachsende politische Partizipation in den neu entstehenden Massenorganisationen und die Erweiterung kultureller Teilhabemöglichkeiten vollzog sich nach 1871 im Raum des Nationalstaats und machte ihn schrittweise jedermann als Grundlage der eigenen Existenz bewußt. Auch der Prozeß der Klassenbildung selbst

religiösen Traditionsbestandes als Protestmittel in der Arbeiterbewegung und zu den sozialdemokratischen Interpretationen des religiösen Kultes vgl. G. Korff, Politischer »Heiligenkult« im 19. und 20. Jahrhundert. In: Zeitschrift für Volkskunde 71 (1975), S. 202ff.; ebd., S. 218 die Kritik an der Deutung der Maifeierbewegung als Kreuzzug der Massen im chiliastischen Glauben an die klassenlose Gesellschaft als dem neuen Reich.

[84] Vgl. W. Conze, D. Groh, Die Arbeiterbewegung in der nationalen Bewegung. Die deutsche Sozialdemokratie vor, während und nach der Reichsgründung. Stuttgart 1966; D. Langewiesche, »Nation« und »Nationalstaat«. Zum Funktionswandel politisch-gesellschaftlicher Leitideen in Deutschland seit dem 19. Jahrhundert. In: W. Busch (Hg.), Perspektiven gesellschaftlicher Entwicklung in beiden deutschen Staaten. Oldenburg 1987, S. 173ff.; vgl. auch ders., »Revolution von oben«? Krieg und Nationalstaatsgründung in Deutschland. In: Ders. (Hg.), Revolution und Krieg. Paderborn 1989, S. 117ff., bes. S. 128ff.

[85] Vgl. v.a. Nipperdey, Wilhelminische Gesellschaft, S. 172ff.

trug dazu bei, indem er die Lebenswelten entlokalisierte. Dazu hatten die Einigungskriege, vor allem der letzte, wesentlich beigetragen, und so ist es selbstverständlich, daß sich auch die Massen in die Feierlichkeiten des Jahres 1871 hineinziehen ließen und sich positiv mit den Ergebnissen des Krieges identifizierten. In den nächsten Jahren verschärften und erweiterten sich zwar die ökonomisch-sozialen Bedingungen, welche die Arbeiterschaft in eine neue, zum nationalen Bürgertum antagonistische soziale Identität hineinzwangen. Aber sie förderten zugleich, bei aller Isolation, die soziokulturelle Integration.

Diese Integration vollzog sich weithin in der Form »aneignender Veränderung« bürgerlicher Sozialität – nicht einfach einer Verbürgerlichung also, aber doch der Übernahme durch Anpassung an die eigenen Lebensformen und Traditionen[86]. In bewußtem Gegensatz zum politischen Fest der Liberalen entwickelte Ferdinand Lassalle einen neuen, speziell auf das Bewußtsein seiner Anhänger zugeschnittenen Fest- und Agitationsstil. Aber die im Mai 1864 erstmals zelebrierten Formen – die festzugartige Einholung der gefeierten Persönlichkeit, der Straßenschmuck, der Empfang am Bahnhof, der Männergesang – sind ohne Entlehnung aus dem bürgerlichen Herrschaftskult nicht zu denken[87]. Lassalles quasi-monarchische Führung des ADAV hat solch weitgehende Analogie sicher auch erst ermöglicht. Seiner kleindeutschen Konzeption entspricht es auch, wenn in seiner Agitation durchaus nationale, antifranzösische Töne anklingen. Die Führer der SDAP haben später den fortlebenden Lassalle-Kult und sein stark nationaldemokratisch bestimmtes Gedankengut bekämpft, aber dabei weniger Erfolg gehabt, als sie sich wünschten[88]. Wesentliche Elemente des ADAV-Festes übernahm die SDAP in einem ganz

[86] Vgl. dazu jetzt die Beiträge in: J. Kocka unter Mitarbeit von E. Müller-Luckner (Hg.), Arbeiter und Bürger im 19. Jahrhundert. Varianten ihres Verhältnisses im europäischen Vergleich. München 1986; der Begriff der »aneignenden Veränderung« bei Tenfelde, Das Fest der Bergleute, S. 227; zum Stichwort »Verbürgerlichung« vgl. J. Mooser, Arbeiterleben in Deutschland 1900–1970. Frankfurt a. M. 1984, S. 224 ff.; vgl. auch D. Dowe, Die Arbeitersängerbewegung in Deutschland vor dem Ersten Weltkrieg – eine Kulturbewegung im Vorfeld der Sozialdemokratie. In: Ritter (Hg.), Arbeiterkultur, S. 122 ff.; zur sozialdemokratischen Arbeiterkultur jetzt v. a. V. Lidtke, The alternative culture. Socialist labor in imperial Germany. New York, Oxford 1985.

[87] Herzig, Die Lassalle-Feiern, S. 321 ff.

[88] Zu den Formen des Lassalle-Kults vgl. auch Grote, Sozialdemokratie und Religion, S. 8 ff., 178 ff.; zur Kritik der Eisenacher ebd., S. 25 ff.; vgl. auch Korff, Politischer Heiligenkult, S. 213 f.

zentralen Bereich der Arbeiterbewegungskultur, im politischen Lied. Hier regenerierte sich das lassalleanische Erbe praktisch bei jeder größeren Parteiveranstaltung. Überhaupt verrät vielleicht keine andere Quelle so deutlich wie das politische Lied, wie überaus komplex die Beziehung auch der sozialistischen Arbeiterbewegung zu Nation, nationalpolitischer Überlieferung und Nationalstaat gewesen ist[89]. Das Lied, fester Bestandteil jedes politischen Festes, beschwor eine Welt des Konflikts, des Zorns und des Kampfes und mußte so auf diejenigen, die dem Milieu fernstanden, tatsächlich gefährlich wirken. Die meisten Texte gab es zur Melodie der Marseillaise, dem Bürgertum doppelt fremd und verhaßt als Lied der Franzosen und der Republikaner. Zahlreiche Melodien aber haben die Textdichter aus dem Erbe des deutschen patriotischen Liedguts übernommen, meist aus dem Jahr 1813 oder aus den 1840er und 1850er Jahren. Vor allem stammten zahlreiche Texte aus den Liedersammlungen der patriotischen deutschen Turnervereine und wurden nur ganz geringfügig verändert. Der nationale Gehalt dieser Lieder war in der Arbeiterbewegung allgegenwärtig und verlieh selbst bei weniger offenkundiger Anspielung auf das Vaterland jedem politischen Fest einen patriotischen Unterton – einen Ton, der wahrscheinlich intensiver gehört worden ist als das Kampfgeschrei der agitatorischen Rede. Jedenfalls drang er tiefer ins Gemüt als die Texte von Marx, Engels, Lassalle, Kautsky oder Bernstein.

Der Inhalt des sozialdemokratischen Liederguts deutet aber nicht nur auf die untergründig nationale Komponente in der Staatsgesinnung der deutschen Arbeiterbewegung hin, er verweist auch darauf, daß die Arbeiterbewegung bewußt an die demokratisch-republikanische Tradition des deutschen Bürgertums anknüpfte. Während Turner und Sänger bei der Erinnerung an die Befreiungsära, an Ludwig Jahn und Ernst Moritz Arndt nur noch an den nationalen Befreiungskampf und den Sieg über Frankreich dachten, nahm das politische Fest der Arbeiterbewegung die national-demokratische Überlieferung auf und hielt sie der borussianisch-obrigkeitlichen Überformung des bürgerlich-nationalen Staatsbewußtseins entgegen. Die Partei bewahrte als einzige die Erinnerung an den 18. März 1848. Sie deutete ihn als »erste frische Tat des Klassenkampfes« und

[89] V. Lidtke, Lieder der deutschen Arbeiterbewegung 1864–1914. In: Geschichte und Gesellschaft 5 (1979), S. 54ff.

beging ihn bis über die Jahrhundertwende hinaus in den Märzfeiern[90]. Bis in die 1890er Jahre reichte ja auch die unmittelbare personelle Kontinuität der Arbeiterbewegung zurück zur Revolution von 1848/49. Es paßt in diesen Zusammenhang, daß die Partei Wilhelm Liebknecht nach seinem Tod auf seinen ausdrücklichen Wunsch hin kein persönliches Denkmal setzte, sondern einen Gedenkstein für die Märzgefallenen enthüllte. Noch im Jubiläumsjahr 1898 nahm die Arbeiterbewegung die Märzrevolution gleichsam für sich als der eigentlichen »Hüterin der Freiheit« in Anspruch, gegen die Halbherzigkeit des Bürgertums[91]. Seit den späten 1890er Jahren unterlag dann auch die sozialdemokratische Märzfeier einem aufschlußreichen Wandel. Die Erinnerung an den Pariser Kommuneaufstand, bis dahin ausdrücklich immer mitgedacht und als zukunftsweisende Tat in Anspruch genommen, verblaßte und verschwand nach der Jahrhundertwende ganz aus der Semantik des Festes; statt dessen schob sich die nationale Komponente nach vorn. Auch die Geschichte des Gewerkschaftsfests und selbst der Maifeier belegt, daß die unvermeidliche Sozialisation in die nationale, bürgerlich dominierte Kultur der offiziellen Parteiideologie und den Kampfstrategien der Parteiführer zähen, und wie es scheint, immer erfolgreicheren Widerstand entgegensetzte[92]. So verwundert es nicht, daß Ignaz Auer vom rechten Flügel der Partei bereits 1890 zum Sedanstag nationale Töne anschlug; die Arbeiter müßten die wirtschaftliche und politische Notwendigkeit der nationalstaatlichen Einigung anerkennen, die »stärkste Grundlage des Reichs« sei das allgemeine Wahlrecht, und unter den gegenwärtigen Bedingungen könne von einer Rückgabe Elsaß-Lothringens an Frankreich nicht die Rede sein[93]. Das offi-

[90] Vgl. B. W. Bouvier, Die Märzfeiern der sozialdemokratischen Arbeiter. Gedenktage des Proletariats – Gedenktage der Revolution. Zur Geschichte des 18. März. In: Düding, Friedemann, Münch (Hg.), Öffentliche Festkultur, S. 334ff.

[91] Bouvier, Die Märzfeiern, S. 339f.

[92] Vgl. P. Friedemann, »Wie munter und ordentlich wir unsere Feste zu feiern verstehen«. Gewerkschaftsfeste vor 1914. In: Düding, Friedemann, Münch (Hg.) Öffentliche Festkultur, S. 373ff.; zur Maifier auch: H. Skrzypczak, Die Maifeier-Diskussion auf der deutschen Vorkonferenz zum Internationalen Sozialistenkongreß in Stuttgart. Protokoll und Kommentar. In: Internationale Wissenschaftliche Korrespondenz zur Geschichte der Arbeiterbewegung 16 (1972), S. 1ff.

[93] Zit. nach Schieder, Das deutsche Kaiserreich; mit resignierten Untertönen resümiert ein bayerischer Pressekommentar zum Kelheimer Fürstentag, dem reichsoffiziellen Fest zur Hundertjahrfeier der Völkerschlacht von Leipzig: »Wir

zielle politische Fest gab den Sozialdemokraten seither Anlaß, sich selbst zum wirklichen »deutschen Volk« zu erklären – nicht die »Minderheit, so sich Patrioten nennt«[94]. Das bedeutete jedoch nicht, daß die Arbeiterbewegung Hohenzollerndynastie und deutsches Kaisertum explizit anerkannt hätte. Kaiser und Reich waren für sie ganz verschiedene Dinge und gehörten nicht, wie für die bürgerliche Gesellschaft, notwendig zusammen.

V.

Die politische Symbolik – so kann man zusammenfassen – signalisiert, daß sich im Staatsbewußtsein der Deutschen der Nationalstaat allmählich durchsetzte. Das Reich bestimmte den politischen Horizont, über den regionalen und einzelstaatlichen Autoritäten, zentralisierend und konzentrierend. Der letzten Endes auf politische Egalität hindrängende Prozeß der Nationalstaatsbildung leistete auch der Nationalisierung der Massen Vorschub. Über die Grenzen der sozialmoralischen Milieus und der Klassen hinweg wuchs die Staatsnation des kleindeutschen Reichs tatsächlich zur nationalen Gesinnungsgemeinschaft zusammen. Die Staatsgründung von oben und das neue Reich verwirklichten dabei wesentliche Forderungen der Revolution von 1848 mit ihren bürgerlich-liberalen Zielen: den Nationalstaat und die Vereinheitlichung. Es wuchs eine nationale Gesellschaft zusammen, gleichsam unterhalb der Gräben, die zwischen Konfessionen, Regionen und sozialmoralischen Milieus fortbestanden, sich aber abflachten. Das Bürgertum allerdings hat ausweislich der Staatssymbolik seinen eigenen Anteil an diesen Erfolgen in erstaunlichem Umfang vergessen und vergessen lassen. Es identifizierte diese Errungenschaften nicht mit dem Frühkonstitutionalismus, nicht mit 1848 oder dem preußischen Verfassungskonflikt. Daß sich Bismarck bei der Verwirklichung des Nationalstaats den politischen Zielen des Bürgertums unterworfen hat, dieser Gedanke taucht im Kontext der Staatssymbolik nur sehr selten auf. So setzte sich zwar die Na-

lehnen uns nicht mehr auf gegen das neue Deutsche Reich, wir nehmen es hin, wenngleich viele Millionen Deutscher von ihm ausgeschlossen blieben ...« Fränkische Tagespost, 25. 8. 1913.

[94] Münchner Post, 31. 1. 1897.

tion durch, auf allen Ebenen, institutionell und bewußtseinsmäßig. Bei der Frage nach der Sinngebung und Zielsetzung dieser zunehmend gefestigten und geeinten Nation allerdings trat die Orientierung an den liberal-freiheitlichen Überlieferungen der politischen Bürgerlichkeit in einem Ausmaß zurück, das die politische Kultur des geeinten nationalen Machtstaats mit erheblichen Defiziten belasten mußte[95].

[95] Vgl. dazu W. Hardtwig, Bürgertum, Staatssymbolik und Staatsbewußtsein.

9. Die Sehnsucht nach Größe
Über das intensive Bedürfnis, historische Jahrestage zu feiern

Das Jahr 1986 setzt offenbar einen Trend fort, der sich seit einiger Zeit in der bundesdeutschen Gesellschaft abzeichnet: eine noch vor einem Jahrzehnt unvorstellbare Bereitschaft, sich historischen Erinnerungen hinzugeben. Unerwartet intensiv dokumentiert und gefeiert wurden und werden, um nur die spektakulärsten Beispiele herauszugreifen, der 500. Geburtstag Martin Luthers, der 300. Geburtstag Johann Sebastian Bachs, der 100. Todestag Richard Wagners, der 200. Todestag Friedrichs des Großen, Gottfried Benns 100. und Ludwigs I. 200. Geburtstag. Skepsis gegenüber einem anlaßsüchtigen Kulturbetrieb ist angezeigt. Aber man wird auch nicht alles, was der kulturellen Öffentlichkeit an Gedenktagen und Festveranstaltungen, an Ausstellungen, Kolloquien, Vortragsreihen und Publikationen in den Medien präsentiert wird, auf bloße Geschäftigkeit, Marktmechanismen oder Moden zurückführen können. Steht Ludwig II. am Glamour- und Kommerz-Ende der Skala möglicher Aufbereitung von Geschichtserinnerung, so markiert die intensive Beschäftigung mit Hitlers Machtergreifung den seriösen Gegenpol historisch-politischer Erinnerungsarbeit. Sicher: Die Konjunktur für Geschichtliches erhält ihre Schubkraft auch aus den Präsentations- und Repräsentationszwängen von Kulturverwaltungsorganen und politischen Instanzen. Aber auch kulturelle Moden setzen sich nur dort durch, wo irgendein wirkliches Interesse im Spiel ist. Zu fragen ist nur: Worin besteht es? Und kommt es auf seine Rechnung?

Vor allem ist die sogenannte »historische Persönlichkeit« plötzlich wieder da. Historische Forschung und öffentliches Interesse bewegen sich hier – was nicht notwendig so sein muß – im Gleichtakt. Eine Reihe »großer« Biographien ist in den letzten 15 Jahren erschienen, von Caesar über Wallenstein und Friedrich den Großen bis zu Ludwig I., Bismarck und Hitler. Nach dem Aufschwung von Sozialwissenschaften und nicht- oder antiindividualistischer Gesellschaftsgeschichte ist dies ein erklärungsbedürftiger Vorgang.

Daß man nach 1945 in Deutschland von jeglicher »Größe« erst einmal genug hatte, war politisch, kulturell und wissenschaftsgeschichtlich nur folgerichtig. Nun ging es darum, die Interessenfixierung auf die großen Persönlichkeiten endlich zu überwinden, die als Ideologie der »Gebildeten« zur Zerstörung der politischen Kultur beigetragen hatten. Es war überfällig geworden, die Bedeutung kollektiver und anonymer – jedenfalls weniger personalisierbarer – Bedingungsfaktoren jeder Veränderung und Leistung angemessen zu begreifen; überfällig auch, jene Personen und Gruppen zur Kenntnis zu nehmen, die, wenig beredt und unauffällig, gesellschaftlich-politische Wandlungsprozesse mehr erdulden und erleiden als selbst tragen und vorantreiben. Gerade dabei zeigte sich aber auch: Einzelpersönlichkeit und Gesellschaft lassen sich nicht in der Weise trennen, daß der einzelne Akteur den vielen Anonymen und passiv Hinnehmenden, daß die sogenannte »schöpferische Persönlichkeit« den Rezipienten im Sinne bloßer Polarität gegenübertritt. Handlungs- und Wirkungsmöglichkeiten der einzelnen und Mitwirkung und Nachahmung, aber auch Hinnahme und Unterwerfung der vielen stehen in einem komplizierten Wechselverhältnis. Andererseits ist – auch dies wurde deutlich – bei der historisch-politischen Urteilsbildung, beim Genuß und Begreifen von Kunstwerken, bei der historisch vermittelten Identitätsbildung ohne qualitative Maßstäbe und Wertungen schwer auszukommen. Das pathetische Großväter-Wort von der »historischen Größe« ist weitgehend aus der Mode gekommen, ohne die »Größe«, zumindest in Anführungsstrichen, scheint es aber doch nicht zu gehen. Die erwähnten Biographien jedenfalls erörtern alle die Aussagekraft und Problematik der Größenkategorie. Sie beweisen ein erhöhtes Gespür für die Problematik des Begriffs; Faktoren langer Dauer, die »Strukturen« sind wichtiger geworden gegenüber dem rein Persönlichen; man hält bewußt auf kritische Distanz. Das Modell von *»challenge and response«* relativiert die Neuerungskraft des einsamen Täters und macht ihn mehr zum Agenten und Getriebenen als zum souveränen Anreger oder Steuerer des Wandels.

Von ihren verfassungspolitischen, gesellschaftlichen und religiös-kulturellen Voraussetzungen her hat die moderne Welt den Beinamen »der Große« nicht mehr verliehen. Friedrich der Große verkörpert den letzten Vertreter einer aussterbenden Spezies. Dafür taucht die Kategorie der »historischen Größe« oder des »weltgeschichtlichen Individuums« seit der Aufklärung verstärkt in der Geschichtswissenschaft und historischen

Publizistik, in der politischen Philosophie, in der Kunstgeschichte und deren trivialisierten Derivaten auf.

Das Attribut »groß« haben allerdings auch nie die Gelehrten verliehen. Aber auch keiner der herausragenden Akteure ist je imstande gewesen, sich selbst den Ehrennamen »der Große« zuzulegen. So gesehen läßt sich Größe nicht »machen« – der Versuch Wilhelms II., seinem Großvater das Attribut zum Ruhme der ganzen Dynastie zuzuschanzen, mußte scheitern. Die Zuordnung entstand vielmehr immer aus einer zunächst eher stillschweigenden Übereinkunft vieler Zeitgenossen, und die urteilen dabei weniger nach wirklicher Kenntnis als nach einem »dunklen Gefühl« – so hat es jedenfalls Jacob Burckhardt bei seinem Vortrag über die ›Historische Größe‹ 1868 gesehen, und nichts spricht gegen diese These.

Burckhardts ideologiekritische Selbstprüfung läßt hier an Schärfe nichts zu wünschen übrig. »Wir entdecken in uns ein Gefühl der unechtesten Art: ein Bedürfnis der Unterwürfigkeit und des Staunens, ein Verlangen, uns an einem für groß gehaltenen Eindruck zu berauschen und darüber zu phantasieren. Ganze Völker können auf solche Weise ihre Erniedrigung rechtfertigen, auf die Gefahr, daß sie falsche Götter angebetet haben.« Burckhardt hat dabei wohl Napoleon I. vor Augen gehabt, heute drängen sich andere Assoziationen auf. Es scheint eine allgemeine und immer wiederkehrende Verhaltensweise zu sein, sich aus der nüchternen und selbstbewußten Prüfung von Objekten der individuellen und kollektiven Identifikation flüchten zu wollen. Jedenfalls verschiebt sich damit das Größenproblem zu einem Gutteil von den Akteuren zu den Betroffenen. Burckhardt spricht von der »magischen Wirkung« der historischen Individuen und bringt damit die Bedeutung archaischer Vorstellungen von Kraftübertragung und *participation mystique* ins Spiel. Sie wirken – verfeinert vielleicht und etwas rationalisiert – auch im Kulturmenschen des 19. und 20. Jahrhunderts nach.

Gerade das moderne historische Bewußtsein befindet sich gegenüber politischen und kulturellen Größen in einem labilen Zwischenzustand. Es neigt aus verschiedenen Motiven zur Bewunderung und Aneignung – eine Haltung, die, wenn sie von Distanzfähigkeit und rationaler Kontrolle begleitet wird, höchst fruchtbar sein kann: Sie ermöglicht erst die produktive Beschäftigung und kritische Bewertung von Werk und Leistung der historischen Persönlichkeit. Andererseits haben Aufklärung und Historismus grundsätzlich die naive, rein überlieferungsmäßige Identifikation mit Autoritäten und Heroengestalten aller Art durchbrochen. Angesichts der kritischen Grundhaltung des aufgeklärten, historisch bewußten Bildungsmenschen fällt es daher um so mehr auf, wenn Burckhardt, als Vertreter eines weitgehend säkularisierten Geschichtsdenkens im späten 19. Jahrhundert, das Besondere der historischen Größe in religiösen Wendungen umschreibt, vor allem bei den kulturellen Größen, den Künstlern, aber nicht nur dort: Die Phantasie ist etwas »Göttliches«, die Künste sind eine »Schöpfung«, sie bilden eine »Offenbarung«. Aus der Erbmasse religiös begründeter Geschichtsdeutungen tauchen Elemente einer Heilsvorstellung auf, die sich bezeichnenderweise nicht mehr an die Geschichte als Ganzes heften, sondern an einzelne Persönlichkeiten. Wo sich die Gewißheit verliert, daß *alle* Geschehnisse in einem sinnvollen Geschichtsverlauf aufgehoben sind, werden säkularisierte Teilstücke religiöser Weltdeutung an einzelne Personen und deren Leistungen herangetragen. Im Mittelalter war die Kategorie der historischen Größe ausschließlich religiös motiviert. Ist sie demnach – auf erfolgreiche politische Tatmenschen und auf Künstler übertragen – ein Nebenprodukt aus dem Zerfallsprozeß christlich-metaphysischer Geschichtsvorstellung? Möglicherweise – und gerade daraus ergäben sich Aufschlüsse zu weithin uneingestandenen Aspekten der Geisteshaltung, die sich neuzeitlich hinter der Größenverehrung verbirgt.

Begrifflich anders gefaßt, aber gedanklich und in der Einstellung verblüffend ähnlich, tritt eine solche Konzeption der Größe 50 Jahre später in der Sozialwissenschaft Max Webers auf. Für Weber sind die »Charismatiker« die »natürlichen Leiter in psychischer, physischer, ökonomischer, ethischer, religiöser, politischer Not ... weder angestellte Amtspersonen, noch Inhaber eines als Fachwissen erlernten und gegen Entgelt ausgeübten ›Berufs‹ im heutigen Sinne dieses Worts, sondern Träger spezifischer, als übernatürlich (im Sinne von: nicht jedermann zugänglich) gedachter Gaben des Körpers und des Geistes ... Die Träger des Charismas: der Herr, wie die Jünger und Gefolgsleute, müssen, um ihrer Sendung genügen zu können, außerhalb der Bande dieser Welt stehen, außerhalb der Alltagsberufe wie außerhalb der alltäglichen Familienpflichten.« Die Merkmale der Außerordentlichen sind hier wie dort: die besondere Konzentration bestimmter Fähigkeiten; die Unterscheidung von Alltäglichkeit und Außeralltäglichkeit, von Stetigkeit und Bewegung; vor allem auch die religiösen Vorstellungen, die mit der großen Persönlichkeit verbunden werden. Beide, Burckhardt und Weber, sehen in der Größenzuschreibung ein kollektives, offenbar schwer abweisbares Verehrungs- und Entgrenzungsverlangen am Werk. Es ist religiösen Ursprungs und verkommt, so muß man ergänzen, zum schein-religiösen Impuls in dem Maße, wie es einen ursprünglich außerweltlichen Impuls umlenkt auf innerweltliche Ziele und Objekte. Beide, Burckhardt und Weber, arbeiten heraus, daß in bestimmten Situationen gleichsam ein allgemeiner Bedarf an »Größe« oder »Charisma« entsteht. Beide vertreten aber auch die These, daß im Rationalisierungsprozeß der modernen Welt das große Individuum oder der Charismatiker seinen Reifungs- und Entfaltungsraum verloren hat. Insofern kann ein Größenanspruch im pathetischen Wortsinn zumindest in der Theorie Burckhardts nur eine Perversion sein, sollte er in der Gegenwart des späten 19. und 20. Jahrhunderts auftreten. Für das moderne Geschichtsbewußtsein aber, das vom vermeintlichen Chaos einer nicht mehr providenzgetragenen geschichtlichen Welt ausgehen muß, gewinnt die große Persönlichkeit entscheidende Funktionen: die der Normsetzung, der Normorientierung und Wertveränderung, stellvertretend und maßgebend für viele.

Politische Größen sind laut Burckhardt, aber auch laut Max Weber nur gefragt in Zeiten der Not, in »schrecklichen Zeiten« (Burckhardt). Sie brauchen die Krise und sind umgekehrt nur möglich in der Krise. Ein komplexer Zustand muß brüchig geworden sein. Die Veränderungsprozesse müssen sich beschleunigt haben, die Krise muß von sich aus bereits einen Einstellungswandel bei den vielen herbeigeführt haben. Das historische Individuum muß auf die bewußte oder unbewußte Erwartung der Gesamtheit einer Gesellschaft, einer Nation oder einer Großgruppe antworten, sonst geht seine Energie ins Leere. »Größe«, auch künstlerische oder religiöse Größe, entsteht nur in der Relation zu einer Aufgabe, sie ist das Resultat eines Wechselspiels von Lebensinteressen, Orientierungsverlangen und Ausdrucksbedürfnis der vielen mit den individuellen Fähigkeiten des einzelnen.

Soll eine Leistung als »bedeutend« und allgemein zustimmungsfähig anerkannt werden, so muß die von ihr ermöglichte Neuorientierung und Lebenserweiterung streng zurückgebunden sein an Nutz und Frommen der anderen, der Zeitgenossen und der späteren. Nicht ohne Ironie merkt Burckhardt an, daß ein solches Zusammentreffen von Individuum und Allgemeinem bei Künstlern sehr viel leichter eintritt als bei politischen Größen, geht es bei ihnen doch nur um sehr abgeleitete Interessen und um ein fein organisiertes und selbst eher unalltägliches Verlangen nach Glück und Genuß.

Aus dem aktuellen historisch-kulturellen Erinnerungs- und Aufarbeitungsbetrieb ist der unkritische Größenkult im Stil des 19. Jahrhunderts gottlob weitgehend, wenn auch keineswegs ganz, verschwunden. Was die historische Wissenschaft angeht, so stellt sich das neue Interesse fürs Individuelle vor allem als Teil eines in sich antagonistischen, aber fortlaufenden Erkenntnisprozesses dar. In der öffentlichen Diskussion scheint noch ein anderes Motiv wirksam zu sein. Schon bei Burckhardt fällt auf, daß er die schöpferische Kraft, die Leistung und die Wirkung des bedeutenden Individuums unter der Formel des »Geheimnisses« zusammenfaßt. Als geheimnisvoll aber erscheint uns, was mit den jeweils zu Gebote stehenden Erklärungen nicht mehr erfaßt werden kann. Es steht im Widerspruch zu dem, was aus bekannten Voraussetzungen mehr oder weniger zwingend abgeleitet werden kann. »Historische Größe« in der überschwenglichen Fassung des 19. Jahrhunderts ist demnach auch eine Vorstellung, die sich dem Anspruch der Wissenschaft entzieht, die Welt in einen durchgehenden Erklärungszusammenhang aufzulösen. Die Kategorie der historischen Größe bietet die Möglichkeit, komplexe Probleme zu vereinfachen, indem man sie auf Personen reduziert. Sie stellt andererseits – und dies ist kein Widerspruch – ein kräftiges Stück Protest gegen das alles umgreifende »Weltformelbedürfnis« (Max Weber) der modernen Wissenschaft dar. Vielleicht liegt gerade hier, im Leiden an Nivellierungs- und Rationalitätszwängen und in der Auflehnung dagegen, eine Wurzel auch der breiten aktuellen Hinwendung zu den »Personen«. Personen – auch die sogenannten »Größen« – verkörpern, neben ihrer begründbaren Übereinstimmung mit zeitgenössischen »Tendenzen«, immer auch Widersprüche – in sich, im Verhältnis zu ihrer Gegenwart, im kontroversen Urteil der anderen. Widersprüche faszinieren, besonders dann, wenn sie, zur Leistung gebändigt, den Erfolg nicht ausschließen oder erst ermöglichen. Gerade hier liegt dann aber auch die Gefahr nicht fern, daß an die Stelle rationaler Ableitung außergewöhnlicher Leistung die Beschwörung der Unerklärbarkeit tritt.

Das historische Bewußtsein der Moderne hat zur systematischen Aneignung aller vergangenen »Größe« geführt. Es versammelt die historischen Persönlichkeiten und Werke in einer Art Weltmuseum zu umfassender Gegenwart. Gerade daraus erklärt sich auch die paradoxe Haltung, die unsere Gegenwart zu den historischen Größen einnimmt. Je verfügbarer wir die politisch-kulturelle Überlieferung vor uns haben, desto größer ihre Unverbindlichkeit. Der aktuelle Kulturbetrieb ist – angesichts der wachsenden Distanz zu den »Größen« – von existentiellen Auseinandersetzungen um die politischen, künstlerischen oder religiös-konfessionellen Weichenstellungen, die von ihnen ausgingen, weitgehend entlastet. In dieser Situation verstärkt sich das Bedürfnis, das, in jeweils zeitspezifischen Formen, hinter aller Größenzuschreibung steht: der Wunsch, Alltäglichkeit zu überwinden, am Bedeutenden teilzunehmen; das Verlangen auch nach Wertmaßstäben und Orientierung.

Der Kulturbetrieb befriedigt dieses Bedürfnis, und er enttäuscht es zugleich. Denn in all der Verfügbarkeit verschwindet die Frage, wer uns hier und heute wirklich etwas zu sagen hat. So entsteht die Automatik der Jahrestage. Sie rückt das historische Individuum, aus vergleichsweise beliebigem Anlaß, gleichzeitig in distanzlose Nähe und unverbindliche Ferne, so daß wesentliche Merkmale dessen verlorengehen, was lange als Signum der Größe gegolten hat: der Abstand von der Alltäglichkeit, die jeweilige Einmaligkeit und zugleich der unbedingte Respektierungsanspruch.

Auf ihre Weise trägt auch die Wissenschaft zur »Entzauberung« der »Größen« bei, aber ihr eröffnen sich dabei auch Erkenntnischancen. Indem sie mehr als bisher die Wechselwirkung von Individuum und Gesellschaft aufklärt, kann sie mehr Individualität in die Anonymität der Gesellschaft bringen und auch die kleinen »Größen« des Alltags entdecken, sie kann aber auch mehr als bisher den großen Akteur vergesellschaften. Hier besteht nach wie vor ein Mangel an Erklärungsangeboten. Es geht darum, neben der persönlichen Leistung des einzelnen den »gesellschaftlichen Bedarf« an realer oder vorgeblicher »Größe« und das Verehrungsverlangen aufzuklären, das hinter jeder Form von Größenzuweisung steht: vor allem dort, wo pervertierte Größenansprüche nicht nur auftreten, sondern auch hingenommen und bejubelt worden sind und wo daher – um das zitierte Burckhardt-Wort noch einmal aufzunehmen – ganze

Völker falsche Götter angebetet, sich an einem für groß gehaltenen Eindruck berauscht und auf diese Weise ihre Erniedrigung gerechtfertigt haben.

10. Zeichen der Erinnerung
Zum Stand und zur Geschichte der Denkmalsdebatte

Kriegerdenkmale, Bismarckfiguren im Park und andere nationale Monumente gehören zur optischen Signatur des Zeitalters der Nationen in Deutschland wie analog in allen europäischen Staaten und in der außereuropäischen Welt. Eine inzwischen intensive kunsthistorische und historische Forschung hat die Motive ihrer Entstehung, ihren symbolischen Gehalt und ihren lange Zeit bemerkenswert einheitlichen Formenkanon untersucht. Die auftrumpfenden, martialischen und mitunter auch komisch wirkenden Bekundungen nationalen Selbstbehauptungswillens, die das späte 19. und das frühe 20. Jahrhundert hervorgebracht haben, etwa das Kyffhäuser-, das Völkerschlacht- oder das Niederwalddenkmal, sind dem heutigen Bewußtsein in Deutschland allerdings ziemlich fremd geworden. Ein Orientierungsanspruch geht von ihnen nicht mehr aus.

Fast so alt wie das Denkmal selbst ist die Denkmalskritik. Sie bezog sich anfangs allerdings nur auf Einzelheiten, auf das Kostüm etwa oder die Unverständlichkeit einzelner Sinnbezüge. Seit dem Beginn unseres Jahrhunderts aber geht die Skepsis ins Grundsätzliche. Zunächst war es vor allem die Formensprache, die – etwa bei den zahllosen historistischen Kriegerdenkmälern nach dem Deutsch-Französischen Krieg – einer vielfach sarkastischen Kritik unterworfen wurde. Die Polemik richtete sich zunehmend gegen die ausufernde Monumentenproduktion, die »Denkmalswut« oder »Denkmalsseuche«.

Wilhelm Bode erklärte 1907 eine »ästhetische Luftreinigung« durch Beseitigung bestimmter Denkmäler zur »nationalen Tat«. Dahinter stand schon der leise Zweifel an der bewegenden Kraft des Denkmals und ein Bewußtsein von der Uneinholbarkeit des zu Erinnernden durch das Denkmal. Die Denkmalsverdrossenheit mancher Künstler, Kunstkritiker und Intellektueller nach 1900 signalisierte Überdruß an einer entleerten Formenroutine und eine Orientierungs- und Sinnkrise, die den Staat und seine Selbstdarstellung einbezog. Ästhetische Kritik an der formalen Lösung konnte auch politisch gemeint sein, so wie politische Grundüberzeugungen natürlich auch den Stil des Denkmals geprägt haben. Auch die Sorge, ob die Denkmäler mit allgemeinem Geltungsanspruch wirklich für alle verständlich seien, ist nicht neu. Seitdem es das moderne Denkmal gibt, machten sich seine Befürworter Gedanken über seine Integrationsleistung gegenüber den »unteren« und »ungebildeten« Schichten. Schon 1791 wurde gegen einen Entwurf für das Friedrichsdenkmal in Berlin auch der Einwand erhoben, daß man zum Verständnis der Form die Inschrift brauche.

Die Spannung zwischen den Ansprüchen der Künstler und dem Geschmack des Publikums und der Auftraggeber ist seit dem Übergang zur künstlerischen Moderne größer geworden. Unkonventionelle und bedeutende künstlerische Entwürfe sind mehrfach gescheitert oder ließen sich nur gegen starken Widerspruch durchsetzen. Auguste Rodins neue Denkmalsauffassung – die ›Bürger von Calais‹ (seit 1884) ohne den bis dahin selbstverständlichen Sockel und die von ihm gesicherte »Achtungszone« – befremdete seine Auftraggeber. Rudolf Bellings Projekt von 1920 für die gefallenen Studenten der Berliner Universität ist sicher nicht nur wegen seiner künstlerischen Nonkonformität verworfen worden. Aristide Maillol verzichtete bei dem Gefallenendenkmal für seine Heimatgemeinde Banyuls-sur-Mer auf die damals übliche Heroisierung des Krieges, reduzierte die Aussage auf eine Klage über den Tod an sich – und wurde von den französischen Patrioten des »Defaitismus« bezichtigt.

Andererseits gab es natürlich auch Zweifel, ob die Künstler den gestellten Aufgaben noch gewachsen sein konnten. Dieser Zweifel wuchs mit der Unfaßlichkeit dessen, was symbolisch vergegenwärtigt werden sollte. Vor 1914 beklagte Hermann Obrist eher konventionell das Fehlen begabter Bildhauer; als Henry Moore dagegen 1953 als Juryvorsitzender nach einem »neuen Michelangelo« für das geplante Auschwitz-Denkmal rief, entsprang dies eher der Einsicht in die Unlösbarkeit der Aufgabe. Einige intellektuelle Denkmalkritiker wie Alfred Lichtwark haben früh auch schon reflektiert, daß das Denkmal prinzipiell eine Sache von Gruppen ist, die ihre Leitfiguren, Wertvorstellungen oder ihr Verständnis von nationaler Identität zu etwas für alle Verbindlichem erklären. In der Tat schuf sich »die Nation« mit den »Nationaldenkmälern« oder auch den zahllosen Bismarck-Türmen seit 1897 keineswegs anschauliche Symbole eines ruhigen und gelassenen nationalen Selbstbewußtseins. Je monumentaler die Form, desto mehr hat sie immer das untergründige und berechtigte Gefühl dokumentiert, daß die nationale Identität nicht nur von außen, sondern auch von innen her bedroht sei – bedroht ironischerweise gerade auch deshalb, weil die Stifter und die Gruppen, die sie repräsentierten, für sich ein Patriotismusmonopol beanspruchten, das den anderen mehr oder weniger deutlich die Zugehörigkeit absprach. Das Leipziger Völkerschlachtdenkmal (1913), typologisch als Erinnerungs- und Mahnmal konzipiert, wendet seine Imposanz und seinen Überwältigungswillen gemäß der Deutung seines Initiators und Organisators mindestens ebensosehr gegen die »inneren Reichsfeinde«, die »irregeführten Massen« der Arbeiterschaft und den »gefährlichen Feind«, die Katholiken, wie gegen mögliche äußere Gegner.

Den tragischen Anstoß für eine neue Konjunktur des Denkmals gab der Erste Weltkrieg. In seinem Gefolge schuf sich nahezu jede Gemeinde ein Kriegerdenkmal. Zum Teil fügte man die Namen der Gefallenen in ein schon vorhandenes Mahnmal aus dem Krieg 1870/71 ein, meist wurden neue Erinnerungsstätten nötig. Fast durchweg stellten sie noch die Idee des »Sterbens für etwas« dar, für etwas, wofür es sich zu sterben gelohnt habe und – diese Bedeutung schwingt immer mit – nach wie vor zu sterben lohne. Immer wieder wird hier an den uneigennützigen Dienst an Volk und Staat erinnert, der das Opfer des eigenen Lebens einschließt und die Späteren auf dieselben Werte verpflichten soll, für die einst gestorben wurde – nach Meinung der Überlebenden. *Mortui viventes obligant* (»Die Lebenden sind den Toten verpflichtet«) – das ist der Topos, der in verschiedenen Varianten immer wiederkehrt, von den napoleonischen Kriegen bis in den Zweiten Weltkrieg hinein. Der Altphilologe August Boeckh hat ihn im Auftrag des Preußenkönigs Friedrich Wilhelm III. auf die griffige Formel gebracht: »Den Gefallenen zum Gedächtnis, den Lebenden zur Anerkennung, den künftigen Geschlechtern zur Nacheiferung«.

Die nationalistische Rhetorik der zwanziger Jahre deklarierte zudem das Kriegerdenkmal zum künstlerischen Ausdruck eines vorbehaltlos bejahten Kriegserlebnisses. Sie bestätigte damit die Diskrepanz, die noch im Weltkrieg selbst zwischen der unmittelbaren Erfahrung der Todesnähe und der politisch-rhetorischen Überhöhung des Heldentodes aufgebrochen war. Im Herbst 1915 schickte das Preußische Kriegsministerium eine Gruppe von Architekten und Bildhauern zu den Schlachtfeldern im Osten. Sie sollten Vorschläge zur würdigen Erhaltung und Ausgestaltung der Kriegergräber machen.

Bruno Paul als Mitglied der Kommission war vor allem beeindruckt von der Angemessenheit der einfachen, von den Soldaten selbst gesetzten Gedenkkreuze und -steine und von dem demokratischen Zug des Kriegergrabmals, der charakteristischen Gleichheit. Er selbst beschränkte sich dann bei seinen Vorschlägen auf eine bloße Konzentration und Steigerung der Lösungen, die man vorgefunden hatte. Die Unvergleichbarkeit des Geschehens auf den Schlachtfeldern machte empfindlich gegenüber Pomp und Phrase – zumindest für die Dauer des Krieges selbst. Mit der Entfernung von der unmittelbaren und schrecklichen Wirklichkeit wuchs dann wieder die Neigung zur Verklärung und Heroisierung; sie führte teilweise, keineswegs immer, zu monumentalem Erinnerungskitsch.

Dem Massensterben im hochtechnisierten modernen Nationalkrieg suchte man nach 1918 mit einem zentralen symbolischen »Grab des Unbekannten Soldaten« gerecht zu werden. Die meisten Staaten, Deutschland ausgenommen, fanden dafür einfache und schlüssige Lösungen – ein Grabstein oder eine Grabplatte, eingefügt in einen Bau, in dem sich für das Bewußtsein der Nation die nationale Identität darstellt: unter der Mittelfigur des Nationaldenkmals an der Piazza Venezia in Rom, in Paris unter dem Arc de Triomphe, in Brüssel zwischen den Löwen am Eingang der Kongreßsäule. England ehrte seine Gefallenen mit dem Grab des Unknown Warrior in der Westminsterabtei und mit dem Cenotaph auf dem Fahrdamm der Parliament Street in London.

Nach dem Zweiten Weltkrieg verschwanden die Formen der älteren Krieger- und Siegermale weitgehend aus der Denkmallandschaft. Zum Teil wurden die großen Schlachtfelder in Friedhöfe umgewandelt. Riesige Monumente verzeichnen soweit als möglich die Namen der Toten und wandeln sich vom Symbol des Sieges oder einer prätendierten Unbesiegtheit zum reinen Totenmal. Für die Opfer der Gewaltherrschaft entstand eine Reihe von Mahnmalen mit einer eigenen Formensprache. Sie geht bei den KZ-Erinnerungsstätten häufig von der erschütternden Wirklichkeit der Gebäude und Räume aus und erzielt mit dieser Dokumentation die stärkste Wirkung, so in Dachau, Mauthausen, Sachsenhausen, Ravensbrück oder Auschwitz. In Berlin-Plötzensee wurde der Raum der Hinrichtung für die Männer des 20. Juli erhalten und zum Denkmal erklärt. Auf die Initiative einzelner Gemeinden hin entstand eine Reihe bewegender Mahnmale für die Opfer des Nationalsozialismus, so unter anderem in Frankfurt bei der Paulskirche und im Hauptfriedhof, im Lager Bisingen, in Neuengamme, im Kölner Westfriedhof. Formal weisen die Mahnmale eine erhebliche Variationsbreite auf, vom »freien Zeichen« in architektonischer oder plastischer Gestalt bis zum herkömmlichen Motiv der menschlichen Gestalt.

Die heutige Kunst kennt keine Bildform mehr, in der eindeutige politische Bedeutungsgehalte von einer Mehrzahl von Betrachtern jederzeit abgerufen werden können – sieht man von den Ansprüchen des sozialistischen Realismus in dieser Richtung ab. Andererseits sind auch unter dem Vorzeichen der Moderne politische Denkmale grundsätzlich möglich, einige wenige überzeugende Beispiele, wie Walter Gropius' Denkmal für die Märzgefallenen (1920) im Auftrag des Weimarer Gewerkschaftskartells und manche der Mahnmale für die Opfer des Nationalsozialismus beweisen es. Die meisten Gefallenenmahnmale haben zumindest im Westen ihren Sinn grundsätzlich verändert – weg von der Verpflichtung der Späteren durch den vorbildlichen Heldentod der Früheren hin zur Evokation einer national nicht eingrenzbaren Trauer.

Wo überzeugende Zeichen entstanden sind, da bestätigen sie den Leitsatz des preußischen Kriegsministeriums aus dem Ersten Weltkrieg: »Die künstlerische Wirkung wird nicht durch die Größe des Aufwands bestimmt.« Einige der wichtigsten Werke sind ohne Auftrag entstanden, von den Figuren Wilhelm Lehmbrucks bis zu Ossip Zadkines expressiver Gestalt ›Die Zerstörung der Stadt‹ in Rotterdam. Käthe Kollwitz, die ihren Sohn in Langemarck verloren hatte, arbeitete 18 Jahre an den beiden Elternfiguren für den flandrischen Friedhof Vlaadslo-Praetbosch. Alois Wünsche-Mitterecker war 25 Jahre mit seinem beeindruckenden »Figurenfeld Eichstätt« beschäftigt. Die Geschichte der neueren Mahnmale lehrt: Damit ein Werk gelingen kann, bedarf es eines klaren, eindeutigen Grundgedankens, des intellektuellen und gestalterischen Freiraums für den Künstler – und Zeit.

Veröffentlichungsnachweise

1. Geschichtsstudium, Geschichtswissenschaft und Geschichtstheorie in Deutschland von der Aufklärung bis zur Gegenwart. Erstpublikation.

2. Die Verwissenschaftlichung der Geschichtsschreibung zwischen Aufklärung und Historismus. Aus: Die Verwissenschaftlichung der Historie und die Ästhetisierung der Darstellung. In: R. Koselleck, H. Lutz, J. Rüsen (Hg.), Formen der Geschichtsschreibung (Theorie der Geschichte, Beiträge zur Historik, Bd. 4). Deutscher Taschenbuch Verlag, München 1982, S. 147–181.

3. Geschichte als Wissenschaft oder Kunst. Ebd., S. 181–191.

4. Von Preußens Aufgabe in Deutschland zu Deutschlands Aufgabe in der Welt. Liberalismus und borussianisches Geschichtsbild zwischen Revolution und Imperialismus. In: Historische Zeitschrift 231 (1980), S. 265–324.

5. Wissenschaft als Macht oder Askese: Jacob Burckhardt. Zuerst: Jacob Burckhardt. Wissenschaft als gesellschaftliche Arbeit und als Askese. In: P. Alter, W. J. Mommsen, Th. Nipperdey (Hg.), Geschichte und politisches Handeln. Theodor Schieder zum Gedächtnis. Stuttgart 1985, S. 216 bis 242.

6. Jacob Burckhardt und Max Weber. Zur Genese und Pathologie der modernen Welt. Erweiterte und überarbeitete Fassung von: Jacob Burckhardt. Trieb und Geist – die neue Konzeption von Kultur. In: N. Hammerstein (Hg.), Geschichtswissenschaft um 1900. Steiner, Wiesbaden 1988, S. 97–112.

7. Erinnerung, Wissenschaft, Mythos. Nationale Geschichtsbilder und politische Symbole in der Reichsgründungsära und im Kaiserreich. Überarbeitete Fassung von: Geschichtsinteresse, Geschichtsbilder und politische Symbole in der Reichsgründungsära und im Kaiserreich: In: E. Mai, St.

Waetzold (Hg.), Kunstverwaltung, Bau- und Denkmal-Politik im Kaiserreich. Berlin 1981, S. 47–74.

8. Nationsbildung und politische Mentalität. Denkmal und Fest im Kaiserreich. Erstpublikation.

9. Die Sehnsucht nach Größe. Über das intensive Bedürfnis, historische Jahrestage zu feiern. In: Süddeutsche Zeitung, Wochenendbeilage v. 6./7. 9. 1986.

10. Zeichen der Erinnerung. Zum Stand und zur Geschichte der Denkmalsdebatte. Zuerst unter dem Titel: Zeichen des Todes. In: Frankfurter Allgemeine Zeitung v. 4. 2. 1987.

Abbildungsnachweise

Abb. 1: L. Tittel, Das Niederwalddenkmal 1871–1883, Hildesheim 1979, S. 203.
Abb. 2: Ebd. S. 207.
Abb. 3: V. Plagemann, Bismarckdenkmäler. In: H.-E. Mittig, V. Plagemann, Denkmäler im 19. Jahrhundert. Deutung und Kritik, München 1972, S. 424.
Abb. 4: Ebd. S. 417.
Abb. 5: Ebd. S. 431.
Abb. 6: Ebd. S. 437.
Abb. 7: K. Arndt, Denkmaltopographie als Programm und Politik. Skizze einer Forschungsaufgabe. In: E. Mai, St. Waetzold (Hg.), Kunstverwaltung, Bau- und Denkmalpolitik im Kaiserreich, Berlin 1981, S. 179.
Abb. 8: B. R.-Schwahn, Otto I. von Wittelsbach – ein politisches Denkmal im Münchner Hofgarten. In: Ebd. S. 207.
Abb. 9: L. Tittel, Das Niederwalddenkmal 1871–1883, S. 208.
Abb. 10: Ch. Kranz-Michaelis, Das Neue Rathaus in Hannover – ein Zeugnis der Ära Tamm. In: E. Mai, J. Paul, St. Waetzold (Hg.), Das Rathaus im Kaiserreich. Kunstpolitische Aspekte einer Bauaufgabe des 19. Jahrhunderts, Berlin 1982, S. 408.